Potsdamer Rechtswissenschaftliche Reihe
Band 2

Herausgegeben von
Professor Dr. iur. Dieter C. Umbach (geschäftsführender Herausgeber)
Professor Dr. iur. Werner Merle
Professor Dr. iur. Wolfgang Mitsch

Springer
Berlin
Heidelberg
New York
Barcelona
Budapest
Hongkong
London
Mailand
Paris
Santa Clara
Singapur
Tokio

Ulrich Michel

Regionen, Mitgliedstaaten und Europäische Union

Die Integration der Autonomen Gemeinschaften Spaniens unter vergleichender Heranziehung des deutschen Bundesstaates

Springer

Dr. iur. Ulrich Michel
Sächsische Straße 23
D-10707 Berlin

Die Deutsche Bibliothek - CIP-Einheitsaufnahme

Michel, Ulrich:
Regionen, Mitgliedstaaten und Europäische Union / Ulrich
Michel. - Berlin ; Heidelberg ; New York ; Barcelona ;
Budapest ; Hongkong ; London ; Mailand ; Paris ; Santa Clara
; Singapur ; Tokio : Springer, 1996
(Potsdamer rechtswissenschaftliche Reihe ; Bd. 2)
ISBN 3-540-61395-1
NE: GT

ISBN-13: 978-3-540-61395-4 e-ISBN-13: 978-3-642-80278-2
DOI: 10.1007/978-3-642-80278-2

SPIN 10541113 64/2202-5 4 3 2 1 0 - Gedruckt auf säurefreiem Papier

Meinen Eltern

Vorwort

Dieses Arbeit hat im Sommersemester 1994 der wiedergegründeten Rechts- und Staatswissenschaftlichen Fakultät der Ernst-Moritz-Arndt-Universität in Greifswald als Dissertation vorgelegen.

Seitdem erschienene Veröffentlichungen sind naturgemäß nur zu einem Teil noch berücksichtigt und eingearbeitet worden.

Der das spanische Thema der Arbeit behandelnde Teil entstand während eines achtmonatigen Forschungsaufenthaltes am Lehrstuhl für Verfassungsrecht der Universität von Sevilla. Die Herzlichkeit, mit der ich von den Angehörigen dieses Lehrstuhles aufgenommen wurde, ist mir das schönste Erlebnis meiner Promotionszeit. Ich möchte jeden Juristen ermutigen, die Begegnung mit einem anderen Rechtssystem und dessen Akteuren zu suchen. Die sich aus dem Austausch ergebenden Anregungen werden es ihm lohnen.

Ganz besonders danke ich meinem "Doktorvater" Herrn Prof. Dr. Dieter C. Umbach, VRLSG a.D., für sein großes persönliches Engagement und die Loyalität bei der Betreuung meiner Promotion. Des Spanischen kundig und schon früh am spanischen Verfassungsrecht interessiert, zeigte er von Anbeginn ein großes Interesse an der Verfassungsvergleichung und den behandelten Problemen der europäischen Einigung. Seine in der Praxis gewonnenen Erfahrungen halfen mir, die Arbeit zügig zu einem erfolgreichen Abschluß zu bringen.

Nicht zuletzt haben die lebhaften und offenen Diskussionen in den Doktorandenseminaren die Arbeit gefördert und natürlich auch die nach dem Wechsel von Greifswald nach Potsdam möglich gewordene Mitarbeit am Lehrstuhl in Potsdam-Babelsberg.

Dank sagen möchte ich auch Herrn Prof. Dr. Pedro Cruz Villalón, Richter am Verfassungsgericht in Madrid, für seine zuvorkommende Unterstützung meiner Untersuchungen.

Weiter gilt mein Dank dem Bundesminister des Inneren für die Gewährung eines Graduiertenstipendiums sowie dem Bundesrat und der Europäischen Kommission für die Bezuschussung der Drucklegung.

Berlin, im Oktober 1995

Ulrich Michel

Inhaltsverzeichnis

Abkürzungsverzeichnis

a.A.	andere(r) Ansicht
Abs.	Absatz
AG	Autonome Gemeinschaft(en)
Anm.	Anmerkung
AöR	Archiv des öffentlichen Rechts
Art.	Artikel
BayVbl	Bayerische Verwaltungsblätter
Bd.	Band
betr	betreffend
BGBl.	Bundesgesetzblatt
BJC	Boletín de Jurisprudencia Constitucional
Bsp.	Beispiel
bspw.	beispielsweise
BOE	Boletín Oficial del Estado
BVerfG	Bundesverfassungsgericht
BVerfGE	Entscheidung des Bundesverfassungsgerichtes
BVerfGG	Bundesverfassungsgerichtsgesetz
bzgl.	bezüglich
bzw.	beziehungsweise
CE	Constitución Española
ders.	derselbe
d.h.	das heißt
dies.	dieselbe(n)
Diss.	Dissertation
DÖV	Die Öfentliche Verwaltung
Drs.	Drucksache
D.S.S.	Diario de Sesiones de Senado
DVBl	Deutsches Verwaltungsblatt
EA	Europa-Archiv
EAGV	Vertrag zur Gründung der Europäischen Atomgemeinschaft
ebd.	ebenda

EEA	Einheitliche Europäische Akte
EEAG	Gesetz zur Einheitlichen Europäischen Akte
EG	Europäische Gemeinschaften
EGKSV	Vertrag über die Gründung der Europäischen Gemeinschaft für Kohle und Stahl
EU	Europäische Union
EuGH	Gerichtshof der Europäischen Gemeinschaften
EuR	Europarecht
EUV	Vertrag zur Europäischen Union
evtl.	eventuell
EWGV	Vertrag zur Gründung der Europäischen Wirtschaftsgemeinschaft
f.	folgende Seite
FAZ	Frankfurter Allgemeine Zeitung
ff.	fortfolgende
gem.	gemäß
GeschO	Geschäftsordnung
GG	Grundgesetz
ggf.	gegebenenfalls
hrsg.	herausgegeben
Hrsg.	Herausgeber
i.d.F.	in der Fassung
insb.	insbesondere
i.S.	im Sinne
i.V.m.	in Verbindung mit
JöR	Jahrbuch des öffentlichen Rechts der Gegenwart
JZ	Juristenzeitung
LO	Ley Orgánica
LOTC	Ley Orgánica del Tribunal Constitucional
m.w.N.	mit weiteren Nachweisen
NJW	Neue Juristische Wochenschrift
Parl.	Parlament
PSOE	Partido Socialista Obrero Español
RAP	Revista de Administración Pública
RCG	Revista de los Cortes Generales
RDP	Revista de Derecho Político
REDA	Revista Española de Derecho Administrativo
REDC	Revista Española de Derecho Constitucional
REDI	Revista Española de Derecho Internacional
REI	Revista des Estudios Internacionales
REP	Revista de Estudios Políticos
RFUC	Revista de la Facultad de la Universidad Complutense
sog.	sogenannte(r,s)
STC	Sentencia del Tribunal Constitucional

u.a.	und andere
u.U.	unter Umständen
VerfG	Verfassungsgericht
vgl.	vergleiche
VR	Verwaltungsrundschau
z.B.	zum Beispiel
ZParl.	Zeitschrift für Parlamentsfragen
ZRP	Zeitschrift für Rechtspolitik

Einleitung

Gegenstand der vorliegenden Arbeit ist das Problem einer Integration föderaler Staatsorganisationen in die Europäische Union. Die relevanten Fragen werden am Beispiel des spanischen Systems Autonomer Gemeinschaften unter vergleichender Heranziehung des deutschen Bundesstaates untersucht.

Das Wesen föderaler Strukturen liegt in der Aufteilung staatlicher Hoheitsgewalten zwischen den zentralen und peripheren Trägern. Die europäische Integration ihrerseits erfordert die Übertragung ursprünglich nationaler Hoheitsgewalten auf die gemeinschaftlichen Institutionen. Diese Transferenz wird von den zentralen Instanzen der Mitgliedstaaten vorgenommen, bis vor kurzem ohne Rücksicht darauf, ob die betroffenen Kompetenzen staatlicher oder peripherer Herkunft sind. Durch diesen Prozeß werden die nationalen Zuständigkeiten zugunsten der Europäischen Union abgebaut. Träger des europäischen Willensbildungsprozesses sind als Partner der Union die jeweiligen Mitgliedstaaten. Sie werden hierbei von ihren zentralen Institutionen vertreten, die auf diese Weise eine Kompensation für die abgetretenen Kompetenzen erfahren. Eine Beteiligung der regionalen- bzw. gliedstaatlichen Ebene an der europäischen Politik hingegen ist mit dem Maastrichter Vertragswerk erst ansatzweise vorgesehen. In Ermangelung einer der des Staates vergleichbaren Kompensation erfährt die periphere Ebene einen Verlust ihrer kompetentiellen Grundlage und der betroffene Staat einen Abbau seiner föderalen Essenz.

Ziel dieser Arbeit ist es, das beschriebene Phänomen am Beispiel des spanischen Autonomiestaates und - in zusammenfassender Kürze - des deutschen Bundesstaates zu untersuchen. Dem liegt die Überzeugung zugrunde, daß nur eine gute Kenntnis der von jenem Problem betroffenen föderalen Systeme sowie deren vergleichende Betrachtung den Weg für eine umfassende Lösungssuche bereiten kann.

Die Sorge um die "föderale Idee" legitimiert sich in ihrer herausragender Bedeutung auf zwei Ebenen, der nationalstaatlichen und der europäischen:

Hinsichtlich ersterer zeigt die Dezentralisierungstendenz auch traditionell zentralistisch organisierter Länder, insbesondere aber die bedrohlichen Spannungen in den Nationalstaaten des zerfallenen Ostblocks, daß das föderale Prinzip einen wichtigen Lösungsansatz als Grundlage für die kooperative Koexistenz verschiedener Nationalitäten, Volksgruppen und anderer historischer Territorial- oder Personaleinheiten bieten kann.

Die anläßlich der Ratifikation des Maastrichter Vertragswerkes in der europäischen Öffentlichkeit entbrannte Diskussion offenbart eine erhebliche Strukturkrise der Gemeinschaft. Eine deren maßgeblicher Ursachen ist in der fehlenden Akzeptanz und Transparenz der zentralen Brüsseler Politik bei den betroffenen Bürgern Europas zu finden. Die Konstituierung einer föderalen- bzw. regionalen Struktur als dritte Ebene der Europäischen Union könnte den Weg aus der Krise weisen und zu einer Leitidee der fortschreitenden Integration werden.

Da die betreffende wissenschaftliche Diskussion und politische Auseinandersetzung hierzu in Deutschland schon sehr weit fortgeschritten ist, beschränkt sich die Arbeit in diesem Punkt auf eine Zusammenfassung des Problems, um die Grundlage für eine Vergleichung und weiterführende Überlegungen zu schaffen.

Der Schwerpunkt der Arbeit liegt folglich auf der Behandlung des spanischen Autonomiestaates und dessen Integration in die Union. Die entsprechende Auseinandersetzung ist in Spanien nicht annähernd so weit fortgeschritten wie in Deutschland. Neben diesem "technischen" Aspekt sprechen für die Auswahl Spaniens verschiedene Gründe:

Der spanische Autonomiestaat kommt in seiner Territorialverfassung dem deutschen Föderalismus innerhalb Europas am nächsten. Wegen dieser engen Vergleichbarkeit und entsprechenden Betroffenheit ist eine gute Kenntnis des spanischen Systems Autonomer Gemeinschaften gerade aus deutscher Sicht von großem Interesse, um im gemeinschaftlichen Kontext angemessen reagieren und kooperieren zu können.

Das spanische System, wie es in der noch jungen Verfassung von 1978 normiert wurde, ist stark vom deutschen Grundgesetz beeinflußt. Eine Betrachtung dessen Ausprägung hinsichtlich der nationalen und europäischen Relevanz kann dem selbst noch im Prozeß begriffenen deutschen Föderalismus ein interessantes Lehrstück mit guten und schlechten Erfahrungen bieten.

Schließlich ist zu bemerken, daß Spanien zu den europäischen Ländern gehört, in denen die Idee einer europäischen Vereinigung auf besonders große Resonanz gestoßen ist und entsprechend mit viel Engagement verfolgt wird. In Anbetracht dessen ist von Spanien ein zunehmend großer Einfluß in der künftigen Europapolitik zu erwarten.

Die Arbeit ist wie folgt gegliedert:

Die Fragen zur Integration der deutschen Föderalstruktur in die Europäische Union haben gegenüber denjenigen zur Eingliederung des spanischen Systems einen gewissen Vorbildcharakter und können das Verständnis letzterer erleichtern. Aus diesem Grunde wird die Behandlung der "deutschen Problematik" als erstes Kapitel dem "spanischen Teil" vorangestellt. Dabei ist zu beachten, daß die beiden Systeme trotz vieler Ähnlichkeiten eine jeweils eigene Komplexität vorweisen und die Darstellung der sie konstituierenden Merkmale eine unterschiedliche Gewichtung erfahren muß.

Den Ausführungen über die spanische Territorialstruktur im ersten Teil des zweiten Kapitels wird ein weiter Raum zugemessen, da sich der Autonomiestaat in einer Phase des Umbruches befindet und nur dessen genaueres Verständnis eine

Grundlage für die Untersuchung der weiterführenden Fragen bieten kann.

Im zweiten Teil des ersten Kapitels werden die Probleme bei der Eingliederung des spanischen Systems in die Union untersucht.

Im dritten Kapitel werden die aus den ersten beiden Abschnitten ausgeklammerte Darstellung der Aufnahme einer regionalen Beteiligung auf europäischer Ebene im Maastrichter Vertrag sowie weiterführende Lösungsansätze aufgeführt.

Im abschließenden vierten Kapitel werden die Ergebnisse der voranstehenden Untersuchung zusammengefaßt, ausgewertet und in einen übergreifenden, europäischen Kontext gestellt.

1.Kapitel Die deutsche Bundesstaatlichkeit im Prozeß der europäischen Integration

Der deutsche Bundesstaat ist eine von mehreren Ausformungen des Grundprinzips "Föderalismus", das mit den Worten K.Hesses als

> die freie Einigung von differenzierten, grundsätzlich gleichberechtigten, in der Regel regionalen politischen Gesamtheiten, die auf diese Weise zu gemeinschaftlichem Zusammenwirken verbunden werden sollen[1]

beschrieben werden kann. Die Grundlage des "gemeinschaftlichen Zusammenwirkens" - und wohl auch das "Herzstück" jeder Ausformung des Föderalismus - ist die verfassungsrechtliche Ordnung der zwischen den einzelnen Gliedern, hier dem Bund und den Bundesländern, aufgeteilten Staatsgewalt, den Kompetenzen. Dieses System der Kompetenzverteilung, wie es im Grundgesetz 1949 begründet und seither weiterentwickelt wurde, ist der nationale Schauplatz, auf dem das Prinzip der europäischen Integration mit dem der deutschen Bundesstaatlichkeit kollidiert. Von der Integration betroffen ist hierbei nicht nur die klassische Aufteilung der legislativen, exekutiven und judikativen Hoheitsgewalten zwischen beiden Ebenen, sondern auch deren Durchwirkung von dem Grundsatz des bundesfreundlichen Verhaltens, den Einwirkungs- und Kontrollmöglichkeiten des Bundes auf die Länder, den Mitwirkungsoptionen der Länder an der Bundeswillensbildung sowie der bundesstaatlichen Kooperation untereinander. Zur Lösung des beschriebenen Spannungsverhältnisses zwischen Integration und Bundesstaatlichkeit wird den Ländern ein Ausgleich über ihre Beteiligung an der nationalen Willensbildung in EU-Angelegenheiten zum einen und einer direkten Mitwirkung an der europäischen Politik zum anderen eröffnet.

Der Klarheit halber sei der weiteren Darstellung eine kurze Begriffsklärung vorausgeschickt, wie sie im Grundgesetz zugrundegelegt wird: Hier werden die Gliedstaaten als "Länder" oder "Bundesländer", die zentrale Staatsorganisation als "Bund" und die Gesamtheit der Länder mit den zentralen Bundesorganen als "Bundesstaat" bezeichnet.

---

[1] K.Hesse, Grundzüge des Verfassungsrechtes..., § 7, RN 219

A. Kollisionsbereiche der Bundesstaatlichkeit mit der europäischen Integration

I. Kompetenzverluste der Bundesländer

Wie eingangs schon bemerkt, soll im folgenden Kapitel unmittelbar in die Problematik eingetaucht werden, die sich aus der Integration des deutschen Bundesstaates in die Europäische Union eröffnet.

Die Kompetenzverteilung innerhalb des deutschen Bundesstaates veränderte sich auf Seite der Bundesländer mit voranschreitender europäischer Integration grundlegend. Dieser Umstand beruht auf der Befugnis des Bundes, heute aus Art.23 Abs.1 Satz 2 i.V.m. Satz 1 GG, früher aus Art.24 Abs.1 GG, Kompetenzen der Bundesländer an die Europäische Union - zuvor Gemeinschaft - zu übertragen. Der Schwerpunkt dieser Übertragung vollzieht sich im Bereich der Gesetzgebung. Hier kommt der Kompetenzverlust zweifach zum Tragen:

> ...er vermindert nicht nur die Gesetzgebungshoheit der Länder; darüber hinaus werden die Länder nunmehr durch unmittelbar geltende EG-Normen auch in jenen Bereichen gebunden, wo sie bisher gesetzesfrei walten konnten.[2]

Von dieser "Europäisierung der Länderkompetenzen" sind auch solche Bereiche betroffen, die nach der Ordnung des Grundgesetzes in die ausschließliche Zuständigkeit der Bundesländer fallen.

So gebraucht die EU ihre legislativen Befugnisse in den Bereichen des Bildungswesens und der Kultur[3], der Regelung zur Niederlassung freier Berufe, des Rundfunkrechtes, des Umwelt-, Gesundheits- und Gewässerschutzes, der landwirtschaft, dem Finanzwesen und der Strukturpolitik[4], der Raumordnung und Landesplanung, dem Bauordnungsrecht, dem Beamtenrecht[5] und der Rechtsangleichung[6].[7]

Maßgebliche Bedeutung kommt im Bereich der Exekutive dem Umstand zu, daß

---

2 F.Ossenbühl, a.a.O., S.147

3 vgl. nur Art. 41-43, 45, 52, 53, 57, 128, 130f,Nr.2, 130g EGV

4 Art.99 EGV

5 Art.119 EGV

6 Art. 100-102 EGV

7 vgl. zu dieser Aufzählung: T.Busch, Bundesländer in der europäischen Integration, S. 36ff; H.Schwan, Die deutschen Bundesländer in der EG, S.15 ff; G.v.Welck, Die Bundesländer und die EEA, S.35ff; R.Streinz, Auswirkungen des EG-Rechts, S.35ff sowie die sehr ausführlichen Untersuchungen bei P.Dröll, die deutschen Bundesländer..., S.15ff und C.Baumhof, die deutschen Bundesländer..., S.5ff

die EU in weiten Bereichen des bislang gesetzesfreien Raumes der Bundesländer Regelungen erläßt, in dem diese sonst Verordnungen verabschieden könnten.[8] Außerhalb dessen ist der Eingriff der EU bislang noch nicht so ausgeprägt, da die EU nur vereinzelt über einen eigenen Verwaltungsaufbau verfügt.[9] Vielmehr steht die Ausführung der EU-Vorgaben in weiten Bereichen der Landesverwaltung zu.

Der Eingriff in Landeszuständigkeiten bei der Judikative ist gering. Hier ist vorwiegend die Vorlagepflicht gem. Art.177 Abs.3 EGV zu nennen, wonach die national höchsten Gerichte, möglicherweise also auch ein Landesgericht, zur Vorlage an den EuGH verpflichtet sind, wenn Zweifel über EU-vertragsrechtliche Fragen bestehen.[10]

Das Inkrafttreten des Maastrichter Vertragswerkes betraf die Landeskompetenzen regelmäßig nur in vereinzelten Zuständigkeitserweiterungen in von der EG zuvor bereits beanspruchten Bereichen betroffen. Wie die Schwerpunkte des Vertrages, Schaffung einer Wirtschafts- und Währungsunion, gemeinsame Außenpolitik und Abstimmung in den Bereichen Justiz und Inneres, ahnen lassen, betrifft der überwiegende Teil der Vertragsänderungen ausschließliche Bundeskompetenzen. Die Aufnahme der Art. 126 - 128 EGV für die Bereiche Bildung und Kultur - also klassische Länderkompetenzen - beschränkt die Unionskompetenzen sogar auf wesentliche Förder- und Koordinierungsmaßnahmen, entgegen der vorher üblichen weit ausgelegten Gestaltungskompetenz nach Art.128 EWGV[11].

II. Ausübung der EU-Kompetenzen

Den Organen der Europäischen Union stehen zur Ausübung ihrer Kompetenzen verschiedene Instrumentarien zur Verfügung, die in Art.189 EGV geregelt sind:

Den weitestgehenden Rechtsetzungsakt beschreibt die Verordnung gemäß Art.189 Abs.2 EGV. Denn indem sie an allgemein und abstrakt beschriebene Personengruppen gerichtet, in allen ihren Teilen verbindlich ist und unmittelbar in jedem Mitgliedstaat gilt, ohne daß ein eigener Umsetzungsakt notwenig ist, zeigt sie eine umfassende Wirksamkeit[12]. Eine Reaktion innerhalb des Mitgliedstaates kann jedoch insofern von Nöten sein, als entgegenstehendes nationales Recht geändert oder konkretisierende Dispositionen getroffen werden müssen, soweit die Verordnung nicht

---

8 vgl. T.Busch, a.a.O., S.42f

9 vgl. H.Schwan, a.a.O., S. 22

10 vgl. H.Schwan, a.a.O., S.22f, G.v.Welck, a.a.O., S.43f

11 vgl. T.Oppermann, C.D.Classen, Europäische Union..., S.17 und C.D.Classen, Maastricht und die Verfassung..., S.58

12 vgl. hierzu und zum Folgenden: Daig/Schmidt - Groeben u.a., Kommentar zum EWG-Vertrag, Art.189, RN 27ff

vollständig konkretisiert ist. Hierbei darf deren Inhalt jedoch in keiner Weise geändert werden [13].

Im Gegensatz zur Verordnung ist die Richtlinie gem. Art. 189 EGV direkt an den Mitgliedstaat adressiert und erfordert ihre Umsetzung durch interne Regelungen. Auch hier darf von den Vorgaben der Union nicht abgewichen, sondern allein deren Konkretisierung vorgenommen werden. Die Richtlinien werden üblicherweise mit verbindlichen Fristen zu ihrer Umsetzung erlassen. Bei deren Nichterfolgung wird den betroffenen Bürgern der Mitgliedsstaaten nach der Doktrin des EuGH der "unmittelbaren Wirksamkeit" ein Einforderungsrecht eröffnet, vorausgesetzt, daß die Richtlinie hierzu ausreichend konkretisierbar ist. In der europäischen Praxis werden die Richtlinien zunehmend detailierter erlassen, mit der Folge, daß der Umsetzungsakt häufig auf eine Art nationales Übernahmegesetz reduziert ist[14]. Hinsichtlich der mitgliedstaatlichen Ausführungen der EU-Rechtsakte gilt in der europäischen Doktrin das Prinzip der nationalen Autonomie. Diese impliziert die Freiheit jedes einzelnen Mitgliedstaates, Institutionen und Verfahren zur Ausführung der Rechtsakte nach Maßgabe der innerstaatlichen Rechtsordnung zu wählen. Diese Freiheit erfährt jedoch deutliche Einschränkungen aus dem Charakter der gemeinschaftlichen Rechtsakte. So muß sich die staatliche Durchführung und Umsetzung eng an die Vorgaben der Union halten und prinzipiell das Verfahren wählen, das der Intention und Effizienz des Rechtsaktes am besten gerecht wird[15].

Die Entscheidung ist nach Art. 189 Abs.4 EGV, im Gegensatz zur Verordnung, ein individueller Akt, also konkret an benannte Individuen gerichtet.[16] Dabei ist sie ebenfalls für den Adressaten verbindlich.

Die in Art. 189 Abs.5 EGV genannten Empfehlung und Stellungnahme haben lediglich unverbindlichen, beratenden Charakter.

Die zu diesem Rechtsetzungsakt ermächtigten Organe sind gem. Art.189 Abs.1 EGV entweder das Europäische Parlament mit dem Rat gemeinsam, oder Rat und Kommission jeweils selbstständig.

Art. 189 EGV regelt allerdings nur, welche Maßnahmen durch die genannten Organe getroffen werden dürfen, und welche Wirkungen diese entfalten. Wann sie diese Maßnahmen treffen dürfen, ergibt sich hingegen allein aus der jeweiligen Einzelermächtigung.

III. Unionsrecht und nationales Recht

Um das Verhältnis der Europäischen Union zur Bundesrepublik Deutschland und ihren Bundesländern zu bestimmen, ist eine zentrale Frage, wie die gemeinschafts

---

13 vgl. S.Muños Machado, el estado... S. 92 f.

14 vgl. R.Alonso García, la ejecución normativa..., S. 225

15 vgl. nur A.Lopez Castillo, la creación ..., S. 162

16 vgl. a.Bleckmann, Europarecht, RN 178f

rechtlichen Rechtsakte im Bundesstaat Geltung erlangen, und in welcher Beziehung sie zum nationalen Recht stehen.

1. Innerstaatliche Geltung unionsrechtlicher Rechtsakte

Die früher herrschende Lehre vertrat die Ansicht, daß das Europäische Gemeinschaftsrecht in der Form in nationales Recht transformiert werden muß, wie sie für völkerrechtliche Verträge vorgesehen ist.[17] Diese sieht die Verabschiedung eines Zustimmungsgesetzes mit Transformationswirkung gemäß Art.59 Abs.2 GG vor, wenn die Vertragsbestimmungen einer innerstaatlichen Umsetzung benötigen.[18]

Nach heute ganz herrschender Meinung ist jedoch eine solche Transformation für das EU-Recht nicht notwendig.[19] Rechtsakte der EU gelten hiernach auch innerstaatlich mit ihrer gemeinschaftsrechtlichen Verabschiedung. Diese unmittelbare Geltung des Unionsrechtes begründet sich damit, daß es eine eigenständige Rechtsordnung statuiert.[20] Durch die Übertragung nationaler Hoheitsrechte an die EU wurde eine Hoheitsgewalt geschaffen, die einen direkten Durchgriff des Unionsrechts auf die nationale Ebene ermöglicht.[21] Somit gilt die autonome gemeinschaftliche Rechtsordnung neben der nationalen Rechtsordnung unmittelbar.

2. Verhältnis von EU-Recht zu nationalem Recht

a. Verhältnis zum "einfachen" Regelwerk.

Das Verhältnis des Unionsrechtes zum nationalen, nicht verfassungsrechtlichen Recht war lange Zeit sehr umstritten.[22] Die heute ganz herrschende Meinung folgt der sogenannten europarechtlichen Lösung, derzufolge das Verhältnis aus dem Unionsrecht als autonome Rechtsordnung heraus bestimmt werden muß. Aus einzelnen Bestimmungen der Gründungsverträge, besonders Art.189 Abs.2 und Art.5 EGV, sowie aus dem gemeinschaftsimmanenten Prinzip der Sicherung der Funktionsfähigkeit der EU müsse dem EU-Recht ein Vorrang vor nationalem Recht eingeräumt werden.[23] Dies sei jedoch ein Anwendungs- und kein Geltungsvorrang, der also nur im Kollisionsfalle heranzuziehen ist und die widersprechende nationale Regelung

---

[17] vgl. m.w.N.: E.Grabitz, Rechtsetzungsbefugnis, S.7

[18] vgl. Maunz-M/D/H/S, Art.59, RN 22ff, insb.25

[19] vgl. m.w.N. E.Grabitz, a.a.O., S.8

[20] vgl. BVerfGE 37, 271, 277f

[21] vgl. v.Münch.-O.Rojahn, Art.24, RN 16; K.Stern, Staatsrecht,Bd.I, S.523f; E.Grabitz, a.a.O., S.8

[22] vgl. zu den verschiedenen Lösungsansätzen, insb. der völkerrechtlichen, der bundesstaatlichen, der verfahrensrechtlichen und der pragmatischen Lösung: Schweitzer/Hummer, Europarecht, S.228ff

[23] vgl. zur Rechtsorechung des EuGH: Rs 6/64 Costa/ENEL, Rspr.1964, S.1251ff, 1269ff

nicht grundsätzlich außer Kraft setzt. Diese Ansicht wird aus dem nationalen Recht mit der Übertragung von legislativen Hoheitsrechten gemäß Art.24 Abs.1 GG bestätigt.[24]

b. Verhältnis zum Verfassungsrecht.

Der grundsätzliche Vorrang des Unionsrechtes erfährt jedoch im Verfassungsrecht gewisse Vorbehalte: Anfänglich entschied das Bundesverfassungsgericht, daß das Unionsrecht grundsätzlich am Grundrechtskatalog der Verfassung überprüft werden kann, solange die Gemeinschaft noch keinen dem Grundgesetz adäquaten Grundrechtskatalog erstellt hat und gewährleistet.[25] In der Folgezeit befaßte sich der EuGH ausführlich mit der Gewährleistung der Grundrechte und entwickelte eine diese garantierende Rechtsprechung. Aus diesem Grunde entschied das Bundesverfassungsgericht in seinem sogenannten "Solange-II-Beschluß":

> Solange die Europäischen Gemeinschaften, insbesondere die Rechtsprechung des Gerichtshofes der Gemeinschaften einen wirksamen Schutz der Grundrechte gegenüber der Hoheitsgewalt der Gemeinschaften generell gewährleisten, [...] wird das Bundesverfassungsgericht seine Gerichtsbarkeit über die Anwendbarkeit von abgeleitetem Gemeinschaftsrecht, [...], nicht mehr ausüben und dieses Recht mithin nicht mehr am Maßstab der Grundrechte des Grundgesetzes überprüfen; [...] entsprechende Gesetzesvorlagen nach Art.100,I GG sind somit unzulässig.[26]

Damit ist jedoch kein unionsrechtlicher Vorrang vor dem Grundgesetz begründet, sondern ein "judicial self-restraint" des Bundesverfassungsgerichtes.[27] Das Gericht behält sich hierbei eine Art "Mißbrauchkontrolle" vor, für den Fall, daß die Beachtung der Grundrechte, insbesondere durch den EuGH, nicht mehr gewährleistet ist.[28]

Im jüngst ergangenen "Maastricht-Urteil" des Bundesverfassungsgerichtes konkretisiert der zweite Senat die vorangegangene Diktion:

> Das Bundesverfassungsgericht gewährleistet durch seine Zuständigkeit [...], daß ein wirksamer Schutz der Grundrechte für die Einwohner Deutschlands auch gegenüber der Hoheitsgewalt der Gemeinschaft generell sichergestellt und dieser dem vom Grundgesetz als unabdingbar gebotenen Grundrechtsschutz im wesentlichen gleich zu achten ist, zumal den Wesensgehalt der Grundrechte generell verbürgt.[29]

Weiter heißt es, daß die Aufgaben des Verfassungsgerichtes zu denjenigen des EuGH in einem "Kooperationsverhältnis" stehen: Während ersteres sich um die "generelle Gewährleistung der unabdingbaren Grundrechtsstandards"[30] sorgt, käme zweiterem

---

24 BVerfGE 31, 173f
25 BVerfGE 37, 271, 285
26 BVerfGE 73, 339, 387
27 vgl. W.Kewenig, Die Europäischen Gemeinschaften, S.460
28 vgl. ders. ebd.
29 BVerfGE vom 12.10.1993, S.30
30 ders., ebd.

besonders die Garantie der Grundrechte "...in jedem Einzelfall für das gesamte Gebiet der Europäischen Gemeinschaften"[31] zu.

IV. Übertragung ursprünglicher Länderkompetenzen und deren Aufnahme im Unions-Vertrag

1. Art.23 Abs.1 Satz 2 i.V.m. Satz 1 GG, früher Art.24 Abs.1 GG, als grundgesetzliche Ermächtigung zur Übertragung von Hoheitsrechten an die EU/EG

Am 21.12.1992 wurde ein Gesetz zur Neuregelung des Art.23 GG verabschiedet. Es regelt als "Europa-Artikel" umfassend die Ermächtigung des Staates, die zur weiteren Integration erforderlichen Maßnahmen zu treffen, und wie die Bundesländer in Unionsbelangen einzubeziehen sind. Damit wurde eine Spezialnorm zu Art. 24 Abs.1 GG, der allein bis zu diesem Zeitpunkt zur Übertragung von Hoheitsrechten ermächtigte, geschaffen. Da Art.24 Abs.1 GG von deutscher Seite aus die Ermächtigung zur Übertragung der Hoheitsrechte im Rahmen des gesamten europäischen Vertragswerkes bis Ende 1992 stellte, sollen die tatbestandlichen Voraussetzungen, wie sie hinsichrtlich der EG bis zu diesem Zeitpunkt galten - und außerhalb der Unionspolitik auch heute noch gelten - dargelegt werden. Ebenso wird Art.24 Abs.1 GG in der weiteren Untersuchung, soweit diese nicht auf die Zeit nach Dezember 1992 beschränkt ist, neben der neuen Spezialnorm genannt werden, da sie Bezugspunkt der entsprechenden Diskussionen war, und die Fragestellungen wie auch die Ergebnisse auf den neuen Art.23 Abs.1 GG regelmäßig übertragbar sind.

Kraft Art.24 Abs.1 GG war der Bund befugt, Hoheitsrechte auf zwischenstaatliche Einrichtungen zu übertragen. Diese Vorschrift war, mit Verabschiedung der Zustimmungsgesetze zu den Gründungsverträgen der Europäischen Gemeinschaften 1957, die Ermächtigung zur Ausübung ursprünglich nationaler Hoheitsrechte durch die EG geworden. Sie war somit Grundlage der sogenannten "offenen Staatlichkeit", der Öffnung einer Ausübung staatlicher Hoheitsrechte durch externe Institutionen.

Der Begriff der "Hoheitsrechte" entspricht dem der "Ausübung der öffentlichen Gewalt", also die "...Befugnis, Rechtsverhältnisse, die der staatlichen Rechtsordnung unterliegen, einseitig zu gestalten."[32]

Die Übertragungsbefugnis des Bundes im Hinblick auf die EG nach Art.24.Abs.1 GG war nicht auf eigene Hoheitsrechte beschränkt, sondern umfaßte auch solche, die der ausschließlichen Zuständigkeit der Bundesländer zufielen. Zu dieser Ansicht kam die herrschende Meinung durch eine teleologische Auslegung des Art. 24 Abs.1 GG: Mit dieser Vorschrift i.V.m. der Präambel des Grundgesetzes entschied sich der Ver-

---

31 ders., ebd.

32 v.Münch-Rojahn, Art.24, RN 9

fassungsgeber für die Beteiligung der Bundesrepublik an der europäischen Integration. Nach der innerstaatlichen Kompetenzverteilung stehen den Bundesländern wesentliche Zuständigkeiten in allen drei Gewalten zu. Die Verwirklichung des gemeinschaftlichen Zieles, zuerst Schaffung einer wirtschaftlichen Einheit und Überleitung derer in eine politische Union, ist mit bundesdeutscher Beteiligung nicht möglich, ohne die Befugnis zur Übertragung eines Teiles jener ausschließlichen Länderkompetenzen.[33]

Anfangs wurde die Ansicht vertreten, daß der Begriff der "Übertragung" der zivilrechtlichen Zession gleicht, also Hoheitsrechte an die EU abgetreten werden.[34] Mit der Anerkennung einer eigenständigen gemeinschaftlichen Rechtsordnung korrespondiert hingegen das Entstehen neuer, originärer gemeinschaftlicher Hoheitsrechte.[35] Der Übertragungsakt nach Art.24 Abs.1 GG wie auch nach Art.23 Abs.1 GG beinhaltet darum, der heute herrschender Ansicht zufolge, einen Verzicht des Staates auf die Ausübung des eigentlich "ausschließlichen Herrschaftsanspruches auf dem der fremden Hoheitsmacht zugedachten Aufgabenbereich..."[36] Mit Kündigung der Verträge ist der Staat also auch ohne einen "Rückübertragungsakt" befugt, seine entsprechenden Hoheitsrechte wieder auszuüben.

Mit dem neuen Art.23 GG ist die Frage, ob der Bund auch Länderkompetenzen übertragen darf, obsolet geworden. Denn diese Ermächtigung ist hier explizit genannt, und in den Absätzen 2 ff mit feiner Differenzierung nach dem Maß der Betroffenheit das jeweils erforderliche Verfahren geregelt[37].

2. Ermächtigungsgrundlagen unionsrechtlicher Kompetenzen

Während Art.189 EGV den befugten Organen die Instrumentarien zur Rechtsetzung und sonstigen Einflußnahme an die Hand gibt, muß die Ermächtigung zum Einsatz derselben eigens gegeben sein.

a. Einzelermächtigungen

Solche Ermächtigungen werden in den Gründungsverträgen durch einzelne, enumertiv aufgezählte Bestimmungen geregelt. Dieses Prinzip der enumerativen Einzelermächtigung, wie es in Art.4 EGV niedergelegt ist, sollte ursprünglich eine weitgehende Bestimmbarkeit und Eingrenzung der gemeinschaftlichen Kom-petenzen ermöglichen. Da diese Einzelermächtigungen sich an Zielbestimmungen der Union orientieren, ist hier bereits die Bestimmtheit der Normen aufgeweicht.[38]

---

[33] vgl. nur: E.Grabitz, a.a.O., S.4ff; M.Schweitzer, Staatsrecht,III, RN 48; W.Kewenig, a.a.O., S.458

[34] vgl. die Nachweise bei H.Schwan, a.a.O., S.35

[35] vgl. ders., a.a.O., S.43ff

[36] ders. a.a.O., S.38; vgl. auch v.Müch-Rojahn, Art.24, RN 14

[37] vgl. die ausführliche Darstellung im 1.Kapitel,B.II.1.f.(1)

[38] vgl. I.Schwartz, Groeben u.a.-EWG-Kommentar, Art.235, RN 12

b. Generalermächtigungen

Das Prinzip der begrenzten Ermächtigungen wird allerdings mit den Generalermächtigungen aus Art.100 und 235 EGV durchbrochen. Dabei kommt dem Art.235 EGV als Ermächtigungsgrundlage eine herausragende Bedeutung zu. Er soll die Gemeinschaft in die Lage versetzen, auch dann Rechtsakte zur Erfüllung ihrer vertraglichen Ziele zu erlassen, wenn es für diese keine - oder keine ausreichende - Einzelermächtigung gibt.[39] Diese Befugnis wird mit der Notwendigkeit für die Union begründet, auf Veränderungen zu reagieren, die bei Vertragsschluß noch nicht berücksichtigt werden konnten, ohne daß hierzu eine Vertragsänderung notwendig ist. Es sollen also "Diskrepanzen zwischen bestehender Zielzuständigkeit [der Gemeinschaftsorgane; Anm.des Verfassers] und teilweise oder ganz fehlender Zielverwirklichungszuständigkeit..."[40] verhindern. Diese Ermächtigung ist allein durch die Zielvorgabe begrenzt, Maßnahmen zur Verwirklichung des gemeinsamen Marktes zu treffen. An dieser in der unionsrechtlichen Praxis weit ausgelegten Generalklausel[41] entzündete sich beträchtliche Kritik. So spricht M.Schweitzer von einer "schleichenden Kompetenzübertragung", die mit Art.235 EGV einen "Kompetenzselbstbedienungsladen für die EU" eröffnet habe.[42] Unter direkter Bezugnahme auf die "Vertragsabrundungskompetenz" nach Art.235 EGV, den Gedanken der inhärenten Zuständigkeiten der Unionsorgane und deren bisherigen Streben "...auf eine Vertragsauslegung im Sinne einer größtmöglichen Ausschöpfung der Gemeinschaftsbefugnisse ("effet util")..."[43] weist das Bundesverfassungsgericht im "Maastricht-Urteil" auf die veränderte Wertung im EU-Vertrag hin:

> ..., so wird in Zukunft bei der Auslegung von Befugnisnormen durch Einrichtungen und Organe der Gemeinschaften zu beachten sein, daß der Unions-Vertrag grundsätzlich zwischen der Wahrnehmung einer begrenzt eingeräumten Hoheitsbefugnis und der Vertragsänderung unterscheidet, seine Auslegung deshalb in ihrem Ergebnis nicht einer Vetragserweiterung gleichkommen darf; eine solche Auslegung von Befugnisnormen würde für Deutschland keine Bindungswirkung entfalten.[44]

c. Zuständigkeit nach den "implied powers"

Neben die Einzel- und Generalermächtigungen tritt die vom EuGH anerkannte Lehre der "implied powers", eine der bundesdeutschen Annexkompetenz vergleichbare Zuständigkeit.[45]

---

39 vgl. ders. a.a.O. RN 6
40 ders. a.a.O., RN 14
41 mit Art. 235 EWGV sollte z.B. das Kommunalwahlrecht für Ausländer geregelt werden; vgl. m.w.N. M.Schweitzer, Beteiligung der Bundesländer, S.129
42 ders. ebd.; vgl. auch G.-B. Oschatz, EG-Rechtsetzung, S.66
43 BVerfGE vom 12.10.1993, S.81
44 BVerfGE vom 12.10.1993, S. 81f
45 vgl. Beutler, u.a., Die Europäische Gemeinschaft, S.78

d. Rechtsprechung des EuGH

Die weite Auslegung der Ermächtigungsgrundlagen zur unionrechtlichen Kompetenzausübung wird durch den EuGH weitgehend bestätigt. So erkannte er es seit den sechziger Jahren als seine Aufgabe an, die zügige Fortentwicklung der Gemeinschaft durch entsprechende Grundsatzentscheidungen voranzubringen. In Reaktion hierzu wurde ihm kritisierend vorgeworfen, sich Versuchen zugänglich gezeigt zu haben, "...das Prinzip der enumerativen Einzelzuständigkeit der Gemeinschaft im Hinblick auf die dynamische Ausweitung der Gemeinschaftsaktion nicht zu eng zu verstehen..."[46] Er folgte in der Rechtsprechung dem "Prinzip einer möglichst effektiven Verwirklichung der Vertragsziele"[47] unter Anwendung des Grundsatzes "in dubio pro comunitate"[48]

Wenngleich es noch zu früh ist, von einer Kehrtwende der Rechtsprechung zu sprechen, läßt doch ein jüngst ergangenes Urteil des EuGH zur Anwendbarkeit des-Art.30 EGV aufhorchen und auf die weitere Entwicklung gespannt sein[49]. In Umkehr seiner bisherigen Rechtsprechung ist der Gerichtshof hier erstmalig vom Gebrauch des Art.30 EGV als ein umfassendes Deregulierungsinstrument abgekommen und bemüht sich, die Anwendbarkeit dieses Verbotes der mengenmäßigen Einfuhrbeschränkung scharf abzugrenzen[50]. Hierin wird das Bestreben des Gerichtshofes deutlich, mit Art.30 EGV die Grundlage einer von der Union zuvor extensiv genutzten Kompetenz zugunsten der mitgliedstaatlichen Zuständigkeiten zu präzisieren.

e. Art.F Abs.3 EGV

Von den Beschwerdeführern im "Maastricht-Verfahren" des Bundesverfassungsgerichts wurde die Sorge vorgetragen, daß den Unionsorganen mit Art.F Abs.3 des Unions-Vertrages eine Kompetenz-Kompetenz zukomme, mit der Folge, daß die eigene Staatsgewalt ihren nationalen Trägern substantiell entzogen werden könne.[51] Art.F Abs.3 EUV lautet: "Die Union stattet sich mit Mitteln aus, die zum Erreichen ihrer Ziele und zur Durchführung ihrer Politiken erforderlich sind." Der Zweite Senat entgegnet diesen Bedenken dahingehend, daß Art.F Abs.3 EUV nur eine programmatische Absichtserklärung der Mitgliedstaaten beinhalte und auf die technische Mittelausstattung gerichtet sei. Die Auslegung der Vorschrift im Sinne einer gemeinschaftlichen Kompetenz-Kompetenz widerspräche dem grundlegenden System der Kompetenzverteilung, das dem Grundsatz der Bestimmtheit und Einzelermächtigung verpflichtet sei. Die Annahme einer Kompetenz-Kompetenz wäre vom deutschen Zustimmungsgesetz nicht gedeckt und folglich innerhalb Deutschlands rechtlich

---

46 T.Oppermann, Europarecht, S.135 mit Verweis auf EuGHE 1985, 594ff - Rs 293/83

47 K.Hailbronner, Die deutschen Länder in der EG, S.151; H.P. Ipsen, Der Europäische Gerichtshof, S. 47ff

48 vgl. M.Schweitzer, a.a.O., S. 129

49 EuGHE, NJW 1994, S.121 - Keck

50 vgl. auch W.Möschel, Kehrtwende..., S.430f

51 vgl. BVerfGE vom 12.10.1993, S.15

unverbindlich.[52] Diese Wertung des Verfassungsgerichtes wird durch den neu normierten Art.3 b Abs.1 EGV bestätigt, da hier das grundlegende Prinzip der begrenzten Einzelermächtigung unionsrechtlichen Handelns explizit aufgenommen ist[53]. Die Ausgestaltung der Union läßt keinen Zweifel daran, daß die Mitgliedstaaten unverändert die "Herren der Verträge" sind, der Union also keine Kompetenz-Kompetenz zukommen kann. Eine andere Wertung widerspräche den politischen Realitäten zu dieser Frage, wie sie in den Vertragsverhandlungen in Maastricht erneut deutlich geworden sind.

V. Beschränkte Beteiligung des Bundesrates

Über die unmittelbare Abschöpfung der Länderkompetenzen durch die EU hinaus, mindert auch die Übertragung von Bundeskompetenzen die Einflußmöglichkeiten der Bundesländer auf die nationale politische Willensbildung: Denn durch ihre Abgeordneten können die Landesregierungen über die Zustimmungsrechte oder Einspruchsmöglichkeiten des Bundesrates bei der Bundesgesetzgebung mitwirken. Diese Mitwirkung entfällt in den Bereichen, in denen der Rat oder die Kommission die Rechtsetzung übertragen bekommen haben, da hier nur noch Mitglieder der Bundesregierung beteiligt sind.[54]

VI. Zuständigkeit zur innerstaatlichen Umsetzung des Gemeinschaftsrechts

In der europäischen Unionspolitik muß zwischen der aszendierenden und der deszendierenden Phase unterschieden werden. Während erstere den allgemeinen Prozeß der Rechtsetzung beschreibt, bezieht zweitere sich auf die folgende Umsetzung des Unionsrechtes. Die wirklichen Probleme bei der Integration föderaler Systeme stellen sich in der Beteiligung an der aszendierenden Phase[55], weshalb hier der Schwerpunkt der Untersuchungen liegt und - entgegen der "natürlichen" Reihenfolge - die Darstellung der deszendierenden Phase im folgenden vorgezogen wird:

Da die EU über wenige eigene Behörden verfügt, müssen die von ihr erlassenen Rechtsakte von den nationalen Behörden innerstaatlich umgesetzt werden. Diese Umsetzung muß nach der innerstaatlichen Rechtsordnung entschieden werden, da die

---

52 vgl. BVerfGE vom 12.10.1993, S.58 ff

53 vgl. zur ausführlichen Darstellung des Art.3 B EGV: 3.Kapitel, A.I.1.

54 vgl. G.Ress, Die Europäischen Gemeinschaften, S.554; M.Schweitzer, a.a.O., S.129f; G.Kisker, Die bundesstaatliche Ordnung..., S.217 f

55 vgl. 1.Kapitel, B.

EU in ihrer Rechtsetzung die bundesstaatlichen Strukturen Deutschlands nicht berücksichtigt, sie ist mit "Landes-Blindheit"[56] belegt. Dies trifft insbesondere auf Richtlinien zu, da sich die EU hier auf eine Vorgabe beschränkt, deren konkrete Umsetzung durch den Staat erfolgen muß und diesem die Wahl der Mittel bleibt. Bei dieser Problematik ist zum einen zu fragen, wer für die Gesetzgebung zur Umsetzung zuständig ist, und zum zweiten, ob diese Zuständigkeit innerstaatlich auch eine bindende Pflicht zur Durchführung des Unionsrechts bewirkt.

1. Die Durchführungskompetenz

Nach Art.70 Abs.1 GG steht diese Zuständigkeit, Vorgaben der Europäischen Union auf nationaler Ebene umzusetzen, den Ländern zu, soweit sie dem Bund nicht ausdrücklich zugewiesen wurde.

Eine solche Zuweisung könnte auf dem Wege der ausschließlichen oder konkurrierenden Gesetzgebungszuständigkeit nach Art.71ff GG erfolgt sein. Doch kann weder die Bundeskompetenz zu auswärtigen Angelegenheiten, Art.73, Nr.1 GG, noch die Materie des Art.75, Nr.5 GG oder das Unionsrecht, als Recht der Wirtschaft, gemäß Art.74, Nr.11 GG soweit ausgelegt werden, daß sie auf das Unionsrecht zutreffen. Der Regelungskatalog des Art.71ff GG ist zu konkret und bestimmt, um auf das Unionsrecht anwendbar zu sein, ohne sich selber ad absurdum zu führen.[57]

Es wird die Meinung vertreten, daß dem Bund eine ungeschriebene Zuständigkeit aus der ratio des Art.24 Abs.1 GG, heute Art.23 Abs.1 GG, zufällt. Diese Vorschrift begründe eine grundlegende Integrationsgewalt des Bundes, da der dem Art.24 Abs.1, Art.23 Abs.1 GG zugrundeliegende Ausschließlichkeitsverzicht eine ständige wiederholte Betätigung und Konkretisierung im sekundären Gemeinschaftsrecht erfordere.[58] Dieser Ansicht wird zu Recht von der herrschenden Meinung widersprochen, da der Ausschließlichkeitsverzicht auf die Vertragswerke beschränkt ist und nicht durch jeden sekundären Rechtsetzungsakt erneut erfolgt.[59]

Ebenso wird von der herrschenden Ansicht eine Bundeskompetenz aus Art. 32 Abs.1 GG abgelehnt. Die Pflege der Beziehungen zu auswärtigen Staaten umfasse nur das Handeln der Bundesrepublik im Rahmen der Völkerrechtsordnung. Während sich diese Zuständigkeit nur auf das Außenverhältnis bezieht, ist die Umsetzungskompetenz völkerrechtlicher Verträge ein allein innerstaatlicher Gesetzgebungsakt.[60]

Da auch sonstige bisweilen aufgeführte Annexkompetenzen oder ungeschriebene Bundeskompetenzen nicht greifen[61], ist die Rechtsetzungsbefugnis zur Durchführung

---

56 H.P.Ipsen, Als Bundesstaat in der Gemeinschaft, S.256

57 vgl. H.Schwan, a.a.O., S.144 f; W.Kössinger, Die Durchführung des EG-Rechts, S.48ff; E.Grabitz, a.a.O., S.13ff

58 vgl. H.Birke, Die deutschen Bundesländer, S.121ff

59 vgl. H.Schwan, a.a.O., S. 147; E.Grabitz, a.a.O., S.24f

60 vgl. E.Grabitz, a.a.O., S.21 ff; mit Nachweis entgegenstehender Meinungen: H.Schwan, a.a.O., S. 152ff

61 vgl. hierzu E.Grabitz, a.a.O., S.25ff

der EU-Rechtsakte gemäß der innerstaatlichen Kompetenzverteilung nach Art.70 Abs.1 GG den Ländern zuzuordnen.

2. Pflicht der Bundesländer zur Durchführung der EU-Rechtsakte

Da der Bund Adressat der meisten EU-Rechtsakte ist, und die Bundesländer zur Umsetzung der in diesen Kompetenzbereich fallenden Angelegenheiten zuständig sind, stellt sich die Frage, ob die Länder dem Bund gegenüber zur Umsetzung verpflichtet sind. Eine solche Verpflichtung wird zu Recht von der heute ganz herrschenden Meinung angenommen.[62] Zur Begründung jener Pflicht werden unterschiedliche Ansätze herangezogen:

Zum einen wird argumentiert, die Bundesländer verstießen mit einer Verweigerung der Durchführungsgesetzgebung gegen den Grundsatz des "venire contra factum proprium", da sie über den Bundesrat den Gemeinschaftsverträgen zugestimmt hatten.[63] Ähnlich argumentiert eine Ansicht, die die Durchsetzungspflicht gemeinschaftsrechtlich aus Art.24 Abs.1, 23 Abs.1, GG i.V.m. der Pflicht zur Befolgung des Gemeinschaftsrechts aus Art.5 EGV begründet.[64]

H.P.Ipsen führt eine "Vergemeinschaftung" des Gesamtstaates an, wonach durch die Eingehung der Integrationsverträge die Kompetenzverteilung "mutiert" wurde, mit der Folge, daß die Länder dem Bund gegenüber zur Durchführung verpflichtet sind.[65]

Überzeugend ist der Ansatz, wonach die Begründung einer Durchführungspflicht aus dem Grundsatz der Bundestreue hergeleitet wird. Die Vertragsschlußkompetenz und Integrationsgewalt des Bundes würden bedeutungslos,

> ...wenn die Länder die Erfüllung dieser den Gesamtstaat treffenden und ihn der Gefahr von Vertragsverletzungsverfahren aussetzenden Verpflichtungen verweigern könnten.[66]

So sind die Länder gehalten,

> ... zur Wahrung der wohlverstandenen Belange des Bundes und der Glieder beizutragen.[67]

Solche "wohlverstandenen Belange des Bundes" liegen in der Pflicht, die Funktion der Union zu gewährleisten. Mit dieser Rechtsetzungspflicht der Länder korrespondiert das Recht des Bundes, im Falle einer Verweigerung der Länder, mit einem Bund-Länder-Streitverfahren vor dem Bundesverfassungsgericht, Art. 93 Abs.1 Nr.3 GG, und im Wege des Bundeszwanges nach Art.37 GG die Umsetzung des Unionsrechtes zu gewährleisten. Nach Art.37 GG steht ihm hier auch der Weg der Ersatzvornahme durch den Erlaß der entsprechenden Ländergesetze zu.[68]

---

62 vgl. m.w.N., auch der Gegenmeinung, E.Grabitz, a.a.O., S. 30f
63 vgl. zu dieser Ansicht die Darlegung bei H.Schwan, a.a.O., S. 159f
64 vgl. Darlegung bei A.Weber, Durchführung des Gemeinschaftsrechts, S.30f
65 vgl. H.P.Ipsen, Als Bundesstaat in der Gemeinschaft, S. 264
66 E.Grabitz, a.a.O., S.31; außerdem: A.Weber, a.a.O., S. 31; H.Schwan, a.a.O., S.160ff
67 BVerfGE 6, 309, 361
68 vgl. A.Weber, a.a.O., S.31 f; W.Grabitz, a.a.O., S.31f, H.Schwan, a.a.O., S.164ff

VII. Verfassungsrechtliche Grenzen des Art. 23 Abs. 1 GG

Art.23 Abs.1 GG ist in Nachfolge des Art.24 Abs.1 GG die nationalrechtliche Grundlage für das deutsche Einwirken in die europäische Integration. Da die hierzu erforderliche Übertragung von Länderhoheitsrechten mit dem verfassungsrechtlichen Bundesstaatsprinzip kollidiert, kommt der Frage nach deren Grenzen eine erhebliche Bedeutung zu.

Da sowohl das Integrationsgebot aus Art.23 Abs.1 GG, früher Art.24 Abs.1 GG i.V.m. der Präambel des Grundgesetzes, als auch das Bundesstaatsprinzip Verfassungsrang besitzen, ist bei deren Kollision im Wege der "praktischen Konkordanz" eine Abwägung der geschützten Güter vorzunehmen. Bei der Frage, ob nach Art.23 Abs.1 GG auch ausschließliche Länderzuständigkeiten übertragen werden dürfen, wurde bereits festgestellt[69], daß dem Integrationsprinzip gegenüber der Bundesstaatlichkeit ein Übergewicht zufällt, um die Realisierbarkeit einer Europäischen Union zu gewährleisten.[70] Das bisweilen zur Beschränkung des Art.23 Abs.1, 24 Abs.1 GG angeführte Prinzip der Bundestreue kann allenfalls als Auslegungsprinzip in die Güterabwägung zwischen Integration und Bundesstaatlichkeit einfließen, nicht aber eigenständige Grenzen ziehen.[71]

Möglicherweise kann jedoch auch diesem Übergewicht des Integrationsprinzipes nur so lange stattgegeben werden, bis der durch Art.79 Abs.3 GG garantierte Kernbereich dort geschützter Verfassungsgüter betroffen ist. Zur grundsätzlichen Beschränkbarkeit des Art.24 Abs.1 GG durch Art.79 Abs.3 GG, angesichts des Umstandes, daß Art.79 Abs.3 GG von einer Verfassungsänderung spricht, während in Art.24 Abs.1 GG einfache Gesetze erlassen werden, herrscht weitgehend Übereinstimmung, da die Grenzen des Verfassungsgebers erst recht für den einfachen Gesetzgeber gelten müssen.[72] Im neuen Art.23 Abs.1 GG ist diese Geltung des Art.79 Abs.2 und 3 GG nunmehr ausdrücklich in Satz 3 bestätigt. Über die Weite der Anwendbarkeit des Art.79 Abs.3 GG auf die Übertragung von Hoheitsrechten bestehen unterschiedliche Ansichten. Hinsichtlich der Fundamentalbestimmung des Art.1 GG herrscht Einigkeit über dessen Maßgabe gemäß Art.79 Abs.3 GG für Art.23 Abs.1, 24 Abs.1 GG.[73] Die Überprüfbarkeit der Kompetenzübertragung anhand der Staatsformbestimmungen des Art.20 Abs.1 GG wird hingegen von einem Teil der Lehre abgelehnt, da es sich bei der Europäischen Union um eine autonome, außerstaatliche Rechtsordnung handle, und die Mitwirkung des Staates an selbiger sich somit der Einschränkung des Art.79 Abs.3 GG entziehe. Dem wird zurecht entgegengehalten, daß das Admittationsgesetz lediglich den Verzicht auf die Ausübung eigener Ho-

---

69 vgl. 1.Kapitel,A,IV,1.

70 vgl. auch H.Schwan, a.a.O., S.87; T.Busch, a.a.O., S.84ff, T.Busch gibt hierbei dem Integrationsprinzip wegen seiner Stellung als "Staatszielbestimmung" vor der "Staatsformbestimmung" der Bundesstaatlichkeit den Vorrang, vgl.a.a.O., S.84ff

71 vgl. m.w.N. H.Schwan, a.a.O., S.84f

72 vgl. m.w.N. W.Kewenig, a.a.O., S.460

73 vgl. Maunz-M/D/H/S, Art.24, RN 16

heitsgewalt bedingt und eine originäre Gewalt schafft, also ein primär innerstaatlicher Vorgang ist.[74] Aus Art.79 Abs.3 GG kann jedoch auch nicht eine vollständige strukturelle Kongruenz von Unionsrecht und Verfassung gefolgert werden. Eine solche setzte voraus, daß alle Mitgliedstaaten sich auf die bundesstaatlichen Verfassungsstrukturen beschränken, ein offensichtlich irreales Ansinnen.[75] So müssen anhand der einzelnen Strukturprinzipien die Schranken des Art.23 Abs.1 GG bestimmt werden.

1. Prinzipien des Rechtsstaates, der Gewaltenteilung, der Demokratie und des Sozialstaates

Die in Art.20 GG verankerten Prinzipien des Rechtsstaates, der Gewaltenteilung, der Demokratie und des Sozialstaates werden teilweise nicht explizit im Unionsrecht aufgeführt. Namentlich die demokratische Durchdringung der Union ist noch ungenügend[76]. Doch ist allgemein anerkannt, daß diese Prinzipien in der Rechtsprechung des EuGH und neuen unionspolitischen Vorhaben, wenn auch bisweilen in anderer Gestalt, ausreichend berücksichtigt werden.[77]

2. Bundesstaatsprinzip

Schwieriger ist die Frage nach dem uneinschränkbaren Kernbereich des Bundesstaatsprinzipes, da

> die Substanz der Bundesstaatlichkeit im Blick auf europäische Lagen noch wenig entwickelt ist.[78]

Das Bundesverfassungsgericht führt hierzu aus, daß die Länder durch Art.79 Abs.3 GG

> ..., gegen eine Verfassungsänderung gesichert [sind; Anm. des Verf.], durch die sie die Qualität von Staaten oder eine Essentialie der Staatlichkeit einbüßen [...]. Die Länder im Bundesstaat sind nur dann Staaten, wenn ihnen ein Kern eigener Aufgaben als "Hausgut" unentziehbar verbleibt [...], jedenfalls muß dem Land die freie Bestimmung über seine Organisation

---

74 vgl. zu dieser Argumentation m.w.N. H.Schwan, a.a.O., S.81

75 vgl. m.w.N. Zuleeg, AK, Art. 24,I, RN 38

76 In dem jüngst ergangenen "Maastricht-Urteil" des Bundesverfassungsgerichtes verneint der 2.Senat, trotz der offenliegenden demokratischen Defizite der Union, eine Verletzung des grundgesetzlichen Demokratieprinzips. BVerfGE v. 12.10.1993, S.39ff, insb. 43ff und 50ff; vgl. auch die Stellungnahme zu diesem Urteil von K.A.Schachtschneider, Das Maastricht-Urteil..., S.1ff und L.Incesu, Zwischen Europaoffenheit..., S.70ff

77 vgl. v.Münch-O.Rojahn, Art.24, RN 35ff; Zuleeg, AK, Art.24, RN 40ff; T.Busch, a.a.O., S.93ff m.w.N.

78 M.Schröder, Bundesstaatliche Erosionen, S.91

einschließlich der in der Landesverfassung enthaltenen organisatorischen Grundentscheidungen verbleiben.[79]

In der Literatur wird versucht, diesen Begriff des "Hausgutes" zu konkretisieren, wozu quantitative und qualitative Kriterien herangezogen werden:

Im "quantitativen Ansatz" wird danach gefragt, "wieviel" an ausschließlichen Kompetenzen den Bundesländern verbleiben müssen, damit der Kernbereich des Art.79 Abs.3 GG nicht berührt wird. Hierbei wird allerdings der einzelne Eingriff darauf untersucht, ob er den Kernbereich des Art.79 Abs.3 GG überschreitet.[80]

Ein weiterer Teil der Lehre vollzieht hingegen eine Gesamtschau aller Eingriffe und prüft anhand qualitativer Kriterien den verbleibenden Rest an Landeskompetenzen auf seine Entsprechung zu Art.79 Abs.3 GG. Hierbei wird gefragt, ob

> ...die historisch gewachsene Substanz gliedstaatlicher Gesetzgebungskompetenzen derart beeinträchtigt sei, daß die Eigenstaatlichkeit der Länder auf dem Gebiet der Gesetzgebung ihre leitprägenden und typusbestimmenden Bestandteile verloren habe.[81]

Die aus diesen Prüfungen resultierenden Beurteilungen fallen unterschiedlich aus. Während die einen die Substanz des Föderalismus schon heute für berührt halten[82], lehnen andere dies ab.[83] Die Mehrheit läßt richtigerweise eine abschliessende Wertung offen, da zur vollständigen Beurteilung der den Bundesländern verbleibenden Eigenstaatlichkeit, deren Mitwirkungsrechte an der gemeinschaftlichen Rechtsetzung sowie innerstaatliche Kompensa-tionen berücksichtigt werden müssen.[84] Die Ausgestaltung dieser Mitwirkungsrechte ist derzeit jedoch im Wandel und läßt eine abschliessende Beurteilung nicht zu.

VIII. Mitgliedstaatliche Mitwirkungsbefugnis an der politischen Willensbildung in der Europäischen Union

Die rechtsetzenden Organe der Europäischen Union, insbesondere der Rat und die Kommission, rekrutieren sich aus Abgeordneten der Mitgliedstaaten. Hieraus ergab sich bis zur Neuregelung des Art.23 GG die Frage, ob der Bund oder die Länder für

79 BVerfGE 34, 9, 19, 20

80 vgl. H.Birke, a.a.O., S.101f

81 K.Hailbronner, a.a.O., S.151, -m.w.N.

82 vg. M.Schweitzer, Beteiligung der Bundesländer, S.131

83 vgl. v.Münch-O.Rojahn, Art.24, RN 39; H.Birke, a.a.O., S.101; B.Hartlage-Laufenberg bemüht sich um eine kritische Sicht in der Beurteilung des verfassungsrechtlichen Stellenwertes des Bundesstaatsprinzips, schießt aber wohl weit über das Ziel hinaus, wenn sie ihm - mit Blick auf seine Einführung im Interesse der Siegermächte - eine verfassungsrechtliche Wesentlichkeit absprechen will, vgl. dies., die fortschreitende..., S.325ff, 328

84 vgl. G.Ress, Die Europäischen Gemeinschaften, S.555

diese Mitwirkung an der politischen Willensbildung der Union zuständig sind.[85] Zu deren Bedeutung werden zwei Ansätze vertreten, deren Argumentationslinien auch in der neuen Rechtslage noch von Bedeutung sind:

1. Zuständigkeit aus Art.24 Abs.1 GG

Von einem Teil der Lehre wurde eine alleinige Bundeszuständigkeit aus Art.24 Abs.1 GG und der hier verankerten umfassenden Integrationsgewalt des Bundes hergeleitet. Mit der Integrationszuständigkeit sei die Kompetenz zu den hieraus resultierenden "Folgelasten" verbunden.[86] Nach der herrschenden Gegenansicht gibt es für eine solche Zuständigkeit aus Art.24 Abs.1 GG weder explizit, noch stillschweigend Anhaltspunkte. So sei die Notwendigkeit einer alleinigen Beteiligung des Bundes aus seiner Integrationsgewalt nicht ersichtlich.[87]

2. Zuständigkeit aus Art.32 Abs.1 GG

Nach Art.32 Abs.1 GG ist der Bund für die Pflege der Beziehungen zu auswärtigen Staaten zuständig. Diese Vorschrift begründete folglich eine Bundeszuständigkeit für die Beteiligung an der EG-Rechtsetzung, wenn es sich hierbei um die Pflege auswärtiger Beziehungen handelt. Eine solche Übertragung ist problematisch, da

> ...Art.32 GG die vom traditionellen Völkerrecht abweichende Rechtsetzung des Unionsrechts nicht aufgearbeitet hat.[88]

Die Bundeskompetenz wurde von den Ländern verneint, weil die EG-Rechtsetzung in ihrer nationalen Ausstrahlung eher in den Bereich der Innenpolitik falle.[89] Die herrschende Ansicht hingegen sah eine alleinige Mitwirkungszuständigkeit des Bundes als gegeben.[90] Dies begründe sich in der Stellung der EU als zwischenstaatliche Gewalt, die für die Mitgliedstaaten fremdgesetztes Recht erläßt. Die Mitwirkung an dieser Rechtsetzung sei also eine auswärtige Angelegenheit nach Art.32 Abs.1 GG. Dem stünde auch Art.32 Abs.3 GG nicht entgegen, da dieser auf

---

85 diese Frage ist von dem Problem zu trennen, ob die Länder, eine Bundeszuständigkeit vorausgesetzt, ein Beteiligungsrecht an der innerstaatlichen Willensbildung zur EG-Mitwirkung des Bundes haben, hierzu vgl. folgende Kapitel

86 vgl. R.Riegel, Gliedstaatenkompetenzen, S.246

87 vgl. H.Schwan, a.a.O., S. 95

88 M.Schröder, a.a.O., S.92f

89 vgl. Stellungnahmen von B.Vogel zum geplanten "Bundesratsverfahren", in : Hrbek/Thaysen, Die deutschen Länder und die Europäischen Gemeinschaften

90 vgl. M.Schröder, a.a.O., S.92; K.Hailbronner, a.a.O, S.154; E.Grabitz, a.a.O., S.315; G.Ress, a.a.O., S.555; ebenfalls im Ergebnis: H.Schwan, a.a.O., S.107f, der jedoch nur eine analoge Anwendung des Art.32,I GG zuläßt, da hier eine direkte Anwendung die Besonderheiten des Europäischen Gemeinschaftsrechtes zu wenig berücksichtige.

einen Vertragsschluß beschränkt und auf unionsrechtliche Beschlußfassung unanwendbar sei.[91]

Die Formulierung des Art.23 Abs.2 Satz 1 GG, der zufolge der Bundestag und durch den Bundesrat die Länder in Angelegenheiten der Europäischen Union mitwirken, offenbart, daß der Verfassungsgeber die grundsätzliche Zuständigkeit des Bundes nun festgelegt und die Beteiligung der Länder im Verfahren der Absätze 3-7 ausführlich geregelt hat.

91 vgl. G.Ress, a.a.O., S. 555; A.Bleckmann, Mitwirkung der Länder, S.147; a.A.: H.Schwan, der Art.32,III GG analog für anwendbar erachtet, dem Bund jedoch eine konkurrierende Kompetenz zur Mitwirkung an der Setzung sekundären Gemeinschaftsrechtes zuspricht, die dieser auch wahrnehme, a.a.O., S.107

B. Beteiligung der Bundesländer an der politischen Willensbildung der Europäischen Union

I. Mitwirkung der Bundesländer als Kompetenzkompensation

Durch die europäische Integration haben die Bundesländer Kompetenzen verloren, ohne eine begründete Aussicht auf deren Rückgewinnung. Die aus diesem Umstand erwachsende Forderung nach mehr Mitwirkungsrechten der Länder wird von einem Teil der Literatur mit Art.50 GG begründet, da die Beteiligung der Bundesregierung an der gemeinschaftlichen Rechtsetzung "Verwaltung" im Sinne dieser Vorschrift und eben jene eine "Konkretisierung des föderalen Prinzips" sei.[92] Der größte Teil der Literatur folgert aus dem Kompetenzverlust der Länder die verfassungsrechtlich gebotene Notwendigkeit einer "Kompensation" durch Schaffung neuer Mitwirkungsrechte.[93] Diese verfassungsrechtliche Gebotenheit einer Kompetenzkompensation wird verschiedentlich begründet:
Zum einen wird hier das Prinzip der Bundestreue, als Ausfluß des Bundesstaatsprinzips, genannt, das dem Bund aus Gründen der Kooperation mit den Ländern weitergehende Pflichten auferlegen kann.[94] Richtigerweise wird eine solche Kompensation aus der Kollision des Bundesstaatsprinzips gemäß Art.20 Abs.1 GG und des Integrationsprinzips nach Art.23 Abs.1, früher Art.24 Abs.1 GG, die durch eine Abwägung der betroffenen Güter unter deren weitestgehender Gewährleistung gelöst werden muß, entnommen. So kann dem Eingriff in das Bundesstaatsprinzip, auch außerhalb des nach Art.79 Abs.3 GG geschützten Kernbereiches, durch Einräumung von "kompensierenden" Mitwirkungsrechten der Bundesländer an Tiefe genommen und deren Staatlichkeit gewahrt werden.[95]

---

92 E.Grabitz, Die deutschen Länder, S.314f; a.A.: G.v.Welck, Die Bundesländer und die EEA, S.104ff

93 vgl. M.Schröder, a.a.O., S.97f; G.-B-Oschatz/H.Risse, europäische Integration, S.14f; K.Hailbronner, a.a.O., S.155; G.Ress, a.a.O., S.555f; a.A.: E.Klein, Die Kompetenzkompensation, S.663f, der die Annahme einer Kompensation mangels Äquivalenz von verlorenen Rechtsetzungsbefugnissen zu gewonnen Mitwirkungsrechten verneint. Damit lehnt er jedoch nicht die Gebotenheit von Mitwirkungsrechten ab, sondern lediglich deren Charakterisierung als "Kompensation"; ähnlich: C.Tomuschat, Bundesstaatsprinzip, S.36f m.w.N.

94 vgl. G.Einert, EG-Entwicklungen, S.42; K.Hailbronner, a.a.O., S.156; a.A.: G.Ress, a.a.O:, S.555 m.w.N.

95 vgl.auch M.Schröder, a.a.O., S.97ff

II. Entwicklung der Landes-Mitwirkungsrechte in Angelegenheiten der Europäischen Union

Eine Mitwirkung der Bundesländer an EU-Angelegenheiten kann sich auf zwei Ebenen verwirklichen, einer Mitwirkung an der nationalen Bundeswillensbildung hinsichtlich der Beteiligung an europäischen Willensbildungsprozessen oder einer unmittelbaren Mitwirkung an der europäischen Willensbildung durch Einflußnahme auf die jeweiligen Organe. Dementsprechend sind beide Ebenen getrennt zu untersuchen.

1. Mitwirkung der Länder an der Bundeswillensbildung in Angelegenheiten des Europäischen Unionsrechts

Die Forderung der Länder nach Mitwirkungsmöglichkeiten an der Bundeswillensbildung in EG-Angelegenheiten wurden erstmals 1951 vor dem Hintergrund der Beratungen des EGKS-Vertrages laut. Infolgedessen wurden das Zuleitungsverfahren und die Einrichtung eines Länderbeobachters 1957, das Länderbeteiligungsverfahren 1979, das Bundesratsverfahren nach Art.2 EEAG 1987 und die EG-Kammer im Bundesrat 1988 geschaffen sowie Ende 1992 das Verfahren nach dem neuen Art.23 GG, mit dem der Status-Quo der Landesmitwirkungsrechte bestimmt ist.

a. Das Zuleitungsverfahren

Die Diskussion um kompensierende Mitwirkungsrechte der Bundesländer in Unionsangelegenheiten begann bereits 1951, als der Ministerpräsident des Landes Nordrhein-Westfalen, Karl Arnold, anläßlich der Beratungen des EGKS-Vertrages, vor der Gefahr einer "Liquidierung der Länder"[96] warnte und die Schaffung einer gesetzlichen Sicherung für deren Mitwirkung forderte.[97] Entsprechende Initiativen aus Bundesrat und Bundestag zu einer Beteiligung der Länder an der innerstaatlichen Willensbildung bezüglich der anstehenden Montanunion blieben zunächst jedoch ohne Erfolg.[98]

Zu einer verbindlichen Regelung dieser Länderbeteiligung sollte es erst 1957 im Rahmen des Zustimmungsgesetzes zu den Römischen Verträgen kommen. Art.2 dieses Zustimmungsgesetzes nämlich verpflichtet die Bundesregierung, den Bundestag und den Bundesrat laufend über die Entwicklung im Rat der Europäischen Wirtschaft und der Europäischen Atomgemeinschaft zu unterrichten. Hier wird also primär eine Klarstellung der verfassungsrechtlichen Verpflichtung aus Art.53 S.3 GG geleistet.[99] Art.2 S.2 dieses Gesetzes geht jedoch über Art.53 S.3 GG hinaus, indem er regelt,

---

96 Protokoll der 61.Bundesratssitzung am 27.7.1951, S.446,A

97 vgl. a.a.O., S.446, B

98 vgl. G.-B. Oschatz/H.Risse, a.a.O., S.10

99 vgl. auch W.Kössinger, a.a.O., S.103; G.-B.Oschatz/H.Risse, a.a.O.

daß die Unterrichtung bei solchen Beschlüssen des Rates, die innerdeutsche Gesetze erforderlich machen oder national unmittelbar geltendes Recht schaffen, vor der Beschlußfassung erfolgen muß. Entgegen Art. 53 S.3 GG erstreckt sich Art.2 S.2 des Ratifizierungsgesetzes vom 27.7.1957 über die Vorhaben der Bundesregierung hinaus auch auf das Handeln der gemeinschaftlichen Organe.[100] Dank des Zuleitungsverfahrens, das auf einer interministeriellen Vereinbarung der Ressorts vom 6.9.1963 beruht, wurde ein wirklicher Meinungsaustausch zwischen Bund und Ländern ermöglicht.[101] Dennoch konnte das Verfahren den Forderungen des Bundesrates nicht voll entsprechen, da dieser die Verbindlichkeit seiner Stellungnahmen für die Bundesregierung wünschte.[102]

b. Der Länderbeobachter

Primär dem gleichen Zweck, der Verschaffung von ergänzenden Informationen über das Geschehen in Brüssel an die Länder, dient der sogenannte "Länderbeobachter". Die Einrichtung dieser Institution geht auf eine Vereinbarung der Ministerpräsidenten von Baden-Würtemberg und Bayern mit dem damaligen Bundesaußenminister von Brentano aus dem Jahre 1956 zurück. Hiernach sollte ein Ländervertreter an den internen Vorberatungen der deutschen Delegation an den Brüsseler Vertragsverhandlungen teilnehmen, um die Länder in Stande zu setzen, über die Ratifikation der Vertragsgesetze im Bundesrat verhandeln zu können.[103]

Der Länderbeobachter ist mittlerweile eine ständige Einrichtung und wird von der Wirtschaftsministerkonferenz benannt. Seine Aufgaben liegen schwerpunktmäßig in der frühzeitigen Information der Länder über alles, was für sie über das Zuleitungsverfahren hinaus im unionsrechtlichen Geschehen von Interesse sein könnte.

Außerdem pflegt er in Brüssel Kontakte zu den Einrichtungen der Union. Dies wird durch seine Anwesenheit in Brüssel und das Recht, an den Ratstagungen und den dazugehörigen Vorbereitungssitzungen im Bundeswirtschaftsministerium teilzunehmen, ermöglicht.[104] Jedoch hat er bei den Ratstagungen keinerlei Interventionsrechte, sondern einen rein beobachtenden Status als Teil der deutschen Delegation. Wegen seines lediglich informationellen Charakters bestehen zu der Einrichtung eines Länderbeobachters hinsichtlich des Alleinvertretungsanspruches des Bundes nach Art.32 Abs.1 GG keine verfassungsrechtlichen Bedenken.[105]

---

[100] vgl. W.Kössinger, a.a.O.

[101] näheres zum Zuleitungsverfahren: R.Morawitz, Die Zusammenarbeit von Bund und Ländern, S.28ff

[102] vgl. M.Schweitzer, a.a.O., S.132

[103] vgl. S.Sasse, Bundesrat, S.341; F.Stöger, Der Länderbeobachter, S.102

[104] vgl. hierzu: R.Morawitz, a.a.O., S.31ff; F.Stöger, a.a.O., S.104ff; R.Hrbek, Doppelte Politikverpflechtung, S.26f

[105] vgl. m.w.N. G.v.Welck, a.a.O., S.129

c. Das Länderbeteiligungsverfahren

Mit fortschreitender Integration und Übertragung von Länderkompetenzen an die Europäische Gemeinschaft stieg die Unzufriedenheit der Länder mit ihrer Position im Prozeß der europäischen Rechtsetzung. Sie forderten, über eine förmliche Vereinbarung mit dem Bund, eine rechtlich abgesicherte Stellung zur Mitwirkung in der Willensbildung des Bundes bei Gemeinschaftsangelegenheiten zu erhalten. So begannen 1977 in München Verhandlungen zwischen Bund und Ländern über die Möglichkeiten einer solchen verbindlichen Vereinbarung. Diese wurden jedoch durch die nicht zu vereinbarenden Rechtsauffassungen von Bund und Ländern verhindert. Ersterer nämlich berief sich auf sein Alleinvertretungsrecht nach Art.32 Abs.1 GG sowie die Integrationskompetenz nach Art.24 Abs.1 GG, und jene beriefen sich auf die grundlegende Kompetenzverteilung des Grundgesetzes, die durch Art.24 Abs.1 GG nicht berührt wird und den Ländern eine Weisungskompetenz in den Bereichen ausschließlicher Zuständigkeiten zuweist.[106]

Die Verhandlungen endeten schließlich, ohne Einigung in der verfassungsrechtlichen Problematik, in einem Schreiben vom 19.9.1979.[107] Diese Erklärung beinhaltet im wesentlichen folgende Punkte: Zuerst sind die Länder

> ...rechtzeitig und umfassend über die Vorhaben der Europäischen Gemeinschaften"[108] zu unterrichten.

Zum zweiten

> ...erhalten die Länder die Möglichkeit, ihren Standpunkt eingehend und umfassend darzustellen", "soweit EG-Vorhaben ganz oder in einzelnen Bestimmungen innerstaatlich in die ausschließliche Gesetzgebungskompetenz der Länder fallen würden,...[109]

Weiterhin wird der Bund

> ...vom Standpunkt der Länder nur aus zwingenden außen- und integrationspolitischen Gründen abweichen.[110]

Bei beabsichtigten Maßnahmen im Bereich der ausschließlichen Landeskompetenzen ist der Bund auf Verlangen der Länder bereit, zwei Vertreter derselben zu den Verhandlungen in den Beratungsgremien der Kommission und des Rates hinzuzuziehen.

Schließlich sollen die Länder auch dann angehört werden, wenn deren wesentliche Interessen außerhalb der ausschließlichen Zuständigkeit berührt sind.[111]

Bezug nehmend auf eine entsprechende Ankündigung in der Erklärung des Bundeskanzlers Helmut Schmidt vom 19.9.79 wurde die Zusammenarbeit des Bundesrates mit den Ländern in §85a der "gemeinsamen Geschäftsordnung der Bundesregie-

---

106 vgl. R.Morawitz, a.a.O., S. 57 ff; W.Kössinger, a.a.O., S.105ff; H.Schwan, a.a.O., S.112ff; J.Hannaleck/W.Schumann, Beteiligung der Länder, S.363

107 Der dieser Erklärung zugrundeliegende Briefwechsel Schmidt/Rau ist bei Morawitz, a.a.O., S.102ff abgedruckt

108 H.Schmidt, vgl. den bei Morawitz, a.a.O., S.102ff, abgedruckten Brief

109 ders.ebd.

110 ders.ebd.

111 vgl. ders. ebd.

rung" (GGO) geregelt. Die Länder ihrerseits haben eine "gemeinsame Stelle" eingerichtet, die für die Koordinierung der Ländervoten zuständig ist und eine gemeinsame Stellungnahme erarbeiten soll.[112]

Da das Länderbeteiligungsverfahren von den Ländern bewußt unter Ausklammerung des Bundesrates gestaltet ist, kann, wegen der gleichberechtigten Stellung eines jeden Landes, keines von diesen überstimmt werden. Folglich muß jedesmal eine einvernehmliche Stellungnahme gefunden werden. In diesem Umstand gründet die geringe Bedeutung und große Kritik des Verfahrens, von dem die Länder in der Praxis kaum Gebrauch machten, zumal die Suche nach einem Konsens in EG-Angelegenheiten in der Praxis immer zu lange dauerte.[113]

d. Das Bundesratsverfahren nach Art.2 EEAG

Durch den Abschluß der Einheitlichen Europäischen Akte (EEA) 1986, ein Vertragsschluß, der den "Versuch einer äußerst behutsamen Weiterentwicklung des EG-Systems"[114] unternimmt, wurden die bestehenden Verträge geändert und ergänzt. Im Zuge dieser Reform wurde der Kompetenzbereich der gemeinschaftlichen Organe, wenn auch in kleinen Schritten, erweitert. Die Länder reagierten auf das Vertragswerk sehr kritisch, zum einen, da sie während der Vertragsverhandlungen über deren Inhalte nicht ausreichend informiert wurden, und zum anderen wegen ihrer Ablehnung eines weiten Teiles der Regelungen, insbesondere der zusätzlichen Eingriffe in ihre ausschließlichen Zuständigkeiten.[115]

Wegen dieser Kritik und der Unzufriedenheit mit dem wenig erfolgreichen Länderbeteiligungsverfahren verbanden die Länder die Annahme im Bundesrat des zur EEA notwendigen Zustimmungsgesetzes nach Art.59 Abs.2 S.1 GG mit verschiedenen Forderungen zur stärkeren Einbindung des Bundesrates in das Entscheidungsverfahren zu EG-Angelegenheiten. Vor allem beantragte der Bundesrat in dem Entwurf eines Gesetzes zur EEA (EEAG) die Einfügung eines Art.1a[116]. Dieser Entwurf des Art.1a EEAG wurde, inhaltlich nur wenig verändert, als Art.2 EEAG verabschiedet und kann in der Formulierung Borchmanns folgendermaßen zusammengefaßt werden:[117]

1. Die Bundesregierung hat den Bundesrat frühzeitig und umfassend über EG-Vorhaben zu unterrichten, die für die Länder von Interesse sein könnten.
2. Die Bundesregierung hat vor ihrer Zustimmung zu EG-Vorhaben, die innerstaatlich Ländergesetzgebungskompetenzen oder wesentliche Länderinteressen berühren, die Stellungnahme des Bundesrates einzuholen.

---

112 vgl. R.Morawitz, a.a.O., S.72ff
113 vgl. G.-B.Oschatz/H.Risse, a.a.O., S. 12; G.Ziller, Mitwirkung des Bundesrates, S.98, J.Hannaleck/H.Schumann, a.a.O., S.364f
114 vgl. R.Hrbek, a.a.O., S.20
115 vgl.m.w.N. R.Hrbek, a.a.O., S.21
116 vgl. BR-Drucks. 150/86 (Beschluß)
117 M.Borchmann, Ländermitwirkung, S.77

3. Bei den Verhandlungen auf EG-Ebene hat die Bundesregierung die Bundesratsstellungnahme zu berücksichtigen. In Fällen ausschließlicher Gesetzgebungskompetenzen der Länder darf die Bundesregierung nur aus unabweisbaren außen- oder integrationspolitischen Gründen von der Bundesratsstellungnahme abweichen.
4. Im Falle eines Abweichens von der Bundesratsstellungnahme ist die Bundesregierung teilweise per se, teilweise auf Verlangen des Bundesrates begründungspflichtig.
5. Soweit dem Bundesrat Gelegenheit zur Stellungnahme zu geben ist, kann der Bundesrat die Hinzuziehung von Ländervertretern zu den Verhandlungen in Beratungsgremien auf EG-Ebene verlangen. Die Bundesregierung hat dieses Verlangen im Rahmen ihrer Möglichkeiten zu berücksichtigen.
6. Weitere Einzelheiten zur Unterrichtung und Beteiligung sind in einer Bund-Länder-Vereinbarung zu regeln.[118]

Während Art.2 Abs.5 EEAG die Mitwirkung der Länder unmittelbar an der Willensbildung der EG betraf[119], ermächtigte Abs.6 zum Abschluß einer Vereinbarung zwischen Bund und Ländern, um das Verfahren nach Art.2 EEAG zu regeln. Eine solche Vereinbarung wurde nach langen Verhandlungen am 17.12.1987 zwischen Bund und Ländern getroffen. Sie beinhaltete eine detaillierte Regelung des Unterrichtungsverfahrens, des Verfahrens zur Abgabe der Stellungnahme, der Hinzuziehung von Ländervertretern in EG-Gremien sowie der Festlegung, daß die in der Vergangenheit praktizierten Mitwirkungsmöglichkeiten im Bereich der Bildungs- und Kulturpolitik, die über die Rechte der Länder aus Art.2 EEAG hinausgingen, bestehen bleiben.[120]

Der Bundesrat forderte über die genannten Änderungen hinaus, daß

> ...die Beteiligung der Länder an der innerstaatlichen Willensbildung für Entscheidungen im Rahmen der Europäischen Gemeinschaft [...] später in der Verfassung festgelegt wird.[121]

Außerdem dürfe die Übertragung von Hoheitsrechten nach Art.24 Abs.1 GG, zumindest bei solchen der Länder, künftig nicht ohne die Zustimmung des Bundesrates vorgenommen werden.[122] Diese Forderungen konnte der Bundesrat im Rahmen des Zustimmungsverfahrens zum EEAG nicht durchsetzen.

Zu dem Verfahren nach Art.2 EEAG wurden grundsätzliche Bedenken dahingehend geäußert, daß der Bundesrat kaum das richtige Organ sei, um den mit den Hoheitsrechten verbundenen Verlust an Alleinentscheidungskompetenzen aufzufangen. Vielmehr würden die Länder durch den Bundesrat mit seinem Mehrheitsprinzip "mediatisiert"[123]. Dieses Problem komme insbesondere dann zum Tragen, wenn die Sonderinteressen eines einzelnen Landes betroffen sind, da der Bundesrat als Bundesorgan nicht auf den Einstand für spezifische Länderinteressen verpflichtet werden könne.[124]

---

118 die Nummerierung entspricht den Absätzen des Gesetzes
119 siehe Ausführungen im 1.Kapitel,B.II.2.b.
120 vgl. M.Borchmann, Aktivitäten der Bundesländer, S.624
121 ders., a.a.O., S.5
122 vgl. ders. ebd.
123 K.Hailbronner, a.a.O., S. 155
124 vgl.ders., ebd.

So sehr die Bedenken begründet waren - und heute für das neue Verfahren nach Art.23 GG[125] gleichermaßen gelten - gehen sie jedoch an der staatsrechtlichen Realität vorbei, solange kein Instrumentarium für eine echte unmittelbare Mitwirkung der Länder an der EU-Willensbildung, die allein der geforderten Kompensation entsprechen könnte, geschaffen worden ist. Außerhalb einer solchen direkten Mitwirkung können sich die Länder nur an der Bundeswillensbildung zu EU-Angelegenheiten beteiligen. Hierzu ist zuforderst ihre organschaftliche Stellung als Mitglieder des Bundesrates im Grundgesetz vorgesehen.[126] Dem Problem der mehrheitlichen Beschlußfassung dieses Organes muß auf der anderen Seite die Effiziens und notwendige Schnelligkeit in der Artikulation von Länderinteressen entgegengehalten werden, zumal die Erfahrungen mit dem Länderbeteiligungsverfahren die Notwendigkeit einer besseren Bündelung der Stimmen verdeutlicht hat.[127]

e. Die "EG-Kammer" im Bundesrat

Auf Anregung der Bundesregierung schuf der Bundesrat 1988 durch Einfügung der §§ 45a-k in die Geschäftsordnung des Bundesrates eine eigene "Kammer für Vorlagen der Europäischen Gemeinschaften". Anlaß für die Einrichtung dieser Kammer war die Sicherstellung einer jeweils rechtzeitigen Verabschiedung von Stellungnahmen.[128] Der Bundesrat wollte in der Lage sein, gemäß den ihm aus Art.2 EEAG erwachsenen Mitwirkungsrechten, flexibel auf Vorgänge im Rahmen der Europäischen Gemeinschaften zu reagieren. Dabei sollten jedoch "...Eingriffe in das bewährte und eingespielte Verfahren des Bundesrates soweit wie möglich vermieden werden".[129] Vielmehr ist die Kammer gem. § 45d Abs.1, Abs.2 GOBR auf Behandlung und Beschlußfassung bei besonders eilbedürftigen oder vertraulichen Vorlagen beschränkt.

Wegen der Befugnis, stellvertretend für den Bundesrat abschließende Beschlüsse zu fassen, werden der Einrichtung dieser Kammer verfassungsrechtliche Zweifel entgegengehalten.[130] So sehe Art.52 Abs.3 GG ausschließlich Beschlüsse des Bundesrates vor, während die im Grundgesetz erwähnten Ausschüsse lediglich beratende Funktion haben. Da die Kammer ein "aliud" zu den im Grundgesetz vorgesehenen Institutionen sei, fehle zu ihrer Einrichtung die notwendige Ermächtigungsgrundlage.[131] Ein vom Bundesrat in Auftrag gegebenes Gutachten des Rechtsausschusses[132] hingegen hält eine solche Übertragung von Plenarfunktionen auf ein derartiges Beschlußgremium für zulässig, wenn sachliche Gründe dies rechtfertigen.

---

125 vgl. 1.Kapitel,B.II.1.f.

126 vgl. auch E.Grabitz, a.a.O., S.316f

127 vgl. auch M.Borchmann, Ländermitwirkung, S.78; G.Ress, die Europäischen Gemeinschaften, S.557, mit Bedenken aus der Stellung des Bundesrates

128 vgl. BR-Drucks. 230/88; vgl. auch G.-B-Oschatz/H.Risse, Bundesrat und EG, S.513ff

129 BR-Drucks. 230/88, Begründung

130 vgl. D.Merten, Beteiligung der Bundesländer, S.49ff

131 vgl. ders.a.a.O., S.48f

132 vgl. Nachweis bei G.-B.Oschatz/H.Risse, a.a.O., S.513

Solche Gründe seien in der "Eilbedürftigkeit von Vorlagen und die Notwendigkeit der Wahrung der Vertraulichkeit"[133] gegeben.

f. Verfassungsrechtliche Verankerung der Ländermitwirkung in EU-Angelegenheiten

(1) Art. 23 NF GG

Am 7.2.1992 wurde von den Mitgliedstaaten der Europäischen Gemeinschaft in Maastricht ein Vertrag geschlossen mit der Zielsetzung, die bestehende Gemeinschaft zu einer europäischen Union fortzuentwickeln. Die notwendige Zustimmung zu einem hierzu erforderlichen Vertragsgesetz durch den Bundesrat, nahm dieser erneut zum Anlaß, erweiterte Mitwirkungsrechte der Länder und deren verfassungsrechtliche Normierung zu fordern. Dabei machte der Bundesrat seine Zustimmung ausdrücklich von einer entsprechenden Verfassungsänderung abhängig.[134] In einer Kommission zur Verfassungsreform erarbeitete der Bundesrat entsprechende Vorschläge, die in einem zusammenfassenden Bericht am 14.5.92 beschlossen und veröffentlicht wurden.[135] Hierauf reagierte die Bundesregierung mit dem Entwurf eines Gesetzes zur Änderung des Grundgesetzes vom 14.8.1992.[136] Dieser Entwurf wurde am 21.12.1992 in leicht veränderter Form verabschiedet. Mit den Regelungen des neuen Art.23 GG wurde zum einen, wie schon ausgeführt, die spezielle Ermächtigungsgrundlage zur Übertragung von Hoheitsrechten an die Union gesetzt, und zum anderen das Verfahren nach Art.2 EEAG zugunsten der Ländermitwirkung erweitert und verfassungsrechtlich verankert. In Anbetracht der Erweiterungen, die der neue Art.23 GG für das Beteiligungsverfahren des Bundesrates einführte, wurde Art.2 EEAG mit der Verfassungsänderung faktisch verdrängt. Die formelle Außerkraftsetzung des alten Verfahrens wurde mit § 15 des am 12.März 1993 verabschiedeten "Gesetzes über die Zusammenarbeit von Bund und Ländern in Angelegenheiten der Europäischen Union" vollzogen.[137]

Die neuen Verfassungsregelungen sehen folgendermaßen aus:

An Stelle des mit der Wiedervereinigung weggefallenen Art.23 GG wurde ein neuer "Europa-Artikel" normiert. In diesem wird als Staatsziel ein vereintes Europa genannt, zu dessen Verwirklichung die Bundesrepublik Deutschland an der Europäischen Union mitwirkt. Dieses Ziel wird in Art.23 Abs.1 Satz 1 GG[138] mit

[133] ders. ebd.

[134] vgl. Anlage 2,II,Nr.5, BT-Drucks 12/3334, Stellungnahme des Bundesrates zum Gesetzentwurf der Bundesregierung zum Vertrag vom 7.2.1992 über die Europäische Union; vgl. auch die Darstellung zur Arbeit in der gemeinsamen Verfassungskommission: R.Scholz, Grundgesetz und Europäische Einigung, S.2593 ff

[135] BR-Drucks. 501/92

[136] BR-Drucks. 501/92

[137] vgl. hierzu weiter unten im vorliegenden Gliederungspunkt (2)

[138] hier, wie auch im Folgenden, wird mit "Art.23 GG" die Neufassung des Grundgesetzes bezeichnet

einer Strukturklausel verbunden, der zufolge diese Gemeinschaft nach der bundesdeutschen Vorstellung der

demokratischen, rechtsstaatlichen, sozialen und föderativen [Unterstreichung v. Verf.] Grundsätzen sowie dem Grundsatz der Subsidiarität verpflichtet ist und einen diesem Grundgesetz im wesentlichen vergleichbaren Grundrechtsschutz gewährleistet[139].

Diese Strukturklausel greift also im wesentlichen die in Art.79 Abs.3 GG niedergelegten, grundlegenden Prinzipien auf.[140]

Art.23 GG wird darüber hinaus zur Grundlage einer Normierung der Länder-Mitwirkungsrechte in EU-Angelegenheiten gemacht. So bedarf gemäß Art.23 Abs.1, S.2 GG die Übertragung von Hoheitsrechten auf die Europäische Union grundsätzlich der Zustimmung des Bundesrates.[141]
Weiterhin wird in Art.23 Abs.2 GG die grundsätzliche Mitwirkung der Länder durch den Bundesrat in EU-Angelegenheiten bestimmt.[142] Dieses Recht wird in Art.23 Abs.4 GG zu einer Beteiligung an der Bundeswillensbildung konkretisiert, bei innerstaatlicher Betroffenheit der Länder.[143]

In Art.23 Abs.5 GG wird danach unterschieden, ob entweder die Interessen der Länder bei ausschließlicher Zuständigkeit des Bundes berührt, oder die Befugnisse der Länder im Schwerpunkt betroffen sind. Im ersteren Falle wird diesen ein durch die Bundesregierung zu berücksichtigendes Recht zur Stellungnahme eingeräumt. Andernfalls ist die Auffassung des Bundesrates - unter Wahrung der gesamtstaatlichen Verantwortung - maßgeblich zu berücksichtigen.[144]

Schließlich erfährt die in Art.2 Abs.5 EEAG geregelte Einrichtung des Ländervertreters in Art.23 Abs.6 GG eine verfassungsrechtliche Bestätigung, die über die ursprüngliche Form hinausreicht. So sollen die Mitwirkungsrechte des Bundes auf einen Ländervertreter übertragen werden, wenn im Schwerpunkt ausschließliche Gesetzgebungsbefugnisse der Länder betroffen sind.[145]

Nach Art.24 Abs.1 GG wurde ein Abs.1a eingefügt, dem zufolge die Länder bei ausschließlicher Zuständigkeit mit Zustimmung des Bundes selber Hoheitsrechte an

---

139 BR-Drucks. 501/92, S.4,

140 vgl. zu einer Überprüfung des Maastrichter Vertrages anhand der in der Strukturklausel genannten Prinzipien: T.Oppermann, C.D.Classen, Europäische Union..., S.13ff sowie U.Everling, Struktur..., S.944ff

141 Die Kommission Verfassungsreform des Bundesrates erhob eine entsprechende Forderung, die hier in einer neuen Fassung des Art.24 GG geregelt ein sollte, vgl. BR-Drucks. 360/92, Abschnitt 2, 1., Art.24,I; die Kommission begründet das grundsätzliche Zustimmungserfordernis damit, daß sich die Übertragung von Hoheitsrechten wie eine Verfassungsänderung auswirkt, da die Bundesrepublik Deutschland auf einen Teil ihrer Souveränität verzichtet. Wenn dies nach Art.24,I GG schon ohne die Zweidrittelmehrheit möglich ist, so doch mit jeweiligem Zustimmungserfordernis, vgl. ders. a.a.O., Begründung, RN 6

142 vgl. ders., a.a.O., Art.24 Abs.2 S.1

143 vgl. ders.a.a.O., Art.24 Abs.2 S.2, wenngleich in erweiterter Form

144 vgl. in allgemeinerer Form: ders.a.a.O., Art.24 Abs.2 S.2, wobei von der "Möglichkeit einer wesentlichen Einflußnahme auf die Willensbildung" gesprochen wird.

145 vgl. ders. a.a.O., Art.24 Abs.2 S.3

"grenznachbarschaftliche Einrichtungen" übertragen können.[146]

Im Vergleich zum bisherigen Verfahren nach Art.2 EEAG liegen die maßgeblichen Erweiterungen durch den neuen Art.23 GG vor allem in dem Recht des Bundesrates, bei jeder Betroffenheit der Länderinteressen Stellung zu nehmen, Art.23 Abs.5 S.2 GG (entgegen Art.2 Abs.2 S.1 EEAG) sowie in der Möglichkeit, Mitwirkungsrechte des Bundes auf Ländervertreter zu übertragen, Art.2 Abs.6 GG (entgegen Art.2 Abs.5 EEAG).

Das Gesetz zur Änderung des Grundgesetzes entspricht größtenteils den Forderungen der Verfassungskommission des Bundesrates. Ohne Entsprechung - abgesehen von der genannten Regelung des Art.24 Abs.1a GG - blieb jedoch der Wunsch des Bundesrates nach einer Änderung des Art.32 Abs.1 GG dahingehend, daß die Länder im Rahmen ihrer Zuständigkeit zur Zusammenarbeit mit auswärtigen Staaten, Regionen und sonstigen Einrichtungen berechtigt sind.[147] In einem neu zu formenden Abs.2 sollte im wesentlichen das Anhörungsrecht normiert werden, wie es in Ziffer 4 des Lindauer Abkommens vereinbart wurde.

Von der im Änderungsgesetz vollzogenen Neufassung der Art.23 und 24 GG wichen die Vorstellungen des Bundesrates insbesondere in drei Punkten ab:[148] Der Bundesrat widersprach der Auffassung der Bundesregierung[149], wonach nicht wesentliche Änderungen des Unionsvertrages auch mit einem einfachen Zustimmungsgesetz ratifiziert werden könnten. Zum zweiten bestand der Bundesrat darauf, daß dessen Stellungnahmen nach Art.23 Abs.5 S.1 GG bei Angelegenheiten der ausschließlichen Bundeszuständigkeiten, die dennoch die Interessen der Länder tangieren, "maßgeblich" zu berücksichtigen sind. Schließlich lehnte der Bundesrat die Auffassung der Bundesregierung ab, daß von der Übertragung der Mitgliedschaftsrechte nach Art.23 Abs.6 GG aus "administrativer oder politischer Opportunität abgesehen werden dürfe".[150] [151]

---

[146] vgl. ders. a.a.O., Art.24 Abs.4, allerdings ausgeweitet allgemein auf zwischenstaatliche und interregionale Einrichtungen

[147] vgl. ders., a.a.O., Abschnitt II, 2., Art.32 Abs.1, RN 18, wobei betont wird, daß die außenpolitische Prärogative des Bundes nicht in Frage gestellt werden soll, vgl. Begründung, RN 20

[148] vgl. Stellungnahme des Bundesrates, BR-Drucks. 501/92, Beschluß

[149] vgl. dessen Entwurf, BR-Drucks. 501/92, S.15

[150] Begründung der Bundesregierung, BR-Drucks. 501/92, S.23

[151] In dem jüngst entschiedenen Verfahren zur Verfassungsbeschwerde gegen das Gesetz vom 28.12.1992 zum Maastrichter Vertragswerk und gegen das behandelte Gesetz zur Änderung des Grundgesetzes, BVerFGE vom 12.10.1993, trug einer der Beschwerdeführer vor, daß genannte Gesetze gegen das Bundesstaatsprinzip verstießen. Die beeinträchtigte Mitwirkung der Länder werde trotz des neu formulierten Art.23 GG mit den Rechten des Bundesrates nicht kompensiert. Mit der neuen Integrationsstufe des Maastrichter vertrages werde vielmehr die Grenze des Art. 79 Abs.3 GG hinsichtlich des Bundesstaatsprinzips überschritten (vgl. BVerfGE vom 12.10.1993, S.20). Der zweite Senat äußerte sich unter Zurückweisung der Antragsbefugnis der Beschwerdeführer bezüglich einer Verletzung des Bundesstaatsprinzips nicht zu diesem Vorbringen.

(2) Das Gesetz über die Zusammenarbeit von Bund und Ländern in Angelegenheiten der Europäischen Union

Der neu geschaffene Art.23 sieht in Abs.7 GG vor, daß Einzelheiten des Verfahrens zu der Ländermitwirkung nach Art.23 Abs.1-6 GG in einem speziellen Gesetz geregelt werden sollen. Im September 1992 legte die Bundesregierung infolgedessen den Entwurf eines "Gesetzes über die Zusammenarbeit von Bund und Ländern in Angelegenheiten der Europäischen Union" vor,[152] das nach Stellungnahme des Bundesrates am 12. März 1993 in leicht veränderter Form verabschiedet wurde.

In dessen §§ 1-5 werden im wesentlichen die Inhalte des Art.23 Abs.4-6 GG wiederholt, um in den folgenden Vorschriften weiter zu konkretisieren:

Wenn die Gesetzgebungskompetenzen der Länder im Schwerpunkt betroffen sind und insofern die Stellungnahme des Bundesrates maßgeblich zu berücksichtigen ist (vgl. Art.23 Abs.5 S.2 GG), soll bei mangelnder Übereinstimmung mit der Bundesregierung ein Einvernehmen angestrebt werden. Kommt dieses nicht zustande, so ist die Auffassung des Bundesrates bei einer Beschlußfassung mit 2/3-Mehrheit maßgebend, § 5 Abs.2 des Gesetzes über die Zusammenarbeit (im folgenden "GüZ").

In Abs.3 derselben Vorschrift wird eigens auf eine mögliche Zustimmung der Bundesregierung zu Vorhaben nach Art.235 EGV eingegangen und diese bei Betroffenheit der Länderzuständigkeiten von einem Einvernehmen mit dem Bundesrat abhängig gemacht. In der Geschäftsordnung des Ministerrates ist ein Beschluß gem. Art.235 EGV auch dann möglich, wenn sich ein Mitgliedstaat der Stimme enthält. Darum stellt sich die Frage, ob § 7 Abs.3 GüZ auch dann Anwendung findet, wenn die Bundesregierung zu einem solchen Beschluß die Stimmenthaltung beabsichtigt. Diese Frage kann nur bejaht werden. Denn wäre das Einvernehmen der Länder bei einer Enthaltung nicht erforderlich, eröffnete dies der Bundesregierung einen Weg, in den allermeisten Fällen dieser Art sich mit einer Enthaltung den Vorgaben der Länder zu entziehen und entgegen deren Ablehnung die Beschlußfassung zu ermöglichen. Auf diese Weise würde § 7 Abs.3 GüZ ausgehebelt und der ratio legis, das einvernehmliche Handeln von Bund und Ländern im konkreten Fall der Vorschrift, widersprochen.

§ 6 GüZ geht näher auf die Hinzuziehung von Ländervertretern in die Beratungsgremien bei den europäischen Institutionen ein (vgl. Art.23 Abs.6 GG)[153].

Mit § 7 Abs.1 GüZ wird die Bundesregierung verpflichtet, von ihren vertragsgemäßen Klagerechten vor dem Europäischen Gerichtshof Gebrauch zu machen,

> soweit die Länder durch ein Handeln oder Unterlassen von Organen der Union in Bereichen ihrer Gesetzgebungsbefugnisse betroffen sind, und der Bund kein Recht zur Gesetzgebung hat.

---

152 vgl. BR-Drucks. 630/92, Gesetzentwurf der Bundesregierung

153 vgl. die Ausführungen weiter unten, 1.Kapitel,B.II.2.b.

Hinsichtlich der Prozeßführung hat die Bundesregierung nach § 7 Abs.3 GüZ folgerichtig das Einvernehmen mit dem Bundesrat herzustellen.[154]

Der Forderung des Bundesrates, im Rahmen der Verfassungsänderung die ständigen Vertretungen der Länder in Brüssel verfassungsrechtlich zu verankern, wurde nicht entsprochen. Immerhin erfuhren diese Einrichtungen in § 8 GüZ eine einfachgesetzliche Normierung. Dabei wird deren Aufgabenkreis ausdrücklich auf das zur Erfüllung der staatlichen Befugnisse der Länder nach dem Grundgesetz erforderliche beschränkt.

Mit § 9 GüZ wird die Ermächtigung zu einer Vereinbarung über nähere Verfassungsregelungen erteilt, in der nach §13 GüZ weitere Mitwirkungsfälle für die Länder geschaffen werden können.

Wie schon erwähnt, wird nach § 15 GüZ Art.2 EEAG mit Inkrafttreten der GÜZ außer Kraft gesetzt. Gemäß § 16 GüZ tritt dieses Gesetz mit dem Tage der Gründung der Europäischen Union in Kraft, also am 1.November 1993.

2. Mitwirkung der Länder an der EU-Willensbildung vor Inkrafttreten des Maastrichter Vertragswerkes

Mit Inkrafttreten der Maastrichter Verträge erlangten die von der neuen Union eröffneten Mitwirkungsmöglichkeiten der regionalen Ebene an der gemeinschaftlichen Politik eine neue Qualität, wenn nicht sogar erstmalig eine echte Bedeutung. Darum sollen diese mit dem EU-Vertrag am 1.November 1993 eingeführten Ansätze zur Regionalbeteiligung hier ausgeklammert und im 1.Teil des 3.Kapitels - nach Behandlung der spanischen Problematik - zusammengefaßt werden. Mit Ausnahme des vom neuen "Ausschuß der Regionen" abgelösten "Beirats der regionalen und lokalen Gebietskörperschaften" bestehen die im folgenden genannten Beteiligungsinstrumentarien der Bundesländer, namentlich die Länderbüros, die Ländervertreter und die interfraktionelle Gruppe im Europäischen Parlament, nach Inkrafttreten des EU-Vertrages fort. Dabei verdienten allein die national initiierten und installierten Einrichtungen der Länderbüros und Ländervertreter die Charakterisierung als "Beteiligung an der europäischen Willensbildung.

a. Die Länderbüros in Brüssel

Die Gründung der Länderbüros, mit der Hamburg im Jahre 1985 begann, ging aus dem Bedürfnis hervor, eine schnellere Meinungsbildung und frühere Einflußnahme auf Entscheidungsgremien in der EU zu ermöglichen, sowie ein Medium der landesspezifischen Artikulation zu schaffen.[155] Die Büros der verschiedenen Länder organisieren sich teils privat- teils öffentlich-rechtlich.

---

[154] vgl. zur Aufgabenverteilung zwischen Bundesrat, Landesregierungen und Landesparlamenten in Angelegenheiten der Europäischen Union: C.Dästner, Zur Aufgabenverteilung..., S.1ff

[155] vgl. U.Fastenrath, a.a.O., S.127

Da sie keiner einheitlichen Regelung unterliegen, sind auch ihre Tätigkeiten und Aufgaben unterschiedlich gestaltet. Es lassen sich jedoch gemeinsame Kernbereiche beschreiben: Hierzu gehört in erster Linie die Informationsbeschaffung für die Landesregierungen, über den Länderbeobachter hinaus. Weiterhin machen sie sich die Information der Öffentlichkeit zu EU-Vorgängen zur Aufgabe, sowie europaweite Werbung für ihr jeweiliges Land als Wirtschaftsstandort. Der wohl wichtigste Bereich liegt in dem Bestreben, über diese Büros Kontakte zu wirtschaftlichen und politischen Institutionen in Brüssel zu knüpfen. Hierbei kommt insbesondere der Wunsch nach einer Einflußnahme auf die EU-Organe zum frühestmöglichen Zeitpunkt zum Tragen.[156]

Die Einrichtung von Länderbüros wurde von der Bundesregierung als "Nebenaußenpolitik" heftig kritisiert und deren Verfassungsmäßigkeit bezweifelt. Diese Bedenken beruhen besonders auf Art.32 Abs.1 GG, dem außenpolitischen Alleinvertretungsrecht des Bundes und der Zuständigkeit für den Auswärtigen Dienst gemäß Art.87 Abs.1 GG.[157] Dem wird zu Recht entgegengehalten, daß Art.32 Abs.1 GG auf völkerrechtsförmliche Akte begrenzt ist, also nicht die informellen Tätigkeiten der Länderbüros umfaßt.[158] Art.87 Abs.1 GG wiederum ist in seinem Kernbereich auf diplomatische und konsularische Aufgaben beschränkt.[159]

b. Die Ländervertreter in EU-Organen gemäß Art.23 Abs.6 GG.

Bereits 1968 wurde als Ergebnis der sogenannten "Kramer/Heuble-Gespräche"[160] den Ländern von der Bundesregierung eine personelle Beteiligung in den Delegationen des Bundes bei Verhandlungen mit internationalem Bezug, einschließlich der EG, zuerkannt. Diese Praxis wurde zuerst mit Art.2 Abs.5 EEAG normiert und in den Vereinbarungen nach Art.2 Abs.6 EEAG im Dezember 1987 konkretisiert. Diese Einrichtung wurde nun mit Art.23 Abs.6 GG verfassungsrechtlich verankert und in § 6 GüZ ausführlich geregelt. Demnach sind dann, wenn die ausschließliche Gesetzgebungszuständigkeit der Länder oder deren wesentliche Interessen tangiert sind, auf Verlangen des Bundesrates, von der Bundesregierung Vertreter der Länder zu den Beratungsgremien der Kommission hinzuzuziehen. Im Unterschied zu den Länderbeobachtern, die ihre Aufgabe unverändert auch weiterhin ausüben sollen, sind die Ländervertreter formal Mitglieder der deutschen Delegation und können sich so aktiv an den Verhandlungen beteiligen.[161] Die Ländervertreter sind an die Weisungen des Bundesrates gebunden und diesem berichterstattungspflichtig.

---

156 vgl. R.Strohmeier, Länderbüros, S.635f; U.Fastenrath, a.a.O., S.127f; M.Borchmann, Verbindungsbüros, S.219

157 vgl. Darstellung m.w.N. bei R.Strohmeier, ebd.

158 vgl. ausführlich: U.Fastenrath, a.a.O., S.128ff; M.Borchmann, a.a.O., S.219f; H.Schwan, a.a.O., S.128ff

159 vgl. ders. a.a.O., S.134

160 Ergebnisse dieser Verhandlungen abgedruckt bei R.Morawitz, Die Zusammenarbeit von Bund und Ländern, S.87ff

161 vgl. U.Fastenrath, a.a.O.,S.126; M.Borchmann, Aktivitäten der Bundesländer, S.625

In § 6 GüZ wird das Beteiligungsverfahren der Ländervertreter nach dem Maß der Länderbetroffenheit europäischer Vorhaben unterschieden:

Gemäß § 6 Abs.1 GüZ werden bei Vorhaben, bei denen

der Bundesrat an einer entsprechenden innerstaatlichen Maßnahme mitzuwirken hätte oder bei dem die Länder innerstaatlich zuständig wären"

oder sonst wesentliche Interessen der Länder berührt sind, auf Verlangen des Bundesrates von der Bundesregierung Ländervertreter zu den Verhandlungen in den Beratungsgremien der Kommission und des Rates hinzugezogen. Hier bleibt der Bundesregierung jedoch die Verhandlungsführung und die Vorgabe der Verhandlungslinie vorbehalten.

Nach § 6 Abs.2 GüZ soll die Bundesregierung bei einem Vorhaben, das im Schwerpunkt ausschließlich Gesetzgebungsbefugnisse der Länder betrifft,

die Verhandlungsführung in den Beratungsgremien der Kommission und des Rates und bei Ratstagungen in der Zusammensetzung der Minister auf einen Vertreter der Länder übertragen.

Für die Ratstagungen kann vom Bundesrat allerdings nur ein Mitglied einer Landesregierung mit Ministerrang benannt werden. § 6 Abs.2 Güz, also die Teilhabe eines Landesministers als Vertreter der Bundesrepublik Deutschland bei den Ratstagungen, wurde erst mit der Neuregelung des Art.146 EGV auf Initiative Belgiens möglich, da ein solches Vorgehen zuvor noch gegen Art.2 Abs.1 des Fusionsvertrages von 1965 verstoßen hätte[162]. Auch bei der Verhandlungsführung muß die Ausübung der Rechte in den entsprechenden Gremien unter Teilnahme von und in Abstimmung mit der Bundesregierung geschehen. Diese Bestimmung steht allerdings im Widerspruch zu Art.146 EGV, der die Teilhabe nur eines Vertreters jeden Mitgliedstaates im Rat zuläßt.

Die Institution der Ländervertreter im Ministerrat ist auch staatsrechtlich problematisch: Schon der Umstand, daß der Bundesrat als Bundesorgan einen Vertreter der Länder - der nicht Mitglied des Bundesrates sein muß - benennt, dem der Bund durch die Bundesregierung nach §6 Abs.2 GüZ die mitgliedstaatliche Vertretung der Bundesrepublik Deutschland in der Europäischen Union überträgt, ist zumindest merkwürdig[163]. Im Hinblick auf die nach Art.79 Abs.3 i.V.m. Art.20 Abs.1 GG garantierte Konzeption des Bundesstaates muß in Frage gestellt werden, ob ein Ländervertreter die verbindliche Außenvertretung des Bundes wahrnehmen kann, zumal hier neben den "im Schwerpunkt betroffenen ausschließlichen Gesetzgebungsbefugnissen" der Länder auch Bundeszuständigkeiten Verhandlungsgegenstand sein können[164] [165]. Abhilfe kann allein das Erforderniß der inhaltlichen Übereinstimmung des Ländervertreters mit der Bundesregierung zur "Wahrung der gesamtstaatlichen Verantwortung des Bundes" leisten[166]. Schließlich bleiben Zweifel über die demokratische

162 vgl. die näheren Ausführungen zu Art.146 EGV im 3.Kapitel,A.III.

163 vgl. auch I.Pernice, Europäische Union..., S.917

164 vgl. G.Ress, Die neue Kulturkompetenz der EG, S.946, FN 16a; I.Pernice, a.a.O.

165 vgl. zur parlamentarischen Kontrolle der Landesregierungen in Angelegenheiten der Europäischen Union: C.Dästner, a.a.O., S.3ff

166 vgl. G.Ress, a.a.O.

Legitimation mangels direkter parlamentarischer Kontrolle des Ländervertreters[167]. Er vertritt den Bund im Ganzen, unterliegt aber nur der unmittelbaren parlamentarischen Kontrolle jeweils eines Landtages. Wenn damit auch keine direkte Verantwortlichkeit vor dem Bundessouverän gewährleistet ist, eröffnet doch der Bundesrat mit der Gesamtheit der ihn konstituierenden Länderparlamente eine indirekte demokratische Kontrolle in Vertretung des Bundesvolkes.

Durch die Ländervertreter ist den Bundesländern die augenblicklich wohl wichtigste Form einer unmittelbaren Mitwirkung an der europäischen Willensbildung eröffnet. Dabei ist ihre Gestaltungsmöglichkeit eigener Politik beschränkt, soweit sie nach § 6 Abs.1 GüZ als Delegationsmitglieder gegenüber den europäischen Organen an die Verhandlungslinie des Bundes gebunden sind. Eine große Bedeutung kommt ihnen jedenfalls nach § 6 Abs.2 GüZ in der Verhandlungsführung sowie bei den internen, nationalen Vorbereitungsbesprechungen zu, indem sie hier die Vorstellungen der Länder in die Gestaltung der Verhandlungslinie miteinbringen können.[168]

c. Der Beirat der regionalen und lokalen Gebietskörperschaften.

Der Beirat der regionalen und lokalen Gebietskörperschaften ist das Vorgänger-Organ des mit Art.198 a - 198 c EGV neu geschaffenen Ausschusses der Regionen. Mit diesem Beirat wurde seinerzeits auf gemeinschaftsrechtlicher Ebene eine Einrichtung geschaffen, die die regionalen und lokalen Gebietskörperschaften stärker an der Ausarbeitung und Durchführung der Regionalpolitik beteiligen sollte.[169] Dieses Organ hatte nach Art.1 des Beschlusses eine lediglich beratende Funktion, mit der es von der Kommission nach Art.2 des Beschlusses angehört werden konnte. Es setzte sich aus 42 Mitgliedern zusammen, die regionale oder lokale Mandatsträger sein mußten. Nach Art.5 Abs.1 des Beschlusses wurden zwei Fachgruppen gebildet, je eine für regionale und für lokale Angelegenheiten. Der Beirat war die erste derartige Institution, in der die Gebietskörperschaften der Mitgliedstaaten an der EG-Rechtsetzung beteiligt wurden.[170] Da Gegenstand der Beratungen des Beirates nach Art.6 des Beschlusses jedoch lediglich die von der Kommission beantragten Stellungnahmen waren, die für diese keinerlei Bindungswirkung entfalteten, kam ihm nur eine geringe Bedeutung zu. Die strukturelle Schwäche zeigte sich hinsichtlich Deutschlands auch darin, daß neben drei Vertretern der Kommunen nur drei Ländervertreter Mitglieder des Ausschusses

---

167 vgl. T.Oppermann, C.D.Classen, Europäische Union..., S.17 und dies., Die EG..., S.12

168 vgl. U.Fastenrath, a.a.O., S.126

169 vgl. Präambel des Kommissionsbeschlusses, ABL.88, Nr.L 247, S.23 (nicht veröffentlichungsbedürftige Rechtsakte), Dieser Beschluß der Kommission vom 24.6.1988 geht aus einem Wunsch des Europäischen Parlamentes hervor, der in einem Beschluß vom 13.4.1984 geäußert wurde.

170 vgl. M.Schweitzer, a.a.O., S.135

waren.[171] Dennoch konnten von diesem Organ wichtige Impulse an die Kommission gegeben werden, um sie für regionale und lokale Problematiken zu sensibilisieren.

d. Die Interfraktionelle Gruppe der lokalen und regionalen Mandatsträger des Europäischen Parlamentes.

Im Juni 1980 hatte sich eine "Interfraktionelle Gruppe der lokalen und regionalen Mandatsträger" im Europäischen Parlament konstituiert.[172] Durch diese interfraktionelle Arbeitsgruppe haben die bezeichneten Mandatsträger die Möglichkeit, ihre Interessen zu bündeln und durch Stellungnahmen in die zuständigen Fachausschüsse des Europäischen Parlamentes einzubringen. Da jedoch auch diese Stellungnahmen keinerlei Bindungswirkung entfalten und das Parlament keine Rechtssetzungsbefugnis besitzt, ist die Einflußnahme der Gruppe nicht sehr groß.

III. Lösungsansätze für eine künftig zu gestaltende Mitwirkung der Länder in EU-Angelegenheiten auf der Ebene des innerstaatlichen Rechtes

Wie in der bereits verwirklichten Beteiligung der Länder an EU-Angelegenheiten, ist es auch bei den verschiedenen Lösungsansätzen zweckmäßig, zwischen der unionsrechtlichen und der innerstaatlichen Ebene zu differenzieren. Da die Vorstellungen zur Mitwirkung auf europäischer Ebene in Spanien und Deutschland einander entsprechen, soll dieser Bereich ausgeklammert und im 2.Teil des 4.Kapitels mitberücksichtigt werden.

Nachdem der Hauptforderung der Länder, eine verfassungsrechtliche Verankerung der Ländermitwirkung in EU-Angelegenheiten, durch die Änderung der Art.23,24 GG entsprochen worden ist, verbleibt der Wunsch nach einer den Bundesrat favorisierenden Auslegung des Art.50 GG:

IV. Mitwirkungskompetenz des Bundesrates gem. Art.50 GG

Nach ganz überwiegender Ansicht ist durch Art.32 Abs.1 GG die ausschließliche Zuständigkeit für auswärtige Angelegenheiten, zu denen die EU-Problematiken gehören, dem Bund zugewiesen. Ein Teil der Lehre geht nun davon aus, daß mit Übertra-

---

171 vgl. F.-L. Knemeyer, Subsidiarität, S.449; M.Schweitzer, a.a.O.

172 vgl. Mombaur/v.Lennep, kommunale Selbstverwaltung, S.995; M.Schweitzer, a.a.O., S.136

gung der Geseztgebungszuständigkeit an die EU die in Art.32 Abs.1 GG ermächtigte Bundesmitwirkung an der europäischen Willensbildung Teil der Verwaltung des Bundes ist173. Dem kann der Einwand entgegengehalten werden, daß die Mitwirkung des Bundes sich ganz maßgeblich auf die Unions-Rechtsetzung bezieht, selber also ein Akt der Gesetzgebung ist. Für den Charakter eines Verwaltungshandelns spricht hingegen, daß die Rechte des Bundes in der Union durch die Regierung als oberstes Exekutivorgan wahrgenommen werden. Die Frage muß hier nicht entschieden werden, da nach Art.50 GG die Länder durch den Bundesrat gleichermaßen an der Gesetzgebung wie auch der Verwaltung des Bundes mitwirken.

Die herrschende Meinung sieht in dieser Vorschrift lediglich ein beschreibendes Motto, das als solches dem Abschnitt über den Bundesrat vorangestellt ist. Es handle sich nicht um eine Generalklausel. Eine Mitwirkungsermächtigung des Bundesrates an der Verwaltung und Gesetzgebung des Bundes müsse vielmehr eigens geregelt sein.[174]

Andere hingegen sehen in Art.50 GG ein weit auszulegendes grundsätzliches Mitwirkungsrecht des Bundesrates begründet. Dieses benötige zu seiner Konkretisierung lediglich das Prinzip der Bundestreue und erstrecke sich somit insbesondere auch auf die Mitwirkung des Bundes in EU-Angelegenheiten nach Art.32 Abs.1 GG.[175] Diese Auslegung werde bereits durch Art.53,S.3 GG bestätigt, da ein Recht auf Unterrichtung ohne die Möglichkeit zur Stellungnahme oder sonstiger Mitwirkung leerliefe.[176] Die zuletzt genannte Ansicht ist nicht überzeugend. Grundsätzlich bedarf die allgemeine Vorgabe des Art.50 GG einer verfassungsrechtlichen Konkretisierung, um die Mitwirkungsermächtigung des Bundesrates an der Verwaltung im Einzelfalle herbeizuführen. Das Prinzip der Bundestreue kann allenfalls in Ausnahmefällen eine ausreichende Konkretisierung des Art.50 GG herbeiführen. Hierzu muß es sich soweit "verdichtet" haben, daß es eine eigene Ermächtigung begründet.

---

173 vgl. E.Grabitz, verfassungsrechtliche Grundlagen, S.174f, G.-B.Oschatz/H.Risse, europäische Integration, S.15

174 vgl. m.w.N. C.Tomuschat, Bundesstaatsprinzip, S.27

175 vgl. E.Grabitz, verfassungsrechtliche Grundlagen, S.174f

176 vgl. G.-B.Oschatz/H.Risse, europäische Integration, S.15; E.Grabitz, a.a.O., S.175

2.Kapitel Der spanische Autonomiestaat im Prozess der europäischen Integration

A. Das spanische System Autonomer Gemeinschaften

I. Geschichtlicher Abriß spanischer Territorialstrukturen

Spanien ist nicht allein Madrid, Barcelona und drei oder vier andere Großstädte, die die Auslage oder das Erscheinungsbild unseres Landes bestimmen; das wahre Spanien, von dem die Zukunft abhängt, ist jenes andere Spanien, enorm, latent, tief, dem heimatlichen Boden verhaftet, eben die Provinz. Da sich die Monarchie allein deren Fehler zunutze machte, und ihr Schicksal nicht an ein Wiederaufleben der Provinzen binden wollte, scheiterte sie, und wenn die Republik auf gleiche Weise handelt, wenn sie nicht darauf achtet, eine ihrer Wurzeln in dieser großen Bewegung des regionalen Strebens zu verankern, welches den eigentlichen Kern des aktuellen Prozesses in Spanien ausmacht, dann wird sich die Republik ihrer Konsolidierung nicht sicher sein können, und das, was wir getan haben und tun werden, wird nur ein flüchtiges Werk und ohne historische Bedeutung sein;...

Ich stelle mir ein Spanien vor, neu konstituiert in großen regionalen Einheiten, jede mit ihrer lokalen Regierung und ihrer Gebietsversammlung, aus allgemeinem Wahlrecht hervorgegangen.[177]

Die Geschichte zeigte, daß die Zeit in den dreißiger Jahren noch nicht reif war für die Vision des Philosophen und "Lehrers" Spaniens. Erst 1978 begann man ein System zu etablieren, das den Vorstellungen Ortega y Gassets nahekommt und Grundlage einer heute stabilen Territorialstruktur wurde. Zum Verständnis dieses Systems Autonomer Gemeinschaften als ein Produkt der neuen Verfassung und der hierauf folgenden Autonomieprozesse ist es unabdingbar, die Geschichte des Staates hinsichtlich seiner Territorialverfassung zu betrachten. Spanien nämlich durchschritt Perioden kleinstaatlicher Koexistenzen, zentralistischer Machtballung nach französisch-jakobinischem Vorbild und diversen Versuchen zur Konstituierung föderalistischer und regionalistischer Strukturen.

1. Römer, Westgoten und Araber

Mit Ende des Zweiten Punischen Krieges gegen die Karthager eroberten die Römer die iberische Halbinsel, in der sie als römische Provinz die lateinische Sprache sowie

---

[177] José Ortega y Gasset in einer Rede als Mitglied der Verfassungskommission zur Etablierung der II. Republik 1931, abgedruckt in: C.Alvarez, El Estado..., S.101f

die eigenen Staats- und Verwaltungsstrukturen einführten.

Mit König Eurich (466-488) gründeten die Westgoten auf diesem Territorium einen eigenen Staat, unter Beibehaltung der römischen Verwaltungsorganiation.

Erhebliche soziale Spannungen zwischen der gotischen Oberschicht und den Hispanoromanen führte im achten Jahrhundert zu einem Massenaufstand letzterer, der im Jahre 711 die Eroberung des Landes durch die im islamischen Glauben vereinigten Araber und Berber aus Nordafrika, vorwiegend der von den Römern Mauretanien genannten Provinz, dem heutigen Marokko[178], begünstigte. Diese Mauren gündeten hier eine Theokratie, in der anfänglich der Emir, als Statthalter des Kalifen von Damaskus, und später der unabhängige Kalif von Cordoba die höchste geistliche und weltliche Macht innehatte.[179]

Von der islamischen Herrschaft blieben im Norden des Landes fünf Gebiete ausgenommen nämlich Asturien, das Baskenland, Navarra, Aragonien und Galizien. Von diesen, insbesonde von Asturien, ging schon früh das Streben aus, das Territorium der Halbinsel wieder unter christliche Herrschaft zu bringen. Diese "Reconquista" genannte Bewegung bedeutete ein Jahrhunderte dauerndes Wechselspiel von Kriegen, Pakten und Koexistenzen. Mit zunehmender Verbindung der nördlichen Königtümer gewann die Reconquista an Kraft und endete schließlich 1492 mit dem Fall Granadas, der letzten islamischen Bastion im "Abendland".

2. Das Spanien der Neuzeit

Im Oktober 1469 heirateten die beiden Thronerben Isabel I. und Ferdinand II., woraufhin mit deren Regierungsantritt in den Jahren 1474 und 1479 die beiden Königreiche Kastilien und Aragonien-Katalonien-Valencia in Personalunion vereint wurden. Dieses Territorium deckte den größten Teil der heutigen Halbinsel ab.

Folge dieser Vereinigung war jedoch nicht die Geburt eines einheitlichen spanischen Reiches. Wenngleich die Verwaltung jener Gebiete sich an den rechtlichen Vorgaben der Krone von Aragon orientierte, blieben doch die einzelnen Königtümer in relativer Verschiedenheit zueinander bestehen.[180] Johanna, die Tochter der Katholischen Könige, wurde mit dem Habsburger "Philip dem Schönen" verheiratet. Zusammen mit dem 1492 neu entdeckten amerikanischen Kontinent wurde in dieser Verbindung ein gewaltiges Reich geschaffen, in dem "die Sonne nie unterging". Durch eine geschickte Heiratspolitik und gelegentliche Eroberungen gelang es den Habsburgern, Portugal, die Niederlande und andere Gebiete in dieses Reich einzugliedern. Trotz alledem blieb auch hier die weitgehende Eigenständigkeit der Königtümer mit ihren jeweils tradierten Gesetzen erhalten, was sich nach außen in der Vielfalt der Sprachen auf dem spanischen Kontinent manifestierte; Spanisch wurde bei-

---

178 daher die gängige Bezeichnung "Mauren"

179 vgl. die sehr ausführliche Darstellung bei J.Antonio Escudero, Curso de Historia..., S.127ff

180 vgl. hierzu und zum Folgenden: V.Vázquez de Prada. La época moderna..., S.77ff; J.L. de Simón Tobalina, El estado Autonómico..., S.31 ff

spielsweise nur in Kastilien und Aragon gesprochen.[181]

Im Bewußtsein der in dieser Uneinheitlichkeit begründeten Schwäche der spanischen Monarchie initiierte der Herzog von Olivares mit seinem König Philip IV. eine Vereinigung des Reiches durch dessen Unterwerfung unter die Gesetze Kastiliens.[182] Die Verwirklichung dieses Vorhabens sollte jedoch erst Philip V. gelingen. Dieser ging als Sieger aus dem spanischen Erbfolgekrieg[183] hervor, der sich zwischen ihm und dem Habsburger Erzherzog Karl über die offene Nachfolge Carlos II. entfachte. Nach dem Vorbild Frankreichs unter Louis XIV., als klassischem Staat absolutistischer Zentralisation, rief Philip V. die "nueva planta" ("neuer Entwurf") ins Leben. In dieser tiefgreifenden Reform der Staatsstruktur Spaniens wurde zwischen 1707 und 1716 durch entsprechende Dekrete die Autonomie der übrigen Territorien mit ihren überkommenen Foralrechten aufgehoben, und diese der zentralen kastilischen Verwaltung unterstellt. Philip V. war der erste Regent, der sich König von Spanien nannte, und hierzu dank seiner nunmehr zentralen Machtbefugnisse auch befugt war.[184]

3. Das 19. Jahrhundert

Mit der Jahrhundertwende wurde Spanien von den napoleonischen Revolutionsheeren besetzt, wogegen es sich in den 1808 beginnenden Befreiungskriegen auflehnte. In den Wirren dieses Krieges erarbeiteten die Liberalen 1812 in Cádiz eine Verfassung, die, obwohl sie niemals richtig zur Umsetzung gelangte, eine Leitfunktion für andere europäische Verfassungen bekommen sollte. So sah sie im Rahmen einer konstitutionellen Monarchie die Gleichheit aller vor dem Gesetz, Gewaltenteilung, gewählte Parlamente und die Garantie der wichtigsten Bürgerrechte vor. Hinsichtlich der Territorialstruktur leitete man eine Dezentralisierung mit besonderer Hervorhebung der Kommunen ein.[185]

Die entscheidende territoriale Neugliederung des Staates initiierte 1833 der königliche Minister Javier de Burgos. Mit einem entsprechenden Dekret wurde der Staat in 49 Provinzen aufgeteilt, die als lediglich administrative Einheiten direkt der zentralen Staatsgewalt unterstanden. Mit dieser Gliederung, die bis 1978 weitgehend Gültigkeit behielt, verzichtete de Burgos auf eine Territorialrezeption der traditionellen Gebiete.[186] Diese Initiative fiel mit dem Beginn der sogenannten "Karlistenkriege" zusammen, der militärischen Eskalation der Thronstreitigkeiten unter den Bourbonen. Die Kämpfe dauerten mehrere Jahrzehnte und eskortierten in

---

[181] darum spricht man noch heute in Spanien vom "Kastilianischen", wenn man das geläufige Spanisch meint

[182] vgl. S.Tobalina, a.a.O., S.32

[183] 1713 mit dem Frieden von Utrecht und 1714 mit dem Friede von Rastatt und Baden beendet

[184] vgl. hierzu Vázquez de Prada, a.a.O., S.96ff

[185] vgl. E.Aja, El sistema juridico, S.61f

[186] vgl. O.Gortázar, La questión regional, S.118ff

Spanien eine chaotische Periode ständig wechselnder Systeme mit verschiedenen Verfassungen und einigen Dezentralisierungsversuchen. In den Wirren dieser Jahre formierten sich die sog."Regionalisten", die sich aus Vertretern der peripheren Territorien rekrutierten, die wiederum sich gegen den kastilianischen Zentralismus auflehnten. Diese regionalistische Bewegung gewann im Laufe der Jahre zunehmend an Bedeutung und wurde zu einer maßgeblichen Fraktion der wechselnden Parlamente.

Mit der Revolution von 1868 konnte König Amadeus I. zur Abdankung gezwungen und 1873 die I.Republik proklamiert werden, allerdings noch als unitarischer Staat. Im Juli des gleichen Jahres wurde die föderale Republik ausgerufen, nachdem die Föderalisten zur entscheidenden Kraft im Parlament avanciert waren. Der dieser Proklamation entsprechende Verfassungsentwurf wurde zwar noch im Parlament eingebracht, konnte jedoch nicht mehr verabschiedet werden. Grund hierfür waren die grundlegenden Diskrepanzen zwischen den unterschiedlich motivierten Gruppierungen innerhalb der föderalen Bewegung, die eine konstruktive Zusammenarbeit ausschlossen. In revolutionärer Euphorie erklärten einige Territorien zu diesem Zeitpunkt ihre Unabhängigkeit[187], wodurch in den betroffenen Regionen anarchische Zustände ausbrachen. Zur "Wiederherstellung der staatlichen Ordnung" putschte Anfang Januar 1874 General Pavia, womit der föderale Aufbruch sein frühzeitiges Ende fand.[188] Das Verfassungsprojekt von 1873 sah die Einrichtung von 17 "Regionalstaaten" vor, denen sämtliche Kompetenzen zustehen sollten, die nicht ausdrücklich dem Staat vorbehalten waren. Diese Staaten sollten das Recht haben, sich eine eigene Verfassung zu geben, eine eigene Legislative und natürlich die regionale Exekutive. Zur Beteiligung an der staatlichen Willensbildung war die Einrichtung eines Senates zur Repräsentation der Regionalstaaten vorgesehen.[189]

Dem Putsch Pavias folgte eine erneute Restauration der zentralistischen Monarchie, die 1923 von dem Diktator Primo de Riveras abgelöst wurde. Auch in dieser Zeit gab es verschiedenste Projekte zur Dezentralisierung und Umstrukturierung der territorialen Ordnung, von denen jedoch nicht ein einziges konsequent verwirklicht wurde.[190]

4. Die II.Republik und die Franco-Diktatur

Auf das Ende der Diktatur Primo de Riveras folgte eine Kommunalwahl, die den Rang eines Plebiszites gegen die traditionalistisch-monarchischen Parteien einnahm. Das überragende Votum des Volkes für die Koalition aus Republikanern und Sozialisten veranlaßte den König Alfons XIII., das Land zu verlassen und machte den Weg für die Konstituierung der II.Republik frei. Die Verfassung dieser II.Republik, die am 9.12. 1931 verabschiedet wurde, verdient besondere Aufmerksamkeit. Hier wurde zum erstenmal ein System mit politisch-administrativer Autonomie der Regionen ge-

187 sogenannter Kantonalistenaufstand
188 vgl. zu dieser Entwicklung: J. de Simón Tobalina, a.a.O., S.48 ff
189 vgl. hierzu L.Vandelli, El ordenamiento español, S.34; E.Aja, a.a.O., S.66ff
190 vgl. zu einer Aufzählung dieser Projekte: L.Vandelli, a.a.O., S.34ff

schaffen, das insofern weit über die bisherigen Dezentralisierungsversuche hinausging und die aktuelle Verfassung von 1978 maßgeblich beeinflußte.[191] Zum Verständnis dieser Verfassung und ihrer Grundentscheidungen ist es wichtig, die besondere politische und gesellschaftliche Situation vor Augen zu haben, mit der sich die neue Regierung konfrontiert sah: So mußte schnellstens eine Garantie der Freiheitsrechte geschaffen, eine Agrarreform durchgeführt, die Situation der Arbeiter verbessert und die politisch relevante Beziehung zur Kirche geklärt werden.[192] Die temporär wohl dringendste Aufgabe lag in der Lösung der sogenannten "katalanischen Frage". Denn Stunden vor Ausrufung der neuen spanischen Republik in Madrid wurde in Barcelona die katalanische Republik proklamiert, allerdings mit einer Anerkennung ihrer Zugehörigkeit zu Spanien als Gesamtheit. Um nun die innere Stabilität des Landes zu gewährleisten, mußte eine Verfassung verabschiedet werden, die zum einen dem starken Autonomiestreben einiger Regionen, wie Katalonien, Baskenland und Galizien gerecht wurde, aber auch die weiten Teile des Landes berücksichtigte, die ihrerseits noch kein Regionalbewußtsein gezeigt hatten. So wurde auf der Suche nach einer Lösung der "integrale Staat" (estado integral) geschaffen, der gem. Art.8 der neuen Verfassung in den Gemeindeverbänden als Grundlage der Provinzen und den Regionen wurzelt, denen das Recht auf eine autonome Konstituierung zuerkannt wird. Wegen der großen Probleme, einen für die verfassungsgebende Mehrheit akzeptablen Kompromiß zu finden, wurde die verfassungsrechtliche Regelung bezüglich der autonomen Regionen bewußt unbestimmt und offen gehalten: Da man davon ausging, daß nicht alle Territorien Spaniens das Statut einer autonomen Region annehmen wollten, schuf man einen Prozeß, mittels dessen das Ob und Wie der Autonomie den betreffenden Regionen, auf Initiative der Provinzen, selbst überlassen wurde (Art.11 der Verfassung von 1931)[193]. Dieser in Art.12 beschriebene Prozeß fordert an erster Stelle eine mehrheitliche Zustimmung der betroffenen Kommunalvertretungen. Anschließend muß ein Statut, die grundlegende Regelung der regionalen Autonomie, ausgearbeitet und von zwei Dritteln der wahlberechtigten Bürger des Gebietes angenommen werden. Schließlich ist eine Verabschiedung des Statuts im staatlichen Parlament erforderlich.[194] Dem oben beschriebenen Kompromiß ist auch die heftigst umstrittene Kompetenzverteilung zuzuschreiben[195]. Die Zuständigkeiten

---

[191] Die heutige spanische Verfassung von 1978 schloß sich der damaligen Grundentscheidung zur Schaffung eines bislang beispiellosen "integralen Staates" an und übernahm einen wesentlichen Teil des entsprechenden Regelwerkes von 1931.

[192] vgl. E.Albertí, El sistema juridico, S.73

[193] Die Gliederung in Provinzen beruht auf der Einteilung Javier de Burgos'im Jahre 1833. Die Provinzen sind Grundlage der Regionen, die sich aus einer oder mehrerer derselben zusammensetzen.

[194] vgl. hierzu L.de Simón Tobalina, a.a.O., S.79f

[195] in den höchst kontroversen Parlamentsdebatten standen sich als Extreme die Zentralisten auf der einen und die Abgeordneten Kataloniens auf der anderen Seite gegenüber. Letztere hatten schon vor Beratung der Territorialverfassung ihrer Bevölkerung ein Statut zur Abstimmung vorgelegt, in dem die Kompetenzverteilung abschließend und selbstverständlich zu Gunsten der regionalen Befugnisse geregelt waren.

wurden in drei Gruppen aufgeteilt[196]: Art.14 beschrieb einen Katalog von ausschließlich staatlichen Zuständigkeiten in Legislative und Exekutive, insbesondere die Frage der Staatsangehörigkeit, internationale Angelgenheiten, öffentliche Sicherheit und Verteidigung, staatliche Finanzverfassung u.v.m.. Im zweiten Katalog wurde nach Art.15 die Legislative dem Staat vorbehalten und der regionalen Regierung die Exekutive zugestanden. Hierzu zählten vor allem die Gebiete des Zivil-, Straf-, Sozial-, Handels- und Prozeßrechtes. Die in Art.14 und 15 nicht aufgeführten Kompetenzen konnten die Regionen gemäß Art.16 durch gesetzliche Übertragung oder explizite Einbeziehung in ihr Autonomiestatut für sich beanspruchen. Aus diesem Grunde wurde die endgültige und von Region zu Region divergierende Kompetenzverteilung in den jeweiligen Statutenn bestimmt.

Allein das katalanische und das baskische Statut konnten noch vor dem 1936 ausbrechenden Bürgerkrieg beraten und verabschiedet werden. Das gallizische Statut wurde zwar noch in einem Plebiszit bestätigt, gelang jedoch nicht mehr bis zur Beratung im Parlament.[197]

Der Bürgerkrieg (1936 - 1939) beendete die Ära des ersten integralen Staates und leitete eine 35 Jahre dauernde Diktatur Francos ein, in der sämtliche regionale Selbstbestimmungsrechte zugunsten eines strengen Zentralismus gleichgeschaltet wurden.[198]

Zusammenfassend ist zu bemerken, daß wesentliche Grundlage der heutigen Verfassung das Vorbild des "integralen Staates" von 1931 unter Berücksichtung des 1936 in den Anfängen steckengebliebenen Autonomieprozesses ist. Der Regionalismus muß allerdings auch heute noch mit der schweren Bürde des in der aufgezeigten Geschichte begründeten Rufes leben, Nährboden für Anarchie und Chaos zu geben. So wird der Regionalismus im Bewußtsein vieler mit einem destabilisierenden Seperatismus gleichgesetzt.

II. Die Geburt des heutigen Verfassungsstaates

Die Diktatur Francos war von dessen Person und ihrer absolutistisch anmutenden Gewaltkonzentration geprägt. Das in diesem Regime bestehende Parlament (die "Cortes") diente lediglich der willfährigen Verabschiedung der Gesetze und Dekrete des Diktators. Dank eines Dekretes zur Regelung der Nachfolge aus dem Jahre 1967 entstand mit Francos Tod 1975 nicht das drohende Machtvakuum, sondern erneut die Monarchie der Bourbonen, mit Juan Carlos als dem am 22.12.1975 inthronisierten König Spaniens. Die von diesem eingesetzte Regierung, unter dem Präsidium Adolfo Suárez González, legte mit einem königlichen Dekret vom 18.11.1976 das Funda-

---

196 vgl. hierzu L.Vandelli, a.a.O., S.47ff, insb. Fußnoten 11 und 12
197 vgl. J.Olábarri Gortázar, a.a.O., S.182ff
198 vgl. E. Albertí, a.a.O., S.70ff

ment für die totale Reform des Staatswesens. Dieses "Gesetz für die politische Reform" (Ley para la reforma politica), das am 15.12.1976 durch ein Referendum vom Volk bestätigt wurde, ermöglichte die in dieser Form einzigartige Umwandlung einer Diktatur in eine Demokratie, ohne irgendwelche Unruhen, geschweige denn einem Putsch oder eine Revolution.[199] Das Reformgesetz sah die am 15.6.1977 durchgeführte freie Wahl der "Cortes", einem Gesetzgebungsorgan mit zwei Kammern, dem Kongreß und dem Senat, vor. Voraussetzung dessen war die Anerkennung eines pluralistischen Staates mit verschiedenen Parteien, die sich schon dank eines zuvor ergangenen Dekretes bilden konnten. Die Wahlen wurden auf der Grundlage eines am 23.3.1977 verabschiedeten Wahlgesetzes durchgeführt, das zur Verhinderung der drohenden Zersplitterung des politischen Spektrums durch einen Wildwuchs kleinster Parteien eine Art Sperrklausel sowie feste Wahllisten vorsah.[200] In den Wahlen kristallisierte sich ein Spektrum von 4 Parteien heraus, auf das der überwiegende Teil der Stimmen entfiel und dessen politische Gewichtung den Prozeß der Verfassungsgebung bestimmen sollte. Mit 34,7% der abgegebenen Stimmen bildete die Union des demokratischen Zentrums (UCD, Union de Centro Democratico), eine konservative Partei, die stärkste Fraktion. Ihr folgten mit 29,2% die sozialistische Arbeiterpartei Spaniens (PSOE, Partido Socialista Obrero Español), die Kommunistische Partei (PCE, Partida Comunista Española) mit 9,2% und die rechtskonservative Volksallianz (AP, Alianza Popular) mit 8,4% der Stimmen.[201]

Am 27.7.1977 wurde der Prozeß der Verfassungsgebung durch die Konstituierung eines Gremiums zur Erarbeitung eines Vorentwurfes (ponencia) eröffnet. Dieses legte am 5.1.1978 den ersten Vorentwurf (anteproyecto) vor.

Zuvor jedoch sah sich die Regierung mit verschiedenen sehr drängenden Problemen auf dem Sektor der Wirtschaftspolitik konfrontiert, die keine der Parteien, mangels entsprechender Mehrheiten, allein lösen konnte. Um nicht erneut einen demokratischen Aufbruch an der Unvereinbarkeit parteiideologischer Positionen scheitern zu lassen, fanden sich die in den Cortes vertretenen Parteien am 8./9.10.1978 zusammen, um in den "Pactos de la Moncloa" eine gemeinsame Wirtschaftspolitik zu vereinbaren und das Zahlungsbilanzdefizit, die Inflation und die Arbeitslosigkeit zu bekämpfen.[202] Unterdessen konnte der verfassungsgebende Prozeß seinen Gang nehmen, dessen Langwierigkeit die Aufgabe entgegengehalten werden muß, eine 40jährige Diktatur zu überwinden und dem Fehlen einer demokratischen Tradition Rechnung zu tragen. Der Vorentwurf wurde den Parteien vorgelegt und deren Änderungswünsche von der ponencia, dem Gremium, eingearbeitet. Diese überarbeitete Fassung wurde dem Kongreß zur Verhandlung präsentiert. Dem folgte eine Debatte im Senat und dessen Äußerung von Änderungsvorschlägen. Selbige wurden in einem gemeinsamen Ausschuß von Kongreß und Senat beraten und das Ergebnis den beiden Kammern getrennt zur Abstimmung vorgelegt. Nach deren Zustimmung konnte

199 vgl. J. de Simón Tobalina, a.a.O., S.117f

200 vgl. L.Sánchez Agesta, sistema político, S. 30f

201 die Wahlergebnisse sind der Darstellung bei L.Sánchez Agesta, a.a.O., S.32 entnommen

202 vgl. L.Sánchez Agesta, a.a.O., S. 35f

der Entwurf durch ein Referendum des spanischen Volkes am 6.12.1978 bestätigt und durch den König am 27.12.1978 ausgefertigt und verkündet werden.[203]

Die Verhandlungen zu dem Verfassungsentwurf waren in einigen Punkten sehr kontrovers und schwierig. Hierzu zählten vor allem die Bereiche des Wirtschafts- und Arbeitsrechtes, des Erziehungsrechtes und besonders die Findung einer angemessenen Staatsform. Die PSOE trat ursprünglich entschieden für eine Republik ein, während die anderen Parteien vornehmlich die Tradition der Monarchie wahren wollten. Um den Verfassungskonsens nicht zu gefährden, gab erstere nach und stimmte der Errichtung einer Monarchie zu.[204]

Am schwierigsten gestaltete sich jedoch die Debatte über den Entwurf einer Territorialverfassung zur Neustrukturierung des Staates. Während sich fast alle zur Notwendigkeit einer Dezentralisierung bekannten, fielen die Vorstellungen über deren Charakter weit auseinander. Die Diskussion wurde durch das Streben der PSOE nach einer Föderalstruktur, dem sich die kommunistische PCE anschloß, und der Stellung der rechtskonservativen AP, die eine lediglich administrative Dezentralisierung bei großer Abhängigkeit der Regionen vom Staat anstrebte, polarisiert. Die Regierungspartei UCD stand mit ihrer Vorstellung eines Zugeständnisses gewisser politischer Autonomie für die Regionen zwischen den beiden Fronten. Die Grundlinien des VIII.Titels, in dem die Territorialverfassung verankert ist, wurde zwischen den Parteien in einer außerparlamentarischen Vereinbarung am 21./22.5.1978 festgelegt. Jedoch konnte die AP in den folgenden Parlamentsdebatten den hier gefunden Kompromiß zu Lasten des Umfanges politischer Autonomie der Regionen beeinflussen.[205] Die vehemente Ablehnung jeglicher föderaler Apekte durch die AP gründete in der noch weit verbreiteten Überzeugung, daß der Föderalismus mit Seperatismus gleichzusetzen und somit ein Feind der sakrosanten Einheit der spanischen Nation sei. Der im VIII.Titel der Verfassung normierte Kompromiß ist somit das Ergebnis des Versuches, die eben aufgezeigten unterschiedlichen Vorstellungen soweit wie möglich miteinander zu verbinden.[206]

Eine herausragende Bedeutung für die sich entwickelnde Territorialverfassung und künftige Struktur des Staates nehmen die sogenannten vorläufigen autonomen Regierungen, kurz Präautonomien, ein. Ihre Einrichtung geht auf die Ankündigung in der Präambel des Reformgesetzes von 1976 zurück, derzufolge die regionalen Besonderheiten institutionell zu berücksichtigen sind.[207] Die Initiative zur Errichtung der ersten Präautonomien mittels zweier Dekrete vom 29.9.1977 und 31.10.1978

---

203 vgl. zu diesem Prozeß: L.Sánchez Agesta, a.a.O., S.41ff

204 vgl. ders., a.a.O., S.43

205 vgl. R.Schütz, Dezentralisierung in Spanien, S.; und die ausführliche Darstellung der unterschiedlichen Vorstellungen der Parteien bei M.Busch, Autonomie und Föderalismus, S.29ff

206 Die in der Folge herrschende Unsicherheit bei der Einordnung des neu konstituierten Systems zwischen Föderalismus und Regionalismus zeigen die kontroversen Stimmen der Verfassungsrechtler, wie sie schon beim ersten Deutsch-Spanischen Verfassungsrechtskolloquium geäußert wurden; vgl. den Bericht von D.C.Umbach, das erste..., S.1134f

207 vgl. zu einer ausführlichen Darstellung dieser Entwicklung: L.Vandelli, a.a.O., S.91ff

wurde angesichts des starken Drängens der Basken und der Katalanen, denen der verfassungsgebende Prozeß zu langsam verlief, ergriffen, um den noch instabilen Staat vor gefährlichen Unruhen zu bewahren. Mit der Schaffung einer vorläufigen administrativen Autonomie sollte den Regionen eine Geste entgegengebracht werden, die sich auf einen bereits abgeschlossenen Autonomiestatus aus der II.Republik berufen konnten.[208] Nach der Einrichtung der ersten beiden Präautonomien, des Baskenlandes und Kataloniens, forderten weitere zwölf Regionen den gleichen Status, der ihnen in der Folgezeit auch zugestanden wurde. Der Präautonomie lag die Einrichtung eines Regierungsrates als Exekutivausschuß und die Ernennung eines Präsidenten zu Grunde, die jedoch nur eine vom Staat abhängige Funktion hatten. Dieses System hatte theoretisch einen nur provisorischen Charakter, der in den entsprechenden Dekreten auch stark betont wurde. Tatsächlich wurden hier jedoch durch eine Determinierung der Territorialstrukturen künftiger Autonomer Gemeinschaften irreversible Tatsachen geschaffen, die in der Verfassung und dem nachfolgenden Prozeß zur Geltung kamen.[209]

III. Die wesentlichen Inhalte der Verfassung von 1978

Die Verfassung von 1978 gliedert sich in 10 Titel und einen Vortitel zu den Grundprinzipien der Verfassung. Nach der grundlegenden Vorschrift des Art.1 CE (Constitución Española) konstituiert sich Spanien "als demokratischer und sozialer Rechtsstaat und bekennt sich zu Freiheit, Gerechtigkeit und politischem Pluralismus als den obersten Werten seiner Rechtsordnung." Als politische Form des Staates wird nach Art.1 Abs.3 CE die parlamentarische Monarchie bestimmt. Titel I (Art.10 - 55) CE beinhaltet einen umfangreichen und detaillierten Katalog der Grundrechte, deren Schutz die Artikel 53 und 54 CE gesondert garantieren, indem deren wesentlicher Inhalt für unantastbar erklärt, dem Bürger die Verfassungsbeschwerde eröffnet, die Staatsgewalt unmittelbar an die Grundrechte gebunden und die Institution eines Volksanwaltes geschaffen wird.

Titel II CE regelt die die Krone betreffenden Materien, wobei der König, ähnlich dem deutschen Bundespräsidenten, vorwiegend repräsentative Aufgaben und eine geringe faktische Gewalt innehat.

Das Parlament, die "Cortes Generales", ist nach Titel III CE in zwei Kammern aufgeteilt, der Kongreß, mit in allgemeiner, gleicher, freier, direkter und geheimer Wahl (Art.68 Abs.1 CE) gewählten Abgeordneten, und der Senat, als Kammer der Territorialvertretung, dessen Abgeordnete sich zu ca.80% aus Vertretern der Provinzen und zu ca.20% aus solchen der Autonomen Gemeinschaften rekrutieren.

---

208 vgl. P.Cruz Villalón, Die Neugliederung des spanischen Staates, S.210; L. de Simón Tobalina, a.a.O., S.127

209 vgl. P.Cruz Villalón, a.a.O., S.210; L.Sánchez Agesta, a.a.O., S.35

Die Grundzüge der Regierung und der Verwaltung sind in Titel IV CE niedergelegt. Der Ministerpräsident wird auf Vorschlag des Parlamentes vom König ernannt und leitet die Geschäfte der Regierung. Ihm steht dabei eine Art Richtlinienkompetenz zu, dem jedoch mit dem Resortprinzip die Eigenverantwortung der Minister zur Seite gestellt wird (Art.98 Abs.2I CE). Die Regierung ist dem Kongreß für die politische Amtsführung verantwortlich und unterliegt dessen Kontrolle, Titel V CE. Diese Kontrolle kann der Kongreß durch ein Informations- (Art.109 CE), Zitier- (Art.110 Abs.1 CE), und Interpellationsrecht (Art.111 CE) sowie als ultima ratio durch das konstruktive Mißtrauensvotum (Art.113f CE) ausüben.

Die Richter als Träger der rechtsprechenden Gewalt sind unabhängig, unabsetzbar und allein dem Gesetz unterworfen. Im entsprechenden VI.Titel CE wird nach Art.125 CE dem Bürger ausdrücklich die Möglichkeit der Popularklage eröffnet.

Die Wirtschafts- und Finanzverfassung ist im VII.Titel normiert. Der Versuch, die Wirtschaftsstruktur des spanischen Staates verfassungsrechtlich festzulegen, trägt deutliche Kennzeichen eines Kompromisses zwischen den unterschiedlichen parteiideologischen Vorstellungen, ist jedoch am ehesten mit dem Begriff der sozialen Marktwirtschaft zu beschreiben[210]. In Art. 128 Abs.1 CE wird der "Reichtum" des Landes, unabhängig von seiner Trägerschaft, dem Allgemeinwohlprinzip unterworfen.

Die territoriale Organisation des Staates ist im VIII.Titel normiert und Gegenstand detaillierter Ausführungen weiter unten.

Mit dem folgenden IX. Titel wird das Verfassungsgericht eingerichtet und werden die Verfahrensarten bestimmt. Hierzu zählen die klassischen Verfahren der abstrakten und konkreten Normenkontrolle, Art.161 Abs.1, a, 163 CE, die Verfassungsbeschwerde nach Art.161 Abs.1,b CE und die Organstreitigkeiten zwischen Staat und Autonomen Gemeinschaften. Dieser Katalog ist aber nach Art.161 Abs.1,d CE nicht abschließend, sondern kann durch andere Verfassungsbestimmungen und Organgesetze erweitert werden.

Eine Verfassungsänderung ist nach dem X.Titel dann möglich, wenn der Änderungsentwurf eine Mehrheit von 3/5 jeder Kammer erlangt, oder einer absoluten Mehrheit im Senat der Kongreß mit einer 2/3 Mehrheit zustimmt.

Mit diesem Verfassungswerk wurde versucht, die Erfahrungen anderer moderner Verfassungen zu nutzen und einzuarbeiten. Einen besonderen Einfluß übte hierbei das deutsche Grundgesetz aus, was sich auch heute noch in der Übernahme verschiedener Rechtsbegriffe[211] und der besonderen Beachtung deutscher Verfassungsrechtsprechung und Lehre fortsetzt. Neben der entscheidenden Rolle, die die eigenen vergangenen Verfassungen Spaniens spielten[212], fanden insbesondere die italienische Verfassung von 1947 sowie die schwedische, griechische und portugiesische Verfassung ihren Niederschlag.

---

210 vgl. hierzu K.-P.Sommermann, Der Schutz der Grundrechte in Spanien, S.101 m.w.N.

211 beispielsweise der Begriff der "Drittwirkung"

212 angefangen mit dem Entwurf von Cádiz

IV. Grundzüge des Systems Autonomer Gemeinschaften

Zum besseren Verständnis sind die für das im folgenden vorzustellende System gebrauchten Begriffe kurz zu bestimmen: Kernelement und territoriale Einheit des neuen Systems ist die "Autonome Gemeinschaft" (Comunidad Autónoma). Sie wird der spanischen Terminologie entsprechend in der weiteren Darstellung auch als "Autonomie" (Autonomía) oder schlicht "Gemeinschaft" (Comunidad) bezeichnet. Die zentrale Staatsorganisation, im deutschen Bundesstaat der "Bund", wird in der direkten Übersetzung "Staat" genannt. Die Gesamtheit der Autonomen Gemeinschaften im Sinne einer territorialen Einheit wird als der "Staat der Autonomen Gemeinschaften" oder "Autonomiestaat" aufgeführt. Die mit den beiden Ebenen des Systems korrespondierenden Einrichtungen erhalten die adjektive "staatlich" für die eine Stufe und "autonom" oder "gemeinschaftlich" für die andere.

Die Verfassung stützt sich auf die unauflösliche Einheit der spanischen Nation, gemeinsames und unteilbares Vaterland aller Spanier, und anerkennt und gewährleistet das Recht auf Selbstverwaltung der Nationalitäten und Regionen, die ihr Bestandteil sind, und auf die Solidarität zwischen ihnen (Art.2 CE).

Mit dieser grundlegenden Norm wurden die Pfeiler gesetzt, auf denen die durch den VIII.Titel konstituierte territoriale Verfassung ruht; die unauflösliche Einheit der Nation auf der einen und das Recht der Nationalitäten und Regionen auf Autonomie auf der anderen Seite.

Als "Verfassungssubjekte" des obengenannten Rechtes auf Selbstverwaltung wurden die "Nationalitäten" und "Regionen" bestimmt. Während letztere seit der territorialen Neustrukturierung des Staates unter Javier de Burgos traditionell die Bezugseinheiten für dezentralisierende Kompetenzübertragungen und in der II. Republik Träger des Rechtes auf Autonomie waren, ist die Nennung der "Nationalitäten" (nacionalidades) neu und aus einer sehr kontroversen Parlamentsdebatte hervorgegangen.[213] So führte der Senator Montero Rodríguez an:

Die Verfassung muß den Begriff der "Nationalitäten" ohne Vorbehalt aufnehmen, als Zeichen, daß sie die pluralistische Identität und historische, ethnische und kulturelle Unterschiedlichkeit solcher Volksgruppen, wie Euskadia, Galizien und Katalonien anerkennt und akzeptiert.[214]

Folglich ist die ausdrückliche Erwähnung der "Nationalitäten" eine Geste an die genannten Volksgruppen und verfassungsrechtliche Grundlage zur Wahrung der entsprechenden Kulturgüter, insbesondere der offiziellen Anerkennung eigener Sprachen neben dem Spanischen. Der Begriff der "Autonomen Gemeinschaften" nun dient der Zusammenfassung beider Subjekte, sowohl Regionen als auch Nationalitäten[215].

---

213 vgl. P.Cruz Villalón, a.a.O., S.198

214 D.S.S. Nr. 58, 22 September 1978, S.2911

215 vgl. P.Cruz Villalón, a.a.O., S.199

Obwohl das System der Autonomen Gemeinschaften einer der umstrittensten und einschneidendsten Bereiche bei der Neustrukturierung des spanischen Staates ist, ist es nicht möglich, der Verfassung eine klare Aussage über die Gestalt und Rechtsnatur dieser Autonomen Gemeinschaften zu entnehmen. Dieser Umstand ruht in einer Verlegenheit der Verfassungsgeber aufgrund widerstreitender Interessen: Man war sich darüber im klaren, daß den drei historischen Regionen, dem Baskenland, Galizien und Katalonien, auf schnellstem Wege eine nicht nur administrative Autonomie ermöglicht werden mußte. Ebenso wurde jedoch aus den Reaktionen anderer Regionen deutlich, daß das Recht auf Autonomie nicht auf den exklusiven Kreis der drei genannten Regionen beschränkt bleiben konnte. Andererseits war es zu diesem Zeitpunkt politisch nicht durchsetzbar, alle Regionen des Landes quasi "von oben" mittels der Verfassung mit einer politischen Autonomie auszustatten.[216] So entschied man sich, auf eine verfassungsrechtliche Determinierung der künftigen Territorialstruktur zu verzichten und diese mit den Vorgaben der Verfassung einem offenen Prozeß zu überantworten. Ergebnis dieser Entscheidung ist das sog."dispositive Prinzip", dem zufolge die Entscheidung über die Entstehung und letztendliche Gestaltung einer Autonomen Gemeinschaft der Initiative der diese begründenden Regionen unterstellt wird.[217] Die Verfassung setzt mit ihrem VIII.Titel den Rahmen dieses Prozesses, indem sie die Wege in die Autonomie festlegt und die Grenzen der möglichen Kompetenzübernahme definiert. Dieses System "erleichtert die Angelegenheit in politischer Sicht, obgleich es aus juristischer Sicht seine Interpretation noch schwieriger macht."[218] Tatsächlich wurde ein Prozeß initiiert, dessen Verlauf, Ergebnis und verfassungsrechtliche Behandlung unvorhersehbar war.

Mit Art. 143 Abs.1 CE haben alle "aneinandergrenzende Provinzen mit gemeinsamen historischen, kulturellen und wirtschaftlichen Gegebenheiten, die Inselterritorien und die Provinzen mit historischer Regionaleinheit" das Recht, ihre Selbstregierung zu erlangen.

Die Initiative zur Einleitung des Autonomieprozesses kann nach Art.149 Abs.2 CE durch einen Beschluß der Provinzialräte oder von 2/3 der betroffenen Gemeinden ergriffen werden.

Nach dieser ersten Phase, dem "pronunciamiento autonómico" zur Feststellung des Autonomiewunsches der betroffenen Bevölkerung, schließt sich die Phase der Statutgebung (fase estatuyente) an, in der von einer hierzu gebildeten Versammlung der entsprechenden Provinzen ein Autonomiestatut ausgearbeitet und dem Parlament zur Bewilligung vorgelegt wird. Das Autonomiestatut, das als Organgesetz verabschiedet wird, ist der normative Kern einer jeden Autonomen Gemeinschaft, in dem deren Kompetenzen und Strukturen festgeschrieben sind.

---

216 vgl. P.Cruz Villalón, a.a.O., S.198

217 hiermit überschneidet sich das sog. "Prinzip der Freiwilligkeit"(principio de voluntariedad), dessen Gewährleistung "künstliche", einander entsprechende Autonomien verhindern soll, vgl. I. de Lojendio e Irure, El modelo autonómico, S.30

218 E.García de Enterría und Tomás Ramón Fernández, zitiert nach I. de Lojendio e Irure, a.a.O., S. 29

Der Verfassungsgeber konnte jedoch den Umstand nicht unbeachtet lassen, daß die Regionen Galizien, das Baskenland und Katalonien in der II. Republik bereits den Autonomieprozeß zum Abschluß gebracht hatten. Aus diesem Grunde räumte man jenen "historischen Nationalitäten" nach der II. Übergangsbestimmung der Verfassung die Möglichkeit ein, über einen "direkten" Weg sofort eine deutlich erweiterte Autonomie zu erlangen.

Nachdem man sich für die Einräumung eines solchen Sonderstatus entschieden hatte, mußte dem Umstand Rechnung getragen werden, daß auch andere Regionen ein deutliches Autonomiestreben zum Ausdruck brachten und sich durch die Exklusivität der "historischen Nationalitäten" diskriminiert fühlten. Aus diesem Grunde eröffnete man auch den übrigen Regionen die Chance, entweder 5 Jahre nach Ablauf des gewöhnlichen Autonomieprozesses ihre Kompetenzen zu erweitern, oder direkt, jedoch unter hohem Anforderungen an das Maß der Zustimmung in der Bevölkerung, den schnellen Weg zur Autonomie zu durchschreiten.

Zusammenfassend kann also festgehalten werden, daß der bestehende Staat der Autonomien das Produkt eines verfassungsrechtlichen Rahmens und des diesem entspringenden Autonomieprozesses mit der Festschreibung der Statuten ist.

Wesentlicher Zug des so etablierten Systems ist dessen Unbestimmtheit[219].[220] Denn aus den vagen Vorgaben der Verfassung ist sowohl eine lediglich administrative, als auch eine politische Dezentralisierung denkbar; die Entscheidung wird letztlich durch den Inhalt der Autonomiestatuten gefällt. Ein eindeutig politisches Autonomiemodell wird lediglich den drei historischen Regionen vorgegeben. Diese Unbestimmtheit gründet insbesondere in drei Umständen:[221] Zwar gibt die Verfassung in den Art.148ff CE einen ausführlichen Katalog der dem Staat vorbehaltenen Kompetenzen und derer, die die Regionen beanspruchen können, vor, doch wird die wesentliche Frage nach dem Umfang dieser Kompetenzen, ob sie also lediglich exekutiver oder auch legislativer Art sind, nicht abschließend beantwortet. Weiter wird die Organstruktur der Autonomien in die Disposition der Statuten gelegt. Schließlich sind die grundlegenden Autonomiestatuten dem Zustimmungserfordernis und damit der maßgeblichen Einflußnahme der staatlichen Legislative unterstellt.

Heute, nachdem der Autonomieprozeß in Spanien zu einem vorläufigen Abschluß gekommen ist, gliedert sich das Land in die folgenden 17 Autonomen Gemeinschaften: Andalusien, Aragon, Asturien, Balearen, Baskenland, Cantabria, Extremadura, Galizien, Kanarische Inseln, Kastilien-La Mancha, Kastilien-Leon, Katalonien, La Rioja, Madrid, Murcia, Navarra und Valencia. Alle diese Autonomien sind politischer Natur und inzwischen mit einer vergleichbaren Organstruktur und ähnlichen Kompetenzen ausgestattet. Das Verfassungsgericht bezeichnet sie als "öffentlich-rechtliche Körperschaften auf territorialer Grundlage und mit politischer Natur"[222]. Als zentrales Legislativorgan konstituiert sich alle vier Jahre aus freien und allgemei-

---

219 vgl. P.Cruz Villalón, a.a.O., S.202ff

220 Dieses Phänomen wurde im deutschen Bundesstaat bereits durch die eigene Regelung des Homogenitätsprinzipes, besonders Art. 28 Abs.1 GG, vermieden.

221 vgl. ders., a.a.O., S.202

222 STC, 25/1981, v.14.7.1981

nen Wahlen ein Ein-Kammer-Parlament. Die exekutive Gewalt wird von einer Regierung ausgeübt, an deren Spitze der Präsident der Autonomen Gemeinschaft steht. Neben der ursprünglichen Provinzialverwaltung haben die Gemeinschaften, die sich aus mehreren Provinzen zusammensetzen, einen eigenen übergeordneten Verwaltungsapparat aufgebaut. Dieses ineffiziente Vorgehen erklärt sich allein in einem überkommenen Konkurrenzdenken, da die Provinzialräte ausführende Administrativorgane der Zentralregierung waren und heute nach Art.137 CE mit Autonomie zur Durchführung eigener Interessen ausgestattet sind.[223] Hinsichtlich der autonomen Kompetenzstrukturen ist heute neben den exekutiven und judikativen Zuständigkeiten eine eigene Legislativgewalt anerkannt, die Ursprung eines originären Gesetzeswerkes ist.[224]

Gemäß Art. 137 CE ist der Staat "in seinem Territorium in Gemeinden, Provinzen und die sich konstituierenden Autonomen Gemeinschaften gegliedert. Sie alle genießen Autonomie in Verfolgung ihrer jeweiligen Interessen." Nach g.h.M. statuiert diese Norm die institutionelle Garantie der territorialen Autonomien, die sich in der Unantastbarkeit des Wesensgehaltes dieser Institutionen, der Elemente und Charakteristika, die das Bild jener ausmachen, für den Gesetzgeber äußert.[225] Der Umfang der Autonomien der in Art.137 CE genannten Träger der kommunalen Verwaltung, der Provinzen, Gemeinden, Inseln und Gemeindeverbände, ist in Art.140 ff CE geregelt. Diese umfaßt die kommunale Selbstverwaltung, im Rahmen derer - und in Übereinstimmung mit der Rechtsordnung des Staates und der Autonomen Gemeinschaften - diese Verwaltungsträger Verordnungen und Verwaltungsakte erlassen. Der institutionelle Rahmen dieser lokalen Verwaltung gründet in den diesbezüglichen staatlichen Vorschriften und denen der Autonomen Gemeinschaften, da die Zuständigkeit für die kommunale Ebene zwischen den beiden Trägern aufgeteilt ist.[226] Aus diesem Grunde gliedert sich die Staatsgewalt nicht etwa in drei - oder mehr Ebenen, sondern ist allein zwischen dem Staat und den Autonomen Gemeinschaften aufgeteilt.[227] [228]

V. Die Autonomiestatuten

Das Autonomiestatut ist die normative Grundlage einer jeden Autonomen Gemeinschaft. Neben seiner rechtstechnischen Funktion als Basisnorm der Gemeinschaft erlangt das Statut seine fundamentale Bedeutung aus dem Umstand, daß von dessen Regelungen - im Rahmen der verfassungsrechtlichen Vorgaben - Gestalt und Umfang

---

223 vgl. P.Cruz Villalón, a.a.O., S.237
224 vgl. E.Albertí, a.a.O., S.81
225 vgl. L.Parejo Alfonso, Aufbau, Entwicklung..., S. 65
226 vgl. ders., a.a.O., S.66f
227 vgl. E.Albertí, a.a.O., S. 81
228 entsprechend der Zweiteilung des deutschen Bundesstaates in die Ebenen des Bundes und der Länder

der Autonomie jeder einzelnen Gemeinschaft abhängen.[229]

Art. 147 Abs.2 CE beschreibt den Mindestgehalt dessen, was die Autonomiestatuten regeln müssen. Hierzu gehören der Name der Gemeinschaft, die Abgrenzung des Territoriums, die eigene Organstruktur sowie die dem Rahmen der Verfassung entnommenen Zuständigkeiten. Der Regelungsumfang der Statuten ist allein durch den Katalog der dem Staat vorbehaltenen Kompetenzen nach Art.149 ff CE begrenzt.

Die Frage nach der Rechtsnatur der Autonomiestatuten und ihrem Rang innerhalb der Rechtsordnung gehört zu den besonders kontrovers diskutierten Themata. Art.147 Abs.1 CE beschreibt das Statut als "grundlegende institutionelle Norm einer jeden Autonomen Gemeinschaft", die "der Staat anerkennt und als einen in seine Rechtsordnung integrierten Teil schützt." Nach Art.81 Abs.1 CE bedarf ein Autonomiestatut der Verabschiedung durch die Cortes mittels eines Organgesetzes (leyes orgánicas). Diese Organgesetze sind von besonderer Qualität, dank derer sie den "normalen" Gesetzen übergeordnet sind. Sie unterliegen zu ihrer Verabschiedung dem Erfordernis einer absoluten Mehrheit in einer abschließenden, das ganze zu regelnde Projekt umfassenden Abstimmung, Art.81 Abs.2 CE. Art.81 Abs.1 CE ist zu entnehmen, daß die Organgesetze der Regelung grundlegender Verfassungsinhalte dienen, wie die Grundrechte, die öffentlichen Freiheiten und die Organisation der verfassungsrechtlichen Institutionen.[230] Der Streit um die Rechtsnatur der Statuten bündelt sich insofern in der Frage, ob deren Verabschiedung durch ein Organgesetz maßgeblich ist, mit der Folge, daß diesen insgesamt der Charakter eines Organgesetzes staatlicher Provenienz zukommt, oder diese in erster Linie ein Ergebnis der regionalen Autonomie sind. Diese Frage fordert ihre Entsprechung in der rechtspolitischen Kontroverse dergestalt, daß die "Regionalisten" das Autonomiestatut gerne als rein staatliches Gesetz sehen, während die "Föderalisten" auf dessen Originalität bestehen.[231]

Auf fast einhellige Ablehnung stößt die Ansicht, daß das Autonomiestatut ein Vertragsgesetz ist, da die Autonome Gemeinschaft erst mit Verabschiedung des Statutens entsteht, so daß zuvor keine Vereinbarung zweier staatlicher Subjekte bestehen kann.[232]

Ein Teil der Lehre differenziert zwischen dem "eigentlichen" Autonomiestatut und dem staatlichen Approbationsgesetz in Form eines Organgesetzes. Dies wird damit begründet, daß das Gesetzgebungsverfahren für Organgesetze in Art.87 CE genau geregelt ist. Während hier die Initiative von der Regierung, dem Kongreß oder dem Senat ausgeht, wird das Autonomiestatut in der betreffenden Region geboren,

---

229 aus diesem Grunde haben sie rechtspolitisch eine ungleich größere Bedeutung, als die Verfassungen der Bundesländer, obgleich diese einen rechtstechnisch höheren Rang einnehmen; in der breiten Diskussion über die Rechtsnatur der Autonomiestatuten herrscht Einigkeit darüber, daß diese keinen Verfassungsrang innehaben.

230 vgl. hierzu L.Sánchez Agesta, a.a.O., S. 330ff

231 vgl. zu dieser politischen Komponente M.Busch, a.a.O., S.168; J.Tornos Más, Los Estatutos..., S.146f

232 vgl. nur L.Sánchez Agesta, a.a.O., S.395

als deren Willensakt es anzusehen ist.[233] Diese Exklusivität des Autonomiestatutens wird u.a. mit dem Wortlaut des Art.147 Abs.1 CE begründet, wonach der Staat die Statuten als Teil seiner Rechtsordnung "anerkennt".

Die Gegenmeinung verneint eine solche Trennung, da die Entstehung der Autonomiestatuten mit dem Akt der Verabschiedung des entsprechenden Organgesetzes in den Cortes zusammenfällt, und erstere ansonsten keinen eigenen Entstehungsakt vorweisen können. Darum sei das Autonomiestatut ein Organgesetz mit diversen Besonderheiten im Entstehungsakt.[234]

Der verzweifelt anmutende Versuch, die Autonomiestatuten einem der gängigen Gesetzestypen zuzuorden, ist wenig überzeugend. Mit den Statutenn wurde vielmehr ein Normentyp geschaffen, der in dieser Form, wie auch das diesen zugrundeliegende System, einzigartig ist und somit in der Verfassung keine Entsprechung findet. Das Verfahren zur Entstehung und Änderung jener Statuten, das für die Charakterisierung eines Normentypes bestimmend ist, sieht gemäß Art.146 ff CE ein besonderes Zusammenwirken der betroffenen Regionen und der staatlichen Legislative vor und kennzeichnet die Statuten infolgedessen als einen Normentyp sui generis.[235]

Die Bestimmung des Ranges der Autonomie-Statuten in der Rechtsordnung ist für die Lösung häufig vorkommender Kollisionslagen entscheidend. Die Verfassung ist Mittel und Grenze des im Zusammenspiel mit den Statutenn etablierten Systems Autonomer Gemeinschaften. Aus diesem Grunde ist sie, an der Spitze der Normenhierarchie stehend, zweifellos den Statutenn übergeordnet.[236]

Hinsichtlich des Verhältnisses der Statuten zu den "normalen" Gesetzen, staatlicher oder regionaler Herkunft, ist die Regelung des Art.28 LOTC (Ley Orgánica del Tribunal Constitucional, entspricht dem deutschen Bundesverfassungsgerichtsgesetz) aufschlußreich. Abs.II dieser Vorschrift ermöglicht es dem Verfassungsgericht, die Verfassungsmäßigkeit von Gesetzen und Dekreten daran zu überprüfen, ob sie in den, den Organgesetzen nach Art.81 CE reservierten Kompetenzbereich einbrechen. Noch deutlicher ist die Wertung des Art.28 Abs.1 LOTC, dem zufolge die Normen, die der Abgrenzung der staatlichen Zuständigkeiten dienen, Maßstab für die Prüfung der Verfassungsmäßigkeit sein können. Zu diesen Normen zählen zuforderst die Statuten. In jener Regelung gründet der Begriff des "Blockes der Verfassungsmäßigkeit" (bloque de la constitucionalidad), wonach die Statuten, nach Feststellung ihrer eigenen Verfassungsmäßigkeit, den Verfassungsrahmen erweitern und "quasi verfassungsrechtlichen Charakter" gewinnen.[237] Insbesondere die Lösung von Kompetenzkonflikten ist darum nur durch die Einbeziehung sowohl der Verfassung, als auch der

---

233 vgl. hierzu L.López Rodó, Las Autonomías..., S.113; I de Lojendio e Irure, a.a.O., S.36, der T.Cenadra Slado mit den Worten zitiert:" Das Organgesetz ist der juristische Mantel eines vorhergehenden Paktes."

234 vgl. J.Tornos Más, der hier, wie auch andere, zwischen den beiden Statut-Typen gem. Art.146 und Art.151,2 CE unterscheidet, sowie zur expliziten Verneinung einer Trennung zwischen Approbationsgesetz und Statut a.a.O., S. 147ff; in Kürze: E.García de Entería, La constitución y las Autonomias territoriales, S.17 ff, 21

235 vgl. hierzu P.Cruz Villalón, a.a.O., S.231

236 vgl. nur I.de Lojendio e Irure, a.a.O., S.37

237 vgl. nur I.de Lojendio e Irure, a.a.O., S. 37f; L.Parejo Alfonso, a.a.O., S.65

Autonomie-Statuten, als den beiden grundlegenden Elementen des Systems, möglich.[238]

Die Frage nach dem Rang der Statuten in Beziehung auf die anderen Organgesetze, ob hier also eine Gleich- oder eine Überordnung besteht, gestaltet sich schwieriger. Zu ihrer Beantwortung wird von der h.M. das notwendige Verfahren herangezogen, welches zur Änderung eines Gesetzes vorgegeben ist. Kann nämlich ein Statut durch ein Organgesetz geändert werden, ist eine Überordnung des ersteren abzulehnen. Wie im folgenden noch darzustellen sein wird, sieht die Verfassung die Unterscheidung zwischen einer "vollen" und einer "beschränkten" Autonomie vor. Das Verfahren zur Änderung eines Statutens einer "vollen" Autonomie ist in Art.152 Abs.2 CE geregelt und sieht als unabdingbare Voraussetzung die Bestätigung mittels eines Referendums in der betroffenen Gemeinschaft vor. Sieht man von der Möglichkeit einer Verfassungsänderung ab, ist ein gemäß Art.151 Abs.2 CE zustandegekommenes Statut nach Art.152 Abs.2 CE der alleinigen Disposition des staatlichen Gesetzgebers entzogen und insofern den anderen Organgesetzen übergeordnet.[239] Die Statuten der nach Art.143 CE konstituierten "beschränkten" Autonomien bedürfen zu ihrer Änderung nach der vordergründigen Aussage des Art.147 Abs.3 CE keines Referendums, weshalb ein Teil der Lehre diese Statuten den "normalen" Organgesetzen gleichordnet.[240] Art.147 Abs.3 CE bestimmt jedoch, daß das Verfahren zur Änderung der Statuten in diesen selber weiteren Regelungen unterworfen werden kann, soweit diese den Vorgaben der Verfassung nicht widersprechen. Auf der Grundlage dieser Ermächtigung haben alle Autonomien, die den Vorgaben des Art.147 CE unterliegen, die Änderung ihrer Statuten von der Zustimmung ihrer Parlamente abhängig gemacht und somit ebenfalls der alleinigen Disposition der staatlichen Legislative entzogen.[241] Folglich sind auch diese Statuten den Organgesetzen übergeordnet und deren eigenständiger Normencharakter bestätigt.

VI. Der Autonomieprozeß

1. Verfassungsrechtliche Vorgaben zur Erlangung der Autonomie

a. Die Träger der Autonomie

In den Art. 143 ff CE beschreibt die Verfassung den Weg, das Prozedere, mittels dessen die Regionen sich zu einer Autonomen Gemeinschaft konstituieren können. Dieser Weg wurde in der Folgezeit von allen Regionen beschritten und spätestens im Jahre 1983 mit den allgemeinen Wahlen zu den Regionalparlamenten abgeschlossen.

238 vgl. insb. P.Cruz Villalón, a.a.O., S.229

239 vgl. hierzu L.López Rodó, a.a.O., S. 115

240 vgl. z.B. L.López Rodó, a.a.O., S.115; L.Sánchez Agesta, a.a.O., S.395 ff

241 vgl. P.Cruz Villalón, a.a.O., S.230

Hieraus darf jedoch nicht gefolgert werden, daß die verfassungsrechtliche Normierung des Autonomieprozesses ihren Zweck erfüllt und "ausgedient" hat. Die weitere Entwicklung des Systems Autonomer Gemeinschaften bis zum heutigen Zeitpunkt zeigt, daß dieses Regelwerk eine entscheidende Wertungsfunktion für weiterführende Fragen trägt und deshalb eine eingehendere Betrachtung verdient. Hier wird insbesondere deutlich, warum dieses "asymmetrische System"[242] Gemeinschaften von so unterschiedlicher Gestalt hervorgebracht hat, deren heute erwünschte Harmonisierung sich als ausgesprochen mühsam erweist.

Wie bereits festgestellt, beschreibt die Verfassung in Art.143 Abs.1 CE diejenigen Territorien, denen das Recht auf Autonomie zugestanden wird. Die hier genannten Kriterien sind jedoch zu vage, um ihnen zu entnehmen, welches die künftigen Autonomien sein könnten. Art.143 Abs.2 CE, als Ausdruck des dispositiven Prinzipes, legt die Konkretisierung der Territorialstruktur künftiger Autonomien in deren eigenen Willen und Initiative, der durch die betroffenen Provinzialräte und Zweidrittel der Gemeinden, deren Bevölkerung zumindest die Mehrheit der Wahlberechtigten jeder Provinz oder Insel repräsentiert, artikuliert werden muß.

Daneben jedoch sieht die Verfassung in Art.144a CE mit staatlichem Einverständnis, die Möglichkeit der Autonomie für solche Territorien vor, deren Bereich den Umfang einer Provinz nicht überschreitet und die in Art.143 Abs.1 CE genannten Bedingungen nicht erfüllt, sowie für solche, die nicht Teil einer Provinzorganisation sind. Letztere Möglichkeit ist deutlich im Hinblick auf die beiden nordafrikanischen Städte Ceuta und Melilla geschaffen worden.[243]

Für den Autonomieprozeß ist weiter von Bedeutung, wie die Qualität der regionalen Selbstbestimmung beschaffen ist, ob es sich also um die "normale" Autonomie handelt, deren Zuständigkeiten nach Art.147 CE deutlich eingegrenzt sind, oder die "volle" Autonomie, mit einem nach Art.151 CE erweiterten Kompetenzumfang.

b. Die Initiativphase

Der Autonomieprozeß wird durch die Initiative der in der Verfassung definierten potentiellen Träger einer Autonomie eingeleitet.

(1) Die "beschränkte" Autonomie

Zur Konstituierung der "beschränkten" Autonomie muß nach Art.143 Abs.2 CE der entsprechende Wunsch sowohl von den Provinzialräten, oder den entsprechenden Organen der Inseln, als auch von Zweidrittel der Gemeinden, bzw. deren Regierungsorganen[244] geäußert werden. Dabei muß die vollständige Zustimmung der genannten Institutionen innerhalb von 6 Monaten nach dem ersten diesbezüglichen Beschluß vorliegen, Art.143 Abs.2 CE. Ist dies innerhalb der besagten Frist nicht mög-

---

242 J.J.Gonzáles Eucinar, zitiert bei J.Ruiperez Alamillo, Formación..., S.92

243 vgl. E.Albertí, a.a.O., S.93

244 vgl. zu der etwas zweifelhaften Frage, welche Instanz der Gemeinden zuständig ist, E.Alvarez Conde, Las Comunidades Autónomas, S.82

lich, kann eine weitere Initiative erst nach Ablauf von 5 Jahren erfolgen, Art.143 Abs.3 CE. Die Verfassungsgeber konnten jedoch nicht den Umstand außer Betracht lassen, daß zum Zeitpunkt des Inkrafttretens der Verfassung fast alle in Art.143 Abs.1 CE beschriebenen Territorien bereits eine Präautonomie errichtet hatten[245]. Aus diesem Grunde besagt die erste Übergangsbestimmung zur Verfassung, daß die Beschlußfassung der in Art.143 Abs.2 CE genannten Institutionen durch die von einer absoluten Mehrheit ihrer Mitglieder getragene Zustimmung der obersten Kollegialorgane der Präautonomien ersetzt werden kann.

(2) Die "volle" Autonomie

Die volle Autonomie nach Art.151, 149 CE erfordert, je nach Beschaffenheit der betroffenen Territorien, unterschiedliche Initiativen:

Ein einfacher Weg zu jener Autonomie ist nach der II.Übergangsbestimmung den Territorien vorbehalten, die in der II. Republik bereits ein ausgearbeitetes Autonomiestatut mit einem positiven Referendum bestätigen konnten, und zum jetzigen Zeitpunkt in der Verfassung einer Präautonomie bestehen. Hiervon sind die drei historischen Nationalitäten Katalonien, das Baskenland und Galizien betroffen. In diesen kann der Autonomieprozeß, nach der II.Übergangsbestimmung, ebenfalls durch einen Beschluß mit absoluter Mehrheit in den obersten Kollegialorganen initiiert werden.

Die volle Autonomie auf direktem Wege sollte auch den Regionen eröffnet werden, die einen hierauf gerichteten außerordentlichen Willen und Konsens zeigen. Dieser besondere Wille muß sich jedoch in einem Initiativprozeß nach Art.151 Abs.1 CE manifestieren, der erhebliche Hindernisse aufweist. So müssen innerhalb von 6 Monaten die Provinzialräte, oder ersatzweise die obersten Kollegialorgane einer Präautonomie, sowie Dreiviertel der Gemeinden jeder einzelnen betroffenen Provinz, die zumindest die Mehrheit ihrer Wahlberechtigten repräsentieren, den entsprechenden Initiativbeschluß fassen. Diese Initiative muß von der absoluten Mehrheit der Wahlberechtigten jeder Provinz in einem Referendum bestätigt werden, das nach Maßgabe eines staatlichen Organgesetzes durchgeführt wird. Die Initiative Andalusiens sollte zeigen, wie schwer es ist, einen derartigen Konsens zu erlangen.

(3) Das abgekürzte Verfahren

Ein außerordentlicher Weg in die "normale" Autonomie wird mit Art.144c CE eröffnet, wonach das staatliche Parlament durch ein Organgesetz die Initiative der lokalen Körperschaften gemäß Art.143 Abs.2 CE übernehmen kann. Voraussetzung ist, daß hierzu ein "nationales Interesse" besteht. Diese Vorschrift belegt das Streben der Verfassungsgeber, einen Territorialstaat zu schaffen, der sich einheitlich aus Auto-

[245] vgl. 2.Kapitel,A.II

nomen Gemeinschaften strukturiert und außerdem zu vermeiden, daß Gebiete übrig bleiben, die unmittelbar vom Staat verwaltet werden müssen.[246]

(4) Sonderrechte

Schließlich werden mit der IV. und V. Übergangsbestimmung Sonderrechte für die Provinz Navarra und die Städte Ceuta und Melilla geschaffen. Navarra hat hiernach das Recht, sich mit einem entsprechenden Beschluß der Autonomen Gemeinschaft der Basken anzuschließen, obwohl es von deren Präautonomie ausgeschlossen war. Ceuta und Melilla hingegen können sich unter den Bedingungen des Art.144a CE als Autonome Gemeinschaften konstituieren.

c. Ausarbeitung und Verabschiedung der Autonomiestatuten.

(1) Die "beschränkte" Autonomie.

Das Statut einer "normalen" Autonomie wird nach Art.146 CE von einer

> ...Versammlung ausgearbeitet, die aus Mitgliedern des Provinzialrates oder des Organes der Insel der betroffenen Provinzen und aus den in ihnen gewählten Deputierten und Senatoren zusammengesetzt ist,... .

Der Entwurf muß der staatlichen Legislative zur Verhandlung vorgelegt und von dieser in einem Organgesetz verabschiedet werden. Da die Cortes Generales in dieser Phase noch Änderungen vornehmen können, kommt ihnen hinsichtlich der letztendlichen Ausgestaltung der Statuten das letzte Wort zu.[247]

(2) Die "volle" Autonomie

Das Verfahren nach Art.151 Abs.2 CE, Voraussetzung zur Erlangung der "vollen" Autonomie, hingegen beinhaltet wesentliche Erweiterungen, die ihm den Charakter eines "Paktes" zwischen der staatlichen Legislative und den betroffenen Regionen verleiht und eine wesentliche Mitbestimmung der betroffenen Bevölkerung gewährleistet.[248] Während die Erlangung dieser "vollen" Autonomie, je nach Art der betroffenen Region, durchaus unterschiedliche Initiativen erfordert, ist die Ausarbeitung und Verabschiedung der Statuten nach Art.151 Abs.2 CE für alle Betroffenen, die diesen Weg beschreiten, gleich. Der Entwurf eines Statuts wird nach Art.151 Abs.2 Nr.1 CE von einer ad-hoc-Versammlung ausgearbeitet, die sich aus Deputierten und Senatoren der Wahlbezirke rekrutiert, welche mit ihren Provinzen die Autonomie anstreben. Diese Versammlung muß sich mit absoluter Mehrheit für einen Entwurf entscheiden, der einem Verfassungsausschuß des Kongresses zugeleitet wird. Hier

---

246 vgl. J.Leguina Villa, Las Comunidades Autónomas, S.797

247 bei der Modifikation der Statuten sind jedoch auch die Cortes an die Vorgaben der Verfassung gebunden, die den Autonomen Gemeinschaften ein Mindestmaß an Kompetenzen garantiert, vgl. S.Muñoz Machado, Derecho Público, S.270

248 vgl. J.Leguina Villa, a.a.O., S.799

soll eine endgültige Fassung erstellt werden, die des Einverständnisses dieses Ausschusses und einer Delegation der ad-hoc-Versammlung bedarf, Art.151 Abs.2 Nr.2 CE. Kommt diese Übereinkunft zustande, wird die gültige Fassung des Statuts den Wahlberechtigten der betroffenen Regionen in einem Referendum vorgelegt. Hier ist in jeder einzelnen Provinz eine Zustimmung der absoluten Mehrheit aller Wahlberechtigten erforderlich. An das Referendum schließt sich die Notwendigkeit der Ratifizierung des Statutens in beiden Kammern des Parlamentes an, um von diesen als Organgesetz verabschiedet zu werden. Wird die oben beschriebene Übereinkunft zwischen dem Verfassungausschuß und den Delegierten der ad-hoc-Versammlung nicht erreicht, so wird die vorläufige Fassung des Statuts im Parlament als Gesetzentwurf beraten und anschließend den Wahlberechtigten der betroffenen Provinzen zur Abstimmung vorgelegt. Hier ist jedoch nur die Mehrheit der abgegebenen Stimmen erforderlich, Art.151 Abs.2 Nr.5 CE.

(3) Das abgekürzte Verfahren.

Der Prozeß der Statut-Gebung ist in Art.144,b CE auf einen Beschluß des Parlamentes reduziert, das die Vorlage entweder autorisieren oder verabschieden kann. Diese Möglichkeit ist für die Städte Ceuta und Melilla, gegebenenfalls auch Gibralta, geschaffen. Im Falle einer eigenen Initiative dieser Städte, die ihnen nach der II.Übergangsbestimmung eröffnet ist, genügt es, jene Statuten zu autorisieren, die dann den normalen Weg nach Art.146 CE beschreiten können. Bleibt eine solche Initiative aus, können die Cortes entsprechende Statuten direkt verabschieden.[249]

2. Der Autonomieprozeß in seiner rechtspolitischen Wirklichkeit

Die Geschichte der spanischen Autonomiefindung ist die eines Prozesses,

> ...dessen konstanteste Linie die der systematischen Verletzung der Verfassung...[250]

war.

Diese Zeit ist gekennzeichnet von einer großen Unsicherheit und Hilflosigkeit im Umgang mit den Verfassungsvorgaben, sowie häufig wechselnder politischer Einsichten, deren Umsetzung oft contra constitutione, mit wenig Rücksicht auf einen Popularkonsens erfolgte.

Wenngleich mit den ersten allgemeinen Regionalwahlen 1983 der spanische Staat vollständig in ein System Autonomer Gemeinschaften gegliedert gewesen ist und diese ihre grundlegende Organstruktur abschließend etabliert hatten, kann der Autonomieprozeß bis heute noch nicht als abgeschlossen gelten. Denn noch immer wird um die fundamentale Kompetenzverteilung gerungen und der Weg zur Harmonisierung derselben gesucht. Cruz Villalón folgend[251] soll der historische Prozeß in drei Abschnitte gegliedert werden, die jeweils durch einen eigenen politischen Kontext ge-

---

249 vgl. S.Muñoz Machado, a.a.O., S.275f
250 J.Tomas Villarroya, Proceso autonómico..., S.25
251 a.a.O., S.212

kennzeichnet sind. Am Anfang stand, wie schon in der II.Republik und bei Errichtung der Präautonomie, die Dringlichkeit der historischen Nationalitäten, ausgenommen Galiziens, deren Autonomiestreben kein Zögern zuließ. Hieran schließt sich eine Periode politischer Orientierungslosigkeit an, auf der Suche nach einem befriedigenden Konsens in der unverändert nicht gelösten Frage nach der erwünschten Art und Weite folgender Autonomien, die die Verabschiedung des andalusischen Statutens begleitete. Die folgende abschließende Etappe ist von dem gemeinsamen Willen der entscheidenden politi- schen Kräfte geprägt, den Autonomieprozeß durch ein konzertiertes Vorgehen zu einem befriedigenden Abschluß zu bringen. In dieser Zeit wurden die verbleibenden 13 Autonomiestatuten verabschiedet.[252]

a. Autonomie zweier historischer Nationalitäten, des Baskenlandes und Kataloniens.

Das Verfahren zur Verhandlung und Verabschiedung des baskischen und katalanischen Autonomiestatutens war von großer Eile geprägt, die in dem forcierten Drängen der betroffenen Nationalitäten ihren Ursprung hatte. Sowohl die Basken, als auch die Katalanen hatten ihre Statut-Entwürfe bereits geraume Zeit vor Verabschiedung der Verfassung ausgearbeitet und harrten nun ungeduldig deren Annahme durch das Parlament. Es sei daran erinnert, daß zur Initiative des Prozesses in diesem Falle nach der II.Übergangsbestimmung ein Beschluß der obersten Kollegialorgane ausreichend war. Mit Inkrafttreten der Verfassung am 29.12.1978 reichten beide präautonomen Regierungen ihre Entwürfe bei den Cortes ein, jeweils in dem Bestreben, die ersten zu sein, da die Statuten gem. der VI.Übergangsbestimmung in der Reihenfolge des Eingangs verhandelt werden. Der Beginn dieser Verhandlungen mußte jedoch eine dreimonatige Verzögerung erfahren, da an eben jenem 29.12.1978 die (vorläufigen) Cortes aufgelöst und die Wahlen des neuen Parlamentes für den 1.3.1979 festgelegt wurden.

Das nun folgende Verfahren begegnet erheblichen Zweifeln bezüglich seiner Verfassungsmäßigkeit.[253] Beide Projekte wurden zur Verhandlung einer konsensfähigen abschließenden Fassung nach Art.151 Abs.2 Nr.1 CE in den hierzu gebildeten Verfassungsausschuß eingebracht. Da sich die Verhandlungen hier jedoch als schwierig erwiesen und sowohl die Basken als auch die Katalanen auf ein schnelles Ergebnis drängten, wurde der Konsens in außerparlamentarischen Vereinbarungen auf Initiative der Regierung zwischen den Spitzen der beteiligten Parteien gesucht und gefunden.[254] Auf diese Weise konnte im Juli der baskische- und im August der katalani-

252 vgl. zu der folgenden Historie des Autonomieprozesses insb.: S.Muñoz Machado, a.a.O., S.245ff, 264ff; J.L.Meilán Gil, La Ordenación..., S.29ff; J.Tomas Villarroya, a.a.O., S.25ff; P.Cruz Villalón, a.a.O., S.212 ff; J.Ruiperez Alamillo, a.a.O., S.91ff

253 vgl. hierzu sehr ausführlich und die Verfassungsmäßigkeit klar verneinend: J.Tomas Villarroya, a.a.O., S.26ff

254 J.Tomas Villarroya sieht hier die Zuständigkeit der Legislative verletzt, da diese von der Regierung in der Entscheidungsfindung ausgeklammert wurde, vgl. a.a.O., S.30; J.L.Meilan Gil entgegnet dieser Kritik damit, daß dieser Vorwurf dem Verfassungsgeber hinsichtlich des ganzen VIII.Titels der Verfassung gemacht werden könne. Die hier erfolgte Exekutivbeteiligung sei hingegen wegen deren Erfahrung und der

sche Entwurf die Zustimmung des Verfassungsausschusses erlangen. Beide Entwürfe wurden am 25.10.1979 den betroffenen Wählern in zwei Referenda zur Annahme vorgelegt. An die diese Referenda regelnden Gesetze knüpfen die weiteren verfassungsrechtlichen Bedenken an. Art.92 Abs.3 CE nämlich bestimmt, daß diese Referenda nach Maßgabe eines Organgesetzes durchzuführen sind. Die Regierung hingegen machte von Art.86 CE Gebrauch und regelte den Volksentscheid, unter Ausklammerung der Legislative, mit einem Gesetzesdekret, das im Falle "...außerordentlicher und dringender Notwendigkeit..." erlassen werden darf.[255] Nach der Zustimmung der Parlamente gemäß Art.151 Abs.2 Nr.4 CE konnten beide Statuten am 18.12.1979 verkündet werden.

b. Der Autonomieprozeß im Umbruch.

Die Verhandlungen der beiden folgenden Statuten, die Galiziens und Andalusiens, fielen in eine Zeit vollkommener politischer Orientierungslosigkeit darüber, wie der weitere Autonomieprozeß konzeptioniert werden solle. Nachdem die autonomistischen Parteien seit den Nationalwahlen am 1.3.1979 einen unerwartet hohen Zuspruch erfuhren, fürchteten die großen Parteien, die UCD und PSOE, den Schwund ihrer Vorrangstellung im nationalen Parteienspektrum. Das zunehmende Streben nach Autonomie äußerte sich auch in Regionen, die keinerlei autonome Traditionen hatten. Unvorhergesehenermaßen strebten alle diese Regionen den Weg des Art.151 CE zur sofortigen Erlangung der vollen politischen Autonomie an.

Galizien war die letzte der drei historischen Nationalitäten, die nach der zweiten Übergangsbestimmung das Recht zur Initiative der sofortigen vollen Autonomie haben. Dieses Recht nahmen die Galizier in Anspruch, mit dem Wunsch, eine Autonomie nach dem Vorbild Kataloniens und des Baskenlandes zu etablieren. Angesichts dessen und des vergleichbaren Strebens der anderen Regionen, fürchteten die Konservativen einen zu hohen Grad an politischer Autonomie in dem entstehenden System. Aus diesem Grunde entschloß sich die Regierungspartei UCD, die Kompetenzen künftiger Autonomien deutlich zu begrenzen. Hierzu entwarf die UCD eine, in das galizische und alle folgenden Statuten einzufügende Klausel, der zufolge die ausschließlichen Legislativkompetenzen der Autonomen Gemeinschaften einer konkurrierenden Kompetenz des Staates mit Verdrängungsfunktion zu weichen haben.[256] Dieses Vorhaben stieß auf den entschiedenen Widerstand eines weiten Teiles des politischen Spektrums. Die UCD nutzte jedoch ihre Mehrheit, um, quasi im Alleingang, in der Verfassungskommission und der Regionalversammlung die nach Art.151 Abs.2 Nr.2 CE erforderliche Zustimmung zu einem Statutenntwurf zu erhalten, in den eben jene Klausel eingearbeitet war. Nach Art.151 Abs.2 Nr.3 CE müßte der

---

Schwierigkeit, eine Einigung zu erzielen, begrüßenswert und mit Erfolg beschieden; vgl. a.a.O., S.30f

255 eben diese Dringlichkeit wird von J.Tomas Villarroya bezweifelt, nachdem die Notwendigkeit zur Verabschiedung eines entsprechenden Organgesetzes seit erheblicher Zeit bekannt war, vg. a.a.O., S.27ff

256 vgl. P.Cruz Villalón, a.a.O., S.218f; J.L.Meilán Gil, a.a.O., S.32f

Kongreß nun ein Referendum anberaumen, um die Zustimmung der Wahlberechtigten zu besagtem Statut zu erhalten. In der berechtigten Sorge jedoch, in den betroffenden Provinzen keine Zustimmung zu erlangen, verzichtete der Kongreß bis auf weiteres auf die Festsetzung des Referendums. Die Verabschiedung des Statutens sollte erst ein Jahr später, gemeinsam mit dem andalusischen Statut, möglich sein. Die Begrenzung der Legislativkompetenzen schien der UCD jedoch nicht auszureichen, um den Autonomieprozeß zu "kanalisieren". Aufgrund eines Berichtes des Ministers für territoriale Angelegenheiten, Martín Villa, veröffentlichte die Parteiführung am 15.1.1980 eine Stellungnahme bezüglich des Weges künftiger Autonomien. Derzufolge entzog die UCD allen Intitiativen zur Erlangung der vollen Autonomie, nach Art.151 CE, ihre Unterstützung und propagierte den "gewöhnlichen" Weg nach Art.143 CE, dem fortan die verbleibenen Territorien folgen sollten.[257]

Die Unterstützung einer Mehrheitspartei wie der UCD ist im Procedere des Art. 151 CE unverzichtbar, da dieser, wie bereits aufgezeigt, ein besonders hohes Maß an Zustimmung im ersten Referendum erfordert. Um sich nicht in die Gefahr eines Scheiterns des Referendums zu begeben, zogen die Regionen, die den Weg des Art.151 CE beschreiten wollten, ihre Initiative umgehend zurück. Für Andalusien war dies jedoch nicht mehr möglich, da hier das Initiativreferendum bereits für den 28.2.1980 festgesetzt war. Trotz des intensiven Wahlkampfes der UCD, die, getreu ihrer neuen Politik, um eine Ablehnung des Referendums warb, sprach sich die Bevölkerung der betroffenen Provinzen unerwartet deutlich für die volle Autonomie aus. Dennoch fehlten zuletzt wenige tausend Stimmen in nur einer der acht Provinzen, womit die Initiative nach Art.151 Abs.2 Nr.4 CE gescheitert war. Diese Konsequenz, wie auch das Verhalten der UCD, stieß auf weite Empörung in der Bevölkerung und war politisch nicht haltbar, zumal mit diesem Zeitpunkt der Autonomieprozeß im ganzen Lande zum Stillstand gekommen war. Sowohl für Galizien, als auch hinsichtlich des andalusischen Statutens wurde eine schnelle Lösung gesucht und durch zwei "Eingriffe" in die Verassungssystematik gefunden. Zur Verabschiedung des galizischen Statutens wurde im Oktober 1980 (also ca. ein Jahr nach den ersten Verhandlungen) in der Verfassungskommission ein neuer Entwurf behandelt, und die strittigen Klauseln wurden weitgehend eliminiert. Das derart reformierte Statut wurde im Dezember 1980 von der betroffenen Bevölkerung gebilligt und anschließend vom Parlament verabschiedet. Das nach dem Wortlaut der Verfassung, Art.151 Abs.2 Nr.4 CE an sich gescheiterte Referendum in Andalusien wurde durch eine Änderung des Gesetzes zur Durchführung der Referenda gerettet. Nach einem neuen Art.8 Abs.4 des Organgesetzes war das Referendum unter bestimmten Voraussetzungen auch dann gültig, wenn die absolute Mehrheit in einer Provinz fehlte. Dank dessen konnte das Statut am 30.12.1981 als Organgesetz verkündet werden.[258]

---

257 vgl. J.L.Meilán Gil, a.a.O., S.34f

258 vgl.P.Cruz Villálón a.a.O., S.220f; J.L.Meilán Gil, a.a.O., S.34ff; Der recht offen liegende Verstoß dieser "Lösungen" gegen die verfassungsrechtlichen Vorschriften wird in den Ausführungen J.Tomas Villarroyas, a.a.O., S.32ff, 37ff, deutlich.

c. Neuordnung und Abschluß des Autonomieprozesses mittels konzertierter Aktionen.

Am 23.2.1981 versuchte ein Teil des Militärs gegen die Regierung zu putschen. Dieser gescheiterte Staatstreich ließ die politischen Kräfte des Landes aus ihrem Zustand der Konfusion aufschrecken und die dringende Notwendigkeit erkennen, durch konzertiertes Vorgehen die drängende territoriale Frage abschließend und befriedigend zu regeln. In der autonomen Entwicklung wurde ein Umstand gesehen, der Anlaß für den versuchten Staatsstreich gab.[259] Um die Probleme zu analysieren und Vorschläge zur Bewältigung derselben zu erhalten, wurde von der regierenden UCD und der PSOE eine Expertenkommission einberufen, die bis zum 19.5.1981 einen Bericht erarbeitete und veröffentlichte. Die Expertenkommission erkannte das Hauptproblem in der allgemeinen Unsicherheit bei Regierung und Bevölkerung über die zu erwartende Struktur des Staates. Diese Ungewißheit über den Zeitraum, die räumliche Gliederung und insbesondere die kompetentielle und organisatorische Struktur des Systems Autonomer Gemeinschaften fußt in dem oben beschriebenen, verfassungsrechtlich verankerten dispositiven Prinzip.[260] Dieses Prinzip jedoch ist grundlegend und kann, eine politisch nicht vertretbare Verfassungsänderung ausgenommen, nicht geändert werden. Die Kommission schlug darum vor, die in der Verfassung vorgesehenen Mittel zur Steuerung des Autonomieprozesses entschieden zu nutzen, um diesen unter gemeinsamen Vorgaben zu einem baldigen Abschluß zu bringen.[261] Hierzu macht sie konkrete Vorschläge, die in kaum veränderter Form Inhalt der folgenden Vereinbarung zwischen der UCD und der PSOE wurden und deshalb von großer Bedeutung sind.[262]

- Zuforderst sollte der Autonomieprozeß den gesamten Staat erfassen, um die unsinnige Koexistenz autonomer und staatlicher Territorialstrukturen zu vermeiden. Diesem Vorhaben dient der Art. 144c CE, mittels dessen, wie beschrieben, regionale Initiativen durch staatliches Vorgehen ersetzt werden können.
- Nach dem Abschluß des Autonomieverfahrens der historischen Nationalitäten sowie Andalusiens, sollten die folgenden Regionen auf den "langsamen" Weg des Art. 143 CE verwiesen werden, der wiederum hinsichtlich der in Absatz I beschriebenen Autonomieträger strikt auszulegen ist.[263] Wiederum im Sinne einer Harmonisierung des Systems sei den folgenden Initiativen in ihrem Kompetenzumfang und ihrer Organstruktur eine politische Autonomie zuzubilligen.
- Die Kommission warnt vor einem Auswuchern des Staatsapparates, wenn die Autonomen Gemeinschaften, neben der zentralstaatlichen und provinzialen Verwaltung, eine eigene Verwaltungsstruktur aufbauen. Sie empfiehlt darum, daß sich die neuen Gemeinschaften

---

259 vgl. J.Tomas Villarroya, a.a.O., S.56

260 vgl. den Bericht der Expertenkommission: Informe ...., S.7ff, insb. S.9, und S.15ff

261 vgl. derselbe S.17f

262 vgl. die Zusammenfassung bei P.Cruz Villalón, a.a.O., S.222f, S.Muñoz Machado, a.a.O., S.151f, und die Ausführungen des Berichtes, Informe ..., S. 13-38

263 vgl. Informe ..., S.13ff, 16ff

maßgeblich auf den Verwaltungsunterbau der Provinzen stützen und sich in den eigenen Ressorts beschränken.

- Weiterhin sollen Maßnahmen zur "Rationalisierung des politischen Prozesses"[264] geschaffen werden, indem die notwendigen Wahlen aufeinander abgestimmt werden.
- Schließlich schlug die Kommission die Verabschiedung eines Gesetzes zur "Ordnung des Autonomieprozesses" vor, das insbesondere die verschiedenen Facetten im Verhältnis des Staates zu den Autonomen Gemeinschaften verbindlich und einheitlich regeln soll.

Die Vorschläge der Expertenkommission wurden weitgehend zum Inhalt der am 31.7. 1981 zwischen der regierenden UCD und der opponierenden PSOE geschlossenen Autonomievereinbarungen (pactos autonómicos). Diese Vereinbarungen stießen erwartungsgemäß in den betroffenen Regionen auf deutliche Kritik, da hier u.a. das verfassungsrechtliche Intitiativrecht beschnitten und die möglichen Zuständigkeiten der Gemeinschaften reduziert wurden.[265] Gleichzeitig wurde jedoch die unabwendbare Notwendigkeit eines konzertierten Vorgehens anerkannt und dessen Verwirklichung über eine Konkretisierung der verfassungsrechtlichen Unbestimmtheit durch eine außerparlamentarische Übereinkunft zugestimmt.[266] Auf die Zweifelhaftigkeit bzw. Unvereinbarkeit dieses Vorgehens im Spiegel des Textes der Verfassung wird gleichermaßen einhellig hingewiesen.[267] So verstoßen die Vereinbarungen, 16 determinierte Gemeinschaften auf einem vorgegebenen Weg und mit einer bestimmten Struktur zu schaffen, nachhaltig gegen das dispositive Prinzip der Verfassung. Denn der Autonomieprozeß wird, entgegen dieser Bestimmung, aus den Händen der initiierenden Regionen in die der parlamentarischen Mehrheitsparteien gelegt und somit deren Willen überantwortet. Das in der Verfassung ausführlich geregelte Recht, nach Art.151 CE die volle Autonomie unmittelbar zu erlangen, wird den verbleibenden Regionen schlichtweg entzogen.

Während die Autonomievereinbarungen, trotz ihrer verfassungsrechtlichen Zweifelhaftigkeit, Grundlage des weiteren Autonomieprozesses wurden, scheiterte das von der Expertenkommission vorgeschlagene "Organgesetz zur Harmonisierung des Autonomieprozesses" (ley orgánica de armonización del proceso autonómico) wegen seiner Verfassungswidrigkeit an dem Urteilsspruch des Verfassungsgerichtes vom 5.8.1983. Dieses Gesetz, LOAPA genannt, wurde im Sommer 1982 verabschiedet und beinhaltete in erster Linie Verfahrensregelungen für die Angelegenheiten der Autonomien als Elemente des Gesamtstaates. Der größte Teil der in diesem Gesetz vorgesehenen Regelungen wurde vom Verfassungsgericht bestätigt und allgemein als hilfreich erachtet, um Klarheit in der offenen Frage zum Verhältnis zwischen Staat und Gemeinschaften zu schaffen. Kritikpunkt des Gerichtes jedoch, und Anlaß für eine heftige Verurteilung in der Öffentlichkeit, war die Ausgestaltung des Verhältnis-

---

264 P.Cruz Villalón, a.a.O., S.223

265 vgl. E.García de Enterría, La constitución y las autonomías territoriales, S.24

266 so die wohl herrschende Meinung, vgl. E.García de Enterría, a.a.O., S.24f; S.Muñoz Machado, a.a.O., S.150ff, die allerdings beide Mitglieder der Expertenkommission waren, sowie: J.Tomas Villarroya, a.a.O., S.56f, der jedoch, wie im folgenden aufzuzeigen ist, die Verfassungswidrigkeit sehr deutlich offenlegt

267 vgl. hierzu nur J.Tomas Villarroya

ses der staatlichen Legislative zu derjenigen der Gemeinschaften. Der Gesetzentwurf der cortes generales nämlich sah eine Vorrangstellung der vom Staat nach Art.149 Abs.1 CE erlassenen Gesetze vor denen der Autonomien vor. Dies

...bedeutete letzten Endes, die in Art.149 Abs.1 CE enthaltene Rahmengesetzgebungskompetenz des Staates in eine konkurrierende Gesetzgebungskompetenz mit Verdrängungsfunktion zu verwandeln.[268]

Diese legislative Zuständigkeitsverteilung ist für das System von grundlegender Bedeutung und soll daher, wie auch das richtungsweisende Urteil des Verfassungsgerichtes, weiter unten ausführlich behandelt werden.
Den Vereinbarungen gemäß wurden die folgenden Autonomiestatuten recht zügig in verschiedenen Gruppen verabschiedet.

Gemeinsam mit dem Andalusischen, wurden Ende 1981 den Statutenn Asturiens und Cantabriens zugestimmt. Beides waren uniprovinzielle Gemeinschaften und erlangten über den Rahmen des Art.148 Abs.1 CE hinaus eine weitgehend politische Autonomie. Typisch für diese und die kommenden Statuten war die Erweiterung der Kompetenzen unter Ausnutzung des Art.150 Abs.2 CE, der den Staat zur einseitigen Kompetenzübertragung ermächtigt.

Im Sommer 1982 wurden zuvorderst die Autonomien La-Rioja, Murcía, Aragon und Kastilien-La Mancha geschaffen. Kurz darauf folgten die Statuten Valencias und der Kanarischen Inseln. Diese bekamen über Art.150 Abs.2 CE noch einmal erweiterte Kompetenzen zuerkannt, was angesichts ihrer ursprünglichen Initiative, den Weg des Art.151 Abs.1 CE zu beschreiten, für politisch opportun gehalten werden mußte.

Das letzte Statut dieses Sommers betraf Navarra, das formal eine "Foralgemeinschaft" ist, also nach der ersten Zusatzbestimmung der Verfassung in den historischen "Foralrechten" fußt.[269] Faktisch handelt es sich jedoch auch hier um eine Autonome Gemeinschaft.[270]
Den Abschluß bildeten die Gemeinschaften Madrid, Extremadura, die Balearen und Kastilien-Leon, die sich am 25.2.1983 etablierten. Von politischer Bedeutung waren schließlich die Autonomiewahlen, die am 8.5.1983 in allen Gemeinschaften abgehalten wurden. Aus diesen Wahlen gingen die Parlamente der Autonomien hervor und vervollständigten somit deren Organstruktur.

Zu einem vorläufigen Abschluß kam der Autonomieprozeß mit den Vereinbarungen zwischen den beiden großen Parteien, der PSOE und der PP, und der Staatsregierung im Jahre 1992. Hier kam es zu einem Konsens über die Notwendigkeit, den Prozeß der Kompetenzerweiterung, den nach § 148 Abs.2 VE die "beschränkten" Autonomien nach einer bestimmten Frist einleiten können, einvernehmlich durchzu-

---

268 P.Cruz Villalón, a.a.O., S.227

269 Die Territorien des Baskenlandes und das ehemalige Königreich Navarra beanspruchten bis ins 19. Jahrhundert hinein einen eigenen Katalog besonderer politischer Freiheiten, "Los Fueros" genannt. Eben jenen Foralrechten wird in der ersten Zusatzbestimmung der Verfassung auch heute eine bevorzugte Stellung eingeräumt.

270 vgl. P.Cruz Villalón, a.a.O., S.225; sowie das Verfassungsgericht, STC 16/1984, BJC 35, S.341ff

führen und weitere Verbesserungen in den Strukturen der Territorialverfassung zu schaffen.[271]

VII. Die Kompetenzverteilung im Staat der Autonomen Gemeinschaften

1. Das System im Überblick

Entscheidendes Merkmal für den Grad der staatlichen Dezentralisation ist das System der Kompetenzen. Allein die Quantität und Qualität der den Gliedstaaten zustehenden Zuständigkeiten im gesamtstaatlichen Gefüge bestimmen das Maß an Autonomie, das Teilen verwirrend, wenn nicht sogar in sich widersprüchlich ist. So schweigt sich die Verfassung in großen Bereichen über die grundlegende Frage aus, wie die jenen zukommt. Umso erstaunlicher mutet der Umstand an, daß der dieses System regelnde Abschnitt der spanischen Vefassung große Lücken aufweist und in weiten genannten Zuständigkeiten ausgeübt werden können, ob es sich also um legislative oder mit unterschiedlichen Begriffen beschrieben, während auf der anderen Seite exekutive Befugnisse handelt. Darüber hinaus werden gleichgestaltete Funktionen ein Begriff für gänzlich unterschiedliche verfassungsrechtliche Inhalte verwandt wird. Schließlich werden einige Materien zugleich der ausschließlichen Zuständigkeit des Staates wie auch den Autonomen Gemeinschaften zugewiesen. Folglich darf man das spanische Regelungswerk nicht mit der aus dem Umgang mit dem deutschen Grundgesetz geborenen Erwartung heraus betrachten, eine Dieses muß vielmehr vor dem Hintergrund des historisch-politischen Kontextes gesehen werden. Wie beschrieben, war die Konsensfindung zur Territorialverfassung, im Rahmen derer die Zuständigkeitsverteilung geregelt ist, außerordentlich mühsam umfassende Systematik und klare Bestimmung der Zuständigkeiten vorzufinden. und letztendlich nur durch das Hinausschieben wichtiger Entscheidungen und einer Unbestimmtheit möglich, deren verschiedene Auslegungsopptionen den streitenden politischen Kräften die Chance bot, ihre jeweilige Programmatik verwirklicht zu sehen. Der Schlüssel zum Verständnis des Systemes liegt in eben diesem Prinzip der Unbestimmtheit und regionalen Dispostitionsbefugnis. Die letztendliche Zuständigkeitsverteilung ergibt sich demzufolge aus dem Zusammenspiel dreier Elemente, dem Text der Verfassung, den Autonomiestatutenn, mittels derer nach dem dispositiven Prinzip der Umfang autonomer Rechte konkretisiert wird, und insbesondere der Rechtsprechung des Verfassungsgerichtes, dem es obliegt, Klarheit hinsichtlich der Widersprüche und Unbestimmtheit zu schaffen.[272]

Die Wurzeln der spanischen Territorialverfassung liegen in den grundlegenden

---

271 vgl. hierzu ausführlich: 2.Kapitel,A.VII.7.

272 vgl. zu den drei Elementen: P.Cruz Villalón a.a.O., S.229ff

Prinzipien der Einheit und des Rechtes auf Autonomie, wie dies in Art.2 CE bestimmt ist. Das Prinzip der Autonomie wird in Art.137 CE konkretisiert, dem zufolge die genannten territorialen Strukturen ihr Selbstbestimmungsrecht im Rahmen ihrer "entsprechenden Interessen" ausüben können.[273] Ausführlich geregelt ist die Verteilung der Zuständigkeiten in den Art. 148ff CE. Es ist in föderalen Systemen durchaus üblich, mehrere Listen aufzustellen, in denen die dem Staat und den Teilstaaten vorbehaltenen Kompetenzen aufgeführt und konkretisiert sind. Auch in der spanischen Verfassung ist ein solches Listensystem enthalten, jedoch in einer einzigartigen Form modifiziert:

Art.148 Abs.1 CE enthält einen Katalog von Zuständigkeiten, die den Autonomen Gemeinschaften vorbehalten sind. Art.149 Abs.1 CE hingegen erklärt die dort genannten Materien zu ausschließlichen Zuständigkeiten des Staates. Während nun die Gemeinschaften mit beschränkter Autonomie auf die Liste des Art.148 CE verwiesen werden, können die im Wege des Art.151 CE entstandenen Autonomien nach der Residualklausel des Art.149 Abs.3 S.1 CE ihren Kompetenzbereich über den Katalog des Art.148 CE hinaus bis zur Grenze der staatlichen Ausschließlichkeit nach Art. 149 Abs.1 CE ausweiten. Den beschränkten Autonomien wird diese Erweiterung erst fünf Jahre nach ihrer Konstituierung sukzessive ermöglicht, Art.148 Abs.2 CE. Dieses System folgt dabei dem dispositiven Prinzip, da die genannten Listen nicht etwa die Kompetenzen der Gemeinschaften begründen, sondern lediglich einen Rahmen abstecken, innerhalb dessen jene kraft ihrer Autonomiestatuten Zuständigkeiten an sich ziehen können. Die abschließende Verteilung der Zuständigkeiten basiert folglich auf den Statutenn, soweit diese nicht den verfassungsrechtlichen Vorgaben widersprechen. Dies festzustellen, ist wiederum die Aufgabe des Verfassungsgerichtes.

Das System wird mit Art. 149 Abs.3 S.2 CE, mit dem zweiten Teil der Residualklausel, dahingehend erweitert, daß diejenigen Kompetenzen, die die Gemeinschaften nach Art.149 Abs.3 S.1 CE nicht beansprucht haben, dem Staat zufallen. Dessen Normen erfahren nach Art.149 Abs.3 S.2 2.HS CE eine Prävalenz, also einen Vorrang im Konfliktfalle, gegenüber den gemeinschaftlichen Normen, soweit diese nicht aus den ausschließlichen Zuständigkeiten entspringen. Nicht zuletzt wegen dieser Vorschrift versuchten die Gemeinschaften in ihren Autonomiestatutenn alle möglichen Kompetenzen an sich zu ziehen und deren Ausschließlichkeit zu deklarieren, um hiermit der staatlichen Prävalenz zu entgehen. Diese Entwicklung kommentiert Joaquin mit dem Satz:

> Das Autonomiestatut verwandelt sich in das Negativbild des Art.149 indem es im allgemeinen die Reste vollständig aufnahm.[274]

Das System wird durch die Vorschriften des Art. 150 CE ergänzt. Nach dessen Absatz 1 kann das Parlament in Angelegenheiten staatlicher Kompetenz den Gemeinschaften die Befugnis erteilen, im vorgegebenen Rahmen zusätzlich legislativ

---

273 hiernach wollte eine anfängliche Ansicht, die heute nicht mehr vertreten wird, das ganze Kompetenzverteilungssystem aus Art. 137 CE nach dem maßgeblichen Interesse der Beteiligten erschließen. Vgl. mit weiteren Nachweisen E.Albertí, a.a.O., S.81

274 zitiert bei J.Pérez Royo, die Verteilung der Kompetenzen...., S.110

tätig zu werden. Nach Absatz 2 können unmittelbar außerlegislative Befugnisse vom Staat auf die Autonomien übertragen werden. Schließlich wird der staatlichen Legislative nach Absatz 3 die bedeutungsvolle Möglichkeit gegeben, im Allgemeininteresse die autonomen Kompetenzen zu harmonisieren.

Während diese Regelungen nach dem Wortlaut des Verfassungstextes eindeutig erscheinen, müssen zwei wesentliche Umstände in Betracht gezogen werden, denen das System seine Konfusion verdankt:

Zum einen benennen die Art.148 ff CE nicht die funktionelle Art der jeweiligen Kompetenzen, und zum zweiten beinhaltet der entscheidende Katalog des Art.149 Abs.1 CE entgegen seinem Wortlaut keine staatliche Ausschließlichkeit, sondern eine Aufzählung von Materien, deren Zuordnung zwischen Staat und Gemeinschaften jeweils gesondert bestimmt werden muß. Das im folgenden darzustellende System der Zuständigkeiten entspricht im wesentlichen der Aufteilung der legislativen Gewalt, als der "kompetentiellen Königsdisziplin". In diese Regelungen sind Aspekte der administrativen Zuständigkeiten miteingeflochten, die am entsprechenden Ort hervorgehoben und anschließend gesondert zusammengefaßt werden sollen. Die Verteilung der judikativen Gewalt ist in der Verfassung eigens geregelt und wird entsprechend dargestellt werden.

2. Träger der zu verteilenden Kompetenzen

Die im folgenden Abschnitt vorzunehmenden Betrachtungen über die Verteilung staatlicher Kompetenzen in Spanien provozieren die Frage, wie die Träger oder Subjekte dieser Zuständigkeiten staatsrechtlich einzuordnen sind, bzw. welche Qualitäten diese Trägerschaft rechtfertigen.

Die Kompetenzen, als Elemente der staatlichen Hoheitsgewalt, werden primär dem Staat und den Autonomen Gemeinschaften zugeteilt.

Hinsichtlich der ersten Ebene, der Staat, bedarf es keiner langen Rechtfertigung zur Übernahme von Hoheitsmacht: Der spanische Staat, als zentrale Instanz, vereinigt die drei klassischen Säulen des allgemeinen Staatsbegriffes auf sich, das Umfassen eines Staatsgebietes mit seinem Staatsvolk und versehen mit der obersten, originären Staatsgewalt.

Eine Qualifizierung der Autonomen Gemeinschaften gestaltet sich schwieriger und legt einen Vergleich mit den deutschen Bundesländern nahe, da diese gleichermaßen neben dem Bund Träger der staatlichen Hoheitsgewalten sind. Im deutschen Bundesstaat wird den Ländern eine eigene Staatlichkeit zuerkannt und mit ihr eine Verfassungsautonomie sowie ein unentziehbarer Kern an Hoheitsmacht, insbesondere

> ...die freie Bestimmung [des Landes; Einfügung d.Verf.] über seine Organisation einschließlich der in der Landesverfassung enthaltenen organisatorischen Grundentscheidungen...[275]

---

[275] BVerfGE 34, 9, 20; vgl. auch E 36, 361 und E 60, 175, 107

begründet.[276] Wendet man die genannten Kriterien auf die Autonomen Gemeinschaften Spaniens an, so ist ihnen eine eigene Staatlichkeit abzusprechen, zumindest in dieser aus dem deutschen Bundesstaat geprägten Art der Betrachtung: Die Autonomen Gemeinschaften verfügen weder über eine Verfassungsautonomie noch sind sie - wegen das staatliche Zustimmungserfordernis zur Verabschiedung ihrer Statuten - in der Bestimmung organisatorischer Grundentscheidungen frei.

Es soll nicht weiter auf die Frage eingegangen werden, ob die Autonomen Gemeinschaften "dennoch" oder "in gewissem Maße" unter den Begriff der Eigenstaatlichkeit, der in seinen wesentlichen Zügen sehr umstritten ist[277], subsumiert werden können. Damit würde die "Eigenartigkeit" dieser Glieder verkannt werden, die eine Einordnung in die klassischen Determinanten der Staatlichkeit verhindert: Die Hoheitsmacht der Gemeinschaften, die im Kompetenzgefüge konkretisiert wird, ist, wie im einzelnen schon aufgezeigt, nicht originär.[278] Denn Grundlage der Autonomien ist das Autonomiestatut, das kraft Organgesetzes vom staatlichen Gesetzgeber beschlossen wird. Zwar steht den Territorien, die eine Autonome Gemeinschaft begründen wollen, das Entwerfen der entsprechenden Vorlage zu, doch können sie sich eines unbegrenzten Änderungsrechtes des staatlichen Parlamentes nicht erwehren. Einmal verabschiedet, entledigt sich der staatliche Gesetzgeber jedoch seiner Dispositionsbefugnis. Denn nun können die Statuten, dank ihrer eigens hierzu aufgenommenen Regelungen, regelmäßig nur mit Zustimmung der betroffenen Gemeinschaften geändert werden. Mit Verkündung sind sie in den "Block der Verfassungsmäßigkeit" integriert und oberste Vorschriften eines regionalen Normensystems, das zu dem staatlichen gleichrangig ist.

Aus dieser Stellung heraus sind die Autonomen Gemeinschaften staatsrechtlich als "territoriale Gebilde sui generis" zu qualifizieren, denen die - regelmäßig ausgeschöpfte - Möglichkeit zur Erlangung weitgehender politischer Autonomie verliehen ist. Dank dieser "Autonomie" besonderer Art erlangen sie eine der eigenen Staatlichkeit sehr nahe kommende Qualität.

3. Das System der Zuständigkeiten, insbesondere der legislativen Gewalt

a. Die Liste des Art.148 Abs.1 CE als Zuständigkeitsgrenze der beschränkten Autonomien

Art.148 Abs.1 CE beinhaltet einen Katalog der Bereiche, in denen die Autonomen Gemeinschaften Kompetenzen übernehmen können. Diese Aufzählung richtet sich deutlich an dem Leitprinzip des Art.137 Abs.2 CE aus, wonach die territorialen Einheiten im "Verfolg ihrer jeweiligen Interessen" geschützt sind. Diese gemeinschaftsspezifischen Interessen bestimmen die in Art.148 Abs.1 CE genannten Bereiche.

---

276 vgl. auch O.Kimminich, a.a.O., RN 14; K.Stern, Staatsrecht, S.667; H.-J.Vogel, bundesstaatliche Ordnung, S.817ff

277 vgl. A.Randelzhofer, Staatsgewalt und Souveränität, S.691ff

278 vgl. 2.Kapitel,A.V.VI.

Hierzu zählen insbesondere die Organisation der Selbstverwaltung (Nr.1), die territoriale Gliederung (Nr.2), die sozialen Belange der Gemeinschaft, also Sozialhilfe (Nr.20), Gesundheit (Nr.21), gemeinschaftliche Kulturbelange (Nr.15ff), sowie die wirtschaftlichen Belange einer jeden Gemeinschaft, wie z.B. Land- und Forstwirtschaft (Nr.7 und 8), Tourismus (Nr.18), Ausstellungen (Nr.12) etc. und schließlich den Bereich der gemeinschaftlichen Infrastruktur (Nr.5f) und des Städtebauwesens (Nr.3 u.a.).

Betrachtet man diese Vorschrift für sich, wird der Anschein erweckt, daß es sich hierbei um ausschließliche Zuständigkeiten handelt. Daß dem nicht so ist, zeigt erst die genaue Betrachtung einiger Formulierungen und der Vergleich mit den staatlichen Kompetenzen aus Art.149 Abs.1 CE. Diese Vorbehalte einer staatlichen Zuständigkeit sind bereits in der Formulierung der Bereiche des Art.148 Abs.1 CE enthalten. So wird beispielsweise in Nr.1 von der Autorisierung aus staatlicher Gesetzgebung gesprochen, in Nr.7 von der Landwirtschaft "...in Übereinstimmung mit den allgemeinen wirtschaftlichen Verfügungen..." oder in Nr.9 ganz konkret nur von der "Durchführung" des Umweltschutzes. Hier sind die Kompetenzen zweifelsohne zwischen Staat und Gemeinschaft geteilt[279]. Gleiches gilt für die Bereiche, die im Katalog der staatlichen Kompetenzen nach Art.149 Abs.1 CE ebenfalls aufgeführt sind. So sprechen beispielsweise Art.148 Abs.1, Nr.21 CE und Art.149 Abs.1 Nr.16 CE von der Gesundheit als jeweils ausschließliche Kompetenz. Entsprechendes findet sich bei der Forstwirtschaft, Art.148 Abs.1 Nr.8 CE und Art.149 Abs.1 Nr.23 CE, sowie in anderen Bereichen. Dieser Widerspruch zweier "ausschließlicher" Kompetenzen kann nur durch die Annahme geteilter Zuständigkeiten gelöst werden.[280]

Doch auch außerhalb solcher kollidierender Zuständigkeiten hat das Verfassungsgericht die Intervention des Staates in eine ausschließliche Kompetenz der Gemeinschaften für möglich erachtet. So führt das Gericht zu der Zuständigkeit der Autonomien im Sozialwesen aus, daß

> ...bei einer so komplizierten Materie, wie der Fürsorge und der sozialen Sicherheit, die überdies in einem Sozialstaat [...] so zentral ist, die ausschließlichen Kompetenzen nicht in einem strengen Sinn des Ausschlusses des Handelns auf sozialem Gebiet verstanden werden.

Das bedeute, daß trotz der Ausschließlichkeit

> ...der Staat in dem Maß, [in] dem besondere soziale Probleme existieren, die einen globalen Ansatz erfordern und benötigen, auch mittels föderaler Techniken eingreifen kann, wobei er aber die eigenen Zuständigkeiten der Autonomen Gemeinschaften betrachten muß.[281]

Wenngleich dem Urteil im Ergebnis zugestimmt werden muß, da das Sozialwesen durchaus Maßnahmen erfordern kann, die nur einheitlich im gesamten Staat mit staatlicher Souveränität gelöst werden können, offenbart es doch, wie leicht der Begriff der Ausschließlichkeit relativiert und das System der Kompetenzverteilung seinen begriff-lichen Grundlagen entzogen werden kann. Art.148 Abs.1 CE sagt nichts

---

279 vgl.J.Leguina Villa a.a.O., S.810f

280 vgl.Muñoz Machado, a.a.O., S.334ff

281 STC 146/86 vom 10.12.1986; zitiert nach P.Cruz Villalón, Die Rechtsprechung des Verfassungsgerichtes ..., S.211, der sich zu dieser Rechtsprechung, angesichts des Eingriffes in die verfassungsrechtliche Kompetenzverteilung, kritisch äußert

über die Art der den Gemeinschaften zustehenden Kompetenzen aus, insbesondere nicht, ob diesen die grundlegende Legislativgewalt zukommt. Auch in den übrigen Vorschriften der Verfassung wird hierzu keine klare Aussage getroffen. Lediglich den "vollen" Autonomien nach Art.151 CE wird in Art.152 Abs.1,1 CE ausdrücklich eine Legislativgewalt zugeordnet, die jedoch keinen Rückschluß auf die "beschränkten" Autonomien des Art.146 CE zuläßt. Von der herrschenden Meinung wird eine solche Legislativgewalt grundsätzlich bejaht.[282] Als Begründung werden hierzu verschiedene Indizien herangezogen: Zum ersten spricht Art.66 Abs.2 CE von der Legislativgewalt des Staates, dessen ausdrückliche Erwähnung auf die Existenz weiterer Legislativgewalten schließen lasse.[283] Zum zweiten benenne Art.148 Abs.1 CE Kompetenzen, die nur mittels einer Gesetzgebung zu verwirklichen seinen.[284] Weiter sei in Art.150 CE der entschiedene Hinweis enthalten, daß hier den Gemeinschaften zusätzliche Legislativbefugnisse übertragen werden könnten[285]. [286]

Diese Diskussion wurde jedoch von der rechtspolitischen Entwicklung überholt. So beschlossen die regierende UCD und die oppositionelle PSOE in ihrer bereits erwähnten Vereinbarung von 1983, für eine einheitliche Organisationsstruktur aller Gemeinschaften zu sorgen, die insbesondere eine gesetzgebende Versammlung vorsieht.[287] Darüber hinaus eröffnet Art.27 Abs.2,e LOTC, das spanische Verfassungsgerichtsgesetz, die Möglichkeit eines Normenkontrollverfahrens zu den

Gesetzen, Akten und normativen Verfügungen mit Gesetzeskraft der Autonomen Gemeinschaften ... .

Bei der Bejahung der Autonomen Legislativgewalt bleibt jedoch die Frage, welcher Art die so entstandenen Gesetze sind, ob also lediglich materieller oder auch formeller Natur. Diese wird übereinstimmend dahingehend beantwortet, daß die Regionalnormen materielle und formelle Gesetze und in ihrer Rechtsnatur folglich den staatlichen Normen ebenbürtig sind.[288] Dieser Charakter wurde von dem Verfassungsgericht bestätigt, indem es die Entsprechung Autonomer Gesetze für den verfassungsrechtlich postulierten Gesetzesvorbehalt feststellte.[289]

---

282 vgl. Sánchez Agesta, a.a.O., S.410f; J.Leguina Villa, a.a.O.,S.811ff; E. Alvarez Conde, a.a.O., S.150ff

283 vgl. Alvarez Conde, a.a.O., S.153

284 z.B. Einrichtung der Selbstverwaltungsinstitutionen, vgl.Sánchez Agesta, a.a.O., S.410f

285 vgl. Alvarez Conde, a.a.O., S.152

286 vgl. zu dieser Problematik auch M.Busch, a.a.O., S.222ff, der die Begründungen zumindest für nicht eindeutig hält und mit einer historischen Auslegung anhand von Parlamentsdebatten und der Entwicklung der Vorentwürfe nachweist, daß der Verfassungsgeber wohl eher nicht von der Legislativkompetenz der beschränkten Gemeinschaften ausgegangen ist, vgl. insbesondere S.225ff

287 vgl. hierzu den diesen Vereinbarungen zugrundeliegenden Bericht, Informe..., a.a.O., S.25

288 vgl. Muñoz Machado, a.a.O., S.389f

289 STC 37/1981 vom 16.11.1981

b. Die nach Art.149 Abs.1 CE dem Staat vorbehaltenen Kompetenzen

Art.149 Abs.1 CE statuiert einen Katalog an Kompetenzen, die allein dem Staat vorbehalten sind. Diese Liste ist von herausragender Bedeutung, da nach Art.149 Abs.3 S.1 CE all jene Zuständigkeiten, die hier nicht ausdrücklich dem Staat zugewiesen sind, von den Autonomen Gemeinschaften beansprucht werden können. Art.149 Abs.1 CE beschreibt also die obere Grenze der den Gemeinschaften ermöglichten Zuständigkeitsbereiche. Nach Art.151 Abs.1 CE trifft dies primär allerdings nur für die "vollen" Autonomien zu, da die anderen Gemeinschaften an die Liste des Art.148 Abs.1 CE gebunden sind. Trotzdem liegt im Art.149 Abs.1 CE die heute entscheidende Regelung zur Kompetenzenverteilung, da er gleichermaßen die gemäß Art.148 Abs.2 CE nach Ablauf von fünf Jahren mögliche sukzessive Erweiterung der "beschränkten" Autonomien limitiert, die dank dieser Vorschrift das Kompetenzniveau der "vollen" Autonomie erlangen können. Diese Fünfjahresfrist ist mittlerweile bei allen Autonomien abgelaufen, mit dem Ergebnis, daß sie ausnahmslos den von Art.149 Abs.1 CE gesetzten Kompetenzrahmen voll ausschöpfen wollen.

Während Art.148 Abs.2 CE Ausfluß des in Art.2 und 137 CE niedergelegten Prinzips der Autonomie ist, wird die Regelung des Art.149 Abs.1 CE von dem zentralen Begriff der gesamtstaatlichen Einheit (unidad) beherrscht.[290] So erklärt García de Enterría:

> Offensichtlich beabsichtigt die Verfassung, angesichts des dispositiven Kriteriums, auf das sich die Konstruktion des Autonomen Systems beruft, die Existenz eines unentziehbaren und unabdingbaren Kerns an den dem Staat zugewiesenen Kompetenzen zu sichern, ein Kern, der deshalb von besagtem dispositiven Prinzip nicht betroffen ist und dessen unüberschreitbare Grenze darstellt.[291]

Eben dieser Kern beschreibt die grundlegenden Strukturelemente des Staates, die dessen übergreifende Einheit begründen. Jener (staatliche) Anspruch, die nationale Einheit zur unüberschreitbaren Begrenzung der Territorialstrukturen zu erheben, rechtfertigt sich in der Souveränität der gesamten Nation, die diese an die staatlichen Gewalten delegiert hat.[292] Das Verfassungsgericht stellt hierzu fest, daß die Verfassung

> ...die Notwendigkeit sieht - als Folge des Prinzips der Einheit und der höchsten Bedeutung des allgemeinen Interesses der Nation - daß der Staat in einer Position der Überordnung bleibt [...] in Relation zu den Autonomen Gemeinschaften.[293]

Das Prinzip der staatlichen Einheit und Souveränität kommt hierbei in Art.149 Abs.1 CE in verschiedener Art und Intensität zum Tragen.[294] Direkter Ausfluß dessen sind die Bereiche der Nr. 2,3 und 4, also Staatsangehörigen - und Ausländerrecht, Internationale Beziehungen und Verteidigung. In den weiteren Kompetenzen des

---

290 Art.2 CE besagt: "Die Verfassung stützt sich auf die unauflösliche Einheit der spanischen Nation, gemeinsames und unteilbares Vaterland aller Spanier..."

291 E.García de Enterría, Estudios ..., S.137

292 vgl. E.García de Enterría, a.a.O., S.138ff; L.Sánchez Agesta, a.a.O., S.404ff

293 STC vom 2.2.1981.

294 vgl. zu der folgenden Charakterisierung: E.García de Enterría, a.a.O., S.139f

Art. 149 Abs. 1 CE manifestiert sich die staatliche Souveränität

> ... in ihrer Funktion als Determinante der gemeinsamen Strukturen des Systems, als Faktoren der suprateritorialen Integration geeignet, das Gemeinsame zu artikulieren und zu wahren.[295]

Diese Integrationsfunktion kann der Staat entweder unmittelbar ausüben, oder durch die Vorgabe von Richtlinien, innerhalb derer die Autonomen Gemeinschaften tätig werden.

Art. 149 Abs. 1 CE beginnt mit dem Satz: "Der Staat hat die ausschließliche Kompetenz in den folgenden Bereichen: ..." hier werden sogleich zwei Schlüsselbegriffe genannt, deren Bedeutung noch einmal verdeutlicht werden soll: Als Materie (materia) wird ein einheitlicher Problembereich bezeichnet, der der Regelung bzw. Einflußnahme der öffentlichen Gewalt unterliegt. Mit der Kompetenz (competencia) wird eine solche Materie einem der staatlichen Gewaltträger zur Regelung zugeordnet, in diesem Fall dem Staat oder den Autonomen Gemeinschaften. Diese Regelung einer Materie kann mittels verschiedener Funktionen ausgeübt werden, insbesondere durch die der Gesetzgebung und der Exekutive. Wie anhand des Art. 149 Abs. 1 CE noch aufzuzeigen ist, sieht diese Vorschrift zur Verteilung der Zuständigkeiten sowohl eine Aufgliederung der Materien, als auch der Kompetenzen vor. Wie schon bemerkt, ist der Begriff der "Ausschließlichkeit" weit von der Verfassungswirklichkeit bezüglich der von Art. 149 Abs. 1 CE manifestierten Zuständigkeitsverteilung, wie sie in den vergangenen Jahren von der Rechtsprechung und Doktrin herausgearbeitet wurde, entfernt.[296] Die Liste des Art. 149 Abs. 1 CE birgt hingegen verschiedenste Spielarten eines Systems geteilter Zuständigkeiten für die genannten Materien. Trotz vielfacher Bemühungen ist es noch nicht gelungen, eine allgemein gültige Regel zu entwickeln, mit der jene Aufteilung zu den einzelnen Bereichen bestimmt werden kann. Zumindest indizielle Bedeutung hat jedoch das oben beschriebene Prinzip der staatlichen Einheit, als Stamm des Art. 149 Abs. 1 CE. Dem folgend sollte der Katalog dieser Vorschrift unter dem Gesichtspunkt betrachtet werden, welche Funktionen staatlicher Kompetenzausübung und in welchem Umfang der jeweiligen Materie zur Gewährleistung jener Einheit angebracht sind. Unter dieser Prämisse, die jedoch nicht als Regel verstanden sein darf, kann man die Liste des Art. 149 Abs. 1 CE in vier große Gruppen einteilen, die jeweils ein bestimmtes Modell der Zuständigkeitsverteilung zwischen Staat und Autonomen Gemeinschaften beinhalten. Dieses System der Zuständigkeiten orientiert sich entweder an einer Aufgliederung der zu regelnde Materie oder einer differenzierenden Zuteilung der einzelnen Kompeten-

---

295 derselbe a.a.O., S. 139

296 Das Verfassungsgericht führte hierzu aus: "Das Adjektiv "ausschließlich" wird offensichtlich in einem zweideutigen Sinne sowohl im Verfassungstext als auch in den Autonomiestatutenn gebraucht." STC vom 16.11.1981 und 8.12.1982

zen zu der entsprechenden Materie.[297] Innerhalb dieser Gruppen müssen jedoch verschiedene Varianten betrachtet werden.

(1) "Ausschließliche" Zuständigkeiten des Staates

Die erste dieser Gruppen beschreibt die Materien, die vollständig der alleinigen Kompetenz des Staates zur Ausübung aller Funktionen unterliegen. Hier ist die Priorität staatlicher Souveränität und Einheit so bestimmend, daß sich jede regionale "Einmischung" durch die Anmaßung einer Kompetenz verbietet. Zu den wichtigsten Materien dieser Gruppe zählen insbesondere: Staatsangehörigkeit, Einwanderung, Auswanderung, Ausländer- und Asylrecht (Nr.2), Internationale Beziehungen (Nr.3), Verteidigung und Streitkräfte (Nr.4), Zoll- und Tarifordnung, Außenhandel (Nr.10), das Währungssystem, Devisen, Geldwechsel und Konvertibilität (Nr.11,1), Haushaltspolitik und Staatsverschuldung (Nr.14), Waffenproduktion und Handel (Nr.26), Schutz des kulturellen Erbes gegen Ausfuhr (Nr.28,1), Ermächtigung zur Einberufung eines Referendums (Nr. 32) und anderes.[298] Allein diese Gruppe verdient die Klassifizierung als ausschließliche Zuständigkeit des Staates. Die drei folgenden Gruppen hingegen sehen eine mehr oder minder intensive Beteiligung der Autonomen Gemeinschaften an den die jeweiligen Materien betreffenden Kompetenzen vor.

(2) Legislativkompetenz des Staates

Der wesentlichste Teil der Zuständigkeiten ist dem Staat dann vorbehalten, wenn ihm die gesamte Legislative obliegt und allenfalls die Ausführung dieser legislativen Vorgaben unter Verantwortung der Autonomen Gemeinschaften geschieht. Von dieser "horizontalen" Aufteilung der Kompetenzen sind die Materien betroffen, die einer einheitlichen staatlichen Regelung bedürfen, deren unmittelbare Ausführung jedoch aus Gründen der Flexibilität und Effizienz besser "vor Ort" von den Gemeinschaften vorgenommen wird. Die staatlich vorbehaltene Legislativgewalt wird hierbei sehr weit gefaßt und betrifft alle materiellen Regelungen, die Außenwirkung entfalten. Hierunter fallen insbesondere auch Verwaltungsvorschriften, denen im spanischen Normensystem eine Außenwirkung zukommt.[299] Die administrative Zuständigkeit der Autonomen Gemeinschaften ist ausdrücklich angeordnet in Nr.17, "Grundlegende Gesetzgebung und Wirtschaftsordnung der sozialen Sicherheit, unbeschadet der Durchführung ihrer Dienste durch die Autonomen Gemeinschaften" und

---

297 diesbezüglich gibt es in der Doktrin verschiedenste Versuche einer Systematisierung unter Berücksichtigung unterschiedlichster Aspekte; vgl., L.Vandelli, a.a.O., S.253ff, der, wie auch andere, von "vertikaler" und "horizontaler" Verteilung der Kompetenzen spricht; weiter wird grob zwischen ausschließlichen und konkurrierenden Kompetenzen unterschieden, vgl.,nur Montoro Chiner, Spanische Kompetenzverteilung..., S.185ff; Muñoz Machado, a.a.O., S.408ff; Alvarez Conde, a.a.O., S.171; oder die Einteilung in ausschließlich - geteilte und ausschließlich - konkurrierende Gesetzgebung, vgl. J.Pérez Royo, Die Verteilung der Kompetenzen, a.a.O., S.119ff

298 vgl. nur Alvarez Conde, a.a.O., S.172

299 vgl. hierzu S.Muñoz Machado, a.a.O., S.445

Nr.27, "Basisnormen der Presse, Rundfunk- und Fernsehordnung und generell aller Kommunikationsmedien, unbeschadet der zu ihrer Entwicklung und Betreibung der den Autonomen Gemeinschaften zustehenden Befugnisse."[300] Außerhalb dieser beiden Bereiche findet sich diese Aufteilung weiterhin in der Arbeitsgesetzgebung, Nr.7[301], und der Gesetzgebung über Urheberrecht und gewerblichen Rechtsschutz.[302] Wie auch sonstige autonome Zuständigkeiten müssen die Exekutivkompetenzen zu ihrer Begründung in den Autonomiestatutenn aufgeführt werden. Verständlicherweise üben sich die Autonomien mittlerweile in Zurückhaltung bezüglich solcher Kompetenzübernahmen, deren Ausführungen kostspielig und schwierig sind, wie z. B. das Gesundheits- und Sozialwesen.

(3) Zuständigkeit des Staates in der Grundlagengesetzgebung

In der dritten Gruppe kommen den Autonomen Gemeinschaften über die administrativen Zuständigkeiten hinaus legislative Kompetenzen zu. In diesen Materien sieht der Verfassungsgeber die staatliche Souveränität und Einheit bereits dann als ausreichend berücksichtigt, wenn dem Staat eine Basis oder Grundlagengesetzgebung zusteht, die konkretere Ausführungsgesetzgebung und eigentliche Durchführung hingegen den Gemeinschaften überantwortet wird. Da hier die gleiche Kompetenz (Legislative) von beiden Zuordnungseinheiten ausgeübt wird, spricht man häufig von einer "geteilten" Kompetenz (competencia compartida).[303] Die Bestimmung von Inhalt, Umfang und Bedeutung jener Basis- oder Grundlagengesetzgebung sowie der Ausführungsgesetzgebung waren und sind Gegenstand einer weiten Kontroverse, in der die Rechtsprechung und Doktrin gleichermaßen Stellung nehmen. Die Verfassung gebraucht in Art.149 Abs.1 CE verschiedene Formulierungen um die staatliche Zuständigkeit für eine grundlegende Regelung zu beschreiben. So taucht in Nr.1 der Begriff der "Regelung der Grundbedingungen" (La regulación de las condiciones básicas), in den Nr. 8, 11, 13, 16 und 18 die "Grundlage" (Base), in den Nr. 17, 18 und 23 die "Grundlagengesetzgebung" (Legislación básica), den Nr. 27 und 30 die "Grundlagennormen" (Normas básicas) und schließlich in Nr. 21 die "allgemeine Ordnung" (régimen general) auf. Die identische Begrifflichkeit, die der Grundlagengesetzgebung, taucht in Art.82, 83 und 150 Abs.1 CE auf. Erstere Normen ermöglichen den Cortes generales, im Wege jener grundlegenden Gesetze, die Regierung zu einer beschränkten Gesetzgebung zu ermächtigen. Art.150 Abs.1 CE hingegen sieht kraft "grundlegender Gesetzgebung" eine Ermächtigung der Autonomen Gemeinschaften durch das Parlament vor, im Bereich ausschließlicher staatlicher Gesetzgebung Gesetze zu verabschieden. Das Verfassungsgericht stellte hierzu in aller Deut-

---

300 zu dieser Zuständigkeit stellte das Verfassungsgericht später fest, daß sie nicht nur die Exekutive umfaßt, sondern auch komplementäre Legislativbefugnisse, wie sie in der folgenden Gruppe zu behandeln sein werden, vgl. STC 26/1982 vom 4.5.1982

301 ".... unbeschadet ihrer Ausführungen durch die Organe der Autonomen Körperschaften"

302 vgl. L.Vandelli, a.a.O., S.255

303 vgl. nur E.Aja, a.a.O., S.122ff,124

lichkeit fest, daß die "Grundlagen" des Art.149 Abs.1 CE weder etwas mit den Legislativdelegationen der Art.82, 83 CE zu tun haben, noch mit den Rahmengesetzen (Leyes marcos) des Art.150 Abs.1 CE.[304]

Hinsichtlich der in Art.149 Abs.1 CE gebrauchten Termini können zwei Paare gebildet werden. So werden der Begriff "Grundlagen" und derjenige der "Grundlagengesetzgebung" synonym verwandt, entsprechen sich also. Gleiches gilt für die "grundlegenden Normen" und die "Grundbedingungen". Das zweite Paar unterscheidet sich vom ersten dahingehend, daß sich die staatliche Zuständigkeit hier auf einen nicht-gesetzlichen Bereich bezieht, die Regelung der entsprechenden Materien also nicht die Verabschiedung eines Gesetzes vorsieht.[305]

Welcher Inhalt und welche Bedeutung kommt nun der Bestimmung jener Grundlagen zu? Mit den Worten des Verfassungsgerichtes bezeichnen die "Grundlagen"

> ...die allgemeinen Kriterien zur Regulierung eines Sektors der Rechtsordnung - oder einer juristischen Materie, die im ganzen Staat einheitlich sein müssen. Somit wohnt dieser Idee eine positive und negative Bedeutung inne: Die positive Bedeutung bestimmt alle jene Absichten, Ziele und allgemeinen Orientierungspunkte des genannten Staates, die wegen dessen Einheit und der substantiellen Gleichheit aller seiner Mitglieder erforderlich sind; aus dem gleichen Grund wird im negativen Sinne ein Rahmen gesetzt, innerhalb dessen sich die Organe der Autonomen Gemeinschaften bei der Ausübung ihrer Kompetenzen bewegen müssen...[306]

In diesem Sinne begründen die Grundlagen

> ...eine normative Regelung, die einheitlich ist und für die ganze Nation gleichermaßen Gültigkeit hat, mit der in solchen Bereichen, die von einem allgemeinen, demjenigen der Autonomen Gemeinschaften übergeordnete Interesse sind, ein gemeinsamer normativer Nenner gesichert wird,...[307]

Dieser "gemeinsame Nenner" bilde einen Rahmen, innerhalb dessen die Autonomen Gemeinschaften ihr eigenes Interesse durch gesonderte Regelungen, insbesondere die Ausführungsgesetzgebung, gewährleisten können, soweit ihnen hierzu die Kompetenz nach der Verfassung und dem jeweiligen Statut zukomme.[308] Somit stellt das Verfassungsgericht fest, daß die Grundlagen ihre Bedeutung in solchen Bereichen entfalten, die von allgemeinem, überragendem Interesse sind und ein einheitliches Handeln erfordern, sagt jedoch nichts über den Inhalt dieser Grundlagen aus. Es gesteht vielmehr ein, daß die Aufstellung einer allgemeinen Regel a priori schlichtweg ausgeschlossen ist, die Bestimmung dieser Grundlagen vielmehr im konkreten Falle erfolgen muß, wenngleich dies auch hier ausgesprochen schwierig sei.[309] Diese Grundlagen dürfen niemals so eng gefaßt werden, daß den Autonomen Gemeinschaf-

---

304 vgl.STC 1/82 vom 28.1.1982, einem der entscheidenden Urteile des Verfassungsgerichtes über die "Grundlagen" gemäß Art.149 Abs.1 CE, sowie auch 32/81 vom 28.7.1981

305 vgl. L.Sánchez Agesta, a.a.O., S.412, insbesondere Fußnote 32

306 STC 25/1983

307 STC 1/82 vom 28.1.1982

308 vgl. derselbe a.a.O.; vgl. auch die neue Rechtsprechung STC 69/1988

309 vgl. STC 25/1983

ten kein Raum mehr für eigene, konkrete Ausführungsregelungen blieben, ihre jeweiligen Kompetenzen also leerliefen.[310] Entsprechend der Kompetenzverteilung des Art.149 Abs.1 CE ist es Aufgabe des Staates, durch das Parlament die Grundlagen zu bestimmen. Wenn jedoch die Gemeinschaften der Ansicht sind, daß der Staat in diesen Regelungen seine Kompetenzen überschreitet, kann das Verfassungsgericht zur Bestimmung der Grundlagen angerufen werden. Das Gericht selber sieht seine Rolle folgendermaßen:

> Das Parlament muß festlegen, was als Grundlage zu verstehen ist, und - wenn nötig - wird es Aufgabe des Gerichtes sein, diese festzustellen, in seiner Eigenschaft als Oberster Interpret der Verfassung.[311]

Die Geschichte zeigt, daß es tatsächlich dem Verfassungsgericht obliegen sollte, zu fast jedem im Art.149 Abs.1 CE genannten Bereich in einer mühsamen Einzelfall-Kasuistik den Inhalt der jeweiligen Grundlagen herauszuarbeiten. Dank des Gesagten wird deutlich, daß die hierzu im spanischen Verfassungsgericht gebrauchte Charakterisierung als konkurrierende Gesetzgebung irreführend ist, wenn man diese mit derjenigen der Art.72, 74 Grundgesetz gleichsetzt. Im Vergleich zur deutschen Verfassungssystematik kommt diese Zuständigkeitsverteilung der Rahmengesetzgebungskompetenz gemäß Art.75 GG am nächsten.

In Übereinstimmung mit der herrschenden Lehre hat das Verfassungsgericht immer wieder den materiellen Inhalt einer Regelung, als hinsichtlich deren Eignung zur Grundlage entscheidend, betont. Die Grundlagengesetzgebung beispielsweise wird nicht zu einer solchen wegen ihres formellen Gesetzescharakters oder der Kennzeichnung als Grundlage. Alleinige Bedeutung kommt vielmehr dem Umstand zu, daß ein Bereich in Betracht des allgemeinen Interesses der gesamten Nation geregelt wird.[312]

Unter Beibehaltung dieses "materiellen Konzeptes" zur Definition der Grundlagen begann das Verfassungsgericht ab 1988 einen weiteren formellen Aspekt in den Vordergrund zu stellen. Demzufolge muß die Definition und Festlegung einer Grundlage, soweit möglich, auf einem formellen Parlamentsgesetz beruhen und als solche bezeichnet werden.[313] Mit dieser Rechtsprechung wird dem Umstand Rechnung getragen, daß die lediglich materielle Grundlagenbestimmung schwer justiziabel ist, die formellen Aspekte hingegen eine gerichtliche Kontrolle deutlich erleichtern.[314]

Mit dem zuvor Gesagten ist die wichtige Frage angeschnitten, welches Organ die staatliche Kompetenz zur Definition der Grundlagen ausüben darf. Diese Befugnis steht, wie das Gericht deutlich feststellt, allein den Cortes Generales, also der Legislative, zu.[315] Grundsätzlich gehört zu dieser parlamentarischen Zuständigkeit neben

---

310 vgl. nur, J.Lasagabaster Herrarte, El sístema competencial..., S.61

311 STC 32/81 vom 28.7.1981

312 vgl. STC 32/81, vom 28.7.1981, vgl. auch J.Lasagabaster Herrarte, a.a.O., S.61ff; J.Pérez Royo, a.a.O., S.122, J.Jimenez Campo, que es lo básico?..., S.52ff

313 STC 69/1988; J.Jimenez Campo, a.a.O., S.60ff

314 vgl. J.Lasagabaster Herrarte, a.a.O., S.82ff

315 STC 32/1983

der allgemeinen Definition auch die konkrete, regelmäßig gesetzliche Fixierung der Grundlagen.[316] Ausnahmsweise kann die Regierung durch Dekrete (reales decretos [317]) einzelne Aspekte in der Bestimmung der Grundlagen ergänzend einbringen.[318] Wie zuvor schon angedeutet, kann eine Materie so gestaltet sein, daß die Grundlagen durch Gesetze nicht ausreichend definiert werden können. In diesem Fall kann sich die staatliche Kompetenz soweit verdichten, daß konkrete Ausführungshandlungen bestimmt werden.[319]

Von großer Bedeutung ist schließlich die Frage, ob die Autonomen Gemeinschaften in einer Materie auch dann ihre Ausführungsgesetzgebung erlassen können, wenn der Staat ihre Grundlagen noch nicht definiert hat. Verneinte man diese Möglichkeit, könnte der Staat allein durch seine Untätigkeit die korrespondierenden Rechte paralysieren.

Die Lösung dieses Problemes erschließt sich erneut aus dem "materiellen Konzept" des Verfassungsgerichtes zur Definition der Grundlagen. Da hiernach der Inhalt einer staatlichen Artikulation ausschlaggebend ist,

> ...ist die Gemeinschaft nicht verpflichtet, eine nach-konstitutionelle Grundlagengesetzgebung abzuwarten, muß jedoch bei gesetzlichen Dispositionen, oder solchen untergeordneten Ranges, jedenfalls nicht nur die Prinzipien beachten, die sich direkt aus der Verfassung ableiten, sondern auch die Grundlagen, die sich aus der gültigen vorkonstitutionellen Gesetzgebung ergeben.[320]

Hierin kommt auch die Eigenständigkeit der Autonomen Ausführungsgesetzgebung zum Ausdruck, deren Ermächtigungsgrundlage nicht in den Grundlagengesetzen liegt, sondern allein in den jeweiligen Autonomiestatutenn.

(4) Teilkompetenz des Staates

In der vierten Gruppe schließlich kommen den Gemeinschaften im Rahmen der "ausschließlichen Kompetenzen" des Staates nach Art.149 Abs.1 CE die weitesten Zuständigkeiten zu. Hier können sie nicht nur die Exekutive an sich ziehen, sondern auch die volle legislative Gewalt. Dies trifft dann zu, wenn der Staat seine exekutiven und legislativen Befugnisse nur für einen Teil einer Materie ausüben kann, während der andere Teil den Gemeinschaften zusteht. Eine solche "Aufsplittung" geht entweder direkt aus dem Verfassungstext hervor, z.B. wenn staatliche Kompetenzen terri-

---

316 vgl. J.Pérez Royo, a.a.O., S.122

317 mit der Bezeichnung "real decreto" (= königliches Dekret) werden alle normativen Regelungsbefugnisse der Regierung zusammengefaßt, zu der diese in verschiedenen Vorschriften der Verfassung ermächtigt wird. Die Qualifizierung dieser Dekrete als "königlich" erschließt sich aus der historischen Regelungsgewalt des Monarchen und dessen heutiger Zuständigkeit zur Ausfertigung von Dekreten und Gesetzen (vgl. Art.62,f CE).

318 STC 32/1983

319 vgl. STC 25/1983; J.Pérez Royo, a.a.O.

320 STC 1/82

torial begrenzt sind[321], oder die Kollision mit ausschließlichen Kompetenzen der Autonomien gemäß Art.148 Abs.1 CE eine solche erfordern.[322] [323]

c. Die doppelte Residualklausel, Art.149 Abs.3 S.1 und 2 CE.

Die durch diese Verfassung nicht ausdrücklich dem Staat übertragenen Bereiche können von den Autonomen Gemeinschaften wahrgenommen werden, kraft ihrer jeweiligen Autonomiestatuten. Die Kompetenz in Bereichen, die von den Autonomiestatutenn nicht übernommen werden, liegt beim Staat,... .

In diesem Art.149 Abs.3 S.1 und 2 1.HS CE ist die sogenannte Residualklausel verankert. Die Klausel hat eine wesentliche ergänzende und erklärende Funktion. Die Listen der Art.148 Abs.1 und 149 Abs.1 CE können und wollen keine abschließende Beschreibung aller möglichen Kompetenzen beinhalten. Die Residualklausel ermöglicht eine klare Zuordnung der nicht aufgeführten Zuständigkeiten, mit der ein Mittelweg zwischen der föderalen und regionalen Lösung eingeschlagen wird. Erstere ordnet die Residualkompetenzen grundsätzlich den Mitgliedsländern zu.[324] Diesem Weg entspricht der erste Teil der Klausel nach Art.149 Abs.3, 1 CE, wonach die Gemeinschaften die offenen Zuständigkeiten vorbehaltslos an sich ziehen können. Die "regionale Lösung" überläßt die offenen Kompetenzen dem Staat. Diese Entscheidung fließt in den zweiten Teil der spanischen Residualklausel ein, wonach dem Staat all jene Kompetenzen zustehen, die nicht ausdrücklich von den Gemeinschaften kraft ihrer Statuten beansprucht werden.[325] Dieser zweite Teil manifestiert erneut die herausragende Rolle der Autonomiestatuten zur endgültigen Verteilung der Zuständigkeiten.[326] Wie auf den gesamten Kompetenzrahmen des Art.149 CE können sich auch auf den ersten Teil der Residualklausel nur die "vollen" Autonomien berufen, bzw. die limitierten Gemeinschaften nach Ablauf der Fünfjahresfrist gemäß Art.148 Abs.2 CE. Die Bedeutung der Residualklausel wird durch die Rechtsprechung des Verfassungsgerichtes insofern relativiert, als diese die Autonomiestatuten in ihrem Charakter als Teil des Verfassungsblockes einer ausgedehnten Interpretation unter-

---

321 Die Infrastruktur fällt in den staatlichen Zuständigkeitsbereich, wenn ihre Entwicklung das Territorium einer Gemeinschaft überschreitet, Nr.21; öffentliche Bauten können von allgemeinem Interesse sein, Nr.24

322 vgl. die Bereiche der Gesundheit Art.148 Abs.1 Nr.21 CE und Art.149Abs.1 Nr.16 CE und Forstwirtschaft, Art.148 Abs.1 Nr.8 und Art.149 Abs.1 Nr.23 CE

323 vgl. hierzu L.Parejo Alfonso, a.a.O., S.69

324 vgl. Art.70,I GG

325 vgl. E.Alvarez Conde, a.a.O., S.154ff

326 vgl. auch Muñoz Machado, a.a.O., S.343; dies wird in dem am gleichen Ort zitierten Verfassungsgerichtsurteil vom 2.1.1982 bestätigt: "Der Umstand, daß die Verfassung in einer bestimmten Materie allein dem Zentralstaat die Definition ihrer Grundlagen zugeteilt hat, bedeutet keinesfalls, daß einer jeweiligen Gemeinschaft ohne weiteres all die Zuständigkeiten zustehen, die nicht zur Grundlage gehören, da jede Gemeinschaft nur die Kompetenzen innehat, die sie in ihren Statutenn aufgenommen hat, während alle weiteren zum Staat gehören, wie dies Art.149,III CE in unzweideutigen Worten bestimmt."

wirft. Hierbei gelten Materien häufig schon dann als von dem betroffenen Statut umfasst, wenn sie sich einer der dort genannten Zuständigkeiten entfernt zuordnen lassen. Dem folgend führte das Verfassungsgericht in einem Urteil von 1984 aus:

> Klar ist, daß die Kompetenzen der Autonomen Gemeinschaften durch ihre Autonomiestatuten definiert werden. Aber ebenso gewiß ist es, daß das Wirksamwerden der im Art.149 Abs.3 CE enthaltenen Residualklausel voraussetzt, daß eine Materie - verstanden als die Gesamtheit der auf einen Sektor des sozialen Lebens bezogenen Aktivitäten, Funktionen und Rechtsinstitute - in dem betreffenden Autonomiestatut nicht integriert ist, so daß die sogenannte Residualklausel nur dann zur Anwendung kommen kann, wenn das Problem mit den ordentlichen Interpretationskriterien nicht lösbar ist.[327]

d. Die Prävalenzklausel, Art.149 Abs.3 S.2 2.HS CE.

Im Anschluß an die Residualzuständigkeit des Staates für alle Kompetenzen, die die Gemeinschaften nicht kraft ihrer Statutenn an sich gezogen haben, regelt die sogenannte Prävalenzklausel, daß

> ... dessen Normen [die des Staates] im Konfliktfall Vorrang haben vor denen der Autonomen Gemeinschaften in allem, was nicht deren ausschließlicher Kompetenz übertragen ist.

Die Bedeutung und Anwendbarkeit dieser Vorrangklausel staatlichen Rechtes ist im spanischen Staatsrecht gleichermaßen umstritten, wie in der allgemeinen Geschichte föderaler Verfassungen. Das Meinungsspektrum beinhaltet hier die gesamte Bandbreite von einer kompletten Ablehnung der Klausel, wie sie Kelsen vertrat, und deren Bestimmung als eine der fundamentalsten Prinzipien im föderalen Gefüge, wie sie in der amerikanischen supremacy clause erkannt wurde.[328] Während, infolge von Kelsens deutlicher Ablehnung, in die österreichische Föderalverfassung keine Prävalenzklausel eingefügt wurde, ist diese im deutschen Grundgesetz in Art.31 ("Bundesrecht bricht Landesrecht") und in den Vereinigten Staaten als sogenannte supremacy clause normiert. Sie findet ihren Ursprung in der Notwendigkeit, angesichts der Koexistenz verschiedener Rechtssysteme innerhalb eines Staates eine einheitliche Regel zur Lösung unumgänglicher Kollisionsfälle zu schaffen. Der einfachste Weg hierzu ist die Definition eines der Rechtssysteme als dem anderen im Kollisionsfalle übergeordnet. Daß dies in der spanischen Verfassung, wie auch den anderen Föderalverfassungen, durch den Vorrang des staatlichen Rechtes geschieht, erklärt García de Enterría mit der Selbstverständlichkeit, daß der Teil dem Ganzen untergeordnet sein müsse. Darüber hinaus sei die Prävalenzklausel in Spanien Ausdruck der dem System der Kompetenzverteilung zugrundeliegenden Prinzipien staatlicher Einheit und Souveränität.[329]

Die grundlegende Kritik Kelsens, auf die sich alle späteren, die Prävalenzklausel ablehnenden Ansichten berufen, geht von der Prämisse aus, daß in einer föderalen Verfassung alle Kompetenzen abschließend zwischen Zentral- und Gliedstaat verteilt

---

[327] STC 12/1984, zitiert bei: J.Pérez Royo, a.a.O., S.116

[328] vgl. H.Kelsen, Allgemeine Staatslehre, S.220ff sowie auch mit weiteren Nachweisen S.Muñoz Machado, a.a.O., S.400ff und E.García de Enterría, a.a.O., S.355ff

[329] vgl. García de Enterría, a.a.O., S.364

sein müßten. Im Falle einer Kollision jeweiliger Normen, müßte infolgedessen auf einer Seite eine Kompetenzüberschreitung vorliegen, die zur Ungültigkeit der entsprechenden Regelung führte. Die Prävalenzklausel nun breche in dieses abschließende System ein und erlaube es der staatlichen Gewalt, durch einfaches Gesetz oder bloße Vorschriften die konstitutionellen Vorgaben aus den Angeln zu heben und sich über diese hinwegzusetzen.[330] Diese Auffassung Kelsens wird in der heutigen spanischen Doktrin verschiedentlich aufgegriffen. So könne die Prävalenzklausel allenfalls dort einen Sinn haben, wo ein echtes System konkurrierender Kompetenzen etabliert ist, was bezüglich der spanischen Verfassung zu verneinen sei. Die spanische Prävalenzklausel begründe ihre Wirkungslosigkeit in der eigenen Konzeption, derzufolge der Vorrang des staatlichen Rechtes bei einer ausschließlichen gemeinschaftlichen Zuständigkeit ausgeschlossen ist. Gerade dieser Charakter der Ausschließlichkeit sei hingegen regelmäßig der Grund kompetenzieller Kollisionen, zu deren Klärung die Vorrangklausel wiederum nutzlos sei.[331] Wie durch Art. 28 Abs.1 LOTC bestätigt ist, gehören die autonomen Kompetenzen in den "Verfassungsblock" und deshalb zur obersten Interpretationsgewalt des Verfassungsgerichtes. Allein diesem obliege es, sämtliche Kollisionen durch Klärung der jeweiligen Zuständigkeiten zu lösen, wobei die Anwendung der Vorrangklausel durch die gerichtseigenen Lösungstechniken verdrängt würde.[332] Zu dem gleichen Ergebnis kommt eine andere Ansicht, die jedoch eine Anwendbarkeit der strittigen Klausel auf der Ebene der ordentlichen Gerichte für möglich und geboten hält.[333] Das Gebot der Rechtssicherheit erfordere eine definierte Lösungsformel, bezüglich derer die Anwendbarkeit einer von mehreren kollidierenden Normen bestimmt werden kann. Die Feststellung der Gültigkeit der Normen hingegen sei allein Angelegenheit des Verfassungsgerichtes.[334] Der Prävalenzklausel komme also allenfalls ein provisorischer Charakter zu, der im übrigen auch für die Verwaltung von Bedeutung sei, um die Unsicherheit über die Gültigkeit der in Frage stehenden Normen bis zur letztendlichen Entscheidung zu überbrücken.

Überzeugend ist die Ansicht, die eine begrenzte Anwendbarkeit der Prävalenzklausel für möglich und erforderlich hält.[335] Das Kompetenzenverteilungssystem kann nur dann alleinige Grundlage zur Lösung auftretender Kollisionen sein, wenn die Verteilung konsequent und abschließend ist oder komplementäre Techniken zur Verfügung stehen.[336] In der spanischen Verfassung ist beides zu verneinen. Insbesondere gibt es diverse Bereiche, in denen die Zuständigkeiten interferien können. Hier dient die Vorrangklausel aber allein der Konfliktlösung, nicht jedoch als Prinzip zur Kompetenzverteilung. Infolgedessen entscheidet die Prävalenzklausel auch nur

---

330 vgl. Darstellung bei García de Enterría, a.a.O.; und Muñoz Machado, a.a.O.

331 vgl. E. Aja, a.a.O., S.126f

332 vgl. derselbe, a.a.O.

333 vgl. J.Tornos Más, Ley de Bases ... S.31ff

334 vgl. derselbe, a.a.O., S.33f

335 vgl. nur E.García de Enterría, a.a.O.; S.Muñoz Machado, a.a.O.

336 beispielsweise in Art. 72 GG, wonach im Rahmen der konkurrierenden Kompetenzen das mitgliedsstaatliche Recht nur solange gilt, bis der Zentralstaat von seiner Regelungskompetenz gebraucht macht; vgl. S.Muñoz Machado, a.a.O.,S.403

über die Anwendbarkeit einer Norm im konkreten Konfliktfalle, nicht jedoch über deren Gültigkeit. Soweit dies möglich ist, sollte die Kollision aus dem System der Kompetenzverteilung herausgelöst werden.[337] Es bleibt nun die entscheidende Frage, wann die Prävalenzklausel zur Konfliktlösung herangezogen werden darf. Das Problem hierbei ist die Ausgrenzung der Vorrangigkeit in Bereichen ausschließlicher Zuständigkeiten der Gemeinschaften. Wegen dieser Ausnahme von einer Prävalenz staatlicher Normen haben nämlich die Gemeinschaften in ihren Statutenn extensiv von der Möglichkeit Gebrauch gemacht, eine Zuständigkeit als ausschließlich zu bezeichnen, zumeist mit dem Zusatz "unbeschadet des Rechtes des Staates" (sin perjuicio de ...). Das Verfassungsgericht stellte hierzu fest, daß in diesen Fällen zumeist Konkurrenzen bestehen. Die rein verbale Kennzeichnung für die Qualifikation einer Kompetenz sei nicht entscheidend, sondern dies vielmehr eine Frage, die mittels präziser juristischer Techniken ("precisa técnica jurídica") zu klären sei.[338] Um die Anwendbarkeit nicht an dieser verfassungsgerichtlichen Bestimmung autonomer Ausschließlichkeit scheitern zu lassen, führte die genannte Doktrin die denkbaren Kollisionen auf, in denen jedenfalls keine Ausschließlichkeit vorliegt und die Vorrangigkeit entscheidet.

Kollidieren die Normen einer Grundlagen- und Ausführungsgesetzgebung, ohne Überschreitung der jeweiligen Kompetenzen, kommt der staatlichen Grundlage per se ein Vorrang zu, so daß die Prävalenzklausel allenfalls ergänzende Funktionen hat.[339] Gleiches gilt für eine Kollision der Kompetenzen, die auf staatlicher Delegation gemäß Art.150 CE beruhen.

Die Unschlüssigkeit des Systemes birgt verschiedene Ansätze, in denen zu einer Materie eine "Heterogenität der Funktionen"[340], also eine Überkreuzung der Zuständigkeiten bestehen kann und mittels der staatlichen Prävalenzen zu lösen ist.

Schließlich ist die Prävalenzklausel bei provisorischen staatlichen Regelungen in besonders begründeten Dringlichkeitsfällen so lange von Bedeutung bis das Verfassungsgericht die Gültigkeit dieser Normen abschließend geklärt hat.[341]

Zusammenfassend kann die staatliche Prävalenz als ein Mechanismus genutzt werden, der in den beschriebenen Kollisionsfeldern der staatlichen Norm einen zusätzlichen Bonus ("plus de valor") verleiht, welcher ihr im bezeichneten Konflikt zu einer vorrangigen Anwendbarkeit verhilft. Hieraus ist jedoch nicht auf eine Höherwertigkeit der staatlichen Rechtsordnung im hierarchischem Sinne zu schließen, vielmehr stehen beide Rechtsordnungen gleichwertig nebeneinander.[342] Abschließend ist zu bemerken, daß der bereits beschriebene Entwurf eines Harmonisierungsgesetzes, das sogenannte LOAPA, von dem Verfassungsgericht 1983 deshalb als verfassungswidrig abgelehnt wurde, weil der Gesetzgeber in dessen Art.4 versuchte, eine grundsätzliche Prävalenz aller vom Staat aus seiner Kompetenz nach Art.149

337 vgl. S.Muñoz Machado, a.a.O., S.406
338 vgl. STC vom 16.11.1981, zitiert bei E. García de Enterría, a.a.O., S.360
339 vgl. S.Muñoz Machado, a.a.O., S.407; E.García de Enterría, a.a.O., S.358
340 vgl.E.García de Enterría, a.a.O., S. 361
341 vgl. S.Muñoz Machado, a.a.O., S.408
342 vgl. E. García de Enterría, a.a.O., S.363

Abs.1 CE erlassenen Normen zu begründen, unberücksichtigt ausschließlicher gemeinschaftlicher Zuständigkeiten.[343]

e. Die Ergänzungsklausel, Art.149 Abs.3 S.3 CE.

Nach Art.149 Abs.3, 3 CE ergänzt das staatliche Recht "...in jedem Falle das Recht der Autonomen Gemeinschaften". Eine solche Klausel, mit der etwaige Regelungslücken in den Autonomen Rechtsordnungen geschlossen werden können, ist im Interesse der Rechtssicherheit unabdingbar und dient der Vollständigkeit des gesamten Rechtssystems. Warum gerade der gesamtstaatlichen Rechtsordnung diese Ergänzungsfunktion zukommt, wird mit zwei Umständen begründet: Zum einen sei hiermit die grundlegende Bedeutung des gesamtstaatlichen Systems als Ausformung der fundamentalen Prinzipien staatlicher Einheit und Souveränität betont[344]. Darüber hinaus werde die Gestalt der staatlichen Rechtsordnung als komplettes System hervorgehoben, während die autonomen Ordnungen nur fragmentarischen Charakter haben könnten. Dies würde schon aus dem Katalog der staatlichen Zuständigkeiten gemäß Art. 149 Abs.1 CE deutlich, der alle wesentlichen Normen in ihrer Substanz abdekke.[345] Mit der Betonung, daß das staatliche Recht "in jedem Fall" das der Autonomen Gemeinschaften ergänzt, wird die Exklusivität dieser Regelung betont. Demzufolge kann sich keine Autonome Rechtsordnung mit den Normen einer anderen Gemeinschaft ergänzen, sondern deren Systeme stehen allein mit der umfassenden staatlichen Rechtsordnung in Verbindung.

f. Außerstatuarische Modifikationen des Systems der Kompetenzverteilung.

Art.150 Abs.1 bis Abs.3 CE beschreibt ein System außergewöhnlicher Interventionen des Staates in das bestehende System verteilter Kompetenzen.[346] Eine Änderung der Kompetenzenverteilung kann wegen der besonderen Bestandskraft der Autonomiestatuten, die nur nach dem dort vorgesehenen Wege und den korrespondierenden Verfassungsbestimmungen im Zusammenwirken mit den Gemeinschaften reformiert werden können, vom Staat allein nicht durchgeführt werden [347]. Um dennoch die notwendige Flexibilität des Systems, über dessen Kompromißcharakter man sich im Klaren war, zu gewährleisten, wird dem Staat die Möglichkeit zur einseitigen Modifikation derselben gegeben. In den ersten beiden Absätzen werden durch entsprechende Übertragungen des Staates die Zuständigkeiten der Gemeinschaft erweitert.

---

343 vgl.P.Cruz Villalón, a.a.O., S.226f

344 vgl. F.Balaguer Callejón, la integración... S.114

345 vgl. E. García de Enterría, a.a.O., S.367; F. Balaguer Callejón hingegen mißt diesem Umstand keinerlei Bedeutung bei, sondern akzeptiert die Ergänzungsfunktion allein aus dem Prinzip der Einheit heraus auch dann, wenn die autonomen Systeme vollständig wären, a.a.O., S.114

346 E.García de Enterría spricht hierbei von den Interferenzbeziehungen der staatlichen Rechtsordnung zu denjenigen der Autonomen Gemeinschaften, vgl. a.a.O., S.347

347 ausgenommen der ultima ratio einer einschneidende Verfassungsänderung

Die in Absatz 3 vorgesehenen Harmonisierungsgesetze hingegen grenzen die autonomen Regelungsbefugnisse im übergeordneten Interesse des Gesamtstaates ein.

(1) Die Legislativdelegationen gemäß Art.150 Abs.1 CE

Nach dieser Vorschrift kann das Parlament

> ...in Angelegenheiten staatlicher Kompetenz allen oder einer der Autonomen Gemeinschaften die Befugnis übertragen, sich selbst im Rahmen der Prinzipien, Grundlagen und Richtlinien, die durch ein staatliches Gesetz festgelegt sind, legislative Normen zu geben.

Die Technik dieser Regelung ähnelt derjenigen der Grundlagengesetzgebung des Art.149 Abs.1 CE. Der Staat gibt durch seine Rahmengesetzgebung die "Prinzipien, Grundlagen und Richtlinien" vor, innerhalb derer die Autonomen Gemeinschaften frei Gesetze verabschieden können. Im Gegensatz zu Art.149 Abs.1 CE, wo die Gemeinschaften bei den geteilten Kompetenzen eine originäre Zuständigkeit aus der Verfassung erfahren, ist jene gemäß Art.150 Abs.1 CE derivativ vom Staat durch das Rahmengesetz zugeteilt. Ein weiterer entscheidender Unterschied liegt in der staatlichen Befugnis, die Vorgaben zu konkretisieren. Diese sind bei den Grundlagen des Art.149 Abs.1 CE sehr restriktiv und unterliegen dem Erfordernis, den Gemeinschaften möglichst weit eigene Regelungsbefugnisse zu bewahren. In der unbestimmten Formulierung des Art.150 Abs.1 CE zu den "Prinzipien, Grundlagen und Richtlinien" kommt zum Ausdruck, daß der Staat in der Regelungsdichte seiner Vorgaben sehr frei ist und diese nahe an die letztendliche Konkretisierung heranreichen dürfen[348]. Dieses Ergebnis kann nicht überraschen, da es sich bei den delegierten Befugnissen ohnehin um solche des Staates handelt. Die Inititiative einer solchen Legislativdelegation liegt allein beim Staat, kann jedoch nicht gegen den Willen der Gemeinschaften umgesetzt werden. Einige von ihnen haben in ihren Statutenn ausdrücklich die Möglichkeit vorgesehen, beim Parlament die Delegation von solchen Befugnissen zu beantragen[349]. Nach Art.150 Abs.1 S.2 CE wird

> ...unbeschadet der Kompetenz der Gerichte [...] in jedem Rahmengesetz die Modalität der parlamentarischen Kontrolle über diese legislativen Normen der Autonomen Gemeinschaften festgelegt.

Auch diese zusätzliche Kontrollmöglichkeit entspringt dem Charakter der übertragenen Befugnisse als solche des Staates.

(2) Kompetenzübertragungen nach Art.150 Abs.2 CE.

> Der Staat kann den Autonomen Gemeinschaften durch Organgesetz Befugnisse aus der staatlichen Zuständigkeit übertragen oder delegieren, die ihrer Natur nach für Übertragungen oder Delegationen geeignet sind.

Art.150 Abs.2 CE spricht allein von "Befugnissen" (facultades), ohne zu konkre-

---

348 vgl. E.Albertí,a.a.O., S.174; J.Lasagabaster Herrarte, a.a.O.,S.26, der sogar eine vollständige Konkretisierung der Vorgaben für zulässig hält.

349 z.B.: Art.28,II des katalanischen Statutens und Art.20 des andalusischen Statutens, vgl. E.Albertí, a.a.O., S.174

tisieren, ob diese exekutiver oder legislativer Art sein können. Diese Frage ist dementsprechend sehr umstritten. Eine Ansicht betrachtet Art.150 Abs.2 CE als Ergänzung zur Legislativdelegation gemäß Art.150 Abs.1 CE, die somit allein die Übertragung exekutiver "Befugnisse" vorsieht. Hierzu werden unterschiedliche Begründungen herangezogen: So sprächen die parlamentarischen Vorarbeiten für eine solche Begrenzung, wie auch die grammatikalische Auslegung hinsichtlich des Begriffes "Befugnis" (facultad), der deutlich auf Exekutivkompetenzen hinweise. Schließlich sei in Art.153,b CE, der die staatliche Kontrolle der übertragenden Kompetenzen betreffe, allein von "Ausübung" (ejercicio) der Funktionen die Rede, womit allein die Exekutive gemeint sein könne.[350] Überzeugender jedoch ist die Gegenansicht, derzufolge in Art.150 Abs.2 CE über die legislativen Befugnisse hinaus auch solche exekutiver Art übertragen werden können.[351] Entscheidendes Argument hierzu ist, daß zu einer Delegation nach Art.150 Abs.2 CE ein Organgesetz notwendig ist, während nach Art.151 Abs.1 CE ein einfaches staatliches Gesetz ausreicht. Diese deutlich erhöhte Anforderung nach Art.150 Abs.2 CE kann nur damit begründet werden, daß hier vollständige Kompetenzblöcke, exekutiver und legislativer Art, zu einer Materie übertragen werden können. Art.150 Abs.2 CE ist also weiter gefaßt als Art.150 Abs.1 CE. Obgleich die Autonomiestatuten ebenfalls Organgesetze sind, kann mit ihnen keine Delegation nach Art.150 Abs.2 CE vollzogen werden. Denn sämtliche Übertragungen nach Art.150 Abs.1 und Abs.2 CE können einseitig vom Staat durch actus contrarius wieder rückgängig gemacht werden. Diese wesentliche Option wäre bei einem Autonomiestatut ausgeschlossen, da dessen Reform besonders engen Vorgaben unter maßgeblicher Beteiligung der Gemeinschaften unterliegt.[352] Im Verfahren des Art.15O Abs.2 CE wurden am 10.8.1982 zwei Organgesetze, der sogenannte LOTRACA und LOTRAVA, verabschiedet, mittels derer die zeitgleich im Wege des Art.143 CE entstandenen Statuten Valencias und der Kanarischen Inseln bis zu dem kompetenziellen Umfang einer "privilegierten" Autonomie ergänzt wurden. Hierbei wurden wesentliche legislative und exekutive Zuständigkeiten "enbloc" überwiesen[353] [354]. Grundsätzlich kann der Staat alle eigenen Kompetenzen, also diejenigen des Kataloges nach Art.149 Abs.1 CE sowie die Residualzuständigkeiten, übertragen. Art.150 Abs.2 CE limitiert jedoch die zu delegierenden Befugnisses auf solche "die ihrer Natur nach für Übertragungen oder Delegationen geeignet sind." (Que por su propia naturaleza sean susceptibles de transferencia o delegación). Fraglich ist, wie eng die Grenze dieser Eignung zu ziehen ist. Nach einer Meinung sind von einer solchen Übertragung alle die Kompetenzen ausgeschlossen, die eng an die Prinzipien

---

350 vgl. hierzu F.Torres Curdi, sobre la potestad normativa,S.354ff; A.Gallego Anabitarte, transferencia ... S.73

351 vgl.E.García de Enterría, a.a.O., S.349; E.Albertí, a.a.O.,S.178ff mit weiteren Nachweisen

352 vgl.E.García de Enterría, La revisión ..., S.57

353 vgl. nur derselbe, a.a.O.

354 wegen der naheliegenden Umgehung der 5-Jahresfrist nach Art.143 Abs.3 CE unter hierfür nicht vorgesehener Anwendung des Art.150 Abs.2 CE wird die Verfassungsmäßigkeit dieser Gesetze bezweifelt

der Einheit und staatlichen Souveränität geknüpft sind, wie z.B. Außenbeziehungen, Verteidigung etc.[355]. Dem wird zu Recht von einer anderen Ansicht widersprochen, die unter rechtsvergleichendem Verweis auf andere föderale Systeme darlegt, daß Gliedstaaten durchaus auch in klassischen staatlichen "Enklaven" zumindest beteiligt sein können, wie dies z.B. die Ausführung internationaler Verträge durch die Länder der Bundesrepublik verdeutliche. Darum sei die Limitierung des Art.150 Abs.2 CE auf solche Bereiche zu beschränken, die technisch nicht delegierbar sind, wie z.B. das Geldsystem u.a.[356]. Entscheidend sei jedoch, daß bei einer möglichen Beteiligung der Gemeinschaften in den klassischen staatlichen Zuständigkeiten die substanzielle Gewalt beim Staat verbleibe[357]. Nach Art.150 Satz 2 2.HS CE obliegt es dem Parlament, in dem Übertragungsgesetz die staatliche Kontrolle über die delegierten Kompetenzen auszuüben. Von dieser Regelung wurde in den erwähnten Beispielen LOTRACA und LOTRAVA dahingehend Gebrauch gemacht, daß der Regierung in Übereinstimmung mit Art.153 b CE zwar eine Kontrollfunktion zukommt, eine Annullierung der Delegation jedoch dem Parlament mittels Organgesetz vorbehalten ist.

Da schon die Delegation der Kompetenzen allein vom Willen der staatlichen Legislative abhängt, hat diese auch die Befugnis zur Rücknahme so übertragener Zuständigkeiten. Die Kompetenzübertragungen nach Art.150 Abs.2 CE sind also jederzeit reversibel.

(3) Die Harmonisierungsgesetzgebung nach Art.150 Abs.3 CE

Der Staat kann Gesetze erlassen, die die notwendigen Grundsätze für eine Angleichung der normativen Verfügungen der Autonomen Gemeinschaften festlegen, auch im Falle von ihrer Kompetenz unterliegenden Bereichen, soweit dies das Wohl der Allgemeinheit erfordert.

Mit dieser Harmonisierungsbefugnis wird dem Staat ein potentes Mittel in die Hand gegeben, entgegen der verfassungsrechtlichen Kompetenzverteilung einseitig im Zuständigkeitsbereich der Gemeinschaften Gesetze zu verabschieden. Wegen jener Reichweite der Harmonisierungsgesetzgebung ist deren entschiedener Ausnahmecharakter zu betonen. Das Verfassungsgericht führt hierzu aus, daß Art. 150 Abs.3 CE

> ...eine abschließende Norm im System konstituiert, die nur unter den Voraussetzungen anwendbar ist, daß der staatliche Gesetzgeber über keine anderen verfassungsrechtlichen Mittel verfügt, um seine Legislativgewalt auszuüben, oder daß diese unzureichend sind, um die vom Allgemeininteresse geforderte Harmonie zu garantieren.[358]

Ratio legis des Art.150 Abs.3 CE ist, der durch die Verschiedenheit des Systems bedingten Gefahr zu begegnen, daß autonome Normen in sich oder im Verhältnis zur staatlichen Gesetzgebung widersprüchlich sind und dadurch dem Allgemeinwohl Schaden zufügen. Der Bestimmung dieses "Allgemeinwohles" kommt somit eine hohe Bedeutung zu. Dieses muß jedenfalls das die Ausschließlichkeit staatlicher Kom-

---

355 vgl. E.Albertí, a.a.O., S.179

356 J.Herrarte Lasagabaster, a.a.O., S.30; E.García de Enterría, a.a.O., S.350

357 vgl. E.García de Enterría, a.a.O.

358 STC 76/1983, zitiert nach J.Lasagabaster Herrarte, a.a.O.,S.32f

petenzen im Art.149 Abs.1 CE begründende Allgemeininteresse übertreffen und nicht nur generell festgestellt, sondern in jedem Anwendungsfall offensichtlich erkennbar sein[359]. Deshalb muß das Parlament nicht nur den Grund der Harmonisierung nennen, sondern auch deren unbedingte Notwendigkeit von Fall zu Fall darlegen.[360] Während die herrschende Doktrin den Anwendungsbereich dieser Gesetzgebung auf die ausschließlichen Kompetenzen der Gemeinschaften beschränkt sieht[361], da bei den geteilten Kompetenzen dem Staat ausreichend Mittel durch die Basisgesetzgebung zur Verfügung stehen, erblickt die Rechtsprechung auch in letzterem Kompetenzrahmen Raum für diese außerordentlichen Mittel[362]. Letzterer Ansicht ist angesichts der jeweils erforderlichen Einzelfallprüfung zuzustimmen. Der exzeptionelle Charakter dieses Mittels kommt auch darin zum Ausdruck, daß das Parlament die "notwendigen Grundsätze" (principios necesarios) zur Harmonisierung nach Art. 150 Abs.3 S.2 CE mit absoluter Mehrheit beider Kammern verabschieden muß. Diese Grundsätze limitieren zwar die Zuständigkeiten der Gemeinschaften, dürfen sie jedoch nicht vollständig annullieren. Darum beinhalten sie lediglich Vorgaben an die Autonomien, die für die jeweilige Konkretisierung verantwortlich bleiben. Strittig ist, ob die Harmonisierungsgesetze nur ex post, oder auch präventiv erlassen werden dürfen. Für eine Anwendbarkeit ausschließlich ex post spricht die Formulierung des Art.150 Abs.3 CE, in der von "normativen Verfügungen der Autonomen Gemeinschaften" die Rede ist, also solchen, die schon existieren. Eine präventive Harmonisierung hingegen ist schon begrifflich ausgeschlossen, da eine Disharmonie grundsätzlich erst einmal entstehen muß[363]. Dennoch erscheint die Gegenansicht überzeugend, indem sie darlegt, daß eine Disharmonie in den Regelungen einiger weniger Gemeinschaften bestehen kann, die Harmonisierungsgesetzgebung hingegen per definitione an alle Autonomien gerichtet sein muß, also auch solche ohne entsprechende disharmonische Regelungen[364]. Die präventive Anwendbarkeit muß jedoch allein auf eine solche Situation beschränkt bleiben. Einziger Anwendungsfall der Harmonisierungsgesetzgebungskompetenz ist bislang das am Spruch des Verfassungsgerichtes gescheiterte LOAPA, Organgesetz zur Harmonisierung des Autonomieprozesses (Ley Orgánica de Armonización del Proceso Autonómico).

In der Entscheidung über dieses Gesetz stellte das Verfassungsgericht erneut den Charakter der Harmonisierungsgesetzgebung als letztes, abschließendes Mittel zum Eingriff in die bestehende Verteilung der Zuständigkeiten heraus. Aus diesem Grunde sei das Merkmal der Betroffenheit des Allgemeinwohles sehr restriktiv zu handhaben.[365]

---

[359] vgl. nur E.García de Enterría, a.a.O., S.352f

[360] vgl. E.Albertí, a.a.O., S.182

[361] vgl. ders., a.a.O.

[362] vgl. STC 76/1983, FJ 3

[363] vgl. E.García de Enterría, a.a.O., S. 352; I.Lasagabaster Herrarte, a.a.O., S. 34

[364] vgl. E. Albertí, a.a.O., S. 182

[365] vgl. STC 76/1983, FJ 3, 6

4. Die Verteilung der administrativen Zuständigkeiten

Wenngleich das zuvor beschriebene System der Kompetenzverteilung im Schwerpunkt die Legislativgewalt behandelt, ist selbigem auch die Verteilung exekutiver Zuständigkeiten zu entnehmen. Diese Systematik exekutiver Kompetenzen soll im folgenden noch einmal zusammenfassend dargestellt werden. Die Schwierigkeit, beide Kompetenzen, die Exekutive und die Legislative, sauber getrennt ihren Trägern zuzuordnen, gründet in der beschriebenen Konzeptionslosigkeit der Verfassung. Es gibt keine dem Art.83 GG vergleichbare Regel, derzufolge beispielsweise die Gemeinschaften für die Exekutive zuständig sind, soweit nicht anderes geregelt ist. An Stelle dessen muß für jede Materie der Träger der administrativen Kompetenz, sowie deren Umfang, aus dem allgemeinen System deduziert werden. Muñoz Machado hat hierzu einige systematisierende Prinzipien aufgestellt, die im folgenden wiedergegeben werden sollen[366]. Dabei ist zu beachten, daß die exekutiven Kompetenzen der Autonomen Gemeinschaften, wie die legislativen, auf den Regelungen der Statuten im Rahmen der Art.148ff CE basieren.

- Haben die Gemeinschaften zu einer Materie die volle Gesetzgebungsbefugnis, kommt ihnen regelmäßig auch die Ausführung jener Normen zu. Diese Exekutivgewalt impliziert entsprechende administrative Regelungsbefugnisse.
- Im Bereich der gemeinschaftlichen Ausführungsgesetzgebung sind die Autonomien gleichermaßen für die Umsetzung zuständig.[367]
- Schließlich führen die Gemeinschaften auch solche Gesetze aus, die der ausschließlichen Gesetzgebung des Staates unterliegen.[368] Hier sind sie allerdings nicht zu einer weitergehenden Regelung befugt, sondern auf interne Verwaltungsvorschriften beschränkt.

Diese drei gemeinschaftlichen Exekutivbereiche sind mit gesonderten staatlichen Zuständigkeiten verwoben[369]:

Zum ersten gibt es einige in Art.149 Abs.1 CE ausdrücklich benannte Fälle, in denen der Staat die alleinige Exekutivbefugnis innehat. Hierzu zählen solche Bereiche, die ausschließlich einheitlich geregelt werden können, wie z.B. die Staatsangehörigkeit, Ein- und Auswanderung, das Geldsystem, u.v.m..

Darüberhinaus werden in Art.149 Abs.1 CE einige ergänzende Funktionen der Verwaltung im Bereich ausschließlicher gemeinschaftlicher Gesetzgebungskompetenzen dem Staat zugeordnet. In Art.149 Abs.1 Nr.13 CE wird dem Staat beispielsweise die "Koordinierung" wirtschaftlicher Aktivitäten übertragen, sowie in Nr.15 die "Förderung" von wissenschaftlicher und technischer Forschung und in Nr.22 die "Gestattung" zur Installation elektrischer Anlagen. Zuletzt kann die Ausführungsbefugnis nach dem Kriterium territorialer Begrenzung einer Materie innerhalb einer Gemeinschaft oder über diese hinausgehend jeweils der Autonomie oder dem Staat zufallen. Wie schon zuvor bemerkt, ist die mangelnde Präzision dieser Zuständig-

---

366 vgl. S.Muñoz Machado, a.a.O., S.444ff

367 vgl. Art.11 des baskischen und Art.15 des andalusischen Statutens

368 vgl. Art.12 des baskischen und Art.17 des andalusischen Statutens

369 vgl. zu folgendem: S.Muñoz Machado, a.a.O., S.445f

keitsverteilung im Bereich der Administrative ein Anlaß für häufige Kompetenzstreitigkeiten zwischen der autonomen und der staatlichen Verwaltung. Dieser Umstand kostet wegen der doppelten Verwaltungsorganisationen nicht nur viel Geld, sondern bringt auch eine erhebliche Einbuße adminisitrativer Effizienz mit sich.

5. Die Verteilung judikativer Kompetenzen

Im Gegensatz zu den vorher beschriebenen Gewalten beschränkt sich die Dezentralisierung im Bereich der Judikative auf wenige, verwaltungstechnische Aspekte. Art.149 Abs.1 Nr.5 CE unterstellt die Rechtsprechung vielmehr der ungeteilten ausschließlichen Zuständigkeit des Staates. Diese Zuordnung verliert jedoch dadurch an Bedeutung, daß die Judikative nach Art.117 CE eine vollständige Unabhängigkeit genießt und allein dem Gesetz verantwortlich ist. In Art.117 Abs.5 S.1 CE wird betont, daß das Prinzip der judikativen Einheit für das ganze Gerichtswesen grundlegend ist. Diese manifestiert sich jedoch nicht in der staatlichen Trägerschaft, als vielmehr in den Prinzipien der richterlichen Unabhängigkeit und Ausschließlichkeit der Rechtsprechung. In dem Bewußtsein, welch erheblichen Einfluß die Verwaltung der Judikative durch Ernennung und Entlassung der Richter, deren Kontrolle etc. auf die Rechtsprechung ausüben kann und angesichts der schlechten Erfahrungen, die Spanien diesbezüglich machen mußte[370], schuf man mit Art.122 Abs.2 CE einen "allgemeinen Rat für die rechtsprechende Gewalt" (Consejo General del Poder Judicial). Diesem wird die Verantwortung für all die Verwaltungsaufgaben übertragen, welche die Rechtsprechung spürbar beeinflussen können. In dem Rat hat nach Art.122 Abs.3 CE der Präsident des obersten Gerichtshofes (Tribunal Supremo) den Vorsitz inne. Außerdem werden vom König zwanzig Mitglieder ernannt. Zwölf derselben sind Richter aller Gerichtskategorien, jeweils vier weitere Mitglieder werden vom Kongreß und Senat mit einer Dreifünftel Mehrheit gewählt. Genaueres zu diesem Verfahren regelt das Organgesetz zur rechtsprechenden Gewalt (Ley Orgánica del Poder Judicial), das auch sonst Grundlage der Gerichtsorganisation ist, Art.122 Abs.1 CE. Dennoch konnte auch in dem einheitlich staatlichen Gerichtswesen nach Art.149 Abs.1 Nr.5 CE die Territorialstruktur des Landes nicht unberücksichtigt bleiben. Die vorrangige Stellung im Rahmen der rechtsprechenden Gewalt nimmt das Verfassungsgericht als alleiniger Interpret der Verfassung ein. Letzte Instanz für alle nicht-verfassungsrechtlichen Streitigkeiten ist der oberste Gerichtshof des Staates (Tribunal Supremo). Unterhalb dessen gliedert sich das Gerichtswesen jedoch in die verschiedenen autonomen Territorien auf. Diese Strukturierung geht aus Art.152 Abs.1 S.3 CE hervor, demzufolge das Gerichtswesen im territorialen Rahmen der Autonomen Gemeinschaften jeweils in einem "Höheren Gerichtshof" ("Tribunal Superior de Justicia") gipfelt. In Art.151 Abs.1 S.1 CE sind die Organe der politischen Autonomien geregelt. Dieser Kontext, in dem auch der Tribunal Superior de Justicia erwähnt ist, suggeriert dessen Charakter als Organ der Gemeinschaften. Diese An-

---

[370] vgl. auch E.Aja, a.a.O., S.328

nahme täuscht jedoch. Die Tribunales Superiores sind, ebenso wie die nachfolgenden unteren Instanzen, innerhalb der Gemeinschaften Teil des einheitlichen staatlichen Gerichtswesens[371]. Obwohl diese Gerichtshöfe ursprünglich nach Art.152 Abs.1 S.3 CE nur für die vollständigen Autonomien nach Art. 151 CE vorgesehen waren, sind sie heute, mit Ausnahme La Riojas, in allen Gemeinschaften etabliert. Ihre Stellung ist diejenige einer obersten Instanz innerhalb der Autonomen Gemeinschaften. Hier erschöpfen sich viele Rechtswege, sowohl im Zivil-, Straf- als auch Verwaltungsrecht. Allenfalls in einigen Fällen der Berufung (casación) und Revision (revisión) führt der Instanzenzug weiter zum Tribunal Supremo[372].

Trotz der staatlichen Dominanz im Gerichtswesen kommt den Autonomen Gemeinschaften hier im Rahmen der Gerichtsverwaltung ein gewisser Einfluß zu. So können unterhalb der essentiellen Regelungen des "Allgemeinen Rates zur rechtsprechenden Gewalt" gewisse administrative Kompetenzen überwiesen werden.[373] Art.152 Abs.2 CE erkennt den Autonomen Gemeinschaften ausdrücklich das Recht zu, in den Statuten die Art und Voraussetzung ihrer Beteiligung an der territorialen Strukturierung ihrer Gebiete zu regeln.[374]

6. Kompetenzkonflikte zwischen den Autonomen Gemeinschaften und dem Staat

Das voranstehend aufgezeigte System der territorialen Kompetenzverteilung birgt in vielen Bereichen erhebliche rechtssystematische Unsicherheiten und kompetenzielle Kollisionen. Die Lösung dieser Konflikte obliegt dem Verfassungsgericht, dessen Rechtsprechung, mangels konsequenter Regelung der Zuständigkeiten durch den Verfassungsgeber, eine für das System konstituierende Wirkung zukommt.

a. Kompetenzstreitverfahren und Normenkontrollverfahren

Grundlage eines solchen Kompetenzstreitverfahrens ist Art. 161 Abs.1 c CE, demzufolge das Verfassungsgericht in Kompetenzkonflikten zwischen Staat und Autonomen Gemeinschaften sowie innerhalb letzterer zuständig ist. Da es sich bei dem System der Kompetenzverteilung um Vorgaben der Verfassung handelt, kommt gleichermaßen ein Normenkontrollverfahren zur Feststellung der Verfassungswidrigkeit von Gesetzen nach Art.161 Abs.1 a CE in Betracht. Diese Zweigleisigkeit spiegelt sich im Gesetz über das Verfassungsgericht, LOTC, wieder, das in Art.27 ff, 31ff den Zugang zum Normenkontrollverfahren sowohl den staatlichen Institutionen, als auch der autonomen Legislative und Exekutive eröffnet, Art.32 Abs.2 LOTC, und in Art.60ff LOTC ein spezielles Verfahren zu Kompetenzkonflikten regelt. Die An-

---

371 vgl. nur A.Carretero Pérez, El Tribunal Constitucional..., S.618f

372 vgl. E.Aja, a.a.O., S.330

373 vgl. A.Carretero Pérez, a.a.O., S.626

374 vgl. hierzu auch in bezug auf das Baskenland: J.Guerra Martín und J.Alberto Benlloch,organización e integración, S.780f

wendbarkeit der jeweiligen Verfahren wird von Art.67 CE einer deutlichen Unterscheidung unterworfen, die vom Verfassungsgericht verschiedentlich bestätigt wurde[375]: Kommt der betroffenen Norm Gesetzesrang zu, so ist das richtige Verfahren die Normenkontrolle, sind sie jedoch "niederen" Ranges, ist ein Kompetenzkonfliktverfahren nach Art.60ff CE anzustreben[376]. Für erheblichen Konfliktstoff sorgt die autonome Frage mit der entsprechenden Verteilung der Kompetenzen auf administrativer Ebene, da die ursprüngliche staatliche Verwaltung häufig nicht bereit ist, ihre ehemaligen Zuständigkeiten dem System gehorchend an die autonomen Administrationen abzugeben. Die Folge dessen ist eine Koexistenz zweier aufgeblähter Verwaltungsapparate. Aus diesem Grunde kommt dem bei allen nichtgesetzlichen Normierungen, insbesondere Verwaltungsrichtlinien, anzuwendenden Kompetenzkonfliktverfahren eine erhebliche Bedeutung zu[377]. Gegenstand dieser Verfahren sind nach Art.61 Abs.1 CE alle Verfügungen, Beschlüsse und Akte des Staates oder der Gemeinschaften. Diese Begriffe sind sehr weit auszulegen, so daß hierunter letztendlich jedes Verwaltungshandeln fällt, das normativ faßbar ist[378]. Im Gegensatz zum Staat sind die Gemeinschaften nach Art.63 Abs.1 CE nur dann antragsberechtigt, wenn sie durch die staatliche Maßnahme in ihrem eigenen Bereich betroffen sind. Diese Ungleichheit setzt sich in anderen Regelungen fort. So kann allein der Staat gemäß Art.161 Abs.2 CE und Art.76f LOTC jeden Rechtsakt der Autonomen Gemeinschaften anfechten und unterliegt nicht den strengen Fristen, die die Autonomien gemäß Art.62f LOTC im dortigen Verfahren einhalten müssen[379]. Welchen Raum die Kompetenzstreitigkeiten vor dem Verfassungsgericht einnehmen, wird dann deutlich, wenn man bedenkt, daß von insgesamt 111 Normenkontrollverfahren (bis Dezember 1991) sich 90 Verfahren zumindest teilweise auf die territoriale Organisation des Staates bezogen[380].

b. Interpretationsrichtlinien der Verfassungsrechtsprechung

Um seiner Aufgabe gerecht zu werden, hat das Verfassungsgericht einige Richtlinien zur Interpretation des Systems der Kompetenzverteilung entwickelt:

Nicht zuletzt wohl wegen der politischen Brisanz eines solchen Vorgehens, hat das Verfassungsgericht noch keine Regelung eines Autonomiestatutens für verfassungswidrig erklärt. Es folgt hingegen nachdrücklich dem Grundsatz der verfassungskonformen Auslegung der Autonomiestatuten. Ein deutliches Beispiel ist der wegen der Prävalenzklausel wichtige Charakter der Ausschließlichkeit autonomer Zuständigkeiten. Während die Gemeinschaften, häufig im offenen Widerspruch zu den Verfassungsvorgaben, staatliche Kompetenzen als ausschließlich gemeinschaftlich qualifiziert haben, legt das Verfassungsgericht diesen Begriff, wie er in den Sta-

---

375 STC 49/84, vom 25.4.84
376 vgl. hierzu auch L.López Guerra, Los conflictos..., S.78
377 vgl. ders., a.a.O., S.79
378 vgl. ders., a.a.O., S.80f
379 vgl. P.Cruz Villalón, die Neugliederung..., S.238; L.Vandelli, a.a.O., S.336
380 vgl. J.Jimenez Campo, Los procedimientos..., S.17

tuten gebraucht wird, "untechnisch" aus, damit die Verfassungskonformität gewahrt bleibt[381].

Wegen der Unterschiedlichkeit der Statuten strebt das Gericht weiter eine unifizierende Auslegung an, zieht also die Regelungen der jeweils anderen Statuten zum Vergleich strittiger Zuständigkeiten mit heran.

Weiter stellte das Verfassungsgericht fest, daß die einzelnen Befugnisse im Rahmen einer Zuständigkeit aus dem Charakter der jeweiligen Materie erschlossen werden müssen.[382]
Bei jeder möglichen Aufgabe, die nicht explizit in den Katalogen der Art.148 /149 CE genannt ist, muß geprüft werden, inwieweit sie einer allgemeinen Materie zugeordnet werden kann, bevor auf die Residualklausel zurückgegriffen wird.

Im Konfliktfalle ist die speziellere, enger eingegrenzte Kompetenz der allgemeineren vorzuziehen.

Es gibt besondere horizontale Bereiche, wie z.B. die auswärtigen Beziehungen und die Wirtschaftsplanung, die einen Großteil der anderen Bereiche durchziehen, so daß die entsprechenden Kompetenzen den größten Teil der anderen außer Kraft setzen könnten. Um dies zu verhindern, werden diese horizontalen Bereiche einer strikten Limitierung unterworfen und die Anwendbarkeit der Kompetenzen nur im besonders zu begründenden "allgemeinen Interesse" ermöglicht.

Abschließend hält das Verfassungsgericht fest, daß jenes Kompetenzsystem in Fällen besonderer Dringlichkeit oder aus außergewöhnlichen Gründen aufgebrochen und Zuständigkeiten im konkreten Falle auf einen anderen Träger transformiert werden können.

7. Aktueller Stand der Kompetenzenstruktur nach den Autonomievereinbarungen des Jahres 1992

Seine heutige Gestalt erfuhr das System der Kompetenzstruktur durch die Autonomievereinbarungen vom 28.Februar 1992. Diese wurden im Regierungssitz, dem Palast von Moncloa, von den beiden großen nationalen Parteien, der PSOE und der PP, sowie der Zentralregierung unterzeichnet. Anlaß für die schon länger andauernden Verhandlungen und den Willen zur Konsensfindung gab der Umstand, daß die in Art.148 Abs.2 CE genannte Frist, nach deren Verstreichen die "beschränkten" Autonomien ihre Kompetenzen bis zur Grenze des Art.149 CE erweitern können, abgelaufen war. Motivation und Absicht zum Abschluß der Vereinbarungen sind, wie in diesem einleitend ausgeführt wird, folgende Anliegen:

Zum ersten soll der Autonomieprozeß nunmehr durch ergänzende Regelungen der im VIII. Titel der Verfassung offengelassenen Vorgaben abgeschlossen werden.

---

381 vgl. M.Busch, a.a.O., S.271

382 diese und die folgende Darstellung basiert auf den Ausführungen J.Tornos', La distribución..., S.129ff, der entsprechende Hinweise auf die Urteile des Verfassungsgerichtes gibt

Hierbei soll dem Streben der Autonomen Gemeinschaften entsprochen werden, nach anfänglicher Beschränkung auf den Kompetenzrahmen des Art.148 Abs.1 CE nun gemäß Art.148 Abs.2 CE die Zuständigkeiten bis zur Grenze des Art.149 Abs.1 CE auszuweiten. Hierbei ist, so wird ausdrücklich erklärt, die Identität und Besonderheit jeder Gemeinschaft zu respektieren. Schließlich sollen die Vereinbarungen Verfahren und Mechanismen hervorbringen, die die Effiziens der öffentlichen Verwaltung erhöhen und zu einer besonderen Kooperation im Autonomiestaat beitragen.

Diese Absichtserklärungen erfahren in den weiteren Ausführungen der Vereinbarungen ihre Konkretisierung: Die Materien, die in die Kompetenzerweiterung einfließen, werden in drei Gruppen gegliedert, solchen, in denen den Autonomien die ausschließlichen Kompetenzen zuteil werden, sowie solchen zur Ausführungsgesetzgebung und schließlich lediglich die Ausführungskompetenzen selbst. In die erste Gruppe fallen insbesondere Spielbanken, Wasserhaushalte, öffentliche Veranstaltungen, einige Bereiche des Industriewesens etc., in die zweite Gruppe gehören Körperschaften des öffentlichen Rechtes, Verbraucherschutz, zusätzliche Bestimmungen im Bereich des Umweltschutzes, Fischereiwesen u.a., und in die dritte schließlich die Ausführungen in den Bereichen Messewesen, Teile des Sozialwesens, Museen, Bibliotheken und Archiven etc.[383]. Entgegen den verfassungsmäßigen Vorsehungen nach Art.152 Abs.2 CE wurde für das Verfahren zur Kompetenzerweiterung der Weg über die Delegationsgesetze gemäß Art.150 Abs.2 CE eingeschlagen. Den Vorgaben der Vereinbarungen folgend, wurde am 23.12.1992 das Organgesetz 9/1992 zur Übertragung der Kompetenzen an die Autonomen Gemeinschaften des Art.143 CE verabschiedet. In diesen hat man die Ausführungen der Vereinbarungen nach Bereichen konkretisiert und den einzelnen Autonomien zugeordnet. Das Abkommen sieht als zweiten Schritt die Aufnahme einer einzelnen Vorschrift in die jeweiligen Statuten vor, in der die Inhalte des Organgesetzes als unmittelbar in die Statuten inkorporiert erklärt werden. Während die Vereinbarungen grundsätzlich eine positive Beurteilung verdienen, insbesondere das Ansinnen, die unterschiedlichen Kompetenzniveaus zu harmonisieren, ist der Weg über die Delegationsgesetze nach Art. 150 Abs.2 CE zu Recht kritisiert worden[384]. Die Delegationsgesetze vermitteln dem Staat andere, wesentlich erweiterte Kontrollmöglichkeiten über die betroffenen Kompetenzen.[385] Darüberhinaus sind sie - frei nach dem staatlichen Willen - reversibel. Aus diesem Grunde drängt sich die Vermutung auf, daß mittels jener Konstruktion der Status der autonomen Kompetenzstruktur geschwächt und der staatlichen Disposition angenähert werden sollte.

---

383 vgl. auch S.Muñoz Machado, Los pactos autonómicos..., S.88

384 vgl. ders. a.a.O., S.94ff

385 vgl. oben, 2.Kapitel,A.VII.3.f.(2)

VIII. Die Finanzstruktur im Staate der Autonomen Gemeinschaften

Die Finanzverfassung eines dezentralisierten Staates ist wesentliches Merkmal seiner tatsächlichen Gestalt. Insbesondere die politische Autonomie der Gliedstaaten ist ohne eine entsprechende Mittelausstattung und ein freies Verfügungsrecht undenkbar. Der Finanzstruktur des spanischen Staates liegt ein dichtes und kompliziertes Regelungssystem zugrunde, das nur in seinen Grundzügen dargestellt werden kann. Dieses System steht in einem Spannungsgebäude maßgeblicher Prinzipien:

Zuvorderst ist das schon verschiedentlich erwähnte Autonomieprinzip zu nennen, das in Art.2 CE wurzelt und die weitere Verfassung durchzieht. Auf dessen Basis muß den Gemeinschaften eine Finanzausstattung dergestalt gewährt werden, daß sie ihre angestammten Kompetenzen der Verfassung gemäß umsetzen können.

Auf der Gegenseite stehen jedoch das Prinzip der Solidarität, Art.138 Abs.1 CE, nach dem der Staat u.a. für ein wirtschaftliches Gleichgewicht sorgen soll, sowie der Auftrag, einen Ausgleich in der Entwicklung der Regionen, Art.131 Abs.1 CE, und im Lebensstandard der Spanier zu gewährleisten, Art.130 Abs.1 a.E. CE.[386]

Das Finanzsystem ist in seinen Grundzügen in den Art.132, 156 bis 158 CE und der ersten Zusatzbestimmung skizziert. Entscheidend jedoch sind die detaillierten Regelungen eines Organgesetzes über die Finanzierung der Autonomen Gemeinschaften, LOFCA (Ley orgánica de financiación de las comunidades autónomas), dessen Verabschiedung am 22.9.1980 in Art.157 Abs.3 CE autorisiert ist. So geben auch die einzelnen Autonomiestatuten hinsichtlich dieser Finanzierung im wesentlichen die Normierung des LOFCA wieder. Dieses Organgesetz sieht zwei Phasen zur Schaffung des endgültigen Finanzsystemes vor:

In der bis 1986 terminierten "Übergangsphase" wurde der jeweilige Anteil einer Autonomen Gemeinschaft an den gesamtstaatlichen Finanzen nach den "effektiven Kosten" (costos efectivos) berechnet, die jenen durch die Übertragung auszuführender Dienstleistungen entstanden.[387] Am 7.11.1986 wurde mit dem Ergebnis langwieriger Verhandlungen des Rates für Steuer- und Finanzpolitik (consejo de política fiscal y financiera), der sich aus Vertretern beider Seiten, des Staates und der Gemeinschaften, zusammensetzt, die zweite Phase eingeleitet. Hier wurde das sogenannte "endgültige Finanzierungssystem" (sistema definitivo) bestimmt, dessen wesentliche Neuerung darin besteht, die Finanzverteilung zwischen den Gemeinschaften nach sozioökonomischen Variablen[388] aufzuschlüsseln. Das heutige System stellt sich als eine Kombination dar aus dem Verbundsystem, wonach die Gemeinschaften prozentual an staatlichen Einnahmen beteiligt sind, und dem Trennsystem, demzufolge

---

386 vgl. hierzu A. López Pina, Die Finanzverfassung, S.224 und ausführlicher zu den Prinzipien S.232ff

387 vgl. D.Nohlen, A.Hildenbrand, Spanien, S.325

388 entscheidendes Kriterium hierbei ist die Bevölkerungszahl, gefolgt von der Territorialfläche, den Verwaltungseinheiten etc.; vgl. hierzu die Aufstellung bei. A.López Pina, a.a.O., S.228

gewisse Einnahmen an die Gemeinschaften abgetreten werden.

Hiernach gliedern sich die Finanzquellen der Autonomen Gemeinschaften in drei Gruppen auf, den Zuweisungen des Staates, den eigenen Mitteln und schließlich seit 1986 den EG-Subventionen.

Zur ersten Gruppe, den staatlichen Zuweisungen, gehören insbesondere folgende Mittel:[389]

1. die Beteiligung der Gemeinschaften an den Einnahmen des Staates;
2. die Steuern, die der Staat an die Gemeinschaften wegen deren Verwaltungskompetenz abtritt (impuestos cedidos);
3. staatliche Subventionen zur Garantie eines Mindestniveaus grundlegender öffentlicher Dienstleistungen;
4. Subventionen zur Finanzierung der an die Gemeinschaft übertragenden Dienstleistungen;
5. Subventionen des interterritorialen Ausgleichfonds, FCI (fondo de compensación interterritorial).

Die eigenen Mittel der Gemeinschaft stehen in deren ausschließlicher Disposition und beinhalten folgende Quellen:[390]

1. Eigene Einnahmen aus Steuern, Gebühren und Abgaben, die die Gemeinschaften aus den ihnen übertragenen Dienstleistungen beziehen;
2. Zuschläge auf staatliche Steuern;
3. Mittel aus der Verwaltung des Eigenvermögens;
4. Einnahmen aus Strafen und Sanktionen;
5. Fremdfinanzierung
6. Mittel aus dem europäischen Fond für regionale Entwicklung.

In ihrem Umfang entscheidend ist die in der ersten Gruppe unter 1. aufgeführte Beteiligung an den Staatseinnahmen, speziell der Einkommens-, Körperschafts- und Mehrwertsteuer. Die eigenen Mittel hingegen, insbesondere das Steuerfindungsrecht, sind von geringerer Bedeutung, da der Staat fast alle denkbaren Besteuerungsoptionen bereits ausgeschöpft hat. Das Recht, Zuschläge auf staatliche Steuern zu erheben, wiederum ist politisch außerordentlich schwierig durchsetzbar und wird darum kaum in Anspruch genommen. Während die Mittel aus dem FCI und den anderen staatlichen Subventionen regelmäßig zweckgebunden sind, können die Gemeinschaften über die anderen Quellen frei disponieren.[391] Der interterritoriale Ausgleichsfond ist unmittelbarster Ausfluß des Solidaritätsprinzipes und hinsichtlich seines Umfanges immer wieder Anlaß heftiger Kontroversen unter den Gemeinschaften. Dieses System wurde Anfang der 90iger Jahre reformiert und ist auf 30 % der öffentlichen Investitionen beschränkt.[392]

---

389 vgl. zur folgenden Aufzählung, D.Nohlen, A.Hildenbrand, a.a.O.,S.324

390 vgl. derselbe a.a.O., S.325 und die ausführliche Darstellung bei A. Hildenbrand, Die Finanzierung ..., S.133ff

391 sogenannte "bedingungslose Finanzierung", vgl. A.López Pina, a.a.O.,S.227

392 vgl. hierzu ausführlich A.Hildenbrand, a.a.O., S.167ff

Das voranstehend aufgezeigte Finanzierungssystem wird als sogenanntes "gewöhnliches System" (régimen común) bezeichnet und trifft für 15 der 17 Gemeinschaften zu. Die Foralgemeinschaften des Baskenlandes und Navarra hingegen unterliegen dem sogenannten Foralsystem (régimen foral) dessen Berechtigung auf überkommenen Rechten dieser Territorien beruht. Hier wird die Ordnung des gewöhnlichen Systems quasi in sein Gegenteil verkehrt und den beiden Gemeinschaften eine ausgedehnte Steuererhebungsbefugnis zuerkannt, mit der Verpflichtung, durch entsprechende Überweisungen zu der Finanzierung des Staates beizusteuern.[393]

Die finanzpolitische Realität der Autonomen Gemeinschaften wird in dieser Zeit durch eine außerordentlich hohe Verschuldung bestimmt. Jene ist insbesondere auf die ausufernden Verwaltungskosten zurückzuführen. Dieser vermeidbare Mißstand wiederum geht aus der mangelnden Überweisung der notwendigen Mittel vom Staat auf die Autonomien hervor, die diesen in der Relation ihrer statuarischen Kompetenzen zustehen. Nach Art.147 Abs.2 CE können die Autonomien das Verfahren zu besagter Mittelüberweisung bestimmen. Infolgedessen wurde das Instrument einer gemischten Kommission geschaffen, mittels derer für jede Gemeinschaft Transferenzen ausgehandelt werden sollten. In der Einsicht, daß es unsinnig ist, für jede Autonomie die gleiche Problematik getrennt zu verhandeln, wurden den gemischten Kommissionen sogenannte "sektionelle Kommissionen" zur Seite gestellt, die für jeweilige Materien einheitliche Richtlinien erarbeiten sollten. In der Praxis stellten sich diese Verhandlungen jedoch als unerwartet mühsam heraus, da der Staat seine Macht als Hauptfinancier dazu ausnutzte, die ursprüngliche Kompetenzverteilung über die Mittelzuweisung in Frage zu stellen.[394] Anlaß zu diesem Verhalten gibt wohl die verschiedentlich erwähnte Unwilligkeit der staatlichen Verwaltung, ihre gewohnten Zuständigkeiten abzutreten. Die Gemeinschaften reagierten hierauf mit dem Aufbau einer Parallelverwaltung unter eigener Finanzierung, was maßgeblich zu dem heutigen Verschuldungsgrad beitrug.[395] Ein Ende dieses Mißstandes ist auch heute noch nicht absehbar.

IX. Staatliche Einwirkungsmöglichkeit auf autonomes Handeln

Das mögliche Spektrum staatlicher Einflußnahme auf die Aktivitäten der Gemeinschaften reicht von der begleitenden Beobachtung bis zur unmittelbaren Ersatzvornahme oder staatlichem Zwang. Entsprechend unterschiedlich sind die hierzu geschaffenen Mittel, insbesondere die Kontrolle autonomer Ausführung der Gesetze, staatlicher oder gemeinschaftlicher Provenienz, die Kontrolle delegierter Kompeten-

---

393 vgl. nur D.Nohlen, A.Hildenbrand, a.a.O., S.330f

394 vgl. M.Busch, a.a.O., S.289ff

395 vgl.auch A.López Pina, a.a.O., S.236; A.Hildenbrand, a.a.O., S.172

zen, die Einrichtung der Position eines Regierungsdelegierten, korrespondierende gerichtliche Verfahren, der Staatszwang und die staatliche Intervention.

1. Die Kontrolle autonomer Ausführungen der Gesetze

Das Problem der Kontrolle autonomer Exekutive ist in der Praxis von größter Relevanz und stellt sich sowohl in der verbreiteten Verflechtung staatlicher Gesetzgebungskompetenzen mit gemeinschaftlicher Ausführungskompetenz, als auch in der autonomen Umsetzung eigener Gesetze. Um so erstaunlicher ist es, daß hierzu in der spanischen Verfassung eine "merkliche Leere" [396] herrscht und nur einzelne Aspekte geregelt sind. Eine dem Art.84 und 85 GG vergleichbare Regelung fehlt gänzlich. Dennoch wird eine grundlegende Kontrollmöglichkeit allgemein anerkannt und, dem deutschen Verfassungsrecht entsprechend, nach autonomer Ausführung eigener und staatlicher Gesetze differenziert.

Am naheliegendsten ist die Notwendigkeit einer staatlichen Kontrolle bei der Ausführung staatlicher Gesetze. Dieses wird zuvorderst aus der Natur der Sache begründet, da die Exekutivkompetenz zu derjenigen der Legislative komplementär ist und diese funktionelle Einheit durch die Einschaltung der Autonomen Gemeinschaften nicht gesprengt werden darf.[397] Jene Verbindung jedoch kann nur durch ein entsprechendes Kontrollrecht der Legislative garantiert werden. Zur Begründung dieses Kontrollrechtes werden darüber hinaus zwei weitere Umstände herangezogen: Zum einen ist das Instrumentarium des Staatszwanges gemäß Art.155 CE ohne die Möglichkeit einer regelmäßigen Kontrolle autonomen Handels durch den Staat nicht denkbar.[398] Das Verfassungsgericht führt zum zweiten die weite Interpretationsmöglichkeit des Art.149 Abs.1 Nr.1 CE an: Die hier zu schützende "Gleichheit aller Spanier in der Ausübung der Rechte" umfasse eine Gleichheit in der "grundlegend rechtlichen Stellung" (posiciones jurídicas fundamentales) dergestalt, daß eine allgemeine nationale Integration gewährleistet sein müsse.[399] Eine solche Integration hingegen ist dann gefährdet, wenn die umfassende staatliche Gesetzgebung keine einheitliche Umsetzung in den jeweiligen Autonomien erfährt. Vergleichbar zu Art.84 Abs.3 GG ist der Staat hier auf eine reine Rechtsaufsicht beschränkt, darf also keine Opportunitätserwägungen durchführen. Das Verfassungsgericht betont, daß solche die Gemeinschaften in eine hierarchische Abhängigkeit zur staatlichen Verwaltung bringen und somit strikt gegen das grundlegende Autonomieprinzip verstoßen würden.[400] Die Kontrollmittel müssen jedoch auf die in der Verfassung vorgesehenen beschränkt sein, dürfen den Gemeinschaften also keine verbindlichen Vorgaben machen, sondern allenfalls eine gerichtliche Überprüfung vorbereiten.[401]

---

396 Muñoz Machdo, a.a.O., S.452
397 vgl. nur E.García de Enterría, Estudios ..., S.333f; S.Muñoz Machado, a.a.O., S.451
398 vgl. E.García de Enterría, a.a.O., S.336
399 vgl. STC vom 16.10.81, 28.4.83; vgl. auch E.García de Enterría,a.a.O., S.335
400 vgl. STC 76/83 vom 5.8.1983
401 vgl.J.Tornos, La distribución... S.169

In einigen Autonomiestatutenn wurde die staatliche Befugnis zu einer Oberaufsicht in den Bereichen der Gesundheit, des Sozialwesens, der Erziehung und des Arbeitsrechts geregelt, also solche Materien, in denen den Gemeinschaften zumindest ein Teil der Legislativgewalt zukommt. Fraglich ist, ob hieraus eine allgemeine Aufsichtszuständigkeit des Staates über die autonome Ausführung eigener Gesetze abgeleitet werden kann. Das Verfassungsgericht verneint dies und beschränkt die Kontrolle ausdrücklich auf jene Fälle, die in der Verfassung oder den Statutenn eine ausdrückliche Ermächtigung finden.[402] Auch diese Kontrolle darf nicht zu einer Bevormundung der Gemeinschaften führen[403], sondern beschränkt sich auf eine betrachtende Überprüfung autonomen Handelns.

Eine gesonderte Stellung nimmt die bereits erwähnte Kontrolle delegierter Kompetenzen nach Art.150 Abs.2 CE ein, da der Staat hier eigenständig die Art der Überprüfung regeln kann, Art.150 Abs.2 a.E. CE. Aus dem Charakter jener Delegation exklusiver Verwaltungs- oder Gesetzgebungszuständigkeiten des Staates erschließt sich der Umfang der Kontrolle solcherart, daß der staatlichen Verwaltung eine ständige Aufsicht und jederzeitige Einwirkungsmöglichkeit auf die übertragenen Kompetenzen gebührt.[404]

2. Der Regierungsdelegierte

Art.144 CE sieht die Position eines Regierungsdelegierten vor. Dieser wird von der staatlichen Regierung ernannt und ist für die Leitung der unmittelbaren staatlichen Verwaltung in den Gemeinschaften sowie deren Koordination mit der eigenen Verwaltung der jeweiligen Autonomie zuständig. Der Regierungsdelegierte hat keinerlei Kontrollfunktionen inne. Die Vorsehung dieses Amtes wird allerdings als entscheidender Hinweis dafür gesehen, daß der Verfassungsgeber nicht etwa die gänzliche Aufgabe der staatlichen Verwaltung in den Gemeinschaften beabsichtigte[405].

3. Der Staatszwang

Art.155 CE sieht in deutlicher Anlehnung an Art. 37 GG die Möglichkeit des Staatszwanges vor. Demzufolge kann die Regierung dann, wenn eine Autonome Gemeinschaft nicht die konsitutionellen oder einfach-rechtlichen Verpflichtungen erfüllt, oder so handelt, daß das allgemeine Interesse Spaniens ernsthaft gefährdet ist, die "notwendigen Maßnahmen" ergreifen. Dies setzt jedoch eine vorherige Konsultation des Präsidenten der betroffenen Gemeinschaft und die Zustimmung der Mehrheit des Senates voraus. In diesem Erfordernis liegt ein Unterschied und eine Schwäche im

---

402 STC 95/84 vom 18.10.84, angeführt bei J.Tornos, a.a.O., S.170

403 vgl. STC 32/83 vom 28.4.83, zitiert bei J.Tornos, a.a.O., S.160, vgl. auch S.Muñoz Machado, a.a.O., S.453

404 vgl. S.Muñoz Machado, a.a.O., S.453

405 vgl. M.Busch, a.a.O., S.322

Vergleich zu Art.37 Abs.1 GG, da der Senat im Gegensatz zum Bundesrat keine echte Vertretung der Autonomen Gemeinschaften gewährleistet. Nach Art.155 Abs.2 CE kann die Regierung für nicht näherbestimmte Maßnahmen Anweisungen an die autonomen Behörden geben. Gleichermaßen wie der Bundeszwang gemäß Art.37 GG ist die Ermächtigung nach Art.155 CE bislang noch nicht zur Anwendung gekommen.

4. Die staatliche Intervention

Während die Verfassung keinerlei staatliche Ermächtigung zum Einsatz staatlicher Polizei- oder Militäreinheiten in den Gemeinschaften zur Abwehr dieser drohenden Gefahren vorsieht, wird eine solche Intervention in verschiedenen Statutenn eröffnet. Entsprechend wird das Handeln des Staates, an einen Antrag der autonomen Regierung geknüpft.[406]

5. Der Gerichtszwang

Der Vollständigkeit halber sei die bereits beschriebene Möglichkeit des Staates erwähnt, die gerichtliche Überprüfung autonomen Handels zu beantragen, sei es über die Anfechtung regionaler Dispositionen und Beschlüsse nach Art.161 Abs.2 CE, die Normenkontrolle nach Art.153,a CE oder die Kontrolle durch die Verwaltungsgerichtsbarkeit oder den Rechnungshof nach Art.153, c und d CE.

X. Mitwirkung der Autonomen Gemeinschaften an der staatlichen Willensbildung

In dezentralisierten Staatssystemen sind das Geschick und das politische Handeln des Gesamtstaates mit den territorialen Einheiten stets eng verbunden. Dieser Umstand erfordert neben der kompetenziellen Verquickung beider Ebenen Instrumentarien, mittels derer die eine Ebene auf die andere unmittelbar einwirken kann. Im vorherigen Kapitel wurden die Wege der staatlichen Einflußnahme auf autonomes Handeln umrissen. Quasi als Kompensation für die dem Regional- bzw. Föderalstaat geopferte Unabhängigkeit und des Selbstbestimmungsrechtes muß den territorialen Einheiten die Chance eröffnet sein, die staatliche Willensbildung zu beeinflussen. Dem bundesdeutschen Föderalstaat vergleichbar, gibt es in Spanien die verfassungsrechtlich institutionalisierte Mitwirkung mittels des Senates und des nach Art.131 Abs.2 CE zu schaffenden Wirtschafts- und Sozialrates. Daneben wurden, ohne spezielle verfas-

---

406 vgl. M.Busch, a.a.O., S.316f

sungsrechtliche Vorgaben, weitere Organe etabliert, wie die Ministerkonferenzen und Räte, die die Politik der Gemeinschaften berücksichtigen. In der politischen Praxis kommt hierbei dem Medium diverser Vereinbarungen eine große Bedeutung zu, deren Abschluß den beteiligten Gemeinschaften wie auch dem Staat regelmäßig offenstehen.

1. Senat

Die Verfassung selbst bezeichnet den Senat in Art.69 Abs.1 CE als "Kammer der territorialen Repräsentation" (Cámera de representación territorial) und räumt ihm somit eine herausragende Stellung zur Mitwirkung der Autonomen Gemeinschaften an der staatlichen Willensbildung ein. Diesem Anspruch werden die entsprechenden Organe anderer Föderalstaaten, wie z.B. der amerikanische Senat oder der deutsche Bundesrat gerecht. Der spanische Senat hingegen hat sich in der Praxis zu wenig mehr als ein "parteipolitisches Duplikat des Kongresses"[407] entwickelt und ist allenfalls in der Lage, das provinzielle Interesse zu vertreten. So spricht Arbós diesem Parlament eher den Charakter einer "zweitrangigen Kammer" denn einer "zweiten Kammer" zu.[408] Diese allgemein geäußerte Kritik zur Disfunktionalität des Senates gründet in der Ausprägung der drei diesen gestaltenden Elemente:
Die verfassungsrechtlichen Regelungen, die Geschäftsordnung und die politische Praxis.[409]

a. Die verfassungsrechtlichen Regelungen

(1) Die Zusammensetzung des Senates.

Nach Art. 69 Abs.2 CE wählen die Wahlberechtigten jeder Provinz vier Senatoren. Ausgenommen hiervon sind gemäß Art.69 Abs.3 CE die Inseln, die je nach Größe einen oder drei Senatoren entsenden, sowie die afrikanischen Städte Ceuta und Melilla denen zwei Mandate zustehen. Die Autonomen Gemeinschaften ernennen nach Art. 69 Abs.5 CE jeweils einen Senator und pro 500 000 Einwohner einen weiteren. Die Auswahl der Senatoren obliegt den autonomen Parlamenten. Der Senat ist für jeweils vier Jahre gewählt, Art.69 Abs.4 CE. Dieser Regelung entsprechend stellen die Autonomen Gemeinschaften lediglich etwa 20 % der Senatoren.

---

407 F.Fernández-Miranda Alonso, Los problemas de la distribución territorial..., S.102

408 vgl. X.Arbós, El senado ..., S.9

409 Einzelne Aspekte der folgenden Darstellungen werden hinsichtlich ihrer Relevanz zur Kollisionsproblematik in den entsprechenden Abschnitten vertieft werden.

(2) Funktionen des Senates[410]

(a) Mitwirkung am Gesetzgebungsprozeß

Dem Senat steht neben der Regierung und dem Kongreß nach Art.87 Abs.1 CE ein Mitwirkungsrecht an der Gesetzgebung zu. Das Gesetzesprojekt wird stets zuerst im Kongreß beraten. Nach Annahme durch diese Kammer wird das Projekt gemäß Art.90 Abs.1 CE durch den Kongreßpräsidenten dem Präsidenten des Senates vorgelegt, der dieses zur Beratung an die Kammer weiterleitet. Stimmt der Senat zu, so ist das Gesetz zur Ausfertigung bereit. Andernfalls kann er entweder Änderungen vornehmen oder mit absoluter Mehrheit sein Veto einlegen, Art.90 Abs.2 S.2 CE. Die Änderungen können durch den Kongreß mit einfacher Mehrheit überstimmt werden, Art.90 Abs.2 S.3 a.E. CE. Auch die Bestandskraft des Vetos ist sehr beschränkt, da dieses sofort durch die absolute Mehrheit überstimmt werden kann, oder nach Ablauf von zwei Monaten mit einfacher Mehrheit. Diese Frist reduziert sich gemäß Art.90 Abs.3 CE auf zwanzig Tage, wenn das Projekt durch die Regierung oder den Kongreß als "dringend" qualifiziert wurde. Die mangelnde Bestandskraft der Artikulationen des Senates sowie der Umstand, daß die erste Lesung stets im Kongreß stattfindet, verdrängt jenen im Gesetzgebungsprozeß in eine nachgeordnete Stellung.[411] Eine gleichgeordnete Position kommt dem Senat hingegen nach Art.74 Abs.2 CE in den Fällen der Art.94 Abs.1 CE, also Staatsverträgen mit besonderen Charakteristika, Art.145 Abs.2 CE, bei besonderen Vereinbarungen der Autonomen Gemeinschaften untereinander und Art.158 Abs.2 CE, der Bestimmung des interterritorialen Kompensationsfonds, zu.

(b) Beteiligung an Verfassungsänderungen

In der Verfassungsänderung nach Art.166ff CE steht dem Senat im einfachen Gesetzgebungsverfahren ein Initiativrecht zu. Die Billigung des Änderungsentwurfes muß durch eine Mehrheit von zwei Fünftel der beiden Kammern erfolgen, Art.167 Abs.1 CE. Stimmt der Senat nur mit absoluter Mehrheit zu, kann die Änderung durch eine Zweidrittel-Mehrheit des Kongresses angenommen werden, Art.167 Abs.2 CE. Soll jedoch eine Gesamtrevision der Verfassung oder die Änderung der grundlegenden Prinzipien des Vortitels, der Grundrechte und öffentlichen Freiheiten nach Art.15ff CE oder des Titel II mit seiner Verankerung der Krone erfolgen, sind gemäß Art.168 CE eine Zweidrittel-Mehrheit beider Kammern, die Auflösung des Parlamentes, die Ratifizierung durch das neue Parlament und ein anschließendes Referendum erforderlich.

---

410 vgl. zum folgenden Überblick insbesondere X.Arbós, a.a.O., S.13f

411 vgl. X.Arbós, a.a.O., S.14

(c) Mitwirkung an der Kontrolle der Regierung

Gleichermaßen wie die Abgeordneten des Kongresses können diejenigen des Senates gemäß Art.111 Abs.1 CE Anfragen und Resolutionen für politische Vorgaben an die Regierung richten.[412] In den nach Art.116 CE möglichen Ausnahmesituationen, insbesondere der Ausrufung des Alarm-, Ausnahme- und Belagerungszustandes, wird hingegen allein der Kongreß der Regierung beigeordnet. Darüberhinaus ist die Regierung nach Art.108 CE allein dem Kongreß gegenüber für ihre Politik verantwortlich, der nach Art.99 CE auch den Ministerpräsidenten wählt.

(d) Mitwirkung bei besonderen Maßnahmen gegenüber Autonomen Gemeinschaften

Gemäß Art.151 Abs.2 Nr.4 S.2 CE muß der Entwurf eines Autonomiestatutens im privilegierten Verfahren von beiden Kammern ratifiziert werden. Selbiges ist zur Verabschiedung der Harmonisierungsgesetze gemäß Art.150 Abs.3 CE notwendig, die regelmäßig in den Bestand autonomer Zuständigkeiten eingreifen.

(e) Sonstige Zuständigkeiten

Über die oben genannten Aufgaben hinaus ist der Senat insbesondere zur Mitwirkung bei der Amtsenthebung des Königs wegen Unfähigkeit, Art.59 Abs.2 CE, der Teilnahme an Untersuchungsausschüssen, Art.76 CE, der Bestimmung staatlicher Richter, Art.122 Abs.3 CE, sowie Verfassungsrichter Art.159 CE und Genehmigung des Staatszwanges, Art.155 CE, ermächtigt.

b. Die Geschäftsordnung des Senates

Die in der Verfassung fußende strukturelle Schwäche des Senates wird durch bestimmte Regelungen der entsprechenden Geschäftsordnung verstärkt:

Ausgenommen die von den Autonomen Gemeinschaften bestimmten Abgeordneten wird die überwiegende Mehrheit der Delegierten in den Provinzen gewählt und folglich das dort präsente Parteienspektrum reflektiert. Dementsprechend ermöglicht Art.27 Abs.1 der Geschäftsordnung die Bildung von Fraktionen, die mindestens 10 Senatoren umfassen müssen. Eine wirksame territoriale Repräsentation wäre allein dann möglich, wenn sich die Senatoren der jeweiligen Regionen zu gemeinsamen Handel zusammenschließen könnten. Dies wird jedoch nicht nur durch die Mindestteilnehmerzahl einer Fraktion von 10 Senatoren fast ausgeschlossen, sondern durch Art.27 Abs.3 CE gänzlich unmöglich gemacht, da die Bildung der Fraktionen an die Parteienstruktur gebunden ist, Vertreter unterschiedlicher Parteien also keine gemeinsame Fraktion bilden können. Allenfalls innerhalb dieser Fraktionen können sich gemäß Art.27 Abs.1 der Geschäftsordnung territoriale Gruppierungen bilden, die in den

---

412 vgl. derselbe, a.a.O., S.17

Fällen besonderer Betroffenheit ihrer Regionen in die Debatten intervenieren dürfen. Dank dieses Systemes ist der Zusammenschluß aller Senatoren einer Region zum gemeinsamen Vorgehen ausgeschlossen und lediglich die Territorialisierung innerhalb einer parteilichen Fraktion denkbar.[413]

c. Die (partei-) politische Praxis

Möglicherweise die größte Bedeutung für die "Minderwertigkeit" des Senates ist dem Verhalten der diesen zusammensetzenden Senatoren bzw. der Parteienstruktur zuzuschreiben. Dieser parteipolitische Durchgriff stellt den Senat in den Schatten des Kongresses, dessen Entscheidungen hier regelmäßig sanktioniert werden. Die in diese zweite Kammer entsandten Politiker repräsentieren in ihrer Partei eher die "zweite Garde" und aus ihrer Reihe rekrutieren sich sehr selten politische Führungsgestalten, die einer territorialen Repräsentation die notwendigen Impulse und Kontroversität geben könnten.

Die Disfunktionalität des Senates ist bei den politischen Entscheidungsträgern schon früh erkannt und mehrheitlich mißbilligt worden. Dementsprechend wird seit geraumer Zeit über eine umfassende Reform nachgedacht,[414] wobei sich der parteipolitische Konsens jedoch allein auf die Notwendigkeit einer solchen zu beschränken scheint. Für die Reform bieten sich zwei Hebel an: Die konsequente Lösung einer Verfassungsänderung zur Rolle des Senates und die weniger einschneidende Novellierung der Geschäftsordnung. In den Monaten März und April 1990 wurden von sechs parlamentarischen Gruppierungen jeweils verschiedene Reformvorschläge in die Diskussion eingebracht. Das Spektrum der Vorschläge ist weit und beinhaltet insbesondere die Wege der Verfassungsänderung, der Änderung der Geschäftsordnung, die Etablierung territorialer Gruppen und Kommissionen, unmittelbare Beteiligung der Organe der Autonomen Gemeinschaften, Beteiligung an der territorialen Gesetzgebung, politische Pakte und verschiedenes mehr. Betrachtet man jedoch die Zustimmung, die die einzelnen Vorschläge erfahren, erscheint ein breiter Konsens ausgeschlossen. Vor allem stehen sich die Projektionen eines Senates nach dem Modell des deutschen Bundesrates mit proportionaler Vertretung der Regionen auf der einen Seite und der amerikanischen Lösung einer Kammer mit gleichgewichteten Repräsentationen, die natürlich von den kleinen Gemeinschaften gefordert wird, unvereinbar gegenüber. Keine Aussicht auf eine Mehrheit hat derzeit der Weg einer Verfassungsänderung, da hier zu sehr die Unberechenbarkeiten neuer Strukturen befürchtet werden. Hingegen hatte man sich in einer Vereinbarung vom 25.4.1990 auf die geringfügige Änderung der Geschäftsordnung verständigt, derzufolge Vertretungen der autonomen Organe im Senat ermöglicht werden, die jedoch keinerlei Interventionsrecht haben - hierzu wäre eine Verfassungsänderung notwendig - sondern auf Informationen und Erklärungen reduziert sind. Dieser Konsens ist bislang nicht weiter konkretisiert, geschweige denn realisiert worden.

---

413 vgl.F.Fernández-Miranda Alonso, a.a.O., S.39ff

414 vgl. zu dieser Reformdiskussion insbesondere. F.Fernández-Miranda Alonso, a.a.O., S.101 - 121

Die Schwäche des Senates kann allenfalls damit erklärt werden, daß bei seiner Schaffung allein die Provinzen, nicht jedoch die Autonomen Gemeinschaften, eine erkennbare Struktur und Bestand vorwiesen. Letztere wurden hingegen dem beschriebenen Prozeß überantwortet, dessen Erfolg kaum absehbar war. Darum kann der verfassungsrechtlichen Gestaltung des Senates ein lediglich provisorischer Charakter zugesprochen werden, dessen letztendliche Konkretisierung und Anpassung an die nunmehr ausgebildete Struktur des Staates der Autonomen Gemeinschaften im Interesse der erwünschten territorialen Repräsentation überfällig ist.

2. Der Wirtschafts- und Sozialrat

Neben dem Senat wird in der Verfassung lediglich eine weitere Mitwirkungsinstitution genannt, der Wirtschafts- und Sozialrat. So bestimmt Art.131 Abs.2 CE:

> Die Regierung arbeitet Planentwürfe aus, in Übereinstimmung mit den ihr von den Autonomen Gemeinschaften mitgeteilten Prognosen und Mitberatung und Mitarbeit der Gewerkschaften und anderer Berufsorganisationen unternehmerischer und wirtschaftlicher Art. Zu diesem Zweck wird ein Rat konstituiert, dessen Zusammensetzung und Funktion durch ein Gesetz geregelt werden.

Der Wirtschafts- und Sozialrat ist folglich als Basis einer Kooperation des Staates mit den Autonomen Gemeinschaften und bestimmenden sozialen- und wirtschaftlichen Kräften gedacht. Bis heute (1993) wurde von dieser Ermächtigung jedoch noch kein Gebrauch gemacht, womit der Rat bislang nur als Fiktion besteht.[415] Da die Regionen Spaniens ganz erhebliche wirtschaftliche Disparitäten aufweisen[416], ist die Konstituierung des bezeichneten Rates zur Unterstützung einer ausgeglicheneren wirtschaftlichen Entwicklung von Bedeutung.

3. Außerkonstitutionelle Institutionen zur gemeinschaftlichen Mitarbeit

Die Nennung der möglichen Institutionen in der Verfassung ist nicht enumerativ, dergestalt, daß die Schaffung weiterer Einrichtungen ausgeschlossen wäre. In der politischen Praxis war beispielsweise der bereits erwähnte "Rat für Steuer- und Finanzpolitik" von großer Wichtigkeit, da aus dessen Verhandlungen das "endgültige Finanzierungssystem" hervorging. Sein Charakter, ein Zusammenschluß von Vertretern des Staates und der Autonomen Gemeinschaften zur Lösung dieser konkret betreffende Probleme, haben auch die gemischten und sektoriellen Kommissionen zur Regelung der Kompetenztransferenzen.

Wie im deutschen Föderalstaat konferieren die spanischen Regional- und

---

415 vgl. D.Nohlen, A.Hildenbrand, a.a.O., S.112f

416 das Pro-Kopf-Einkommen der drei ärmsten Regionen Spaniens, Extramadura, Andalusien und Kastilien-La Mancha, beträgt etwa die Hälfte dessen der drei reichsten Regionen, Madrid, der Balearen und Katalonien; vgl. D.Nohlen, A.Hildenbrand, a.a.O., S.85

Staatsminister zu Problemen ihrer jeweiligen Ressorts. Solche Zusammenkünfte haben sich allerdings noch nicht institutionalisiert. Die hier getroffenen Vereinbarungen dürfen keinen bindenden Charakter haben.[417]

XI. Kooperation im Staat der Autonomen Gemeinschaften

1. Das Kooperationsprinzip

Das gesamte aufgezeigte System der Zuständigkeitsverteilung sowie der Kontroll- und Mitwirkungsfunktionen des Staates und der Autonomien begründet ein dichtes Netz von Kooperations- und Koordinationsmechanismen. Neben diesem eng geknüpften Beziehungssystem bleibt dennoch ein nicht geregelter Raum, innerhalb dessen ein allgemeines Gebot zur Kooperation das Verhältnis der staatlichen Subjekte zueinander bestimmen muß. Dieses Gebot, das Vergleichbarkeiten und Parallelitäten zum bundesdeutschen Prinzip der Bundestreue enthält, wurde anfangs ausschließlich dem Verfassungsprinzip der Solidarität entnommen. In der Trias grundlegender Staatsprinzipien nach Art.2 CE ist dieses Solidaritätsprinzip das notwendige Element zum Ausgleich der beiden widerstreitenden Prinzipien Einheit und Autonomie. In der Verfassung selbst ist das Solidaritätsprinzip in Art. 138 Abs.1 CE konkretisiert worden. Dort heißt es:

> Der Staat garantiert die wirksame Durchführung des in Art.2 der Verfassung festgeschriebenen Prinzips der Solidarität, indem er über die Herbeiführung eines angemessenen und gerechten wirtschaftlichen Gleichgewichtes zwischen den verschiedenen Teilen des spanischen Territoriums wacht... .

Dieser Auftrag setzt sich in der Ausformung nach Art.158 Abs.2 CE fort, demzufolge

> ...mit dem Ziel, interterritoriale wirtschaftliche Ungleichgewichte zu korrigieren und das Prinzip der Solidarität wirksam zu machen, [...] ein Kompensationsfond für Investitionen eingerichtet [wird], dessen Mittel vom Parlament gegebenenfalls auf Autonome Gemeinschaften und Provinzen verteilt werden.

Dieser Vorschrift kann man entnehmen, daß ein großes Schwergewicht des Solidaritätsprinzipes nach der Wertung der Verfassung im Bereich wirtschaftlicher Ausgeglichenheit liegt. Nach einhelliger Ansicht sind dem Solidaritätsprinzip als Verfassungsgrundsatz weitere ungeschriebene Inhalte zu unterlegen.[418] Ähnlich wie die Bundestreue dient das Solidaritätsprinzip als Grenze aller staatlichen und autonomen Organe in der Ausübung ihrer Kompetenzen, soweit diese zwar formalrechtlich korrekt sind, in der konkreten Anwendung jedoch zu einem schädigenden Mißbrauch führten. In dieser Funktion der Harmonisierung staatlichen und autonomen Handelns

---

417 vgl. m.w.N., M.Busch, a.a.O., S.309

418 vgl. m.w.N., J.Alonso, el estado autonómico..., S.380f

zum Wohle der jeweils anderen Einheiten, dient das Solidaritätsprinzip als Entsprechung zu den Geboten der Einheit und Gleichheit.[419] Dieses Gebot zur Kooperation bezieht sich nicht nur auf das Verhältnis der Autonomen Gemeinschaften untereinander, sondern auch auf das Handeln des Staates gegenüber jenen, wie Art.138 Abs.1 CE in seiner Festschreibung einer staatlichen Garantie der Solidarität zu entnehmen ist.

So wie in Deutschland das Prinzip der Bundestreue schon früh vom Bundesverfassungsgericht aufgenommen und entwickelt wurde[420], äußerte sich das spanische Verfassungsgericht frühzeitig über die allgemeine Pflicht zur Hilfe und Zusammenarbeit. So postulierte das Gericht schon 1982

> ...eine Pflicht zur Zusammenarbeit [...], die sich aus der allgemeinen Pflicht zur gegenseitigen Hilfe zwischen staatlichen- und autonomen Behörden ergibt.[421]

In einem Urteil von 1986 führte es weiter aus, daß

> ...man auf der Grundlage der Verfassungsgrundsätze der Gleichheit und der Solidarität zu einer Gleichheit der Löhne [...] mittels der Koordination der Haushalts- und Personalpolitik...mit Hilfe der im Organgesetz zur Finanzierung der Autonomen Gemeinschaften (LOFCA) vorgesehenen Organe...gelangen kann.[422]

In einem der ersten Urteile des gleichen Jahres führte das Verfassungsgericht die Pflicht zur Zusammenarbeit auf die Pflicht "zur Treue gegenüber der Verfassung" (fidelidad a la constitución) zurück. So sei die Pflicht zur Zusammenarbeit

> ...die Konkretisierung einer allgemeinen Treuepflicht gegenüber der Verfassung und als spezielles Gebot einer statuarischen Norm[423] in den Block der Verfassungsmäßigkeit integriert [und] [...] sowohl vom Staat, als auch von der Autonomen Gemeinschaft als Mittel zur Ermöglichung der Ausübung oder des eigentlichen Zieles der jeweiligen Kompetenzen einklagbar.[424]

---

419 vgl. nur L.Vandelli, a.a.O., S.199; die Herleitung dieser Wertung aus dem Solidaritätsprinzip geschieht nicht einmütig: I. de Lojendo bspw. erkennt ein eigenständiges Prinzip der Kooperation (principio de cooperación) an, das sich nur teilweise mit dem der Solidarität deckt, vgl. a.a.O., S.66; E.Albertí Rovira hingegen deklariert ein eigenes Prinzip der Zusammenarbeit (principio de colaboración), das verschiedene Prinzipien, einschließlich das der Solidarität, umfaßt und zu den anderen Verfassungsvorschriften subsidiär ist. Während jedoch das Prinzip der Solidarität eine negative Grenze, ein Verbot des Mißbrauchs, postuliere, stelle das Prinzip der Zusammenarbeit ein positives Gebot zur aktiven Kooperation auf; vgl. las relaciones..., S.138f

420 "Dem bundesstaatlichen Prinzip entspricht die verfassungsrechtliche Pflicht, daß die Glieder des Bundes sowohl einander als auch dem großen Ganzen und der Bund den Gliedern die Treue halten und sich verständigen.", BVerfGE 1, 299, 315: später führte das Gericht aus, daß sich aus dem Grundsatz "...konkrete Beschränkungen in der Ausübungder dem Bund und den Ländern im Grundgesetz eingeräumten Kompetenzen ergeben." BVerfGE 12, 205, 255

421 STC 18/1982, zit. nach P.Cruz Villalón, die Rechtssprechung..., S.217

422 STC 83/1986, zit. nach P.Cruz Villalón, a.a.O., S.219

423 das Kooperationsgebot wird in vielen Autonomiestatutenn eigens geregelt, z.B. in der Präambel des katalanischen Statutens

424 STC 11/86, FJ 6 vom 28.1.1986

Mit dieser Verdichtung des Prinzips der Zusammenarbeit kommt es dem Prinzip der Bundestreue sehr nahe.

2. Interregionale Zusammenarbeit

In einem regionalen- oder föderalen Staatssystem liegt es auf der Hand, daß die Regionen zur Lösung eigener Probleme und in dem Bestreben, der staatlichen Dominanz die Gemeinsamkeit entgegenzustellen, untereinander eine engere Zusammenarbeit anstreben. Die spanische Verfassung berücksichtigt diesen Umstand in Art.145 CE. In dessen Abs.1 heißt es in aller Deutlichkeit: "In keinem Fall ist eine Föderation Autonomer Gemeinschaften zugelassen." Mit diesem Verbot will der Verfassungsgeber der Gefahr allzu mächtiger regionaler Koalitionen begegnen, die sich in ihrem Handeln vom allgemeinstaatlichen Interesse abkoppeln und so zu erheblichen Spannungen führen könnten.[425]

Doch auch zu einer weniger weitgehenden Kooperation der Gemeinschaften sind in der Verfassung einschneidende Restriktionen verankert: So besagt Art.145 Abs.2 S.1 CE:

> Die Autonomiestatuten können die Voraussetzungen, Erfordernisse und Rahmen vorsehen, innerhalb derer die Autonomen Gemeinschaften untereinander Abkommen abschließen können, die die Durchführung und Leistung ihrer eigenen Dienste betreffen, sowie Art und Wirkung der entsprechenden Benachrichtigung des Parlamentes.

Die betreffenden Vereinbarungen beziehen sich auf den engen Bereich der Regelung regionaler Dienste unter Einbeziehung der jeweils anderen Gemeinschaften. Die notwendige Benachrichtigung des Parlamentes soll nicht etwa eine Restriktion, sondern lediglich der staatlichen Legislative eine Übersicht über das regionale Handeln vermitteln, um eigene Tätigkeiten hierauf abstimmen zu können[426]. Entscheidend für die Möglichkeit zur interregionalen Kooperation ist Art.145 Abs.2 S.2 CE:

> In allen weiteren Fällen bedürfen Abkommen über Zusammenarbeit zwischen Autonomen Gemeinschaften der Genehmigung durch das Parlament.

Strenggenommen müßten also sämtliche Kooperationen, die sich nicht auf den speziellen Fall der eigenen Dienste beziehen, vom Parlament genehmigt werden, einschließlich derart unverbindlicher Geschehen, wie gemeinsame Konferenzen und Seminare. Da eine solche weitreichende Genehmigungsbedürftigkeit unsinnig wäre, ist L.Vandelli darin zuzustimmen, daß nur solche Verträge und Vereinbarungen genehmigt werden müssen, die sich auf die Ausübung legislativer oder administrativer Gewalten beziehen. Nur hier kommt dem Staat ein erkennbares Schutzbedürfnis gegen eine interregionale Koalition zu. Ledigliche informelle Übereinkommen und Zusammenkünfte hingegen müssen in der freien Disposition der Gemeinschaften stehen.

---

[425] vgl. auch L.Vandelli mit einem Vergleich zur entsprechenden italienischen Regelung, a.a.O., S.201 f

[426] vgl. ders., a.a.O., S.203

B. Der spanische Autonomiestaat innerhalb der Europäischen Union

I. Kollisionsbereiche des spanischen Systems Autonomer Gemeinschaften mit der Europäischen Integration

1. Kompetenzverluste der Autonomen Gemeinschaften

Mit dem Eintritt Spaniens in die Europäische Gemeinschaft zum 01.01.1986 wurde dieser Staat mit seiner Territorialstruktur in die gleiche Kollisionslage gebracht, die insbesondere der deutsche Föderalismus erfuhr. Während letzterer jedoch bereits eine ca. 30jährige Entwicklung durchschritten hatte, innerhalb derer die Bundesländer sich auf den sukzessiven Verlust ihrer Kompetenzen einstellen und ihr Streben nach einer Kompensation bündeln konnten, fanden sich die spanischen Autonomien im Augenblick des Beitrittes als Teil einer Gemeinschaft vor, die einen erheblichen Kompetenzrahmen beanspruchte, der sich wiederum zu einem großen Teil mit ihren gerade gewonnenen Zuständigkeiten überschnitt. Hierbei ist zum einen zu beachten, daß die Autonomien damals wie heute inmitten eines Prozesses der Konstituierung und Etablierung ihrer entsprechenden Struktur waren. Zum anderen antizipierte die Verfassung in erstaunlich geringem Maße ihre - schon zum Zeitpunkt ihrer Entstehung angestrebte - Integration in die Europäische Gemeinschaft und versäumte es, hinsichtlich der absehbaren Kollision mit dem Autonomiesystem vorbeugende Regelungen zu treffen. Der Einbruch des europäischen Kompetenzrahmens auf die Zuständigkeitsstruktur der Autonomien kommt in erster Linie in zwei Aspekten zum Tragen:

Zum einen haben die Gemeinschaften im heutigen Zeitpunkt, in ähnlichem Umfang und Gewichtung wie die deutschen Bundesländer, einen Verlust an ihnen ursprünglich zustehenden Kompetenzen zu verzeichnen. Diese nämlich können vom Staat durch dessen verfassungsrechtliche Ermächtigung nach Artikel 93 Abs.1 CE, ohne Mitwirkung der Gemeinschaften, an die Europäische Union transferiert werden. Wie einer hierzu vom Verfasser durchgeführten Umfrage zu entnehmen ist, führt die Ausübung hauptsächlich legislativer und weniger exekutiver Befugnisse der europäischen Institutionen zu einer Einschränkung der autonomen Zuständigkeiten in den folgenden Bereichen[427]: Landwirtschaft und Viehzucht; Fischfang und Jagd; inländi-

[427] wegen der Schwierigkeit, anhand der wissenschaftlichen Veröffentlichungen aktuelle Informationen über die behandelte Problematik aus der autonomen Praxis zu erlangen, führte der Verfasser in den Monaten Juni und Juli 1993 eine schriftliche Umfrage durch Anschreiben an die für Europaangelegenheiten zuständigenStellen der Gemeinschafts-Regierungen durch. Deren Ergebnisse werden hier, wie in den anderen relevanten Gliederungspunkten, ausgewertet. Die hier interessierende Frage lautete: "1.a.

sche Messen; Förderung der wirtschaftlichen Entwicklung; Ordnung und Planung der regionalen Wirtschaft; Förderung der Kultur; wissenschaftliche und technische Forschung; Förderung und Ordnung des Tourismus; Sozialhilfe; Gesundheit und Hygiene; Umweltschutz; innerer Handel und Verbraucherschutz; Industrie und Dienstleistung.

Wie die umfassende Aufzählung ahnen läßt, ist die Intensität der europäischen Eingriffe sehr verschieden. Während die EU in der Landwirtschaft beispielsweise über weite, vornehmlich legislative Befugnisse verfügt, sind ihre Kompetenzen bezüglich der Kultur und des Tourismus sehr begrenzt. Mit Inkrafttretens des Maastrichter Vertragswerkes erfolgte vor allem in den Bereichen der Agrarpolitik, des Umweltschutzes und der Industriepolitik eine Intensivierung der Kompetenzabschöpfung zu Gunsten der europäischen Institutionen. Im wesentlichen jedoch sind staatliche Kompetenzen betroffen.[428]

Der zweite Aspekt betrifft die Auswirkungen, die die Integration Spaniens in die Europäische Union auf den Fortgang des Autonomieprozesses, namentlich die Erweiterung des Kompetenzrahmens, hat.[429] Es bieten sich den Autonomen Gemeinschaften zwei Wege an, ihren Kompetenzrahmen zu erweitern:

Der erste Weg richtet sich an die Autonomien, die den "langsamen" Weg nach Art. 143 CE beschritten und deren Zuständigkeiten auf den Katalog des Art. 148 Abs.1 CE beschränkt ist. Ihnen wird mit Art. 148 Abs.2 CE die Möglichkeit eröffnet, durch eine Reform der Statuten ihre Kompetenzen bis zur in Art. 149 Abs.1 CE aufgezeigten Grenze auszuweiten. Zum zweiten eröffnet die Verfassung in Art. 150 Abs.1, Abs.2 CE die Techniken zur Ergänzung des gemeinschaftlichen Kompetenzumfanges, indem der Staat zur Übertragung von Legislativ- und Exekutivbefugnissen ermächtigt wird.

Beide Wege werden in dem Umfange eingeschränkt, in dem die Europäische Union bereits solche Befugnisse, legislativer und exekutiver Art, innehat, die von den Autonomien angestrebt werden können. Denn selbstverständlich ändert die innerstaatliche Umschichtung von Zuständigkeiten nichts an der Irreversibelität vorheriger Transferenzen an die Union

Weiter von großer Bedeutung ist der Umstand, daß sowohl die statuarische Reform nach Art. 147 Abs. 3 CE ohne die Billigung des staatlichen Parlaments ausgeschlossen, als auch die Übertragung von Zuständigkeiten nach Art. 150 Abs. 1 und Abs. 2 CE ohne einen entsprechenden Willen des Staates undenkbar ist. Wie vorhergehend aufgeführt, ist die Bereitschaft des Staates, die fortschreitende politische Dezentralisierung zuzulassen oder gar zu fördern, ausgesprochen begrenzt. Nicht zuletzt

---

In welchen Bereichen erfährt ihre Autonome Gemeinschaft augenblicklich die größten Kompetenzverluste?"
Da nicht von allen Gemeinschaften eine Antwort vorliegt und die Kompetenzniveaus untereinander divergieren, kann die Ausführung nur eine annähernde Auskunft geben.

428 dies geht aus der Beantwortung der Frage: "1.b. Welche Entwicklung erwarten sie diesbezüglich mit Inkrafttreten der Verträge von Maastricht?" hervor.

429 Vgl. zu dieser Problematik: P. Pérez Tremps, Comunidades Autónomas, estado... S 98 ff, insbes. 101 ff.

aus diesem Grunde ist bis heute jeder Versuch einer konzertierten Erweiterung und Harmonisierung des autonomen Kompetenzrahmens gescheitert. Da der Staat gegenüber der Europäischen Union als maßgeblicher Vertragspartner für die Erfüllung der nationalen Verpflichtungen verantwortlich ist, besteht begründete Befürchtung, daß dieser die statuarische Erweiterung auch in Zukunft restrektiv behandeln wird, mit dem Argument, daß er sich auf jenem Wege ansonsten seiner Kontrollmöglichkeiten entheben würde. Aus demselben Grund wird er die Transferenzen nach Art. 150 Abs. 1 und Abs. 2 CE anstreben, da er hier die "Modalitäten der parlamentarischen Kontrolle" festlegen kann und die Übertragungen jederzeit rückgängig zu machen sind.

Zusammenfassend ist festzuhalten, daß mit der europäischen Integration der bestehende autonome Kompetenzrahmen reduziert und die in der Verfassung vorgesehene Erweiterung derselben maßgeblich beschränkt wurde.

2. Unionsrecht und nationales Recht

a. Die innerstaatliche Geltung unionsrechtlicher Rechtsakte

Selbstverständlich gilt für Spanien, gleichermaßen wie für alle anderen Mitgliedsstaaten, die Regel der unmittelbaren Wirkung des Unionsrechtes im nationalen Rahmen. Obwohl die Unionsverträge nichts über die Art und Weise der Interpretation des europäischen Rechtes aussagen[430], ist jene Unmittelbarkeitswirkung vom Europäischen Gerichtshof seit dem Urteil "Van Gend en Loos" vom 05.02.1963[431] in ständiger Rechtssprechung bestätigt worden. Die spanische Doktrin schließt sich der hierzu aufgezeigten deutschen Doktrin mit der europarechtlichen Lösung an, derzufolge mit der einmaligen Anerkennung der Unionsverträge eine neue, originäre Rechtsordnung geschaffen wurde. Muñoz Machado vergleicht diesen Vorgang mit der Inkorporation der Autonomiestatuten, die mit ihrer Verabschiedung in den Verfassungsblock integriert werden.[432][433]

Das Verfahren zum Abschluß und zur Inkorporation internationaler Verträge - und ein solcher ist der Aufnahmevertrag Spaniens in die Europäische Union von 1985 - ist in Art. 93 ff. CE geregelt. In Art. 93 und 94 CE wird die grundlegende Ermächtigung zum Vertragsschluß ausgesprochen, sowie die je nach Inhalt des Vertrages unterschiedliche Beteiligung der Kammern. Art. 95 CE schließt die staatliche Verpflichtung zu einem Vertrag mit einem im Widerspruch zur Verfassung stehenden Inhalt dergestalt aus, daß in dessen Absatz 1 in einem solchen Falle der Verfassungswidrigkeit die vorherige Änderung der in Frage stehenden Verfassungsnorm gefordert wird. In Art. 95 Abs. 2 CE wird eigens hierzu die Möglichkeit geschaffen, daß das Verfassungsgericht, auf Antrag der Regierung oder eines der Parlamente, zu

---

430 vgl G. Federico Mancini, La incorporación...., S. 97

431 EuGHR 26/62, N.V. Algemene Transporten Expedite Onderneming van Gend & Loos / Niederländische Finanzverwaltung

432 vgl. S. Muñoz Machado, el estado... S. 120

433 vgl. 2.Kapitel, A.V.

der Verfassungskonformität befragt wird.[434] In der folgenden Vorschrift, Art. 96 Abs. 1 CE, schließlich wird das Schanier für die unmittelbare Wirksamkeit dieses internationalen Vertragswerkes gelegt, denn "die wirksam zustande gekommenen internationalen Verträge wurden mit ihrer öffentlichen Verkündigung in Spanien Teil der internen Rechtsordnung". Diese Bekanntmachung wird mittels einer Veröffentlichung im "Boletín Oficial del Estado" vollzogen. Die Unmittelbarkeitswirkung erfährt nicht nur das Primär- sondern auch das Sekundärrecht, vor allem die nach Art. 189 EGV erlassenen Rechtsakte. Adressaten des EU-Rechtes sind neben den Mitgliedsstaaten auch unmittelbar die Unionsbürger.[435]

b. Das Verhältnis von EU-Recht zur nationalen spanischen Rechtsordnung

Das Unionsrecht geht dem nationalen Recht in seiner Anwendbarkeit vor. Diese grundlegende Aussage wird in einer ständigen Rechtsprechung des EuGH seit seinem Urteil vom 15.07.1964 [436] bestätigt und folgendermaßen konkretisiert[437]: Die vorrangige Anwendbarkeit der Unionsnormen gegenüber widersprechenden nationalen Normen gehört zu den Obliegenheiten eines jeden nationalen Richters. Von der Vorrangigkeit des Europäischen Rechtes sind neben den formellen Gesetzen auch alle internen materiell rechtlichen Regelungen betroffen, die die Wirksamkeit des Unionsrechtes behindern könnten. Die Wirksamkeit dieses Rechtes kann auch nicht durch Verfassungsvorschriften ausgenommen oder von internen Verfassungsproblematiken in Frage gestellt werden. Während über dieses Ergebnis Einigkeit herrscht, ist die Begründung und Reichweite des Vorranges in der spanischen und europäischen Doktrin umstritten. Hierbei muß zwischen dem Verhältnis zu einfachen Gesetzen und dem zu den Verfassungsnormen unterschieden werden.

(1) Das Verhältnis zum "einfachen" Regelwerk

Ein großer Teil der Lehre geht von der grundlegenden, hierarchischen Höherwertigkeit des europäischen Rechtes aus. Diese könne trotz Fehlens einer eindeutigen Aussage der Verfassung aus deren Vorschrift Art. 96 Abs. 1 CE entnommen werden, derzufolge die Bestimmungen eines Vertrages

> nur in den jeweiligen Verträgen oder in Übereinstimmung mit den allgemeinen Vorschriften des internationalen Rechtes aufgehoben, geändert oder suspendiert werden können.

Aus dieser Resistenz gegenüber nationalen Gesetzen ergäbe sich die hierarchische Überordnung der internationalen Verträge [438]. Requejo Pages widerspricht dieser Auffassung mit der Begründung, daß die aufgezeigte Resistenz internationaler

---

434 vgl. J. L. Requejo Pages, Consideraciones... S. 49

435 vgl. inbes. I. Alonso García, La incidencia de la entrada..., S. 49 f.

436 EuGHR, Costa/Enel

437 vgl. zu dieser Zusammenfassung: S. Muños Machado, El estado... S. 149 ff.

438 vgl. m.w.N. A. Mangas Martín, Cuestiones de derecho international ... S. 178; J. A. Pastor Ridruejo Lecciones ... S. 208 f, der jedoch die Verfassung von der Überordnung des europäischen Rechtes ausschließt.

Verträge auf deren Eigenständigkeit als geschlossenes System beruhe, womit jedoch keine Aussage über die hierarchische Überordnung getroffen sei.[439] Er kommt zu oben aufgezeigtem Ergebnis vielmehr durch eine Unterscheidung zwischen der Gültigkeit und Anwendbarkeit gemeinschaftlicher und nationaler Normen.[440] Erstere verdanken ihre Gültigkeit allein den entsprechenden Verträgen, während ihre interne Anwendbarkeit auf der Inkorporation in die jeweilige Verfassung beruht. Zu dieser Übernahme der Verträge in das nationale Recht sind die Mitgliedstaaten wiederum aus dem Prinzip der "Pacta sunt servanda", sowie dessen Normierung in Art. 27 der Wiener Übereinkommens über das Recht der Verträge verpflichtet. Das Verhältnis internationaler Verträge, also vor allem auch des EU-Rechtes, zu den zuvor bestehenden nationalen Gesetzen, löse sich durch eine Änderung derer Gültigkeit. Denn diese nationalen Gesetze wurden gemäß Art. 94 Abs.1 e CE durch die Inkorporation des internationalen Rechtes im Sinne dessen Regelungen unmittelbar modifiziert, unter Verlust ihrer vorher gültigen Aussage.[441]

Gesetze jedoch, die nach der Inkorporierung internationaler Verträge erlassen werden, würden durch jene in ihrer Gültigkeit nicht betroffen. Eine mögliche Kollision führe hingegen zu der vorrangigen Anwendbarkeit der internationalen Regelung. Erscheint dies vom nationalen Blickwinkel aus unbefriedigend, werden die betroffenen Organe auf den Weg verwiesen, den die strittigen Verträge zu ihrer Revision vorsehen.[442]

Muños Machado, der mit Recht die Vorrangigkeit des internationalen bzw. europäischen Rechtes ebenfalls auf dessen Anwendbarkeit beschränkt sieht, weist auf dessen Bindung an die Kompetenzen hin. Überschreiten die europäischen Organe ihre Zuständigkeiten, so ist die Vorrangigkeit ihres Handelns ausgeschlossen. [443] Die Feststellung solcher Kompetenzanmaßungen obliegt allein dem Europäischen Gerichtshof. In Föderalstrukturen, dann also, wenn die Zuständigkeiten zwischen verschiedenen Ebenen aufgeteilt sind, können Kompetenzkollisionen weitestgehend nach dem Kriterium der jeweiligen Zuständigkeit gelöst werden, unter Zurückweisung dessen, der die seinige überschritten hat. Das System der Kompetenzverteilung der Europäischen Union ist, wegen der Definitionen der Kompetenzen nach dem Ziel und Zweck der jeweiligen Zuständigkeit, sowie der Zuteilung von Generalermächtigungen von der Art des Art. 235 EGV, jedoch so offen und unbestimmt, daß eine konkrete Zuordnung der Kompetenzen problematisch ist. Nicht zuletzt aus diesem Grunde muß das Prinzip der vorrangigen Anwendbarkeit des Unions-Rechts Kollisionen mit dem nationalen Recht lösen. Die Gültigkeit der nationalen Normen, soweit sie nach dem Unionsrecht erlassen wurden, darf, wie Requejo Pages zu Recht ausführte[444], hiervon nicht betroffen sein.

---

439 derselbe a.a.O., S. 62
440 derselbe, a.a.O, S. 56
441 vgl. derselbe, a.a.O. S. 57 f
442 vgl. derselbe, a.a.O., S. 61 ff
443 vgl. derselbe, a.a.O., S. 145
444 vgl. ders., a.a.O.

(2) Das Verhältnis zum Verfassungsrecht

Im Verhältnis des Verfassungsrechts zum Unionsrecht fällt zunächst eine Besonderheit der spanischen Verfassung ins Auge: In Art.10 Abs.2 CE heißt es nämlich, daß

> ...die Vorschriften, die sich auf die Grundrechte und die in der Verfassung anerkannten Freiheiten beziehen, in Übereinstimmung mit der allgemeinen Erklärung der Menschenrechte und der über dieselben Bereiche von Spanien ratifizierten internationalen Verträge und Vereinbarungen interpretiert [werden].[445]

Mit dieser Vorschrift wird allerdings nicht das europäische Recht hinsichtlich der Grundrechte und der genannten Freiheiten demjenigen der spanischen Verfassung übergeordnet. Die Vorschriften der Verfassung sind vielmehr unverändert alleinige Grundlage einer Verfassungsbeschwerde ("recurso de amparo"). Zu ihrer Auslegung müssen jedoch das Unionsrecht wie auch die anderen in Art.10 Abs.2 CE aufgeführten Verträge und Konventionen verbindlich herangezogen werden.[446]

Art.10 Abs.2 CE darf nicht zu der Annahme verleiten, daß das europäische Recht vorrangig "gültig" ist. Zwar wird es nach Art.96 Abs.1 CE in die innere Gesetzesordnung eingegliedert, doch erlangt es in diesem Verfahren keinen Verfassungsrang[447]. So erklärte sich das Verfassungsgericht in einem Urteil vom 22.3.1991 konsequenterweise für unzuständig, über die Vereinbarkeit des Handelns nationaler Organe mit dem europäischen Recht zu richten. Dies sei vielmehr eine rein "außerverfassungsrechtliche" Angelegenheit ("una cuestión de carácter infraconstitutional").[448]

Ausdruck der vorrangigen Gültigkeit, bzw. hierarchischen Überordnung, der spanischen Verfassung, ist nach der Erklärung des Verfassungsgerichtes das in Art.95 CE vorgesehene Verfahren mit dem Erfordernis einer Verfassungsänderung, soweit ein internationaler Vertrag widersprechenden Inhaltes ist. Andernfalls ist die Eingliederung nach Art.96 CE ausgeschlossen.[449]

---

445 An diese Vorschrift knüpft das einzige Urteil des Verfassungsgerichtes an, das bislang über das Verhältnis des europäischen zum nationalen Recht ergangen ist. Hier handelte es sich jedoch nicht um Gemeinschaftsrecht, sondern um die Europäische Menschenrechtskonvention. So entfalte ein Urteil der Straßbuger Gerichtsbarkeit zwar keine unmittelbare Wirkung, binde jedoch die nationalen Institutionen an die Entscheidung: STC 245/91 vom 16.12.91. Mit einer verwandten Problematik beschäftigt sich die Deklaration des Verfassungsgerichtes vom 1.7.1992, BJC Nr.1365 Juli 1992. Sie betrifft jedoch nicht etwa die Kollision zwischen geltendem Gemeinschaftsrecht mit der Verfassung, sondern nur diejenige einer beschlossenen Vertragsänderung mit dem Verfassungstext. Die Kollision wird mit einer Verfassungsänderung des Art.13 Abs.2 CE bezüglich des passiven Wahlrechtes von Unionsbürgern verhindert.

446 vgl. STC 64/1991, vom 22.3.1991, FJ 2 und 4

447 vgl. STC 18/1991 vom 14.2.1991, FJ 4; vgl. hierzu auch A.López Castillo, J.Polakiewicz, Verfassung und Gemeinschaftsrecht in Spanien, S.283

448 STC 64/1992 vom 22.3.1992, FJ 1

449 vgl. die Erklärung des Verfassungsgerichtes vom 1.7.1992, a.a.O., in der es konkret heißt:"Auf diese Weise (mittels Art.95 Abs.1 CE; Anm.d.Verf.) sucht die Verfassung, durch das in Titel X der Verfassung vorgesehene Verfahren, ihren Vorrang zu gewährleisten,...", FJ 1. Die Ermächtigung zur Erstellung einer solchen "Erklärung"

Dennoch ist der im Verhältnis zum einfachen Gesetzesrecht beschriebene Grundsatz der vorrangigen Anwendbarkeit auch im Hinblick auf die Verfassung heranzuziehen.[450]

Gleichermaßen wie im deutschen Verfassungsrecht, stellt sich hieraus in Spanien die Frage nach der Grenze der vorrangigen Anwendbarkeit des Unionsrechtes in Anbetracht eines fehlenden Grundrechtskataloges und des möglichen Verstoßes gegen die national anerkannten und geschützten Fundamentalrechte. Im Unterschied zu ersterem fehlt in Spanien jegliche Stellungnahme des Verfassungsgerichts zu aufgezeigtem Problem. Die Lehre lehnt sich weitestgehend an die im Solange - I - Beschluß geäußerten Vorbehalte des Bundesverfassungsgerichtes an und sieht das Vorrangprinzip in dem Augenblick als ausgeschlossen, wenn aus den gemeinschaftlichen Rechtsordnungen direkte Verstöße gegen grundlegende Verfassungsprinzipien oder die Grundrechte ersichtlich sind [451]. Die Zurückhaltung, die sich das Bundesverfassungsgericht im Solange-II-Urteil unter Anerkennung des in der europäischen Rechtsprechung erkannten Grundrechtsschutzes auferlegt hat, wurde in Spanien (noch?) nicht aufgenommen.

Das aufgezeigte Problem offenbart die Koordinaten, innerhalb derer die Frage nach dem Verhältnis der Rechtsordnungen plaziert werden muß. Mit Ratifizierung der Verträge wurde eine autonome europäische Rechtsordnung geschaffen, deren vertraglich vereinbarte Ziele eine vorrangige Anwendbarkeit ihrer Rechtsetzungsakte erfordert. Souverän dieser Rechtsordnung bleiben jedoch die "Mitgliedsvölker", die als "Herren der Verträge" ihren Willen kraft der von ihnen erlassenen Verfassungen äußern und einbringen. Die nationalen Verfassungen sind folglich noch immer die Grundlage zur Ermächtigung europäischen Handelns im Einklang mit der Souveränität der Völker. Diese Funktion verbietet eine hierarchische Überordnung des europäischen Rechtes zu den nationalen Verfassungen.

In der europäischen "Rechtsprechungspraxis"kann es jedoch zu erheblichen Unsicherheiten führen, wenn das Unionsrecht Gegenstand einer ständig eingeforderten Jurisdiktion der verschiedenen mitgliedstaatlichen Verfassungsgerichte wird. Darum sollte der Solange-II-Beschluß des Bundesverfassungsgerichtes auch den anderen Verfassungsgerichten der Mitgliedstaaten die Richtung weisen und deren "judicial self-restraint" anregen. Daß hierdurch eine grundsätzliche Überprüfung der Vereinbarkeit europäischen Unionsrechtes mit dem nationalen Verfassungsrecht nicht vermieden werden soll, zeigt die Ausführlichkeit des neuen "Maastricht-Urteils"[452], in dem die Gewährleistung des Demokratieprinzips, wie auch anderer Verfassungsprinzipien, im Mittelpunkt stehen.

("declaración") wird dem Verfassungsgericht nach einem von der Regierung gestellten Antrag aus Art.95 Abs.2 CE verliehen. Das Gericht stellte in eben jener Erklärung, die die erste dieser Art ist, fest, daß ihr eine uneingeschränkte materielle Rechtskraft zukommt. Die Erklärung ist folglich eine verbindliche, präventive Normenkontrolle (FJ 1). vgl. zu einer Besprechung dieser Erklärung:A.López Castillo, J.Polakiewicz, a.a.O., S.277ff. Die Erklärung ist auf S.286ff in deutscher Übersetzung abgedruckt.

450 Vgl. J. L. Requejo Pages, a.a.O., S.54

451 vgl. m.w.N. S.Muños Machado, a.a.O., S.166, 210 ff., insb. 217 ff

452 vgl. BVerfGE vom 12.10.1993

3. Die Zuständigkeit für die Wahrnehmung auswärtiger Angelegenheiten

Nach Art. 149 Abs. 1 Nr. 3 CE fallen die "internationalen Beziehungen" (relaciones internacionales) in den Bereich ausschließlicher Kompetenzen des Staates. Mit der Bestimmung einer staatlichen Kompetenz durch die vage Umschreibung "internationaler Beziehungen" werden jedoch viele Fragen offengelassen. Die mögliche Bandbreite einer solchen Zuständigkeit umfaßt primär die in Art. 63 CE genannten klassischen Akte internationaler Beziehungen. In dieser Vorschrift sind der diplomatische Dienst (Art. 63 Abs. 1 CE), die Übernahme internationaler Verpflichtungen durch Verträge (Art. 63 Abs. 2 CE) und die Kriegserklärung sowie Friedensschluß (Art. 63 Abs. 3 CE) der repräsentativen Mitwirkung des Königs überantwortet. In der Verfassung nicht erwähnt sind aber nicht-vertragliche Abkommen, informelle Kontakte und der bedeutende Komplex der Ausführung internationaler Vereinbarungen. So bleibt zu prüfen, welche der genannten Bereiche in die staatliche Kompetenz für "internationale Beziehungen" fallen und wie eng deren "Ausschließlichkeit" zu fassen ist.

a. Die ausschließliche Kompetenz des Staates nach Art. 149 Abs.1 Nr.3 CE

Nach einhelliger Ansicht bilden die in Art. 63 CE genannten Tätigkeiten den Mindestgehalt der staatlichen Zuständigkeiten. Eine herausragende Stellung nimmt hier das "ius tractatum" oder "treaty-making-power" ein. Die Selbstverständlichkeit einer Zuordnung dieser Akte in die staatliche Kompetenz basiert in der hier unverzichtbaren Notwendigkeit einheitlich staatlichen Handelns. Diese klare Zuordnung in die alleinige staatliche Zuständigkeit der internationalen Vertragsschließung wird in der Verfassung dadurch zum Ausdruck gebracht, daß den "internationalen Verträgen" in Art. 93 ff CE ein eigener Abschnitt gewidmet ist, der als Teil des dritten Titels in den Regelungsbereich über das Parlament fällt. In seiner Vertragsschlußkompetenz ist der Staat nicht auf eigene Kompetenzen und Materien beschränkt, sondern kann in alleiniger Entscheidung gleichfalls über den Kompetenzrahmen der Gemeinschaften im Rahmen internationaler Beziehungen verfügen. Ruiz Robledo spricht in diesem Zusammenhang von der Möglichkeit des Staates, aus Art. 149 Abs.1 Nr.3 CE materiell unbeschränkt Recht zu schöpfen.[453]

Nicht zuletzt in Anbetracht der verfassungsrechtlichen Verankerung des Autonomieprinzips stellt sich die Frage, ob den Autonomen Gemeinschaften nicht zumindest das Recht zusteht, nicht-vertragliche Vereinbarungen und informelle Kontakte in solchen Bereichen zu schließen, die innerstaatlich in ihre Kompetenzen fallen. Zumindest das Recht, verbindliche Vereinbarungen zu treffen (ius contrahendi), wird von der mehrheitlichen Doktrin und der neuen Verfassungsrechtsprechung abgelehnt[454]. Dieser Ansicht liegt das sog. "Prinzip der Territorialität" zugrunde. So hät-

---

[453] vgl. A.Ruiz Robledo, der dies als den Vorbehalt einer "Rechtsquelle" bezeichnet ("[...] Art. 149 Abs. 1 Nr. 3 CE [...] reserva [...] a los organos centrales del estado una fuente del derecho." Relaciones internacionales..., S.2, Spalte 1

[454] vgl. A.Ruiz Robledo, a.a.O., S.2, Spalte 2; STC 137/1989

ten alle Zuständigkeiten der Autonomien ihre absolute Beschränkung auf das entsprechende Territorium gemeinsam. Dieser Territorialität der gemeinschaftlichen Aktivitäten könne ein Ausschluß jeder internationalen Betätigung, zumindest jener mit verpflichtendem Charakter, entnommen werden.[455]

In dem maßgeblichen Urteil des Verfassungsgerichtes 137/1989 wurde der Junta von Galizien vorgeworfen, in die ausschließliche Kompetenz des Staates eingegriffen zu haben. Anlaß zu diesem Verfahren gab ein "Communiqué zur Zusammenarbeit" (Comunicado de colaboración) zwischen der Junta Galiziens und dem dänischen Umweltministerium. In jenem wurde eine künftige Zusammenarbeit in Angelegenheiten des Umweltschutzes und die Kontrahierung der Junta mit dänischen Firmen zur Klärung von fünf Galizischen Flüssen vorbereitet. Die entscheidende Frage für das Gericht war, ob dieses "Communiqué" einen verbindlichen Charakter hat. In der Bejahung dessen betonte das Gericht die ausschließliche Zuständigkeit des Staates für Kontakte des "ius contrahendi". So sei entscheidend, daß

> ...die Kompetenzverteilung des Art. 149 Abs. 1 Nr. 3 CE sehr wohl jede Form des ius contrahendi der autonomen Einheiten schon in seiner Wurzel ausschließt.

Der Verfassungsgeber habe vielmehr "...ausschließlich den staatlichen Organen die Gesamtheit der Zuständigkeiten im Bereich der internationalen Beziehungen vorbehalten".[456]

Pomed Sánchez faßt den Ausschluß der Autonomen Gemeinschaften von der Vertragsschließungskompetenz in internationalen Angelegenheiten zutreffenderweise wie folgt zusammen:

> So können wir festhalten, daß die Verfassung die Außenwirkungen der Kompetenzen der Autonomen Gemeinschften immer dann ausschließt, wenn besagte Außenwirkung durch internationale Verträge die Übernahme rechtlicher Verpflichtungen mit sich bringt, die sofort einforderbar sind, oder wenn sie das Normensystem der Autonomen Gemeinschaft beeinflußt.[457]

Dieser Rechtsprechung und Doktrin kann aber e contrario entnommen werden, daß solche Kontakte und Austausche der Autonomien mit exterritorialen Institutionen nicht gegen die staatliche Kompetenz aus Art. 149 Abs. 1 Nr. 3 CE verstoßen, die keinen verbindlichen Charakter haben und sich auf die Zuständigkeitsbereiche derselben beschränken.

b. Beteiligung der Autonomen Gemeinschaften bei der staatlichen Verhandlung internationaler Verträge

Angesichts der Weite staatlicher Zuständigkeiten aus Art. 149 Abs.1 Nr.3 CE strebten die Autonomien bereits zum Zeitpunkt ihrer Konstituierung eine möglichst enge Teilnahme an der Ausarbeitung internationaler Vereinbarungen an. Infolgedessen sahen die Statutenntwürfe der Basken, Andalusiens, der Kanarischen Inseln, Asturiens und Murcias eine Anhörungspflicht der Gemeinschaften vor, wenn der Staat

---

455 vgl. L.A.Pomed Sánchez, La proyección exterior .... S. 234 f.

456 vgl. STC 137/1989, FJ 5, diesem Mehrheitsvotum von acht Richtern stand ein Minderheitsvotum von vier Richtern entgegen

457 vgl. derselbe, a.a.O., S.233

Verträge verhandelt, die das grundlegende Interesse der Autonomen Gemeinschaften in Bereichen ihrer besonderen Belange oder ausschließlichen Zuständigkeiten betreffen[458]. Diese Projektierungen fanden jedoch nicht die notwendige Zustimmung im Parlament.

Geblieben ist das in vielen Statutenn aufgenommene Recht auf Information in solchen Angelegenheiten, die das Interesse der Gemeinschaften tangieren[459]. Die Autonomien können daraufhin ihre Ansichten einbringen, ohne daß diese irgendeine Bindungswirkung entfalten[460]. In der Praxis sind konsultative Versammlungen zwischen Regierung und Gemeinschaften üblich, wie dies aus einer Antwort der Regierung auf eine entsprechende Frage eines Abgeordneten anschaulich wird:

> .... das Sekretariat des Staates für Verbindungen zur Europäischen Gemeinschaft hat seit Dezember 1982 insgesamt 316 Versammlungen veranstaltet mit Vertretern der verschiedenen Autonomen Gemeinschaften, mit dem Ziel, sie über den Fortgang der Verhandlungen in den verschiedenen Sektoren zu informieren und diesbezügliche Vorschläge aufzunehmen [...]. In dem Maße, in dem diese mit der allgemeinen politischen Orientierung des Staates vereinbar erscheinen, kann nur der Staat die Vorschläge in Betracht ziehen und so meinte er, es im konkreten Falle der Verhandlungen zum Aufnahmevertrag gemacht zu haben.[461]

Über das Informationsrecht hinaus sehen viele Statuten die Möglichkeit vor, solche Verträge des Staates zu initiieren, die sich auf das besondere Interesse der Gemeinschaft beziehen.[462]

Insofern wird die monopolistische Transmitterfunktion des Staates für internationale Beziehungen in den Statutenn bestätigt. Die geringfügige Beteiligung der Autonomien an den Verhandlungen des Staates bei Betroffenheit ihres Interesses bedarf zu ihrer Begründung nicht der statuarischen Regelungen, da wenigstens ein Informationsrecht und auch das Recht, initiierende Anträge zu stellen, aus den Prinzipien der Solidarität und Koordination den Gemeinschaften zuzuerkennen sind.[463]

c. Kontrolle internationaler Vertragsschlüsse durch die nationale Verfassungsgerichtsbarkeit auf Antrag der Autonomen Gemeinschaften

Da die Autonomien auf die eigentlichen Vertragsschlüsse kaum Einfluß nehmen können, obwohl ihre Interessen häufig maßgeblich tangiert sind, ist für sie die Frage nach einer möglichen gerichtlichen Kontrolle jener Verträge von großer Bedeutung. Die Überprüfung der Verfassungsmäßigkeit kann im Voraus oder nach Inkrafttreten

---

[458] vgl. J.M.Peláez Morón, la participación de las Comunidades Autónomas... S. 73; vgl nur die Projektentwürfe des baskischen Statutens, Art. 20 Abs. 5, des andalusischen Statutens, Art. 21 Abs. 1 und des Entwurfes der Kanarischen Inseln, Art. 32 Abs. 1

[459] vgl. Art. 20 Abs. 3 des baskischen Statutens, Art. 27 Abs. 5 des katalanischen Statutens, Art. 23 Abs. 1 des andalusischen Statutens etc.

[460] Als einzige Autonome Gemeinschaft behalten sich die Kanarischen Inseln dieses Recht, nach Erhalt der Informationen ihre Ansicht zu verlautbaren, ausdrücklich in Art. 37 ihres Statutens vor.

[461] zitiert bei A.Ruiz Robledo, a.a.O., S.3, Spalte 2

[462] z.B. Art. 72 Abs. 5 des andalusischen Statutens, vgl. J.N.Peláez Morón, a.a.O., S.72

[463] vgl. auch A.Ruiz Robledo a.a.O., S.3

der Verträge erfolgen.[464]

Art. 95 Abs.2 CE eröffnet explizit die verfassungsrechtliche Überprüfbarkeit der nach Art. 93 ff CE zustande gekommenen internationalen Verträge. Das betreffende Antragsrecht wird jedoch allein den beiden Kammern oder der Regierung eröffnet. Dieser Ausschluß der Autonomien wird durch die konkretisierende Regelung des Art. 78 LOTC, das Organgesetz zur Verfassungsgerichtsbarkeit, bestätigt.

Ein solches Antragsrecht eröffnet sich den Gemeinschaften aber über Art. 161 Abs.1 d CE i.V.m. Art.79 Abs.2 LOTC. Art.161 Abs.1 d CE begründet die Verfassungsgerichtsbarkeit in allen dem Gericht "der Verfassung oder den Organgesetzen nach obliegenden Bereichen". Art. 79 Abs.2 LOTC eröffnet die präventive Überprüfung der Verfassungsmäßigkeit von Organgesetzen. Art. 93 CE wiederum sieht die Autorisation der internationalen Verträge durch eben solche Organgesetze vor. Art.79 Abs.2 LOTC verweist bezüglich des Antragsrechtes auf die allgemeinen Vorschriften dieses Gesetzes, so daß Art. 32 Abs.2 LOTC heranzuziehen ist, wonach die Organe der Gemeinschaften zur Beantragung eines solchen Verfahrens legitimiert sind.

Art. 31 LOTC sieht das Normenkontrollverfahren a posteriori vor, demzufolge Normen ab Bekanntmachung verfassungsrechtlich überprüft werden können. Die Antragsberechtigung für ein solches Verfahren ist in Art. 32 LOTC geregelt. In dessen Abs. 1 sind internationale Verträge als mögliche Verfahrensgegenstände genannt, nicht aber die Autonomen Gemeinschaften als antragsberechtigt. Diese sind in Abs. 2 eigens aufgeführt, ohne daß hier jedoch die internationalen Verträge miteinbezogen sind. Streng genommen ist nach dem Gesetzestext die Beantragung eines Verfahrens zur Überprüfung der Verfassungsmäßigkeit von internationalen Verträgen durch eine der Autonomien mit deren Inkrafttreten ausgeschlossen. Diese Wertung wurde vom Verfassungsgericht in seinem Urteil 25/81 bestätigt. Ein Teil der Doktrin kritisiert diese Rechtsprechung zu Recht mit der Begründung, daß bereits in vielen Statutenn ein entsprechendes Verfahren vorgesehen und durch die Annahme im Parlament bestätigt ist[465]. Die Verfassungsrechtsprechung ist auch angesichts folgender Ungereimtheiten abzulehnen: Warum wird den Gemeinschaften eine präventive Normenkontrolle, die regelmäßig strengeren Anforderungen unterliegt, eröffnet, während sie von der Überprüfung der inkraftgetretenen Verträge ausgeschlossen sein sollen?

d. Die Zuständigkeiten für die innerstaatliche Ausführung internationaler Verträge

Neben der Transferenz von Kompetenzen erlangen die internationalen Verträge in der sog. "deszendierenden Phase" große Wirkung, dann also, wenn die in den Verträgen begründeten Verpflichtungen innerstaatlich umgesetzt werden müssen. Hier stellt sich erneut die Frage nach der Kompetenz zu einer solchen Umsetzung. Die Bestimmung zur Erfüllung der vertraglichen Verpflichtungen wird in der Verfassung allein in Art. 93 Abs.2 CE erwähnt, wonach die Garantie der Erfüllung internationa-

---

464 vgl. zum Folgenden J.M.Peláez Morón, a.a.O., S. 78 ff.

465 vgl. J.M.Peláez Morón, a.a.O., S. 82, unter Verweis auf das andalusische Statut, Art. 45 Abs. 2

ler Verträge dem Staat obliegt. Nach allgemeiner Ansicht kann hieraus jedoch keine Folgerung für die Zuständigkeitsverteilung zu dieser Erfüllung entnommen werden.[466] Zu diesem Problem haben sich im wesentlichen drei Meinungen herauskristallisiert:

Eine Ansicht legt den Artikel 149 Abs.1 Nr.3 CE sehr weit aus und sieht von dem dort begründeten Alleinvertretungsanspruch in auswärtigen Angelegenheiten auch die Kompetenz zur innerstaatlichen Umsetzung der Verpflichtungen mitumfaßt.[467] Dem wird von der verbleibenden Doktrin zu Recht ein Verstoß gegen das verfassungsrechtliche Autonomieprinzip nach Art. 2 CE vorgeworfen. [468]

Eine weitere Ansicht macht die Zuständigkeit der Gemeinschaften von einer diesbezüglichen Regelung in ihren Autonomiestatutenn abhängig.[469] Mangels einer Nennung im Katalog von Art. 148 Abs. 1 CE hat dies zur Folge, daß lediglich die "vollen" Autonomien jene Erfüllungszuständigkeit beanspruchen können. Um diesen Schwierigkeiten zu begegnen, möchte diese, wie auch die erste Ansicht, Abhilfe durch die mögliche Überweisung der Kompetenz zur innerstaatlichen Umsetzung gemäß Art. 150 Abs. 2 CE schaffen.

Überzeugender ist die dritte Ansicht, derzufolge die innerstaatliche Umsetzung der Verpflichtungen, unabhängig von deren Erwähnung in einigen Statutenn, nach dem allgemeinen System der Zuständigkeiten vorzunehmen ist. Entscheidend ist also, ob von der Umsetzung eine staatliche oder autonome Materie betroffen ist[470]. Diese Lösung wird vom Verfassungsgericht in seinem Urteil 153/1989[471] bestätigt.

4. Art. 93 CE als Grundlage der Integration

Obwohl Spanien schon in der verfassungsgebenden Phase eine Mitgliedschaft in der Europäischen Gemeinschaft anstrebte, ist Art. 93 CE die einzige Vorschrift zu dieser Integration des Staates. Hierzu entscheidend ist der erste Satz des Art. 93 CE:

> Durch Organgesetz kann der Abschluß von Verträgen autorisiert werden, durch die einer internationalen Organisation oder Institution die Ausübung aus der Verfassung abgeleiteter Kompetenzen übertragen wird.

Auf der Grundlage dieser Norm wurden drei "Integrationsgesetze" erlassen, am 02.08.1985 das Organgesetz 10/85 zur Autorisation des Aufnahmevertrages, am 26.11.1986 das Organgesetz 4/86 zur Bewilligung der Einheitlichen Europäischen Akte und am 28.12.1992 das Organgesetz 10/92 zur Autorisation der Ratifikation des Maastrichter Vertragswerkes.

---

466 vgl. nur J.M.Peláez Morón, a. a. O., Seite 87

467 vgl. die Darstellung bei P.Pérez Tremps, a.a.O., S. 67 mit entsprechenden Nachweisen

468 vgl. nur derselbe, a.a.O.

469 vgl. die Darstellung bei derselbe, a.a.O., S. 70 f

470 vgl. A.Ruiz Robledo, a.a.O., S. 3 Spalte 1 f.; J.M.Peláez Morón, a.a.O., S. 90 ff.; P.Pérez Tremps, a.a.O., S. 72

471 STC 153/1989

Art. 93 Abs.1 CE bildet über eine einfache Verfahrensregel hinaus[472] die verfassungsrechtliche Grundlage für die Ermächtigung des Staates, sich in die Europäische Union zu integrieren. Voraussetzung hierzu ist die in Art. 93 Abs.1 CE eröffnete Übertragung nationaler Kompetenzen auf die gemeinschaftlichen Institutionen. Nach allgemeiner Ansicht umfaßt diese Ermächtigung eine Zuteilung sowohl legislativer, wie auch exekutiver und judikativer Kompetenzen, gleichgültig, ob sie nach der innerstaatlichen Rechtsordnung dem Staat oder den Autonomen Gemeinschaften zustehen. Wichtig ist allein deren ausreichende Konkretisierung.[473]

Art.93 1 CE bewirkt in einem eigenständigen Verfahren eine Modifikation der Verfassung, die sich im Augenblick der Kompetenzübertragungen realisiert[474]. Art. 20 Abs. 3 des baskischen Statutens regelt explizit einen an sich schon aus dem Autonomieprinzip entspringenden Grundsatz, wonach

> kein Vertrag oder Abkommen [...] die Verteilung der Kompetenzen des Baskenlandes beeinflussen [kann], es sei denn durch das Verfahren des Art. 152 Abs.2 der Verfassung.

Dieses Verfahren zur Reform der Statuten wiederum erfordert ein bestätigendes Referendum der betreffenden Gemeinschaft. Art.20 Abs.3 dieses Statutens fügt jedoch hinzu: "Ausgenommen des in Art.93 der Verfassung Bestimmten". In dieser Regelung des baskischen Statutens wird die Reichweite des Verfahrens nach Art. 93 Abs.1 CE unterstrichen, da durch dieses neben der Verfassung auch die Bestimmungen der autonomen Statuten unmittelbar geändert werden können[475]. Werden nämlich solche Kompetenzen durch den Staat an die Europäische Union übertragen, die die Autonomien durch die Ermächtigung der Art.148, 149 CE oder einer Transferenz nach Art.150 Abs.1, Abs.2 CE erlangt hatten, gehen diese jenen ohne weitere Zwischenakte verloren. Insofern wird in diesem Integrationsverfahren Art.95 CE umgangen, wonach der Abschluß eines Vertrages, der verfassungswidrige Abmachungen enthält, der vorherigen Verfassungsänderung bedarf, da die Übertragung der Kompetenzen die geforderten Verfassungsänderungen direkt bewirkt. Entsprechendes geschieht mit dem ordentlichen Verfahren zur Verfassungsreform nach Art. 167 und 168 CE, das zur Änderung nach Art. 93 CE nicht erforderlich ist, sowie hinsichtlich der bereits erwähnten Reform der Autonomiestatuten nach Art. 152 Abs.2 CE[476].

Das beschriebene Verfahren erwirkt die Öffnung der eigenen zugunsten der europäischen Rechtsordnung, ein Mechanismus, der in der deutschen Doktrin als "offene Staatlichkeit" bezeichnet und von der spanischen Lehre als "autoruptura"[477] be-

---

472 auf eine solche scheint das Verfassungsgericht den Art. 93 Abs.1 CE zu beschränken, wenn es diese Norm als "organisch - verfahrenstechnisch ("orgánico-procedimental") bezeichnet, vgl. STC 28/1991, FJ 4 und Deklaration vom 01.07.1992, BJC Nr. 1365 Juli 1992, FJ4 Seite 12, hier kommt das Gericht jedoch im weiteren auf die funktionelle Bedeutung der Vorschrift als Integrationsgrundlage zurück

473 vgl. m.w.N.: M.Herrero de Miñon, Constitiución española ..., S. 11

474 vgl. m.w.N. P.Pérez Tremps, el concepto..., S. 123

475 vgl. E.García de Enterría, la participación...., S.

476 vgl. E.García de Enterría, a.a.O.

477 wörtlich übersetzt: "Selbstbruch". Diese Theorie der "offenen Staatlichkeit" ist heute in Spanien allgemein anerkannt, vgl. P. Pérez Tremps, a.a.O., S. 120; E. Alonso Garcia, La incidencia, S. 355 ff

schrieben wird. Dieses Prinzip der "offenen Staatlichkeit" steht wegen der oben beschriebenen Konsequenzen für die Autonomen Gemeinschaften in einem Spannungsverhältnis zu dem in Art. 2 und 143 CE manifestierten Autonomieprinzip, sowie dem Grundsatz der Volkssouveränität gem. Art.1 Abs.2 CE [478]. Vor diesem Hintergrund muß die Frage betrachtet werden, was von der in Art.93 Ab.1 CE als "Übertragung der Ausübung von aus der Verfassung abgeleiteten Kompetenzen" bezeichneten Transferenz umfaßt wird ("... que se atribuya [...] el ejercicio de competencias derivadas de la constitución"). Gegenstand dieser Diskussion ist die Bestimmung der Rechtsnatur des Übertragungsaktes sowie dessen Inhaltes, namentlich ob es sich lediglich um die "Kompetenz an sich" handelt, oder auch um das dazugehörige Hoheitsrecht (titularidad).

García de Enterría sieht in der Regelung des Art. 24 Abs.1 GG das Modell für die spanische Normierung nach Art.93 CE und infolgedessen das die Kompetenz begründende Hoheitsrecht als Gegenstand einer irreversiblen Übertragung[479].

Die Gegenansicht lehnt die Betroffenheit des eigentlichen Hoheitsrechtes ab[480 481]. Dies wird vor allem mit der Formulierung des Art. 93 CE begründet. Obwohl die Verfassungsgeber das Streben nach Integration in die Europäische Gemeinschaft sowie die jeweiligen Regelungen der anderen Verfassungen kannten, haben sie sich für die Formulierung des Art. 93 Abs.1 CE entschieden und ausdrücklich nur die "Ausübung der Kompetenzen" als Gegenstand der Übertragung genannt. Mit dieser Konstruktion sei eine eigene, spanische Technik zur Integration geschaffen worden. Die Europäische Gemeinschaft erlange eine allenfalls "zweitrangige Hoheitsgewalt" ("titularidad secundaria"), während die eigentliche Hoheitsgewalt beim Staat verbleibe. Damit soll u.a. vermieden werden, daß jene in die Disposition der Europäischen Institutionen gegeben und von dieser theoretisch an Dritte weiterübertragen werden könnten[482].

Die Konstruktion einer zweitrangigen Hoheitsgewalt, bzw. Trägerschaft der Kompetenzen,[483] ist schwer nachvollziehbar, da nur eine Institution die Ursprünglichkeit einer Kompetenz begründen kann. Doch entspricht diese Lehre in den ausschlaggebenden Konsequenzen, die aus ihrer Konstruktion gezogen werden, praktisch vollständig den Vorgaben der ersten Ansicht, die zu der Annahme einer Übertragung der Hoheitsgewalt geführt haben: Beide Ansichten betonen den Charakter der Irreversiblität und zeitlichen Unbeschränktheit der zitierten Kompetenzen. Weiter sehen beide Meinungen in der Kündigung sämtlicher Verträge und den hiermit verbundenen vollständigen Austritt aus der Union den einzigen Weg zur Rückerlangung dieser abgegebenen Kompetenzen. Schließlich wird hiermit einheitlich die Ur-

---

478 vgl. M.Herrero de Miñon, a.a.O., S. 10; E. García de Enterría, a.a.O., S. 4

479 vgl. derselbe, a.a.O., S. 9 f

480 vgl. m.w.N. P.Pérez Tremps, a.a.O., S. 114 ff, M.Herrero de Minon, a.a.O., S. 9 f

481 Dieser Ausschluß einer Übertragung des Hoheitsrechtes wird vom Verfassungsgericht in seiner Deklaration vom 01.07.1992 bestätigt, vgl. a.a.O., FJ 4, Seite 12 f

482 vgl. P.Pérez Tremps, a.a.O., S. 114 ff, 119

483 in der spanischen Jurisprudenz wird nebeneinander von den "derechos soberanos" , Souveränitätsrechten, und der "titularidad", der Trägerschaft, gesprochen

sprünglichkeit, Eigenständigkeit und unmittelbare Anwendbarkeit der neugeschaffenen europäischen Rechtsordnung anerkannt[484]. Diese Folgerungen entsprechen der Charakterisierung, mit der der Europäische Gerichtshof in ständiger Rechtsprechung die Europäische Rechtsordnung umreißt, wobei dieser jedoch ausdrücklich eine Übertragung der entsprechenden Hoheitsgewalten als gegeben ansieht. [485].

Abschließend sei bemerkt, daß das Verfassungsgericht zuletzt in seiner Deklaration vom 01.07.1992 die Unrechtmäßigkeit betont hat, das Verfahren nach Art. 93 CE zu einer "impliziten oder faktischen Verfassungsreform"[486] zu nutzen, insbesondere hiermit die innerstaatliche Kompetenzenverteilung ohne einen entsprechenden Konsens zu reformieren.

5. Die Grenze der staatlichen Ermächtigung aus Art.93 CE

Die Frage nach einer Grenze der staatlichen Befugnis aus Art. 93 CE zur Übertragung auch autonomer Kompetenzen an internationale Organisationen wird in der spanischen Doktrin kaum behandelt. Dennoch muß auch hier, gleichermaßen wie im deutschen Bundesstaat, die denkbare Weite des in seiner Formulierung unbegrenzten Art. 93 CE gesehen werden, soweit durch die scheinbar mögliche Übertragung sämtlicher autonomer Kompetenzen die Struktur des Autonomiestaates revidiert werden könnte. Ein solches Ergebnis wird nach dem GG durch den in Art. 79 Abs.3 GG gesicherten Kernbestand des Bundesstaates ausgeschlossen. Wenngleich weniger deutlich, kommt dem Art. 168 CE eine ähnliche Funktion wie Art. 79 Abs.3 GG zu, als hier besondere Verfassungwerte vor dem Eingriff des Gesetzgebers geschützt werden sollen. Dies geschieht in Art. 168 CE durch besonders hohe Anforderungen an eine Reform diverser Kapitel, unter die das in Art.2 CE begründete Recht auf Autonomie fällt [487]. Dieser besondere Schutz des Autonomieprinzips bringt, wie auch dessen Nennung im grundlegenden Vortitel der Verfassung, die fundamentale Bedeutung der territorialen Autonomie zum Ausdruck, die ihr vom Verfassungsgeber beigemessen wurde. Da das Prinzip der offenen Staatlichkeit aus Art. 93 CE keinen dem Art.2 CE vergleichbaren Schutz erfährt, kann in deren Wertigkeit eine gewisse Stufung gesehen werden. Diese erlaubt es, den Art.93 CE der immanentenBegrenzung durch das Autonomieprinzip gem. Art. 2 CE zu unterwerfen. Wann nun dieses Autonomieprinzip in seinem Kernberührt wird, ist, ähnlich wie in der deutschen Problematik, im Einzelfall an Hand von quantitativen und qualitativen Faktoren zu bestimmen.

---

484 hinsichtlich der von E. García de Enterría vertretenen Ansicht ergeben sich diese Folgerungen schon aus der Bejahung abgetretener Hoheitsrechte, vgl. auch ders., a.a.O.; ansonsten vgl. P.Pérez Tremps, a.a.O., S.118 ff; M.Herrero de Miñon, a.a.O., S. 14 f.

485 ab EuGHR vom 15.07.1964, Costa/Enel

486 vgl. Deklaration vom 1.7.1992, FJ 4, S. 13

487 Das in Art. 168 CE etablierte Verfahren sieht einen Beschluß beider Kammern mit 2/3 Mehrheit vor, anschliwßwnd die Auflösung und Neuwahl des Parlamentes, das den Beschluß mit gleicher Mehrheit wiederholen muß und schließlich die Zustimmung des Volkes in einem Referendum

II. Die Zuständigkeit zur innerstaatlichen Durchführung des Unionsrechtes

Die einzelnen Artikulationsformen der Unionsorgane zur Verabschiedung rechtswirksamer Vorgaben wurden bereits im Rahmen der deutschen Problematik beschrieben[488]. Dabei sei nocheinmal in Erinnerung gerufen, daß namentlich die beiden entscheidenden Rechtsetzungsakte, die Verordnung und die Richtlinie, regelmäßig eine Reaktion seitens der Mitgliedstaaten bedingen. Bei der Richtlinie ergibt sich dieser Umstand per se aus ihrem Umsetzungserfordernis durch interne, nationale Regelungen. Die Verordnung hingegen erfordert häufig eine Abstimmung mit dem internen, nationalen Recht oder eine weitere konkretisierende Disposition.[489]

1. Zuständigkeitsverteilung zwischen den staatlichen und autonomen Institutionen

Die entscheidende - und heftig umstrittene - Frage ist nun, wer für besagte Umsetzung der EU-Rechtsakte zuständig ist, die staatlichen Institutionen oder diejenigen der Autonomen Gemeinschaften. Hier konkretisiert sich das bereits skizzierte Problem der Durchführungszuständigkeit internationaler Verträge, weshalb die dort kurz genannten Lösungsansätze, die alleinige Zuständigkeit des Staates nach Art.149 Abs.1 Nr.3 CE, die Zuständigkeit der Autonomien, soweit sie diese in ihren Statutenn begründet haben, oder die Zuständigkeit in Korrespondenz mit dem allgemeinen System der Kompetenzen[490] erneut heranzuziehen sind.

a. Alleinige Ausführungskompetenz des Staates

(1) Aus dem Wortlaut der europäischen Rechtsakte

In einem Verfahren des Verfassungsgerichtes, in dem eben jene Zuständigkeitsverteilung in Frage steht, trägt der Vertreter des Staates ("Avogado del estado") zur Begründung der alleinigen Kompetenz des Staates u. a. vor, daß sich die hier betroffene Richtlinie, wie viele andere auch, explizit an den Staat bzw. die Verwaltung richtet. Hieraus sei die Anerkennung der ausschließlich staatlichen Kompetenz seitens der europäischen Institutionen zu entnehmen [491].

Dieser Ansicht wird vom Gericht deutlich widersprochen:

Die Richtlinien der EWG bieten keine Lösung für das Problem der Zuständigkeiten [...]. Die staatliche Verwaltung ist der einzige Ansprechpartner ["interlocutor unico", Übersetzung des

---

488 vgl. 1.Kapitel, A.II

489 vgl. ebd.

490 vgl. 2.Kapitel,B.I.3.d.

491 vgl. STC 258/88 vom 20.12.1988

Verfassers] der EWG, doch ist dies ein Erfordernis, dem - wie leicht zu verstehen ist - durch verschiedene Akte und Formen entsprochen werden kann, und nicht nur, wie es der Vertreter des Staates zu verstehen gibt, durch die direkte und ausschließliche Umsetzung besagter Rechtsakte durch die Verwaltung des Staates.[492]

Die Adressierung der Richtlinien an die staatliche Verwaltung korrespondiere allein mit der Stellung der Mitgliedsstaaten als Alleinverantwortliche im EU-rechtlichen Kontext. Der Konflikt hingegen müsse ausschließlich durch die internen Reglementierungen gelöst werden. [493]

(2) Aus Art.149 Abs.1 Nr.3 und 93 S.2 CE.

Der vom Gericht geforderten Orientierung an der internen Rechtsordnung folgt eine andere Ansicht, die eine alleinige und ausschließliche Zuständigkeit des Staates den Vorgaben der Verfassung entnehmen will. Hier wird zuforderst die staatliche Ermächtigung nach Art.149 Abs.1 Nr.3 CE herangezogen und der Begriff der "internationalen Beziehungen" soweit ausgelegt, daß von selbigen auch die interne Umsetzung internationaler Verträge umfaßt ist.[494] Eine weitere Grundlage für diese ausschließliche Zuständigkeit wird in Art. 93 CE gesehen. Diese Vorschrift begründe die umfassende Integrationsbefugnis des Staates. Besonders die in Art. 93 S.2 CE ausgesprochene Bestimmung des Staates, die Ausführung der internationalen Verträge zu garantieren, beinhalte das Recht und die Pflicht zu deren unmittelbaren Umsetzung[495]. Die auch von dieser Ansicht anerkannte Notwendigkeit zur Einbeziehung der Autonomen Gemeinschaften in die Umsetzung des EU-Rechtes sei durch entsprechende Kompetenzdelegationen gemäß Art.150 Abs.1 CE zu gewährleisten [496]. Dem wird zu Recht die Überlegung entgegengehalten, daß eine explizite Verpflichtung zur Garantie der Umsetzung gerade dann überflüssig wäre, wenn dem Staat diese Durchführung selber zufiele[497]. Die Konzeption der ausschließlichen staatlichen Zuständigkeit widerspreche weiterhin, so die herrschende Gegenansicht, dem grundlegenden Autonomieprinzip gemäß Art.2 Abs.1 CE.

b. Aufgeteilte Zuständigkeit zwischen Staat und Autonomen Gemeinschaften

Als Zwischenergebnis kann ein mehrheitlicher Konsens in der Doktrin zu Gunsten einer Aufteilung der Durchführungskompetenz zwischen Staat und Autonomen Gemeinschaften festgehalten und befürwortet werden. Allein die Art und Begründung jener Aufteilung ist umstritten. Im Mittelpunkt dessen steht die Frage, welche Bedeu-

---

492 derselbe, a.a.O., FJ 2

493 vgl. derselbe, a.a.O.

494 Vgl. nur die Darstellung m.w.N. bei G.Garzón Clarina, La ejecución..., S. 204 ff

495 vgl. m.w.N. die Darstellung bei G.Garzón Clarina, a.a.O.; O.Casanovas y la Rosa, las competencias..., S. 775; S.Muños Machado, a.a.O., S. 97

496 vgl. m.w.N. die Darstellung bei A.López Castillo, a.a.O., S. 167

497 vgl. O.Casanovas y la Rosa, a.a.O., S. 774, der hier auf die Einlassung des Vertreters der beklagten Gemeinschaft im Verfahren STC 252/88 Bezug nimmt

tung hier den Normierungen der einzelnen Autonomiestatuten zukommt. Diese nämlich sind mit Blick auf die Durchführungskompetenz sehr unterschiedlich ausgefallen:

So führen die Statuten des Baskenlandes, Kataloniens, Andalusiens, Aragons, Castilla-La Manchas, der Kanarischen Inseln und Madrids eine umfassende Zuständigkeit der jeweiligen Gemeinschaft für die Ausführung internationaler Verträge auf einzeln konkretisierten Gebieten an.

Weitere sechs Statuten, diejenigen Asturiens, Navarras, der Extramadura, der Balearen, Castilla Leons und Murcias, beinhalten eine begrenzte Zuständigkeit ihrer Gemeinschaft, die explizit der Reglementierung des Staates untergeordnet wird. Die Statuten Aragons und Murcias gehen eigens auf die administrative Umsetzung der internationalen Verträge ein.

Schließlich wird die in Frage stehende Kompetenz in den Statutenn Galiziens, Kantabriens, La Riojas und Valencias überhaupt nicht erwähnt.

(1) Zuständigkeit nach der jeweiligen Regelung in den Autonomiestatuten

Unter Berücksichtigung des Umstandes, daß die Autonomiestatuten nach Art. 147, 148 CE die Grundlage für die autonomen Kompetenzen bilden, wird die Durchführungszuständigkeit der jeweiligen Autonomen Gemeinschaften von einem Teil der Doktrin von deren jeweiligen statuarischen Regelungen abhängig gemacht [498]. Die Zuständigkeit einer Autonomen Gemeinschaft setze folglich die statuarische Ermächtigung zur Ausführung internationaler Verträge, deren zutreffende Konkretisierung zur legislativen oder exekutiven Umsetzung, das Handeln des richtigen Organes sowie die Kompetenz des betroffenen Bereiches voraus [499].

Die Kritiker dieser Doktrin merken zu Recht an, daß die strenge Ausrichtung an den Statutenn dank derer Unterschiedlichkeit zu einer großen Konfusion führen müsse, da dem Staat hier möglicherweise hinsichtlich des gleichen Rechtsaktes in einer Gemeinschaft die Legislative und Exekutive zufalle, in der zweiten nur die legislativen Vorgaben und in der dritten Autonomie keinerlei Handlungsbedarf bestünde. Diese Kritik versucht die obige Ansicht durch die Forderung eines umfassenden Gebrauchs der Delegationen nach Art. 150 Abs.1, Abs.2 CE zu entkräften, da hiermit fehlende Kompetenzen durch den Staat an die Gemeinschaft überwiesen werden könnten.

Der soeben aufgezeigte Ansatz zur Zuständigkeitsverteilung ist auch deswegen abzulehnen, weil die unterschiedlichen Regelungen in den Statutenn ihre Wurzel weniger in einer hier zum Ausdruck kommenden politischen Überzeugung der jeweiligen Gemeinschaften haben, als in den wechselnden politischen Gegebenheiten, die zum Zeitpunkt der Statutgebung herrschten und diese maßgeblich beeinflußten. Während die ersten Statuten sich die Aufnahme umfassender Kompetenzen erlauben

---

498 vgl. nur O.Cassanovas y la Rosa, a.a.O., S.775 ff; A. Mangas Martín, derecho comunitario..., S.255 ff; H.J.Blanke, Föderalismus...,S.306ff

499 vgl. m.w.N. O.Cassanovas y la Rosa, a.a.O., S.766

konnten, hätte eine solche bei den späteren Statutenn der Zustimmung des Parlamentes entbehrt [500].

(2) Durchführungskompetenz "ratione materiae"

Diese Zweifel führten bei einem weiteren Teil der Doktrin zu der unterstützungswürdigen Annahme der autonomen Zuständigkeit "ratione materiae", also allein in Abhängigkeit von der allgemeinen Kompetenzverteilung gemäß der Trias verfassungsrechtlicher Vorgaben, statuarischer Regelungen und der Kasuistik des Verfassungsgerichtes [501]. Denn jede Umsetzung europarechtlicher Vorgaben betrifft eine Materie, einen Bereich, dessen Regelung auf innerstaatlicher Ebene durch das allgemeine System der Kompetenzverteilung dem Staat oder den Gemeinschaften obliegt. Die europäischen Rechtsakte sollen folglich zu ihrer Ausführung nach der jeweils betroffenen Materie in dieses System eingegliedert werden. Bisweilen wird die Sorge vorgetragen, daß auch hier, dank der in den jeweiligen Materien herrschenden Regelungen der Statuten, eine zu große Unterschiedlichkeit dem europarechtlichen Erfordernis der einheitlichen Umsetzung der Akte widerspreche und daher eine Harmonisierungsgesetzgebung oder sonstige Zwischenschaltung des Staates unverzichtbar sei. Dem entgegnet Muños Machado mit dem Hinweis, daß in den hier virulenten Bereichen regelmäßig dem Staat die Rahmen- oder Grundlagengesetzgebung zustehe und vor allem die Richtlinien per se ein zunehmend hohes Maß an Konkretisierung enthalten [502].

Die Durchführungskompetenz "ratione materiae" ist eine rechtspolitische Unabdingbarkeit: Wie schon häufig ausgeführt, werden die nationalen Regelungsräume zunehmend von europäischen Rechtsetzungsakten durchdrungen und bestimmt. Schlösse man diese legislativen Vorgaben in ihrer Umsetzung aus dem sonstigen Normensystem aus, würde das nationale Rechtsgefüge in undienlicher und nicht zu rechtfertigender Weise gespalten. Wird hingegen die Durchführungskompetenz zu unionsrechtlichen Vorgaben der allgemeinen Kompetenzverteilung unterworfen, entspricht man der europäischen Zielsetzung, wonach das Unionsrecht in den mitgliedstaatlichen Rechtssystemen unmittelbar inkorporiert sein soll.

Obwohl die Orientierung an der allgemeinen internen Kompetenzverteilung den Autonomien die weiteste Mitwirkung bei der Umsetzung verschafft, ist ein markantes Übergewicht des Staates zu verzeichnen. Die Akte der Europäischen Union nämlich betreffen, ihrem Charakter entsprechend, vorwiegend Regelungen im wirtschaftspolitischen Kontext. Die internen Kompetenzen im Bereich der Wirtschaft stehen jedoch überwiegend dem Staate zu.[503]

---

500 vgl. auch G.Garzón Glarina, a.a.O., S. 216

501 vgl. nur J.M.Baño Leon, a.a.O., S. 260; G.Garzón Clarina, a.a.O., S. 216 ff; S.Muños Machado, a.a.O., S. 98 ff.; M.J.Montoro Chiner, Spanische Komptenzverteilung ..., S. 166; M.Pérez Gonzales, Autonome Gemeinschaften, S. 180

502 vgl. derselbe, a.a.O., S. 103

503 vgl. Art.149 Abs.1 Nr.13, sowie Nr.10, 11, 14, 17, etc; vgl. hierzu S.Muños Machado, a.a.O., S. 101

2. Die Rechtsprechung des Verfassungsgerichtes

Das Verfassungsgericht hat erstmalig in seinem grundlegenden Urteil 252/88[504] zu dem aufgeworfenen Problem Stellung genommen. Unter oben bereits zitierter Ablehnung der ausschließlichen Zuständigkeit des Staates[505], spricht sich das Gericht deutlich für die zuletzt dargestellte Lösung einer Anerkennung der allgemeinen internen Kompetenzverteilung aus:

> Es sind folglich die internen Regeln der Kompetenzabgrenzung, die in jedem Fall die Antwort auf die Kompetenzkonflikte zwischen Staat und Autonomen Gemeinschaften geben müssen, [...][506].

Den Regelungen einiger Autonomiestatuten kommen lediglich eine deklaratorische Bedeutung hinsichtlich des Fehlens einer ausschließlichen staatlichen Zuständigkeit zu.

3. Die normative und administrative Praxis bei der Ausführung der europäischen Rechtsakte

Die Lösung des Verfassungsgerichtes und der genannten Doktrin entspricht im wesentlichen der Praxis der vergangenen Jahre: Hauptsächlich für die normative Durchführung hat das staatliche Parlament zwei entscheidende Gesetze erlassen, das Rahmengesetz 47/85 vom 27.12.1985 und das Gesetz 18/88 vom 01.07.1988. Ersteres entstand aus der Notwendigkeit heraus, die Umsetzung des erheblichen Regelungswerkes der Gemeinschaft von dessen Entstehung an bis zum Zeitpunkt der Aufnahme Spaniens intern umzusetzen. Wegen der kurzen Fristigkeit bis zum Inkrafttreten des Aufnahmevertrages und aus Gründen der Rechtssicherheit war große Eile geboten. Darum wendete das Parlament die Ermächtigung aus Art. 82 CE an, derzufolge durch ein Rahmengesetz die Befugnis, Normen mit Gesetzesrang zu erlassen, an die Regierung delegiert werden kann [507]. Im einführenden Artikel 1 dieses Gesetzes heißt es entsprechend:

> Zur Erfüllung der Verpflichtungen, die Spanien mit seinem Eintritt in die Europäischen Gemeinschaften übernimmt, [...], wird an die Regierung die Befugnis delegiert, Normen mit Gesetzesrang <u>im Rahmen der staatlichen Kompetenzen</u> [Unterstreichung durch den Verfasser] zu erlassen... .

In Erfordernis der näheren Bestimmungen der zu delegierenden Materie gem. Art.82 Abs.3 CE wurden die umzusetzenden Rechtsakte der Union im Anhang des Gesetzes eigens aufgeführt. Dadurch ist die Delegation auch auf diese Akte beschränkt, umfaßt also nicht die nach der Aufnahme erlassenen Regelungen der ge-

---

504 STC 252/88, v. 20.12.1988

505 vgl. 2.Kapitel, B.II.2.b.(2)

506 STC 252/88 FJ2; diese Rechtsprechung wurde mehrfach bestätigt, vgl. nur STC 79/92 vom 28.05.1992 sowie die Besprechung diese Urteils bei R.Bustos Gisbert, competencias legislativas ..., S. 322 ff

507 vgl. J.Juste Ruiz, a.a.O., S. 283ff

meinschaftlichen Institutionen. Darüberhinaus wird mit diesem Gesetz die Etablierung einer gemischten Kommission aus Mitgliedern des Senates und des Kongresses ermächtigt, zu deren Aufgabe, neben allgemeiner Information, vor allem die Kontrolle der Regierung in ihrer Normsetzung und Beteiligung an der politischen Willensbildung der Europäischen Union gehört.

Mit dem Gesetz 18/88 wird der Aufgabenbereich eben jener gemischten Kommission erweitert: Sie soll in der Lage sein, Berichte über die Vorschläge für Verordnungen, Richtlinien und Entscheidungen zu verfassen, die von der Europäischen Kommission dem Ministerrat vorgelegt werden. Außerdem kann die gemischte Kommission kooperative Kontakte mit den Organen des Europäischen Parlamentes und den vergleichbaren Kommissionen der Parlamente der anderen Mitgliedsstaaten knüpfen[508].

Die Parlamente des Baskenlandes und Kataloniens verabschiedeten ebenfalls Anfang 1986 je ein Rahmengesetz, mit denen nach dem staatlichen Vorbild den Gemeinschaften zustehende Legislativkompetenzen an die jeweiligen autonomen Regierungen delegiert wurden [509]. Wenngleich keine der anderen Autonomien ein entsprechendes Gesetz erließ, wurden hier dennoch in der Folgezeit die notwendigen normativen und administrativen Anpassungen an das europäische Regelwerk vorgenommen [510]. Diese Anpassung umfaßte hauptsächlich die Einrichtung von Informations- und Koordinierungsorganen. In Andalusien beispielsweise wurden zwei Institutionen geschaffen, deren Wirkungsbereiche sich überlappen, die abteilungsübergreifende Kommission für Gemeinschaftsangelegenheiten und eine entsprechende Generaldirektion. Aufgaben letzterer sind vor allem die Beratung und Information der Junta sowie die technische Koordination mit dem Staat und anderen Regionalinstitutionen Europas. Die Kommission widmet sich vorwiegend der Aufsicht der Umsetzung unionsrechtlicher Verpflichtungen und der möglichen Anwendung europäischer Programme und Aktionen[511].

4. Rechtstechnische Probleme bei der normativen und administrativen Ausführung des Unionsrechtes

Viele Regelungsbereiche, die durch die europäischen Rechtsakte berührt werden, stehen intern unter einem materiellen und formellen Gesetzesvorbehalt. Ersterer ("reserva material") unterwirft die Regelung bestimmter in der Verfassung genannter Bereiche dem Erfordernis eines materiellen Gesetzes. Zweiterer hingegen ist das Ergebnis einer Erklärung des Gesetzgebers, daß bereits geregelte Bereiche in Zukunft nur durch ein formelles Gesetz geändert werden dürfen [512]. Dieser formel-

---

508 vgl. hierzu die Zusammenfassung bei R.Alonso García, a.a.O., S. 227 ff

509 vgl. Rahmengesetz 2/1986 des Baskenlandes und 4/1986 Kataloniens

510 vgl. J.Juste Ruiz, a.a.O., S. 284

511 vgl. A.López Castillo, a.a.O., S. 177 f

512 Die Doktrin spricht hier von der "congelación de rango normativo", also dem "Einfrieren des Gesetzesranges"; vgl. hierzu R.Alonso García, a.a.O., Seite 217

le Gesetzesvorbehalt kann durch ein Gesetz aufgehoben werden, ohne den materiellen Inhalt der Regelung zu berühren. Man spricht hier von der "técnica deslegalizadora". Beide Gesetzesvorbehalte erfordern, ihrer Zielsetzung entsprechend, zunächst das Tätigwerden des Parlamentes. Dieses Erfordernis einer vorgelagerten staatlichen Legislative führt bei der Umsetzung europäischer Rechtsakte häufig zu einer unerträglich langen Prozedur bis zum Inkrafttreten der europäischen Vorgaben, mit der möglichen Folge, daß sich der Staat einer mangelnden bzw. nicht fristgemäßen Erfüllung seiner Verpflichtungen verantworten muß. Zur Reduzierung der diagnostizierten Legislativdauer bieten sich diverse in der Verfassung vorgesehene Mechanismen an, auf die in der Praxis teilweise zurückgegriffen wird:

Art. 75 Abs.1, Abs.2 CE ermächtigt die Cortes zur Konstituierung eigenständig rechtsetzender Ausschüsse. Von der Verhandlung und Verabschiedung in solchen Ausschüssen sind nach Art. 75 Abs.3 CE jedoch "internationale Fragen" ("cuestiones internacionales") explizit ausgenommen. Diese Einschränkung wird hinsichtlich der europäischen Rechtsakte in Anlehnung an die Rechtsprechung des EuGH, derzufolge interne Normen und Verfassungen "gemeinschaftsfreundlich" ausgelegt werden müssen, dergestalt umlaufen, daß das Unionsrecht von den "internationalen Fragen" ausgeklammert und in die Ermächtigung des Art.75 Abs.1, Abs.2 CE einbezogen wird.[513]

Wie oben bereits dargelegt, eröffnet sich über Art.82 CE ein Weg zur Delegation von Legislativbefugnissen an die Regierung. Diese müssen jedoch durch eine Rahmengesetzgebung ausreichend konkretisiert werden, so daß die Befugnisse nur für bereits ergangene Unionsrechtsakte erlassen werden können. Folglich stellt sich auch hier erneut das Problem der langwierigen (Rahmen-) Gesetzgebung durch die Cortes.

Ein Teil der Doktrin schließlich befürwortet den Weg einer Gesetzgebung der Regierung mittels der Dekret-Gesetze ("decreto-ley") auf der Grundlage des Art.86 CE. Ein solches Handeln ist jedoch nach Art. 86 S.1 CE nur "im Falle außergewöhnlicher und dringender Notwendigkeit" erlaubt. Diese Einschränkung führt zur Untauglichkeit des genannten Instrumentariums für die Umsetzung des EU-Rechtes [514].

Ein gesondertes Problem eröffnet sich bei der Umsetzung der Verordnungen und Richtlinien, die Bereiche mit geteilten Kompetenzen betreffen, dem Staat also die Grundlagengesetzgebung und der Autonomen Gemeinschaft die Ausführung derselben obliegt. Auch hier nämlich bedingt die Grundlagengesetzgebung des Staates eine enorme Verzögerung der beabsichtigten Umsetzung. Ein Teil der Doktrin sieht mit den Verordnungen der Union dem nationalen Gesetzesvorbehalt entsprochen, so daß diese folglich Grundlagengesetzgebung des Staates substituieren können [515]. Eine solche Substitution stößt jedoch auf Kritik und Zweifel über ihre Praktikabilität. Es wird zu Recht darauf hingewiesen, daß die Umsetzung des Unionsrechtes der Aufga-

---

513 vgl. R.Alonso García, a.a.O., S. 219 f

514 vgl. nur J.Juste Ruiz, a.a.O., S. 286 f

515 vgl. R.Alonso García, a.a.O., S. 223 ff, der dies dank der fortgeschrittenen Detailierung der Richtlinien auch für diese gutheißt; S. Muñoz Machado, zitiert bei J.Juste Ruiz, a.a.O., S. 285 f

be gerecht werden muß, Normen einer Rechtsordnung in die andere zu integrieren. Wegen der Spezifität einer jeden nationalen Rechtsordnung sollte auf diese Anpassung nicht verzichtet werden, zumal andernfalls mögliche Kollisionslagen der beiden Systeme nur verstärkt werden könnten[516].

5. Vereinbarungen zwischen dem Staat und den Autonomen Gemeinschaften über die Modi zur Durchführung des Unionsrechtes

Um die unverzichtbare Klarheit und Übereinstimmung bei der nationalen Umsetzung des Unionsrechtes zu schaffen, verhandelten der Staat und die Autonomen Gemeinschaften in den Jahren 1985, 1986 und 1987 verschiedene Abkommen, bzw. jeweils neue Entwürfe einer solchen Vereinbarung [517]. Der Tenor dieser Übereinkünfte läßt eine deutliche Akzeptanz des allgemeinen Kompetenzverteilungssystems für die Durchführung des Unionsrechtes erkennen. So heißt es in Art.1 Abs.2 des Entwurfes von 1986:

"Die gesetzliche Durchführung und die Vollziehung des Gemeinschaftsrechtes im nationalen Bereich obliegen dem Staat und den Autonomen Gemeinschaften, abhängig von der materiellen Zuordnung der Kompetenzen, wie sie verfassungsmäßig festgelegt wurde, und mit dem Wert der Reichweite, die in der Verfassung festgeschrieben sind."[518] Weiter werden Informationspflichten des Staates und der Autonomien über jeweilige Gesetzentwürfe, die Möglichkeit von Zusammenkünften der Sektorenkonferenzen für genaue Abstimmungen des Vollzugs und andere Formen der Zusammenarbeit vereinbart [519]. Bis heute hat keiner der Entwürfe die notwendige Einigung beider Parteien erfahren.

Trotz dieser Bemühungen entstehen noch viele Reibungsverluste im Vollzug des Unionsrechtes, mit der Folge, daß ein großer Teil der europäischen Rechtsakte seiner längst fälligen Umsetzung harren muß. [520]

6. Die Kontrolle autonomer Ausführung des Unionsrechtes durch den Staat

Wie an dem vorherigen Kapitel deutlich wurde, können für die nationale Umsetzung des EU-Rechtes - in Abhängigkeit von der internen Kompetenzverteilung - sowohl die staatlichen Organe zuständig sein, als auch diejenigen der 17 Autonomen Gemeinschaften. Für diese Umsetzung ist - unabhängig von der internen Zuständigkeit - nach außen allein und ausschließlich der Staat verantwortlich. Jene Alleinverantwortlichkeit wird auf der Ebene des internationalen Vertragsrechtes durch Art. 27 des

---

516 vgl. auch J.Juste Ruiz, a.a.O., S. 292 f

517 wegen ihrer Bedeutung für die Frage der Beteiligung der Autonomien an der Willensbildung in Gemeinschaftsangelegenheiten, wird auf diese Abkommen weiter unten ausführlicher eingegangen.

518 Abkommensentwürfe abgedruckt bei M. Pérez Gonzales, La acción exterior ... S. 357 ff.

519 vgl. die Zusammenfassung bei M.J.Montoro Chiner, a.a.O. S. 174 ff

520 vgl. J.Juste Ruiz, a.a.O., S. 287

betreffenden Wiener Übereinkommens über das Recht der Verträge, sowie im EU-Recht durch die ständige Rechtsprechung des EuGH bestätigt, wonach dem Staat jegliches Handeln innerstaatlicher Organe, unberücksichtigt des Systems interner Ermächtigungen, zugeordnet wird [521].

Dieser besonderen Stellung des Staates entsprach der Verfassungsgeber durch die Aufnahme einer eigenen "Erfüllungsgarantie" in Art. 93 S.2 CE:

Je nach Art des Falles obliegt die Garantie für die Erfüllung dieser Verträge und der von den internationalen oder supranationalen Organismen, die Titulare der Abtretung sind, ausgehenden Resolutionen dem Parlament oder der Regierung.

Diese Vorschrift bildet, neben den verfassungsrechtlichen Spezialnormen, die grundlegende Ermächtigung des Staates, die autonome Umsetzung des EU-Rechtes zu kontrollieren[522].

Aus der Notwendigkeit heraus, das eigenständige Handeln der Autonomien vor der Europäischen Union zu verantworten, kann sich der Staat in dieser "Kontrolle" nicht auf eine passive Aufsicht beschränken, sondern behält sich Maßnahmen vor, die von unverbindlichen Ratschlägen über die Verabschiedung von Harmonisierungsgesetzen bis zum Staatszwang reichen können. Die jeweilige Kontrolle kann der Staat durch die eigene Administration, die Gesetzgebung oder auf dem Gerichtswege ausüben. Eine weitere Unterscheidung muß hinsichtlich deren Charakter gemacht werden, ob sie im Nachhinein erfolgt, also lediglich korrigierender Art ist, oder in ein präventives Handeln des Staates mündet [523]. Die Art der staatlichen Kontrolle hängt schließlich von der Form des autonomen Handelns ab, ob diese die EU-Vorgaben also auf rein administrativem Wege umsetzen, oder durch eine entsprechende Gesetzgebung. Dominieren in den EU-relevanten Bereichen ohnehin die Kompetenzen des Staates, gilt dies erst recht für die normative Ausführung des Unionsrechtes. Denn soweit ihm hier nicht die ausschließliche Zuständigkeit zufällt, so doch zumeist die Ermächtigung zur "Koordinierung" oder der Vergabe von "Grundlagen" [524]. Dennoch bleibt den Autonomien ein gewisser Raum, innerhalb dessen sie zur Umsetzung des Unionsrechtes durch Verabschiedung eigener Gesetze befugt sind und der der Kontrolle des Staates zugänglich sein muß.

a. Kontrolle autonomer Umsetzung der EU-Rechtsakte durch die staatliche Exekutive

Der Regierung allein sind keine wirkungsvollen Kontrollbefugnisse an die Hand gegeben, jedoch Mitwirkungsrechte, die sie im Zusammenspiel mit den anderen Gewalten ausüben kann.

---

521 Vgl. EuGHRS vom 10.11.1981; 02.02.1989 ect.

522 vgl nur J.Juste Ruiz, a.a.O., S. 293

523 vgl. zu dieser Gliederung die ausführliche Bearbeitung bei P.Pérez Trembs, a.a.O., S. 167 ff, 174 ff

524 vgl. z. B. Art. 149 Abs. 1, Nr.1, 6, 7, 11, 13 etc. CE

(1) Antragsrecht nach Art.161 Abs.2 CE

Ein klassischer Weg hierzu ist das Antragsrecht der Regierung nach Art.161 Abs.2 CE, um die Verfassungswidrigkeit autonomen Handelns vor dem Verfassungsgericht feststellenzulassen. Da die eigentliche "Kontrollentscheidung" jedoch dem Gericht zusteht, ist dieses Instrumentarium im Rahmen der gerichtlichen Kontrolle zu behandeln.

(2) Staatszwang

Im Zusammenwirken mit dem Senat, der mit absoluter Mehrheit zustimmen muß, ist die Regierung über Art.150 CE mit der wirkungsvollsten Kontrollbefugnis ausgestattet, dem Staatszwang [525]. Denn nach dieser Vorschrift kann sie - ohne weitere Limitierungen - die "notwendigen Mittel" ergreifen, um die Erfüllung verfassungsrechtlicher Verpflichtungen der Autonomen Gemeinschaften zu erzwingen. Hier kommt primär eine Art Ersatzvornahme der Ausführung durch die Regierung in Frage.

Die Tauglichkeit dieses Instrumentariums als allgemeines Kontrollmittel ist allerdings sehr zweifelhaft. Während ein Teil der Doktrin die "Entdramatisierung" ("desdramatizadora") des Staatszwanges fordert, um damit ein gebräuchliches Kontrollinstrument zu schaffen[526], betont die herrschende Ansicht den Ausnahmecharakter dieses Vorgehens, den die Vorschrift schon durch die Vorgabe des besonderen Verfahrens und dem Zustimmungserfordernis zum Ausdruck bringe. Hinzu kommt die ungewöhnliche politische Brisanz, die der Staatszwang im Falle seiner Anwendung erfährt, da hier gegen den ausdrücklichen Widerstand der Autonomien gehandelt wird[527].

Diese Interpretation wird von der Rechtsprechung des Verfassungsgerichtes unterstützt, derzufolge die Voraussetzungen des Art.155 CE eng auszulegen sind und grundsätzlich vor deren Anwendung eine gerichtliche Klärung erzielt werden soll [528].

Somit ist der Staatszwang nach Art.155 CE als allgemeines Kontrollmittel untauglich, jedoch eine effektive ultima ratio für den denkbaren Fall, daß eine Autonomie die Entsprechung eines gerichtlichen Urteils verweigert.

(3) Der Rat des Staates

Ein letztes, eher konsultatives Kontrollinstrumentarium auf administrativer Ebene eröffnet der sog. "Rat des Staates" ("Consejo del Estado"). Dieser ist nach Art.107 CE "das oberste beratende Organ der Regierung", das "in der Ausübung seiner beratenden Funktion über die Beachtung der Verfassung und der sonstigen Rechtsord-

---

525 vgl. 2.Kapitel, A.IX.3

526 vgl. die Darstellung bei P.Pérez Trembs, a.a.O., S. 210

527 vgl.nur A.López Castillo, a.a.O., S.180; J.Juste Ruíz, a.a.O., S.296, S.Muñoz Machado, a.a.O., S.107 f

528 STC 76/1983 vom 05.08.1983, FJ 12

nungen wacht." [529] [530] Für die im Organgesetz über den Rat genannten Bereiche ist die Konsultation desselben verpflichtend, während seine Gutachten grundsätzlich keinen bindenden Charakter haben. Gemäß Art.21 Abs.2 LOCE muß das Gutachten des Rates bei allen Gesetzesprojekten eingeholt werden, die "in Ausführung, Erfüllung oder Entwicklung von internationalen Verträgen, Abkommen oder Vereinbarungen" erlassen werden. Nach Art.21 Abs.3 LOCE muß gleiches bei Zweifeln oder Meinungsverschiedenheiten zu solchen Verträgen und Abkommen geschehen. Art. 21 Abs.4 LOCE hingegen bezieht sich auf Akte und Resolutionen internationaler Organisationen, deren Interpretation juristische Probleme aufwirft. Schließlich müssen nach Art. 22 Abs.2 LOCE alle reglementierenden Dispositionen, die in Ausführung internationaler Abkommen erlassen werden, in einem Gutachten beurteilt werden. Da eine weite Interpretation dieser Normen die Möglichkeiten des Rates weit überfordern würde, werden die Art.21 Abs.2 und Abs.3 sowie 22 Abs.2 LOCE in allgemeiner Auslegung auf internationales Primärrecht beschränkt [531]. Art. 21 Abs.4 LOCE andererseits bezieht sich in seiner Formulierung "Akte und Resolutionen" eindeutig auch auf das Sekundärrecht. Diese Vorschrift ist auf die "juristischen Probleme" jener Rechtsakte beschränkt, weshalb ihr ein "quasi-fakultativer" Charakter zukomme[532]. Zur Vorlage verpflichtet sind nach Art. 23 LOCE die Autonomen Gemeinschaften bei allen in diesem Gesetz für den Staat genannten Bereichen, "wenn sie die entsprechenden Kompetenzen übernommen haben". Um eine Kollision dieser Vorschrift mit dem Autonomieprinzip zu vermeiden, wird Art.23 LOCE durch eine entsprechende Auslegung auf die vom Staat delegierten Zuständigkeiten beschränkt [533].

Die Möglichkeiten des Rates des Staates sind zusammenfassend hinsichtlich der Ausführungskontrolle der Autonomien eher begrenzt, da seine Gutachten keine bindende Wirkung haben und er aus seiner Bestimmung heraus primär die staatliche Regierung kontrolliert [534]. Die Gutachten des Rates über die Gesetzesprojekte der

---

529 Art.2 Abs.1 LOCE, dem Organgesetz über den Rat des Staates, ley orgánica del consejo del estado

530 die Kompetenzbereiche des Rates umfassen im Groben drei Gruppen:
1. allgemeine politische Angelegenheiten, insbesondere solche von herausragender Bedeutung oder Wirkung, Art. 21 Abs. 9 LOCE, internationale Verträge, Art. 21 Abs. 2 u.a. LOCE, Auslegung juristisch zweifelhafter Bestimmungen internationaler Abkommen etc.
2. Belange der autonomen Verwaltungen, die in bestimmten Angelegenheiten zur Konsultation des Rates verpflichtet sind, insbesondere bei Projekten für Organgesetze und Kompetenztransferenzen an die Autonomien Art. 22, IV LOCE, deren Kontrolle u. a.
3. der weite Bereich der normativen Handlungen durch die zentralstaatliche Verwaltung.
vgl. hierzu A. López Pina, Consejo de Estado, S. 100 ff.; die skizzierten Aufgaben zeigen, daß dem Rat per se über die rein beratende Funktion eine maßgebliche Beteilung an der staatlichen Kontrolle zukommt.

531 vgl. nur P.Pérez Trembs, a.a.O., S. 187

532 vgl. derselbe a.a.O., S. 187

533 vgl. derselbe, a.a.O., S. 188

534 vgl. auch G.Garzón Clarina, a.a.O., S. 234; P.Pérez Trembs, a.a.O., S. 188 f

Autonomien unterstützen jedoch eine einheitliche Interpretation EU-rechtlicher Verpflichtungen [535].

b. Kontrolle durch die staatliche Legislative

Zur staatlichen Kontrolle mittels eigener Gesetzgebung kommen Mechanismen der Harmonisierungsgesetzgebung gem. Art.150 Abs.3 CE und die suplementäre Geltung des staatlichen Rechts nach Art.149 Abs.3 CE in Frage.

(1) Die Harmonisierungsgesetzgebung nach Art.150 Abs.3 CE

Art.150 Abs.3 CE ermächtigt den Staat, Organgesetze mit dem Zweck zu erlassen, die Verschiedenheit autonomer Rechtsakte im "Interesse des Allgemeinwohles" zu harmonisieren[536]. Die Einsetzbarkeit dieser Harmonisierungsgesetze als Mittel legislativer Kontrolle der Autonomien ist sehr umstritten. Die Anwendbarkeit des Art.150 Abs.3 CE ist ausdrücklich auf die Betroffenheit des Allgemeinwohles reduziert, ein Merkmal, das das Verfassungsgericht in seinem Urteil zur LOAPA[537] sehr restriktiv ausgelegt hat. Demzufolge ist die Harmonisierung ein letztes, abschließendes Mittel im System der Zuständigkeitsverteilung[538]. So rankt die Diskussion um die Frage, ob bei der Durchführung des EU-Rechtes durch die Autonomien Fälle denkbar sind, die einen Gebrauch des Art. 150 Abs.3 CE als abschließendes Mittel rechtfertigen.

Ruiz Robledo erkennt den Ausnahmecharakter des Art.150 Abs.3 CE durchaus an, hält aber Situationen für denkbar, in denen der Gerichtsweg keine rechtzeitige Abhilfe schaffen kann, um die Folgen einer Nicht- oder Schlechterfüllung zu korrigieren, so daß angesichts der Gefahr einer Verurteilung des Staates durch den EuGH das Allgemeinwohl deutlich betroffen ist. Eine solche Situation könne vor allem dann eintreten, wenn die Kommission eine Nicht- oder Schlechterfüllung positiv festgestellt hat und der Staat aufgrund dessen reagieren muß[539].

Dem wird von der Gegenansicht widersprochen, mit der Begründung, daß die Möglichkeit der Ergänzungsreglung nach Art.149 Abs.3 S.3 CE, des Staatszwanges und vor allem die mögliche gerichtliche Klärung ausreichen und vorrangig sind. Vor allem sei die Harmonisierungesesetzgebung wegen der besonderen Mehrheits- und Verfahrenserfordernisse eines Organgesetzes im Zweifelsfalle zu langsam, sowohl für die präventive Kontrolle, als auch die nachträgliche Korrektur[540].

Die Diskussion zeigt, daß Art.150 Abs.3 CE jedenfalls kein gängiges Kontrollin-

---

535 vgl. A.Ruiz Robledo, a.a.O., S. 5 2. Spalte

536 vgl. 2.Kapitel, A.VII.3.f.(3)

537 vgl. ausführlich: 2.Kapitel, A.VI.2.c. sowie 2.Kapitel, A.VII.f.(3) a.E.

538 STC 76/1983, JF 3,6, vgl. auch 2.Kapitel,A.VII.3.f.(3)

539 vgl. A.Ruiz Robledo, a.a.O., S.4, 3. Spalte, siehe auch S. Muñoz Machado, der eine solche Anwendung der Harmonisierungsgesetzgebung schon vor Fristablauf zur Erfüllung, also präventiv, für möglich hält, a.a.O., S. 109 f., so wohl auch bei sehr restriktiver Handhabung J.Juste Ruíz, a.a.O., S. 296

540 vgl. m.w.N. P.Pérez Trembs, a.a.O., S. 178 ff., 191 f.; A.López Castillo, a.a.O., S. 180

strument sein kann. Tatsächlich ist bislang keine solche Harmonisierung versucht worden. Deren Anwendbarkeit sollte jedoch nicht per se ausgeschlossen werden, sondern unter Beachtung ihrer außerordentlichen Restriktionen der Beurteilung im wenig wahrscheinlichen Einzelfalle überlassen werden.Dieser kann nur dann vorliegen, wenn eine gerichtliche Klärung ausgeschlossen und die rechtzeitige Verabschiedung möglich ist. Eine Harmonisierungsgesetzgebung sollte hierbei der ultima ratio des Staatszwanges vorgezogen werden.

(2) Die Ergänzungsregelung des Art.149 Abs.3 S.3 CE

Nach Art.149 Abs.3 S.3 CE ergänzt das staatliche Recht in jedem Fall das der Autonomen Gemeinschaften. Zur Anwendbarkeit dieser Regel als Instrumentarium der Ausführungskontrolle des EU-Rechtes müssen zwei Voraussetzungen jedenfalls gegeben sein: Zum einen muß die autonome Rechtsordnung eine Regelungslücke bzgl. der umzusetzenden EU-Vorgabe aufweisen. Zweitens muß eine ergänzungstaugliche staatliche Norm bestehen, also eine solche, in der eine Regelung zur fraglichen Vorgabe beinhaltet ist. Dank der allgemeinen Kompetenzverteilungsstruktur ist der Staat ohnehin zu einer umfassenden Regelung der EU-rechtlich betroffenen Materien veranlaßt, da ihm, wie schon angemerkt, die große Mehrheit der normativen Kompetenzen im EU-Recht obliegen. Darüberhinaus muß er in all den Bereichen regeln, die zwar von den "vollen" Autonomien beansprucht werden können, zu denen auf dem verbleibenden Territorium jedoch die ergänzende staatliche Regelung von Nöten ist. [541]

Für die verbleibenden Kompetenzbereiche, in denen sämtliche Autonomen Gemeinschaften allein und ausschließlich zuständig sind, stellt sich die Frage, ob der Staat allein aus der Ergänzungsregelung des Art. 149 Abs.3 S.3 CE zur gezielten präventiven Regelung ermächtigt ist, oder dies ein Mißbrauch besagter Vorschriften beinhaltete. Eine solche Ermächtigung wird zu Recht allein aus der außenpolitischen Verantwortung des Staates gemäß Art.93, 149 Abs.1 Nr.1 CE heraus bejaht [542]. Der Staat darf sich aus Gründen politischer Opportunität aber nicht zu einem allumfassenden präventiven Regelungswerk verleiten lassen [543].
Diese Ergänzungsfunktion wird richtigerweise als präventives Mittel allgemein befürwortet, zur Korrektur fehlerhafter Ausführung im nachhinein jedoch zum Teil ausgeschlossen, da hier die Interpretation des EuGH unabdingbar sei [544]. Dem wird von Pérez Trembs mit der Begründung widersprochen, daß dem Staat vor der Entscheidung des Gerichtshofes über die nationalen Gerichte die Möglichkeit einer Korrektur durch Vorbringen interner Gesetzesverstöße möglich sei. In diesem Verfahren sei regelmäßig die Erwirkung eines Suspensiveffektes zu erwarten, mit der Folge einer vorläufigen Anwendbarkeit der Ergänzungsregel [545]. Dieses Vorgehen kommt aber

541 vgl. P.Pérez Trembs, a.a.O., S. 182
542 vgl. ders., a.a.O., S.183
543 vgl. derselbe, a.a.O., S. 184
544 vgl. R. Alonso García, a.a.O., S. 239; G. Garzón Clarina, a.a.O., S. 239
545 derselbe, a.a.O., S. 193, 195 f.; vgl. auch J. Juste Ruíz, a.a.O., S. 296

allein für die Schwebezeit bis zur Herbeiführung einer Entscheidung des EuGH in Frage.

Art.149 Abs.3 S.3 CE erweist sich also zusammenfassend als ein taugliches Kontrollinstrument für die staatliche Legislative, das jedoch zurückhaltend gehandhabt werden sollte, zumal ihm in seiner verfassungsrechtlichen Begründung ein Ausnahmecharakter zukommt. Muños Machado ergänzt diese Struktur mit der Überlegung, daß der Staat, im Falle geteilter Kompetenzen, in seiner Vorgabe Detailregelungen integrieren kann, die allein im Falle einer mangelnden Ausführung durch die Autonomien über den Weg des Art.149 Abs.3 S.3 CE zur Geltung gelangen [546]. Eine solche Ausweitung der Anwendung der Ergänzungsregelung erscheint jedoch angesichts der Bedeutung, die die eigenständige Ausführungskompetenz der Autonomien erfährt, bedenklich und daher abzulehnen.

c. Gerichtliche Kontrolle

Die klassische Kontrolle staatlichen Handelns, gleichgültig auf welcher Ebene, obliegt der Judikative. So kommt dieser auch in der Kontrolle autonomer Ausführung des europäischen Rechtes eine herausragende Bedeutung zu, sowohl durch die Verfassungsgerichtsbarkeit, als auch über die ordentlichen Gerichte, namentlich die Verwaltungsgerichtsbarkeit.

(1) Kontrolle des Verfassungsgerichtes

Vor dem Verfassungsgericht eröffnen sich zwei denkbare Verfahren, der Kompetenzkonflikt nach Art.161 Abs.1 c CE und die Normenkontrolle gemäß Art.161 Abs.1 a CE. Während ersterer problemlos dann zur Anwendung kommt, wenn die Kompetenzanmaßung einer Autonomie bei Ausführung des EU-Rechtes zur Beurteilung steht, stellt sich bei der Normenkontrolle die Frage nach der Zuständigkeit des Gerichtes. Denn diese ist zweifelsohne auf die Interpretation der Verfassung, den Block der Verfassungsmäßigkeit eingeschlossen [547], beschränkt, während hinsichtlich der Autonomien regelmäßig ein Verstoß gegen die EU-rechtlichen Vorgaben geltend gemacht wird. Die Zuständigkeit wird dennoch dahingehend bejaht, daß ein Verstoß gegen das EU-Recht zugleich eine Verletzung des Art.93 CE impliziert, da dieser die EU zum Handeln ermächtigt hat [548]. Dieser ermächtigt in Verbindung mit Art.161 Abs.2 CE den Staat, die Feststellung der Verfassungswidrigkeit der autonomen Norm zu beantragen. Nach Art. 30 und 76, 77 LOTC entfaltet das Normenkontrollverfahren einen Suspensiveffekt, mit der Folge, daß der Staat eine vorläufige Regelung erlassen kann. Trotz dieses Effektes wird die Effiziens verfassungsrechtlicher Verfahren in Zweifel gezogen, da sie, besonders im Falle einer Vorlage vor dem EuGH ge-

---

546 vgl. derselbe a. a. O., S. 110 f

547 vgl. 2.Kapitel, A.V.

548 vgl. P.Pérez Trembs, a.a.O., S. 200; R.Alonso García, a.a.O., S. 239; G.Garzón Glarina, a.a.O., S. 236

mäß Art.177 EGV, regelmäßig von langer Dauer sind, so daß ihnen eher ein "kurativer", denn "präventiver" Charakter zuzuerkennen sei[549].

(2) Die Verfahren vor der Verwaltungsgerichtsbarkeit

Hinsichtlich des administrativen Handelns ohne Gesetzesrang steht die Überprüfungskompetenz der Verwaltungsgerichtsbarkeit anhand des EU-Rechtes außer Frage, da es eine unmittelbare Wirksamkeit in den Mitgliedstaaten erfährt. Zweifelhafter ist die Kompetenz zur Überprüfung von Normen mit Gesetzesrang. Eine Annullierung der betroffenen Gesetze ist wegen des Verwerfungsmonopols der Verfassungsgerichtsbarkeit ausgeschlossen. Jedoch ist jedes ordentliche Gericht nach der Rechtsprechung des EuGH verpflichtet,

> die volle Wirksamkeit jener Normen [die der EG, Anm. d. Verf.] zu garantieren, wenn nötig unter Nichtanwendung, [...], jeder Norm nationaler Legislative, die ihnen widerspricht, [...], ohne die vorherige Entfernung auf dem legislativen Wege oder anderen verfassungsrechtlichen Verfahren fordern oder abwarten zu müssen. [550]

Die Verwaltungsgerichtsbarkeit muß folglich von der Anwendung der nationalen Normen absehen, die den EU-Vorgaben widersprechen. Bei Zweifeln zur Auslegung des EU-Rechtes steht ihnen das Vorlageverfahren nach Art.177 EGV offen.

d. Zusammenfassende Bewertung der staatlichen Kontrollinstrumentarien

Zusammenfassend können die Kontrollinstrumentarien des Staates folgendermaßen bewertet werden: Der Rat des Staates kann keine eigentlich aktive Kontrolle ausüben, mangels Verbindlichkeit seiner Gutachten. Dank der Vorlagepflicht eines Großteils staatlicher und autonomer Regelungsprojekte kann er jedoch ein wertvolles Kontroll- und Beratungsmedium bereitstellen, mittels dessen die erforderliche Transparenz und Koordination im autonomen Handeln bewirkt wird. Die Ergänzungsklausel ermöglicht besonders zur Prävention ein wirkungsvolles Einschreiten des Staates, wenn dessen Erforderlichkeit absehbar ist. Der Schwerpunkt des Kontrollsystems liegt in der diesbezüglich klassischen Gewalt der Gerichtsbarkeit, der die hierzu notwendigen Kompetenzen, Verfahren und rechtstaatliche Rechtfertigung an die Hand gegeben sind. Allein für unwahrscheinliche Ausnahmefälle kann sich die Harmonisierungsgesetzgebung als unverzichtbar erweisen. Ebenso als ultima ratio schließlich steht dem Staat das Verfahren des Staatszwanges zur Verfügung, dessen Anwendung allerdings eine hohe politische Brisanz in sich birgt.

---

549 vgl. J.Juste Ruíz, a.a.O., S. 297, vgl. auch S.Muñoz Machado, a.a.O., S. 113

550 EuGH RS vom 09.03.1978, Simmenthal, vgl. auch P.Pérez Trembs, a.a.O., S. 202 f; A.López Castillo, a.a.O., S. 182

III. Beteiligung der Autonomen Gemeinschaften in Angelegenheiten der Europäischen Union

1. Verfassungsrechtliche Rechtfertigung einer solchen Beteiligung

Wenngleich die Frage nach der verfassungsrechtlichen Rechtfertigung einer autonomen Beteiligung in unionsrechtlicher Politik nur mit zurückhaltender Vorsicht behandelt wird, ist ein deutlicher Konsens über die Verfassungsmäßigkeit und -gebotenheit jener Beteiligung zu verzeichnen. Allein deren Begründung unterliegt unterschiedlichen Ansätzen in der Doktrin. Art. 149 Abs.1 Nr.3 CE scheint dem Staat die ausschließliche und umfassende Zuständigkeit für internationale, also auch europarechtliche Angelegenheiten zu verleihen und somit jede Beteiligung der Autonomen Gemeinschaften per se auszuschließen. Wie schon untersucht, ist diese Kompetenz des Staates aus Art. 149 Abs.1 Nr.3 CE in der Tat umfassend und nur durch beschränkte Informationsrechte der Autonomien gelindert[551]. Was für die internationalen Beziehungen im Allgemeinen gilt, muß im Hinblick auf die Europäische Union jedoch einer gesonderten Betrachtung unterzogen werden. Denn zu Recht stellt Muñoz Machado fest, daß wegen der weiten Durchdringung der internen Rechtsordnung durch das Unionsrecht heute kaum eine autonome Kompetenz ausgeübt werden kann, ohne daß hiervon unionsrechtliche Aspekte betroffen sind[552]. Ordnete man folglich auch diesen Bereich konsequent der staatlichen Ausschließlichkeit gemäß Art.149 Abs.1 Nr.3 CE zu, würde das interne System der Zuständigkeitsverteilung mit zunehmender europäischer Integration aus den Angeln gehoben und das Autonomieprinzip der Belanglosigkeit preisgegeben werden. Weiter wäre hiermit dem Staat die Rückerlangung von Kompetenzen möglich, die nach der Verfassung den Autonomien zustehen; eine Folge, die auf einhellige Verurteilung stößt[553].

Aus diesem Grunde muß eine Wandlung des Begriffes der "internationalen Beziehungen" gem. Art.149 Abs.1 Nr.3 CE im europäischen Kontext dergestalt vorgenommen werden, daß den Autonomen Gemeinschaften eine Beteiligung in den europarechtlichen Angelegenheiten eingeräumt wird[554]. Hierbei müssen dem Staat jedoch unverändert die klassischen Bereiche "internationaler Beziehungen" vorbehaltslos bewahrt werden, besonders das ius tractatum, die Alleinverantwortlichkeit und die Vorgabe verbindlicher Richtlinien für die europäische Politik. Diese Differenzierung mündet in die Notwendigkeit einer Trennung zwischen den direkten Außenbeziehungen und der Ausübung interner Kompetenzen mit Außenwirkungen[555]. Sicherlich könnte hier - wie dies in Deutschland geschehen ist - eine klärende Änderung der Verfassung die aufgezeigte Auslegungsnot beseitigen. Anders jedoch als die deut-

---

551 vgl. 2.Kapitel, B.I.3.a.

552 vgl. derselbe, a.a.O., S. 56

553 vgl. nur J. Soriano, Comunidades Autónomas, ..., S. 186

554 vgl. nur S.Muñoz Machado, a.a.O., S. 53 ff; M.J.Montoro Chiner, S. 167 ff; J.Pueyo Loaysa, Sobre el principio..., S. 30 ff

555 vgl. S.Muñoz Machado, a.a.O., S. 60 f

schen Parlamente, hat sich der spanische Verfassungsgeber bislang mit einer Ausnahme jeder Verfassungsänderung verweigert, sei es, um dem jungen Staat mit der Verfassung eine unumstößliche Konstante zu demonstrieren, sei es aus der Schwierigkeit einer Konsensfindung heraus. Der Überwindung dieser Scheu bedurfte es in der bislang einzig erfolgten formellen Verfassungsänderung der verbindlichen Anweisung des Verfassungsgerichts zur Einführung des passiven Wahlrechts der Unionsbürger nach Art.13 Abs.2 CE.[556]

Einige Autonomiestatuten haben explizit ein Beteiligungsrecht, zumindest in Form eines Anspruches auf Information, geregelt, während sich andere Statuten diesbezüglich ausschweigen. Gegenüber letzteren Statutenn könnte die Ergänzungsklausel des Art.149 Abs.3 S.2 CE zugunsten des Staates zur Anwendung kommen, so daß ein Beteiligungsrecht der entsprechenden Autonomien ausgeschlossen wäre. Das Verfassungsgericht stellte jedoch schon früh fest, daß die Autonomiestatuten, entgegen dem Wortlaut der Art.148 f CE, nicht allein den Kompetenzbereich der Autonomien festlegen, diese vielmehr von staatlichen Gesetzen beeinflußt werden können[557]. Eine solche Modifikation geschieht nun im Rahmen des Art.93 CE durch die europäische Integration[558]. So wird, trotz des Schweigens vieler Statuten, das Beteiligungsrecht aller Autonomen Gemeinschaften gleichermaßen aus verfassungsrechtlicher Gebotenheit anerkannt[559]. Eben diese Gebotenheit wird von der Doktrin unter verschiedenen Aspekten konkretisiert:

- Am grundlegendsten ist hier die Bedeutung des häufig genannten Autonomieprinzipes, das mit dem ebenfalls in Art.2 CE manifestierten Prinzip der staatlichen Einheit in eine ausgewogene Balance gebracht werden muß. Während die staatliche Einheit die Zuordnung nach Art.149 Abs.1 Nr.3 CE des Kernbereichs zur Pflege internationaler Beziehungen allein in die Hand des Staates legt, erfordert die Sicherung des Autonomieprinzipes, wegen oben dargelegter Betroffenheit autonomer Kompetenzen, eine maßgebliche Beteiligung der Autonomien an den Angelegenheiten des Unionsrechtes. Verweigerte man ein solches Beteiligungsrecht, wäre ein Dauerkonflikt zwischen dem Staat und den Autonomen Gemeinschaften unvermeidbar [560].
- Das Verfassungsgericht entwickelte in seinem Urteil vom 28.01.1986 das der "Bundestreue" vergleichbare "Prinzip der Loyalität", demzufolge die einzelnen Glieder des Staates in Erfüllung ihrer allgemeinen Treuepflicht den jeweils anderen die Ausübung ihrer Kompetenzen erleichtern müssen. Hieraus folgert M.J.Montoro Chiner, daß

---

556 vgl. auch A.López Castillo, J.Polakiewicz, Verfassung..., S.277

557 vgl. STC 5/1981 vom 13.02.1981, vgl. hierzu S.Muñoz Machado, a.a.O., S. 85

558 vgl. derselbe a. a. O.

559 vgl. nur E.García de Enterría, a.a.O., S. 14 ff, 16, der darauf hinweist, daß, trotz des ausschließlichen Bezuges der statuarischen Regelungen auf die internationalen Verträge, von den dort beanspruchten Rechten auch das Sekundärrecht umfaßt wird; M.J.Montoro Chiner, a.a.O., S. 165 f; S.Muñoz Machado, a.a.O., S. 67, 85; J.Soriano, a.a.O., S. 187, der zu Recht auf das eher politische als rechtliche Problem aufmerksam macht, daß sich die "priviligierten" Autonomen Gemeinschaften gegen die hier vorgenommene Nivellierung des Beteiligungsrechtes verwehren.

560 vgl. M.J.Montoro Chiner, a.a.O., S. 170; S.Muñoz Machado, a.a.O., S. 86

"in Übereinstimmung mit dem Urteil des Verfassungsgerichtes [...] die Zusammenarbeit zwischen dem Staat und den Autonomen Gemeinschaften oder dieser untereinander als mit dem staatlichen Willen übereinstimmende, durch gegenseitigen Respekt der Kompetenzen des jeweils anderen erreicht werden [muß], indem dafür gesorgt wird, daß die Ausübung der staatlichen Entscheidungsmacht getreu der verfassungsmäßigen Kompetenzverteilung ist. Mit anderen Worten, der Staat soll daran erinnert werden, daß - wenn er Entscheidungen trifft, die in Brüssel zu vertreten sind - seine Entscheidungen sich häufig auf Bereiche der autonomen Kompetenzen erstrecken." [561]

Diesem Loyalitätsprinzip kommt in der spanischen Verfassungssystematik bei weitem nicht die Bedeutung des deutschen Prinzips der Bundestreue zu, weshalb ihm auch ein deutlich geringeres Gewicht zur Rechtfertigung autonomer Beteiligungen beizumessen ist. Doch stellt es ein wesentliches Element des allgemeinen Kooperationsgebotes, dessen zentrale Rolle in der Beteiligungsfrage noch darzustellen sein wird. [562]

- In den vorherigen Kapiteln wurde die Frage nach der kompetenziellen Zuständigkeit zur internen Ausführung des EU-Rechtes behandelt. Dabei wurde das Spannungsverhältnis deutlich, das im häufigen Aufeinandertreffen der ausschließlichen staatlichen Verantwortlichkeit für die Umsetzung des EU-Rechtes nach außen in Anbetracht einer internen Zuständigkeit der Autonomen Gemeinschaften entsteht. Zur Gewährleistung der exakten und getreuen Umsetzung unionsrechtlicher Vorgaben stehen dem Staat verschiedene Kontrollinstrumente zur Verfügung, die jedoch, wie dargestellt[563], aus zeitlichen, juristischen oder politischen Gründen erhebliche Mängel aufweisen. Aus diesem Grunde ist

  "...die beste und zuverlässigste Garantie einer schnellen und getreuen Ausführung der internationalen Vereinbarungen [...], wenn die Autonomen Gemeinschaften in effektiver Weise am Abschluß solcher Vereinbarungen beteiligt werden." [564]

Denn die korrekte Ausführung kann am besten durch eine Identifikation der zuständigen Autonomien mit den europäischen Vorgaben, als Frucht ihrer eigenen Einflußnahme, erreicht werden. Diese Notwendigkeit offenbart die enge Verknüpfung, die die aszendierende Phase mit der deszendierenden erfährt.

- E.García de Enterría begründet die autonome Beteiligung mit einem weiteren Prinzip,

  "das allen wirklichen zusammengesetzten Staaten ["estados compuestos", Anm. d. Verf.) zu eigen ist - und wie wir sagen können, eine der Abgrenzungen zwischen dem zusammengesetzten Staat und schlichtem administrativen Regionalismus ist - das in dem Umstand besteht, daß die Einheiten unterhalb der staatlichen Ebene ("entes subestatales", Anm. d. Verf.), [...], in föderalen Systemen die Mitgliedstaaten das Recht haben, an der Willensbildung des zusammengesetzten Staates teilzuhaben, ..." . [565]

---

[561] dieselbe, a.a.O., S. 172

[562] vgl. 2.Kapitel, B.III.2.

[563] vgl. 2.Kapitel, B.II.7.

[564] G. Jáuregui Bereciarte, Las Comunidades Autónomas..., S. 126; vgl. S.Muñoz Machado, a.a.O., S. 86 f; J. Soriano, a.a.O., S. 189; J.Pueyo Loaysa, a.a.O., S. 32

[565] a. a. O., S. 17

Dieses wesentliche Merkmal einer föderalen Struktur finde ihre Entsprechung in der spanischen Verfassung durch die Konstituierung des Senates, Art.69 Abs.5 CE, sowie das Recht, Gesetzesentwürfe im staatlichen Parlament vorzulegen, Art.87 Abs.2 CE[566].

Obgleich die Vorsehungen der spanischen Verfassung hierzu, besonders wegen der mangelhaften Eignung des Senates zur autonomen Representation, nicht ausreichend sind, begründet dieses Prinzip doch eine maßgebliche Leitfunktion zur Bestimmung des autonomen Beteiligungsrechtes in EU-Angelegenheiten, zumal unter Heranziehung einer Betrachtung anderer föderaler Strukturen innerhalb der Europäischen Union.

- Die wohl wichtigste Begründung zur autonomen Beteiligung wird aus einer Deduktion der allgemeinen Kompetenztitel gemäß der internen Verteilung gezogen[567]. Denn die notwendige Wahrung des autonomen Kompetenzrahmens, als Konkretisierung des umfassenden Autonomieprinzipes, erfordere, angesichts der Unvermeidbarkeit, daß

  "...das Phänomen Europa den juristischen Inhalt einer ausschließlichen autonomen Kompetenz verändert",

  dessen Wandlung in

  "...ein Recht zur Beteiligung an der Bildung der Positionen der Regierung, die vor den Gemeinschaftsorgangen Bestand haben".[568]

Der jeweilige Kompetenztitel der Autonomen Gemeinschaften verwandelt sich also bei seiner Betroffenheit durch Unionsentscheidungen unmittelbar in ein Beteiligungsrecht an der staatlichen Willensbildung. J.Pueyo Loaysa betont, daß es sich dank dieser Unmittelbarkeit um ein eigenes, originäres Recht der Autonomie handelt.[569] In die gleiche Richtung strebt G.Jáuregui Bereciartu, indem er die staatliche Willensbildung in EG-Angelegenheiten, als Ausfluß des jeweils betroffenen Kompetenztitels, zu einer internen Angelegenheit mit Außenwirkung erklärt. [570]

Abschließend kann festgehalten werden, daß praktisch allen diesen Ansätzen zur Begründung einer autonomen Beteiligung in Angelegenheiten der Europäischen Union der aus der deutschen Doktrin bekannte Kompensationsgedanke [571] gemein ist. Denn jedesmal wird, auf der Grundlage einer Diagnose des umfassenden Verlustes der möglichen Ausübung eigener Kompetenzen durch die Autonomen Gemeinschaften, zur Wahrung des Autonomiestaates eine ausgleichende Beteiligung gefordert.

---

566 vgl. derselbe, a.a.O.

567 vgl. m.w.N. E.García de Enterría, a.a.O., S. 13; S.Muñoz Machado, a.a.O., S. 85; J.Pueyo Loaysa, a.a.O., S. 33

568 S.Muñoz Machado, a.a.O., S. 85

569 vgl. a.a.O., S. 33

570 vgl. a.a.O., S. 125

571 vgl. 1.Kapitel, B.II.1.

2. Das Kollaborationsprinzip - Angelpunkt zur autonomen Beteiligung in Unionsbelangen

Die Beteiligung Autonomer Gemeinschaften an den Angelegenheiten europäischer Politik ist, zumindest auf nationaler Ebene, eng mit dem internen Kollaborationsprinzip [572] verwurzelt. Denn einerseits gründet die autonome Mitwirkung wesentlich in diesem Prinzip im weiteren Sinne, andererseits konkretisiert sie jene Kollaboration im engeren Sinne einer Kooperation in europarechtlichen Angelegenheiten. Der größte Teil der in den folgenden Kapiteln darzustellenden Beteiligungsmechanismen beschreibt die eine oder andere Ausformung des Kollaborationsprinzipes, weshalb dessen Struktur und Rechtfertigung eine genauere Betrachtung verdient.

Entscheidendes Moment einer engen Kollaboration ist dessen unabdingbare Notwendigkeit für das gleichzeitige Funktionieren mehrerer Ebenen in einem zusammengesetzten Staat, vor allem dort, wo die Vorsehungen des Systems der Kompetenzverteilung den politischen Realitäten nicht abschließend Rechnung tragen. Diese Einsicht wird heute in praktisch allen föderalen Strukturen geteilt und dem System des amerikanischen "dual federalism" des 19. und beginnenden 20. Jahrhunderts entgegengesetzt. Der dual federalism beinhaltet die Vorstellung zweier nebeneinander existierender Instanzen, die Staaten und die Union, deren Beziehungspunkte auf ein Minimum reduziert sind[573].

Obgleich genanntes Prinzip in der spanischen Verfassung von 1978 allein in Art.103 Abs.1 CE angedeutet wird, demzufolge die öffentliche Verwaltung u.a. in Entsprechung des "Koordinationsprinzipes" handeln muß, wurde das Vorbild des "kooperativen Föderalismus" in Doktrin und Rechtsprechung von Anbeginn an aufgenommen. Schon in einem seiner ersten Urteile stellte das Verfassungsgericht fest, daß

> ...diese Kollaboration [...] notwendig für das gute Funktionieren des Autonomiestaates [ist], auch im Rahmen der konsitutionellen und statuarischen Verteilung der entsprechenden Kompetenzen.[574]

Später, in dem bereits zitierten Urteil 252/88, stellte das Gericht eine explizite Verbindung zur europäischen Integration her:

> Sowohl aus der systematischen Interpretation der Verfassung heraus, wie auch wegen derer Vorrangigkeit vor den Statutenn, ergibt sich die Notwendigkeit der Kollaboration zwischen der staatlichen Verwaltung und den autonomen Verwaltungen, eine Zusammenarbeit, die in vielen Fällen Artikulationsformen erfordert, gerade in Bezug auf unsere Eingliederung in die EG, ...[575]

Mit welchem konkreten Inhalt nun ist der allgemeine Begriff des

---

572 = "principio de colaboración"; dieser Begriff soll hier und im weiteren in der Direktübersetzung der Kollaboration gebraucht werden, da die deutschen Begriffe der Mitarbeit, Zusammenarbeit oder Beteiligung die Unterscheidung der spanischen Doktrin zwischen "colaboración" und "cooperación" schwer zu fassen vermögen

573 vgl. nur E.García de Enterría, a.a.O., S. 15

574 STC 252/88 vom 04.11.1982, FJ 8

575 STC 252/88, vom 210.12.88 FJ 2

"Kollaborationsprinzipes" zu füllen? In seinem Ursprung ist dieses Prinzip ein allgemeines Verhaltensgebot, das jegliches Handeln der verschiedenen staatlichen Ebenen den moralischen und politischen Anforderungen des guten Willens füreinander, des gegenseitigen Respektes und der Loyalität unterwirft [576]. Über diese lose Formel hinaus hat es sich zu einer konkreten Größe im Autonomiestaat verdichtet, die mit den Worten O. Casanovas y la Rosas folgendermaßen zu umreißen ist:

> Das Prinzip der Kollaboration hat gemäß der [...] Doktrin einen eigenen verfassungsrechtlichen Inhalt, der die Ausübung der Gewalten reguliert, die den staatlichen und autonomen Ebenen zustehen. Es handelt sich um eine Begrenzung der Freiheit dieser Gewalten in der Ausübung ihrer Kompetenzen. Während das Solidaritätsprinzip eine negative Beschränkung der freien Ermessensausübung setzt, die nicht überschritten werden kann, begrenzt das Prinzip der Kollaboration die Unabhängigkeit der Organe, indem es ihnen eine bestimmte positive Handlung aufgibt.[577]

Hierbei beschreibt die Kollaboration jedoch keine konkreten Kompetenztitel, sondern einen die Ausübung sämtlicher Kompetenzen durchdringenden Grundsatz. Darum ist eine ausdrückliche Aufnahme dieses Prinzipes in die Autonomiestatuten nicht erforderlich und das in einigen dieser genannte Recht auf Information, als Konkretisierung der Kollaboration, für alle Autonomen Gemeinschaften gleichermaßen gültig. Wegen eben dieses umfassenden Charakters ist das Kollaborationsprinzip nicht an bestimmte kompetenzielle Voraussetzungen gebunden, sondern hinsichtlich jeden Handelns der betroffenen Ebenen anwendbar[578]. Die möglichen Handlungsgebote in Anwendung des Kollaborationsprinzipes lassen sich nach der Doktrin in drei Gruppen einteilen[579]:

- Die am wenigsten verbindliche Form ist der allgemeine Beistand ("auxilio") der betroffenen Ebenen untereinander. Dieser kann sich in der Übermittlung von Informationen, materiellen oder personellen Untersützungen und sonstigen Dienstleistungen äußern.
- Von größerer Reichweite ist die Koordination zwischen den Institutionen. Hier bietet sich die Etablierung gemischter Organe mit beratender Funktion, ständiger Kommunikationsinstrumentarien und schließlich die gegenseitige beratende Beteiligung an den jeweiligen Entscheidungsprozessen an.
- Die Kollaboration kann schließlich in eine echten Kooperation münden, indem die Kompetenztitel der Beteiligten in einer wirklichen Zusammenarbeit ausgeführt werden.

Wenngleich das Kollaborationsprinzip in der Doktrin vorwiegend im Zusammenhang mit der autonomen Beteiligung in der aszendierenden Phase des Unionsrechtes herangezogen wird, weist P. Pérez Trembs zu Recht darauf hin, daß ein entscheidener Anwendungsbereich in der deszendierenden Phase, also der bereits beschriebenen Umsetzung der EG-Vorgaben, liegt.[580] Hier allerdings sind viele Kooperationsme-

---

576 vgl. nur O.Casanovas y la Rosa, a.a.O., S. 784

577 vgl. a.a.O., S. 784

578 vgl. nur Pueya Loaysa, a.a.O., S. 36

579 vgl. hierzu insb.: O.Casanovas y la Rosa, a.a.O. Seite 784 f; J.Pueyo Loaysa, a.a.O., S. 36 ff; P.Pérez Trembs, a.a.O., S. 219

580 vgl. derselbe, a.a.O., S. 220 ff

chanismen bereits durch die Kompetenzsystematik vorgegeben, wie z.B. in der Grundlagen- und Ausführungsgesetzgebung.

Umfang und Wege zur Beteiligung in der aszendierenden Phase hingegen sind in Spanien noch offen und ungeklärt, so daß sich die herausragende Bedeutung des Kollaborationsprinzipes hier in seiner Undeterminiertheit und praktisch unbeschränkten Variabilität erklärt. Die materiellrechtliche Öffnung der Verfassung für die Einführung neuer Kollaborationsmechanismen, daß gegen solche Kollaborationsmechanismen also grundsätzlich keine verfassungsrechtlichen Bedenken bestehen, wurde vom Verfassungsgericht in seinem berühmten Urteil zur LOAPA[581] bestätigt.[582] Trotz dieser Offenheit der möglichen Mechanismen, stellt J. Pueyo Loaysa zu Recht fest, daß die Kollaboration im Interesse ihrer Effektivität zunehmend fixiert und institutionalisiert werden muß[583]. Während sie sich bislang weitgehend in einer bilateralen Koordination erschöpfte, muß vor allem auf die Ausweitung mulitlateraler Zusammenarbeitung geachtet werden, sowohl vertikal zwischen dem Staat und den Autonomen Gemeinschaften, als auch horizontal zwischen den Gemeinschaften.[584] Das Kooperationsprinzip wurde zuletzt von den großen Parteien, der PSOE und der PP, sowie der Zentralregierung in ihren Autonomievereinbarungen beschworen. Hier wurde in allgemeinen Wendungen die Absicht verlautbart, in Zukunft auf allen territorialen Ebenen eng zum Wohle des Staates zusammenzuarbeiten.

Zusammenfassend und zur Überleitung in die Behandlungen der autonomen Beteiligung auf nationaler Ebene sei eine Konklusion G.Jáuregui Bereciartus zitiert:

> Eine der wertvollsten Formeln, um die Umsetzung des Kooperationsprinzips zu verwirklichen, eröffnet die Beteiligung ["participación"], verstanden als Koprotagonismus und Mitverantwortlichkeit der territorialen Einheiten an den Entscheidungen, die mit dem allgemeinen Willen des Staates ["voluntad general del Estado"], nicht im Sinne des Staates, sondern als Staat der Gemeinschaft ["estado-communidad"] übereinstimmen.[585]

3. Status-Quo der autonomen Beteiligung in europapolitischen Angelegenheiten

a. Mitwirkung an der nationalen Willensbildung

Verglichen mit dem Maß an Mitwirkungsmöglichkeiten der deutschen Länder in der Bundeswillensbildung befinden sich die Autonomen Gemeinschaften Spaniens in einer Position annähernder Bedeutungslosigkeit. A. Calonge Velázquez sieht sich sogar zu der plastischen Aussage verleitet:

> ... welches der Grad der Beteiligung Autonomer Gemeinschaften diesbezüglich ist, kann

581 STC 76/83 vom 05.08.1983

582 vgl. hierzu auch P. Pérez Trembs, a. a. O., S. 224

583 vgl. a.a.O., S. 36

584 vgl. J. Soriano, a.a.O., S. 188 f

585 a.a.O., S. 122

leicht beschrieben werden: Nicht existent[586].

Diesem Urteil zum Trotz haben sich seit der Eingliederung Spaniens in die Gemeinschaft 1986 diverse Foren zur Einflußnahme der Autonomien eröffnet, unter denen vor allem die diesbezüglichen Sektorenkonferenzen hervortreten. Wichtiger als der vorhandene "Grad" dieser Mitwirkung ist jedoch deren Beurteilung als ein Prozeß, in dem die beteiligten Parteien, der Staat und die Autonomien, um die Artikulation des "spanischen Willens" in europäischen Angelegenheiten ringen. Hierbei muß man in Rechnung stellen, daß der vergleichbare Prozeß in Deutschland kurz nach Unterzeichnung der römischen Verträge begann und infolgedessen schon mehr als 30 Jahre andauert. In Spanien hingegen ist diese Diskussion eng mit der unverändert ungeklärten Frage nach einer abschließenden Kompetenzstruktur der Autonomien verwoben.

Der Beteiligungsprozeß in Spanien begann mit den ergebnislos gebliebenen Abkommensentwürfen zwischen der Zentralregierung und den Gemeinschaften der Jahre 1985-1987, realisierte sich zum erstenmal in der Etablierung entsprechender Sektorenkonferenzen und erfuhr jüngste Impulse durch die Autonomievereinbarungen des Jahres 1992.

(1) Die Rolle des Senates

Das bundesdeutsche Beteiligungsmodell vor Augen, richtet sich, angesichts der dort herausragenden Stellung des Bundesrates, der erste Blick in der spanischen Problematik auf den Senat, als "Kammer der territorialen Repräsentation", Art.69 CE. Wie bereits dargestellt[587], ist diese Kammer als Forum einer autonomen Beteiligung an der staatlichen Willensbildung untauglich. Grund hierfür ist die geringe Repräsentation der Autonomen Gemeinschaften, sowie der Mangel effektiver Mitwirkungsrechte der Kammern als solche.

(2) Die Abkommensentwürfe der Jahre 1985 bis 1987

Obgleich die drei Entwürfe 1985, 1986 und 1987 ohne Einigung blieben, sind sie von großer Bedeutung, um das politische Meinungsspektrum der Autonomien und des Staates in dieser Zeit sowie deren Artikulation in den nachfolgenden Vereinbarungen nachzuvollziehen[588]. Die Abkommen dieser Jahre waren deutlich von den bundesdeutschen Lösungsansätzen, hauptsächlich das Länderbeteiligungsverfahren von 1979 und später Art.2 des Zustimmungsgesetzes zur Einheitlichen Europäischen Akte inspiriert. Die Wahl eines "Abkommens" als Instrumentarium zur Regelung der Mitwirkung anstelle beispielsweise eines Gesetzes ist u.a. wohl auf dessen weniger verbindlichen Charakter im politischen Ansehen zurückzuführen. Diese Handlungsform ist in der Verfassung nicht explizit vorgesehen, findet ihre Ermächtigung jedoch

---

586 una aspiración insatisfecha ..., S. 125

587 vgl. 2.Kapitel, A.X.1.

588 die Texte dieser Vereinbarungen sind u.a. bei M.Pérez González, la acción exterior..., S. 354 ff abgedruckt

im Prinzip der allgemeinen Handlungsfreiheit, die den beteiligten Parteien als juristischen Personen des öffentlichen Rechtes zukommt. Darum eröffnet ein solches Abkommen eine höhere Flexibilität und Handlungsvariabilität als ein vergleichbares Gesetz.[589]

(a) Der Entwurf von 1985

Der erste "Entwurf eines Abkommens zwischen der Regierung, der Nation und den Autonomen Gemeinschaften über eine Zusammenarbeit in Angelegenheiten bezüglich der Europäischen Gemeinschaft" ("proyecto de convenio entre el Gobierno de la Nación y las Comunidades Autónomas sobre cooperación en los asuntos relacionados con las Communidades Européas") wurde aus der Debatte der Cortes über die Verabschiedung des Organgesetzes zur Ratifizierung des Aufnahmevertrages Ende 1985 heraus von der Regierung präsentiert.

Dieser Erstentwurf ist, wie auch die beiden anderen, grob in zwei Teile gegliedert, deren erster den Titel "Entwicklung und Ausübung der gemeinschaftlichen Rechtsordnung" trägt, sich also mit der deszendierenden Phase der autonomen Mitwirkung beschäftigt, während der zweite, hier interessierende Teil mit der "Beteiligung der Autonomen Gemeinschaften in der staatlichen Willensbildung" überschrieben ist. In der ersten Vorschrift dieses Teiles, Teil II, Nr. 9, wiederholt der Entwurf, daß die Repräsentation des spanischen Staates vor den Europäischen Gemeinschaften in die ausschließliche Kompetenz und Verantwortung der Zentralregierung fällt und daß sämtliche Verbindungen mit deren Institutionen über die staatlichen Medien zur Außenpolitik vollzogen werden. Im weiteren wird der Wille zur Zusammenarbeit in "Verteidigung des allgemeinen staatlichen Interesses" beschworen und die Bereitschaft der Regierung verkündet, Stellungnahmen der Autonomen Gemeinschaften im europäischen Wirken zu berücksichtigen, Teil II, Nr.10 Abs.2. Hierzu soll den Autonomien die notwendige Information und Gelegenheit zur Stellungnahme verschafft werden, Nr.11. Die Kommunikation zwischen den Gemeinschaften und dem Staat schließlich wird nach Nr. 12 und 13 durch Konferenzen gemischter Kommissionen und die "interministerielle Kommission über wirtschaftliche Angelegenheiten bezüglich der Europäischen Gemeinschaft" als ständiges Organ des damaligen Ministeriums für territoriale Verwaltung[590], abgesichert.

(b) Stellungnahmen der Autonomen Gemeinschaften

Zu diesem Entwurf reichten die verschiedenen Autonomen Gemeinschaften in der folgenden Zeit Stellungnahmen ein, unter denen diejenige der Katalanen eine besondere Betrachtung verdient, zum einen wegen ihres weitgehenden Inhaltes und zum zweiten wegen ihrer Form als eigener Abkommensentwurf[591]. In dessen Einleitung

---

[589] vgl. J.E.Soriano, a.a.O., S. 203 f

[590] heute in "Ministerium für öffentliche Verwaltung", "Ministerio para las Administraciones Públicas", umgewidmet

[591] der Gegenvorschlag der Katalanen ist bei M.Pérez Gonzáles, a.a.O., S. 357 ff abgedruckt

heißt es u. a.:

Für das in Zukunft zu erlassende Gemeinschaftsrecht müssen die Verfahren und Methoden ausfindig gemacht werden, durch die die Autonomen Gemeinschaften so direkt wie möglich am Normsetzungsprozeß der Gemeinschaft beteiligt werden können, soweit diese [die Normen, Anm. d. Verf.] solche Bereiche betreffen, die aus interner Sicht ausschließlich den Autonomien zugeteilt sind.

Andernfalls würden die Interessen und Gesichtspunkte zu diesen Bereichen vertreten werden,

...ohne auf die Meinung und Erfahrung der Stellen zu zählen, die innerhalb unserer Rechtsordnung hierzu kompetent sind."

Aus diesem Grunde entwirft die katalanische Regierung das folgende Verfahren: Die Autonomen Gemeinschaften können in den Bereichen, die unter ihre ausschließliche Zuständigkeit fallen, der Regierung Vorschläge und Stellungnahmen unterbreiten. Diese sind verbindlich, so daß ihnen also nicht durch entgegenstehende Instruktionen der Regierung an die spanischen Vertreter in Brüssel widersprochen werden darf (Art. 3). Als Organ der Autonomien wird eine "Delegation der Autonomen Gemeinschaften für europäische Angelegenheiten" kreiert, die sich aus einem "Abgeordneten der Autonomen Gemeinschaften in europäischen Angelegenheiten, einem Beigeordneten, einem Generalsekretär der Abordnung und drei weiteren Mitgliedern zusammensetzt, Art.4 Abs.1. Die Autonomien sollen nach Art.4 Abs.2 untereinander die Ernennung dieser Delegation vereinbaren, wobei die "Pluralität der verschiedenen politischen Strömungen" gewährleistet sein müsse. Jedenfalls aber wird jeweils ein Mitglied der Delegation durch die drei historischen Gemeinschaften, Katalonien, das Baskenland und Galizien ernannt, Art.4 Abs.3. Die besagte Delegation verabschiedet die Stellungnahmen der Autonomien unter einstimmiger Beschlußfassung, Art.7.

Dieser Gegenvorschlag der Katalanen wurde in der Doktrin mehrheitlich zu Recht gerügt. Einerseits sei die Ansicht der 17 Autonomen Gemeinschaften nicht per se mit dem allgemeinen Interesse des Staates, das es einheitlich zu artikulieren gelte, gleichzusetzen[592]. Darüberhinaus verlangsame das vorgeschlagene Handeln die nationale Beteiligung innerhalb der europäischen Politik und könne dort somit zu unerträglichen Spannungen gegenüber Spanien führen[593].

Während letzteres Argument wenig überzeugend ist, angesichts der Konstituierung eines 6-Personen-Organes, das mit Sicherheit zu schnelleren Stellungnahmen imstande ist, als die Konsultation aller Gemeinschaften in Konferenzen und ähnlichen Zusammenkünften, muß der offenliegende Verfassungswiderspruch des Entwurfes angemerkt werden. Die vorbehaltslose Verbindlichkeit der Stellungnahme nämlich verstößt gegen die außenpolitische Alleinverantwortlichkeit des Staates, die diesem zumindest in Ausnahmesituationen ein Abweichen von den Vorgaben offenlassen muß. Weiter diskriminiert die vorgesehene Zusammensetzung der "Delegation", mit jedenfalls hälftiger Beteiligung der drei historischen Gemeinschaf-

---

592 vgl. A.López Castillo, a.a.O., S. 148; J.E.Soriano, a.a.O., S. 207

593 vgl. dieselben, a.a.O.

ten, die verbleibenden Autonomien und widerspricht dem verfassungsrechtlichen Solidaritätsgebot unter jenen gemäß Art.2 und 138 Abs.1 CE.

(c) Der Entwurf von 1986

Nach Empfang der autonomen Stellungnahmen legte die Regierung im April 1986 einen neuen Abkommensentwurf vor, der wegen seiner weitergehenden staatlichen Eingeständnisse und der erstmaligen Erwähnung eines Koordinationsgremiums auf große Resonanz stieß. Die entscheidenden Neuerungen sind im zweiten Teil Nr.4 und Nr.5 geregelt:

- 4. Die Regierung der Nation ermöglicht die Beteiligung der Autonomen Gemeinschaften am Prozeß der Willensbildung des Staates, als Mitglied der europäischen Gemeinschaften.
- Die Regierung übergibt den Autonomen Gemeinschaften die Dokumentation und Information bzgl. der europäischen Gemeinschaft, die geeignet ist, deren Kompetenzen zu betreffen.
- Die Autonomen Gemeinschaften übermitteln der Regierung ihre Kritiken und Stellungnahmen hinsichtlich ihrer Erwägungen in der Willensbildung des spanischen Staates bei den Europäischen Gemeinschaften. Die Regierung arbeitet diese Kriterien in die spanische Stellungnahme ein, soweit diese mit dem allgemeinen Interesse des Staates und dem europäischen Integrationsprozeß vereinbar sind.
- 5. Mit dem Ziel, die in den vorherigen Klauseln aufgeführten Prinzipien umzusetzen, konstituieren die Autonomen Gemeinschaften ein Koordinationsorgan mit dem Staat für Angelegenheiten in Bezug auf die Europäischen Gemeinschaften.

Besagtes Koordinationsorgan soll seinen Sitz in der Hauptstadt des Staates haben und alle Autonomen Gemeinschaften auf der Grundlage der Gleichheit integrieren."

Dem Koordinationsorgan werden im Abkommen konkrete Funktionen zugeordnet: Es soll die Kommunikation zwischen den Autonomen Gemeinschaften und den staatlichen Organen und Ministerien, die sich mit EU-Angelegenheiten befassen, absichern und den Gemeinschaften als "Forum des Dialoges" zur Erarbeitung gemeinsamer Stellungnahmen gegenüber der staatlichen Regierung dienen.

Zur Erfüllung dieser Aufgaben dient das Koordinationsorgan zugleich als Informationskanal zwischen Staat und Gemeinschaften, Klausel Nr. 6 b).

Der Entwurf war besonders wegen der Äußerung der staatlichen Bereitschaft, die autonomen Stellungnahmen grundsätzlich zu berücksichtigen, sowie der Konstituierung eines Organes zur horinzontalen und vertikalen Koordination ein spürbarer Schritt in die richtige Richtung. Dennoch fand auch dieses Projekt nicht die erforderliche Zustimmung aller beteiligten Parteien.

(d) Der Entwurf von 1987

Daraufhin legte die Regierung zu Beginn des Jahres 1987 einen neuen, dritten Abkommensentwurf vor. Dieser nimmt die Initiative zur Schaffung eines Koordinationsorganes, wie es der zweite Entwurf vorsah, teilweise zurück und verlagert das

Schwergewicht autonomer Beteiligung auf die Einrichtung weiterer Sektorenkonferenzen. Letztere allerdings arbeiten nach dem "Zersplitterungsprinzip" unter zumeist bilateraler Behandlung der betreffenden Angelegenheiten, getrennt nach den einzelnen Bereichen[594]. Um den auf diesen Entwurf folgenden Stillstand der Verhandlungen zu lösen, verabschiedete der Kongreß im Rahmen einer Debatte über die Lage der Nation am 14. und 15.02.1989 eine Resolution,in dem er die Regierung auffordert, während ihrer EG-Präsidentschaft "die notwendigen Mechanismen zu schaffen, durch die eine Lösung der Angelegenheiten ermöglicht werden kann."[595]

Trotzdem liegt auch zu diesem Entwurf bis heute keine Einigung vor.

(3) Die Sektorenkonferenzen

Der dritte Abkommensentwurf sollte der Regierung die Richtung für die politische Praxis in der Beteiligungsfrage während der kommenden Jahre weisen. Denn diese verlagerte die tatsächliche Öffnung der eigenen Europapolitik für eine Mitwirkung der Gemeinschaften auf die zuvor genannte Institution der Sektorenkonferenzen, auf deren Arbeit sich bis zum heutigen Tag die vollzogene Beteiligung der Autonomien am nationalen Willensbildungsprozeß beschränkt. Solche Sektorenkonferenzen fanden ab 1987 in erster Linie in den Bereichen Landwirtschaft, Transportwesen, Umweltschutz, Kultur, Erziehung u.a. statt. Sie finden ihre Ermächtigung in Art.4 Abs.1 des Gesetzes über den Autonomieprozeß[596]. Als Folge der oben zitierten Resolution des Kongresses im Februar 1989 konstituierte sich im März desselben Jahres zum ersten Male eine "ad-hoc-Sektorenkonferenz für Angelegenheiten mit Bezug auf die Europäischen Gemeinschaften". Diese setzt sich aus dem präsidierenden Minister für öffentliche Verwaltung, dem Staatssekretär für die Europäischen Gemeinschaften und den Abgeordneten der Autonomen Gemeinschaften, regelmäßig die Zuständigen für Unionsangelegenheiten, zusammen. Als Grundlage der Konferenz hielten die Beteiligten in der ersten Sitzung vom 16.03.1989 einen prinzipiellen Konsens in der Notwendigkeit autonomer Beteiligung an der staatlichen Willensbildung fest. Dies geschah unter Anerkennung des Umstandes, daß die Integration unweigerlich Kompetenzverluste beider Ebenen mitsich bringt und schließlich, daß die Umsetzung des EU-Rechtes an der internen Kompetenzverteilung auszurichten ist.[597] Die Sektorenkonferenz trug am 16.11.1990 die ersten konkreten Früchte dank des Abschlusses zweier sektorieller Vereinbarungen zwischen dem Staat und den Autonomen Gemeinschaften:

---

594 vgl. M.Pérez Gonzáles, Autonome Gemeinschaften ..., S. 191

595 zitiert und übersetzt bei M.Pérez Gonzáles, a.a.O., S. 192

596 Art. 4 Abs. 1 des Gesetzes 12/1983 vom 14. Oktober: "Mit dem Ziel, jederzeit den notwendigen Zusammenhang im Handeln der öffentlichen Gewalten und die unverzichtbare Koordination abzusichern, versammeln sich regelmäßig, [...] Sektorenkonferenzen der Regierungen der verschiedenen Autonomen Gemeinschaften und der Minister oder die Minister des Bereiches [...] mit dem Zweck, Meinungen auszutauschen und gemeinsam die Probleme jedes Sektors zu untersuchen, sowie die geplanten Projekte um diesen zu begegnen und sie zu lösen."

597 vgl. A.López Castillo, a.a.O., S. 151 f; J.E.Soriano, primeros pasos ..., S. 19 f

- Die erste der Vereinbarungen betrifft die öffentliche Unterstützung, die der Staat Unternehmen gewähren kann. Nach den Art. 92-94 des EG-Vertrages ist die Vergabe solcher nationaler Subventionen wegen ihrer wettbewerbsverzerrenden Konsequenzen limitiert und jedenfalls an eine vorherige Meldung an die Kommission gebunden. Da die Unterstützungen intern sowohl vom Staat als auch von den einzelnen Autonomen Gemeinschaften zugeteilt werden, ist, angesichts der Meldepflicht, deren enge Koordination erforderlich [598]. Das Abkommen teilt dem Staatssekretariat für die Europäischen Gemeinschaften die Rolle eines Transmitters zur europäischen Kommission zu. Diese Funktion übt es zum einen von oben nach unten durch Übermittlung jeglicher relevanter Informationen der EU an die Autonomien aus und in entgegengesetzter Richtung als Koordinationsgremium für die Weiterleitung der erforderlichen Meldungen der Autonomien an die Kommission. Diese Koordination eröffnet dem Staatssekretariat allerdings nicht die Befugnisse zur einseitigen Regelung der Subventionszuteilungen, sondern basiert - wie dies im Abkommen betont wird - auf dem Prinzip der Kollaboration[599].
- Die zweite Vereinbarung bezieht sich auf die mögliche Intervention der Autonomen Gemeinschaften in das staatliche Handeln im Vorverfahren eines sich anbahnenden Verfahrens vor dem EuGH. Nach Art.169 EG-Vertrag können die europäischen Institutionen ein Verfahren gegen einen Mitgliedstaat im Falle der Nichterfüllung dessen vertraglicher Pflichten einleiten. Um dem betroffenen Staat die Gelegenheit zur Korrektur zu geben, ist dem gerichtlichen Verfahren ein eigenes Procedere vorgelagert: Zu Beginn erfolgt eine Mahnung des Inhaltes, daß nach Auffassung der Kommission eine Nichterfüllung vertraglicher Pflichten durch den Mitgliedstaat vorliegt. Hierauf erfolgt in der Regel eine Stellungnahme des betroffenen Staates. Ist diese aus der Sicht der Kommission nicht überzeugend, erläßt sie einen "avis motivé", eine Aufforderung zur Erfüllung mit Fristsetzung. Nach ungenutztem Verstreichen dieser Frist leitet die Kommission zumeist ein Verfahren vor dem EuGH zur Festellung der Nichterfüllung unionsrechtlicher Verpflichtungen ein. Die besagte Vereinbarung nun ermöglicht jeder Autonomen Gemeinschaft die direkte Intervention in dieses Vorverfahren, soweit von der Mahnung der Kommission eine Verpflichtung betroffen ist, die intern in ihren Zuständigkeitsbereich fällt. Die Intervention kann sich in zwei Phasen verwirklichen: Nach der Mahnung der Kommission verhandeln die Staaten regelmäßig mit jener Institution, um ihren Standpunkt zu verdeutlichen und das eigene Handeln zu verteidigen. An diesen Verhandlungen können Abgeordnete der Autonomien direkt teilnehmen. Von vergleichbarer Bedeutung ist die zweite Phase des eigentlichen Prozesses vor dem EuGH. Hier können die Autonomen Gemeinschaften gemäß der Vereinbarung Rechtsberater entsenden, die unmittelbar mit den staatlichen Anwälten die Verteidigung der eigenen Sache übernehmen[600].

Während die erste Vereinbarung noch stark von der Notwendigkeit einfacher Koordination geprägt ist, treten die Autonomien mit der zweiten Vereinbarung erstmalig in direkten, rechtsverbindlichen Kontakt mit einem Gemeinschaftsorgan, womit ein erster Schritt in Richtung einer wirklichen autonomen Mitwirkung gesetzt wurde.

---

598 vgl. nur E.García de Enterría, la participación ..., S. 25

599 vgl. die ausführliche Darstellung bei J.E.Soriano, a.a.O., S. 26 f

600 vgl. hierzu J.E.Soriano, a.a.O., S. 20 ff; E.García die Enterría, a.a.O., S. 25 f

(4) Vorschlagsentwürfe zur Fortführung der Beteiligungsfrage

Am 16.06.1992 legte das Ministerium für öffentliche Verwaltung zwei Entwürfe für Vorschläge zur Fortführung der Beteiligungsfrage mittels der Sektorenkonferenz vor. Wenngleich diese "Entwürfe von Vorschlägen" ("Borrador de propuesta") keinerlei verbindlichen Charakter haben, geben sie doch eine gewisse Andeutung davon, wie sich die Zentralregierung die weitere Entwicklung der autonomen Mitwirkung vorstellt.

- Der erste Entwurf beabsichtigt die Institutionalisierung der Sektorenkonferenz für Angelegenheiten mit Bezug auf die Europäischen Gemeinschaften. So heißt es in dessen Einleitung:

  "Seit ihrer Zusammensetzung 1988 ist die Sektorenkonferenz, angesiedelt im Ministerium für öffentliche Verwaltung, ein nützliches Instrument für den Dialog zwischen der Verwaltung des Staates und den Autonomen Gemeinschaften hinsichtlich derer Beteiligung in Angelegenheiten mit Bezug auf die Europäischen Gemeinschaften [...].

  Von dieser Erfahrung ausgehend, erachten es die in der Konferenz vertretnen Verwaltungen als notwendig, in einer Vereinbarung gemeinsam deren Institutionalisierung herbeizuführen, um folgenden Zweck zu erfüllen, den sie als fundamental einschätzen: In Entsprechung des Kooperationsprinzipes und durch angemessene Instrumentarien die fortschreitende Lösung der Fragen in Angriff zu nehmen, die hinsichtlich der Beteiligung der Autonomen Gemeinschaften in Ausarbeitung und Anwendung des Rechtes und der Politik der Europäischen Gemeinschaften bestehen."

In Art. 4 des Entwurfes wird der Aufgabenbereich der Sektorenkonferenz in drei Funktionen umrissen:

a) allgemeine Informationen der Autonomen Gemeinschaften über den Fortgang des europäischen Integrationsprozesses;
b) Behandlung und Lösung der allgemein anstehenden Fragen unter Anwendung des Kooperationsprinzipes;
c) Fortentwicklung der autonomen Beteiligung an der staatlichen Willensbildung mittels der besagten Sektorenkonferenz.

- Die zuletzt genannte Fortentwicklung der autonomen Beteiligung mittels der Sektorenkonferenz wird im zweiten Entwurf konkretisiert:

  "Die dieser Frage eigene Spannbreite erfordert die Entwicklung einer graduellen Strategie durch die Konferenz für Angelegenheiten mit Bezug zu den Europäischen Gemeinschaften, die in innerhalb dieses Organes sukzessiv erlassenen Vereinbarungen zum Ausdruck kommt und folgende Etappen durchschreitet: 1. Die Bestimmungen der Gemeinschaftspolitik innerhalb derer die Sektorenkonferenz das Schema der Beteiligung erproben kann. 2. Die Definition und Verwirklichung dieses Beteiligungsschemas als Pilotprojekt in den ausgewählten Bereichen. 3. Die fortschreitende Ausweitung dieses Beteiligungsausschusses auf den Rest der Gemeinschaftspolitik, ausgehend von den gesammelten Erfahrungen und mit den Veränderungen, die die Natur der behandelten Gemeinschaftspolitik erfordert."[601]

In den folgenden Artikeln wird das denkbare Vorgehen detailierter beschrieben. So soll in den Bereichen begonnen werden, in denen bereits Sektorenkonferenzen bestehen und eine hohe Homogenität der betreffenden Kompetenzen seitens der Autonomen Gemeinschaften vorzufinden ist.

In ihrer Sitzung vom 29.10.1992 beschloß die "Sektorenkonferenz für Angelegenheiten mit Bezug auf die Europäischen Gemeinschaften", die vorgeschlagene Institutionalisierung zu vollziehen. Ob die ihr gestellten Aufgaben den Entwürfen entsprechen, kann noch nicht festgestellt werden, da die entsprechenden Vorgaben sich noch immer in der Planungsphase befinden.[602]

Das Anliegen einer Entwicklung der autonomen Mitwirkung "häppchenweise", beginnend mit einigen Pilotprojekten, könnte dank seiner Pragmatik zukunftsweisend sein. Jedoch verwehrt sich die Regierung, den Entwürfen zufolge, gegen eine globale und umfassende Strukturierung der Beteiligung mittels eines allgemeinen Teilhabemechanismus.

(5) Aufnahme der Beteiligungsfrage in den Autonomieverträgen von 1992

In den bereits verschiedentlich erwähnten Autonomieverträgen von 1992 wird in deren zweitem Teil, der der Entwicklung des Kooperationsprinzipes gewidmet ist, unter Punkt 12 auf die Beteiligungsproblematik Bezug genommen. Die dort enthaltene Erklärung begründet jedoch keinerlei neue Mitwirkungsmechanismen oder -aspekte, sondern bleibt auf allgemeine, zumeist bekannte Formeln reduziert: Einleitend wird die Sektorenkonferenz erneut zu dem zentralen Instrumentarium erklärt, in dem "...die Beteiligung der Autonomen Gemeinschaften in besagter Thematik sich in einer allgemeinen Perspekive weiterhin artikulieren soll." Zum Zwecke der Fortführung dieses Prozesses, sollen primär drei Aspekte verwirklicht werden:

a) Institutionalisieren der Sektorenkonferenz und Perfektionieren deren Arbeitsmethoden.
b) Fortfahren in deren Rahmen mit der Findung der tauglichsten Instrumente, um die Beteiligung der Autonomen Gemeinschaften in den verschiedenen Bereichssektoren, in denen gemeinschaftliche Politik existiert, effektiv zu machen, vor allem deren Behandlung in den entsprechenden Sektorenkonferenzen.
c) Fortschreitend eine gemeinsame Kultur zu fördern und zu schaffen, die sich in der Praxis ausdrückt, die verschiedenen Aspekte der Sektorenkonferenz zu unterwerfen und in ihr zu lösen, die die Beteiligung der Autonomen Gemeinschaften in der aszendierenden und des-

---

601 aus der Einleitung des zweiten Abkommensentwurfes

602 dies wird von den Autonomen Gemeinschaften als aktuellster Stand in der Zusammenarbeit in bereits zitierter Umfrage auf die Frage: "3.a. Sind neue Initiativen zu einem Abkommen zwischen der zentralstaatlichen Regierung und den Autonomen Gemeinschaften über eine weitere Beteiligung letzterer an Entscheidungen des Staates in Angelegenheiten der europäischen Politik absehbar?" vorgebracht.

zendierenden Phase des europäischen Gemeinschaftsprozesses aufwirft und aufwerfen wird.

Diese allgemeinen Absichtserklärungen haben bis heute noch keine Frucht getragen.

b. Direkte Beteiligung an der europäischen Willensbildung

Entsprechend gering wie die Möglichkeit zur Beteiligung an der nationalen Willensbildung mit Bezug auf die Europäische Union, gestaltet sich auch der direkte Einfluß der Autonomien auf die europäischen Institutionen. Neben der allgemeinen europäischen Einbeziehung der Regionen in Unionsinstitutionen durch den Beirat der regionalen und lokalen Gebietskörperschaften sowie der interfraktionellen Gruppe im europäischen Parlament, derbezüglich auf die Ausführung im ersten Teil zu verweisen ist, da diese selbstverständlich gleichermaßen für die Autonomen Gemeinschaften wie für die Bundesländer gelten,[603] ist allein die informelle Repräsentation einiger Gemeinschaften durch die Eröffnung Brüsseler Büros zur praktischen Umsetzung gelangt. Die intendierte Konstituierung des Status eines "Beobachters" der Autonomien hingegen ist bislang in der Projektierung steckengeblieben.

(1) Die Brüsseler Repräsentationen

Gleich zu Beginn der spanischen Mitgliedschaft in der Europäischen Gemeinschaft eröffneten die ersten Autonomien sogenannte "Repräsentationen" in Brüssel. Mit diesem Vorgehen entbrannte eine bis heute andauernde Auseinandersetzung über die Rechtmäßigkeit solcher Büros. Wie schon dargelegt, rankt diese Diskussion vor allem um das Problem, ob die autonome Repräsentation in Brüssel den staatlichen Alleinvertretungsanspruch in der Außenpolitik in Frage stellt.

Angedenk der staatlichen Sensibilität gegenüber solchem Vorgehen, wählten die Autonomen Gemeinschaften die unterschiedlichsten Rechts- und Organisationsformen, um dem Verdacht einer "Paralleldiplomatie" von Anbeginn an entgegenzutreten:

Die Katalanen eröffneten ihr Büro als Außenstelle des sogenannten "Patronat Català Pro Europa". Hinter dieser Bezeichnung verbirgt sich ein Konsortium, in das sich die Generalitat de Cataluna, die Universität von Barcelona, die polytechnische Universität, die Vereinigung der katalanischen Sparkassen, die Handelskammer, sowie Städtevereinigungen u. a. inkorporieren. Nach Art. 1 deren Statutens ist dieses Patronat eine Vereinigung "konsortialen Charakters, ausgestattet mit eigener Rechtspersönlichkeit, der öffentlich-rechtlichen Rechtsordnung unterworfen und von unbegrenzter Dauer".[604]

Die Kanarischen Inseln organisieren ihre Vertretung durch eine Aktiengesellschaft (sociedad anónima), mit Namen PROEXCA, Promoción Exterior de Canarias, S. A. . Andalusien und Murcia gründeten Institute zur Föderung der jeweiligen Re-

---

603 vgl. 1.Kapitel, B.II.2.c.d.

604 vgl. O.Casanovas y la Rosa, la proyección autonómica..., S. 148

gionen (Instituto de Fomento de Andalucía/la Región de Murcia) und Galizien eine Stiftung (Fundación Galicia-Europa). Valencia schließlich bedient sich einer privaten Gesellschaft zum Export von Citrusfrüchten (Comité de Gestión para la Exportación de Cítricos), um in Brüssel vertreten zu sein. Neben den genannten Autonomien sind weiter die Extramadura, die Autonome Gemeinschaft Madrid, Kastilien-Leon, Aragon und vor allem das Baskenland vertreten.

Letzteres verdient wegen seiner wechselnden Organisationsformen und deren besonderen politischen Brisanz eine genauere Betrachtung[605]:

So begannen die Basken ihre Interessenvertretung mit der Gründung einer Aktiengesellschaft zur "Förderung und industriellen Anpassung" ("Sociedad para la Promoción y Reconversión Industrial, S. A."), die 1986, Art. 2 ihres Statutens entsprechend, ein Informationsbüro mit Sitz in Brüssel eröffnete, das der "internen Informationsbeschaffung" für die Gesellschaft dienen sollte. Mit Dekreten vom 11.03. 1987 und 19.04.1988 strukturierte die baskische Regierung die eigene Abteilung für "Recht und Entwicklung der Autonomie" neu und gliederte in diese unmittelbar das Brüsseler Büro ein. In Art. 23 des zweiten Dekrets wird die Aufgabe des "Kabinettes für Angelegenheiten bezüglich der Europäischen Gemeinschaften" als Organ für die allgemeine Beziehung und Koordination der baskischen Institutionen mit denen der Europäischen Gemeinschaft definiert.

Wie nicht anders zu erwarten, verwehrte sich die Zentralregierung gegen dieses Vorgehen mit der Begründung, daß die ausschließliche staatliche Kompetenz nach Art. 149 Abs.1 Nr.3 CE und das in Art.20 Abs.6 des baskischen Statutens explizit aufgenommene Territorialprinzip verletzt sei. Ein entsprechendes Kompetenzkonfliktverfahren vor dem Verfassungsgericht ist noch anhängig. Mit einer Art einstweiligen Verfügung wurde die streitige Regelung von genanntem Gericht bis auf weiteres suspendiert[606] [607].

Infolgedessen gründete die Regierung erneut mit dem Dekret 313/1988 eine Aktiengesellschaft "INTERBASK S.A." deren einziger Aktionär das Baskenland ist und sich folgendes Ziel gab:

> "Die direkte und unmittelbare Beobachtung der Organe der Europäischen Gemeinschaft zu garantieren, soweit diese wirtschaftliche Bereiche und Sektoren von großer Bedeutung für das Baskenland berühren können"[608]

und hieraus öffentliche wie private Institutionen in ihren europäischen Aktivitäten zu beraten und zu fördern.

Mit einem Dekret vom 23.04.1991 schließlich konstituierte die baskische Regierung ein Generalsekretariat für Außenbeziehungen (Secretaría General de Acción Exterior) zur Unterstützung und Koordination der Regierung in

> Beziehungen, die diese mit anderen Autonomen Gemeinschaften, Regionen Europas und internationalen Organisationen unterhalten kann....[609].

---

605 vgl. hierzu O.Cassanovas y la Rosa, a.a.O., S. 148 ff

606 "Auto" vom 08.02.1989

607 vgl. C. de Casadevante Romaní, La oficina..., S.343

608 zitiert nach C. de Casadevante Romaní, a.a.O.

609 Art. 6, Abs. 1 des Dekretes

Diesem Generalsekretariat ist eine "Direktion für europäische Angelegenheiten" (Dirección de Asuntos Europeos") unterstellt, die sich um die Koordination und Förderung der Aktionen kümmert, welche sich im Zusammenhang mit den europäischen Institutionen entwickeln, Art.8 a.[610]

Die Zulässigkeit der autonomen Aktivitäten mittels ihrer Vertretungen in Brüssel kann zusammenfassend dahingehend beurteilt werden, daß sie solange unproblematisch sind, als sie sich auf dem Gebiet reiner Informationsbeschaffung und beratender Unterstüzung eigener Unternehmen und Institutionen bewegen. Unzweifelhaft verfassungswidrig ist ein Einbruch in die staatliche Zuständigkeit auf den Gebieten des Vertragsschlusses mit staatlicher Verbindlichkeit und der diplomatischen Vertretung[611]. In einer juristischen Grauzone liegen bislang noch die Formen inoffizieller Einflußnahme der Gemeinschaften auf die Europäischen Organe, besonders durch eine Art lobbyistischen Vorgehens. Hier ist jedoch nicht einzusehen, warum den regionalen Institutionen geringere Freiheiten eingeräumt sein sollen, als andere Interessenvertretungen privaten oder öffentlich-rechtlichen Charakters. O. Casanovas y la Rosa merkt zu Recht an, daß die restriktive Stellung des Staates bezüglich der Brüsseler Vertretungen diese, wie gezeigt, in die Defensive mittels Artikulierung in hierfür nicht vorgesehenen Rechtsformen drängt. Dies hat einen Verlust demokratischer Kontrolle zur Folge. Darum ist eine gesetzliche Legitimierung mit der Ermächtigung einer Eingliederung der Repräsentationen in die internen Verwaltungsstrukturen dringend anzuraten.[612]

(2) Die Beobachter der Autonomen Gemeinschaften

Die Institution eines Beobachters der Autonomen Gemeinschaften wurde erstmalig in die Abkommensentwürfe der Jahre 1986 und 1987 aufgenommen und teilt deren Schicksal ausbleibender Verwirklichung. Wie die spanische Bezeichnung der "Observadores" eine direkte Übersetzung des deutschen Begriffes "Beobachter" schon vermuten läßt, ist der Versuch dessen Etablierung unmittelbar von dem deutschen Modell des Länderbeobachters inspiriert. Im hierauf bezugnehmenden Art.7 des Abkommensentwurfes von 1986 wird neben dem eigentlichen Beobachter ein Stellvertreter vorgesehen, die beide in die ständige Vertretung Spaniens vor der Europäischen Union einzugliedern sind. Dem Projekt zufolge sollen sie auf Vorschlag des vorher zu schaffenden Koordinationsgremiums vom Außenminister ernannt werden. Der Beobachter erhält als Teil der ständigen Vertretung einen Diplomatenstatus und ist dem spanischen Botschafter, als Leitung der Vertretung, unterstellt, Art.7 Abs.1. Nach Abs.2 dieser Vorschrift wären die Autonomen Gemeinschaften verpflichtet, die mit dem Beobachter entstehenden anteiligen Kosten an der Vertretung zu tragen. Die entscheidenden Regelungen sind in den Art.3 und 4 enthalten, die die Funktionen des Beobachters umreißen:

---

610 vgl. derselbe, a.a.O., S. 150

611 vgl. auch. O.Casanovas y la Rosa a.a.O., S. 150 ff; P.Pérez Trembs, a.a.O., S. 144 f; J.E.Soriano, a.a.O., S. 213 ff

612 vgl. derselbe a.a.O., S. 152

Der Beobachter der Autonomen Gemeinschaften und sein Stellvertreter können, unbeschadet ihrer Unterstellung zum Botschafter der Ständigen Vertretung Spaniens vor den Europäischen Gemeinschaften, Informationen und Unterlagen entgegennehmen, die sich auf ihre Aufgabe im Rahmen des Koordinationsorganes der Autonomen Gemeinschaften beziehen.

Der Beobachter der Autonomen Gemeinschaften und sein Stellvertreter können, in ihrer Eigenschaft als Mitglieder der entsprechenden spanischen Delegationen, an den Arbeitssitzungen der Komitees und im Umfeld des Ministerrates und der Kommission der Europäischen Gemeinschaften konstituierten Gruppen teilnehmen, unter vorheriger Genehmigung des Botschafters der ständigen Vertretung. In keinem Fall können sie Standpunkte vorbringen, die denen der spanischen Delegation, der sie angehören, entgegenstehen.

Erwartungsgemäß geht der schon zitierte Entwurf der Katalanen[613] deutlich über die staatlichen Vorschläge hinaus: Demzufolge werden der zuvor bestimmte "Delegierte" der Autonomen Gemeinschaften und ein Stellvertreter zum "Attaché" ("Agregado") und stellvertretenden Repräsentanten der spanischen Vertretung ernannt. Deren Aufgaben und Teilhaberechte werden in Art.6 des Vorschlages definiert:

Der Delegierte der Autonomen Gemeinschaften für europäische Angelegenheiten nimmt teil oder ernennt Vertreter zur Teilnahme an den Versammlungen aller Organe im Zusammenhang mit dem Ministerrat der Gemeinschaft, einschließlich des Komitées Ständiger Vertreter, als Mitglied der spanischen Repräsentation immer dann, wenn diese Organe über Angelegenheiten beraten oder verhandeln, die in Art.2 des vorliegenden Abkommens fallen.

Unter den gleichen Voraussetzungen kann gemäß Art.6 Abs.2 auch der stellvertretende Delegierte an allen Versammlungen und sonstigen Aktivitäten teilnehmen, die zum europäischen Willensbildungsprozeß beitragen und in denen Spanien seine Ansichten einzubringen berechtigt ist.

Den genannten Forderungen der Katalanen wird eine geringe politische Realisierbarkeit beigemessen[614]. Als positiver und bedeutender Schritt in die richtige Richtung hingegen wurde in der Doktrin die grundsätzliche Einrichtigung der Institituion eines Beobachters aufgenommen. Zu Recht merkt J. Pueyo Loaysa an, daß die eigentlichen Entscheidungen im Hinblick auf die nationalen Stellungnahmen im innerstaatlichen Willensbildungsprozeß entstehen und der ständigen Vertretung vorgegeben werden. Dennoch kommt deren Handeln im akuten Verhandlungsgeschehen mit den hier häufig aufgenommenen Änderungen ein großer Einfluß zu. Darüberhinaus ist diese nationale Vertretung in Brüssel für die Autonomien das bei weitem tauglichste Instrument zur umfassenden Informationsbeschaffung.[615]

Der staatliche Vorschlag wird stichhaltig dahingehend kritisiert, daß eine echte Verwirklichung des Kollaborationsprinzipes dem Beobachter der Autonomien ein Interventionsrecht bei Betroffenheit derer Angelegenheiten verschaffen muß. Hierzu gehört gleichermaßen die für eine wirkliche Einflußnahme unverzichtbare Einbeziehung der Beobachter in die Kommissionssitzungen[616]. Diese Kritik zielt, ebenso wie

---

[613] vgl. 2.Kapitel, B.III,3.a.(2).(b)

[614] vgl. nur J.E.Soriano, a.a.O., S. 206 f

[615] vgl. a.a.O., S. 59 ff

[616] vgl. derselbe, a.a.O., S. 168 ff

der Abkommensentwurf der Katalanen, deutlich auf die Modifizierung des "Beobachters" zu einem Status, wie ihn die Ländervertreter nach Art.2 Abs.5 EEAG in Deutschland genießen.

4. Lösungsansätze für eine künftige Beteiligung der Autonomen Gemeischaften an der nationalen Willensbildung in EU-Angelegenheiten

Die Vorschläge zu einer künftigen Gestaltung der autonomen Mitwirkung sind in der spanischen Doktrin deutlich von einem Realismus zur politischen Durchsetzbarkeit solcher Innovationen geprägt. So wurden wenige Gedanken auf eine Umstrukturierung des Senates verwendet, wohlwissend, daß eine solche diese Institution quasi neu schaffen müßte. Die Doktrin konzentriert sich vielmehr auf die Forderung nach Kommunikationsorganen zur Ermöglichung einer effektiven "Infrastruktur" in europarechtlichen Angelegenheiten. Zuvorderst steht hier die Institutionalisierung eines "interautonomen" Organes, sei es in Gestalt eines Rates oder einer Konferenz. [617] Ein solcher Rat sollte permanenter Art und mit der Fähigkeit "agilen" Handelns ausgestattet sein. Seine Aufgaben liegen hauptsächlich in der Gewährleistung eines reibungslosen Informationsflusses, als Forum zur Konsensfindung und gemeinsamen Artikulationen der Autonomen Gemeinschaften sowie schließlich als Ansprechpartner für die staatlichen Organe.[618] M. Pérez Gonzáles fordert neben diesem interautonomen ein interministerielles Organ zur Koordinierung der staatlichen Instanzen in all den Tätigkeiten, die sowohl autonomen als auch supranationalen Bezug haben. Eine solche Institution könnte dann als Ansprech- und Verhandlungspartner des interautonomen Rates dienen. [619] Wie im einzelnen noch ausgeführt wird, muß das Streben der Autonomen Gemeinschaften nach der Konstituierung eines schlagkräftigen Koordinationsgremiums zeitlich und sachlich ganz im Vordergrund stehen.[620]

---

617 vgl. z.B. A.Mangas Martín, a.a.O., S. 247 ff

618 vgl. dieselbe, a.a.O. S. 248, sowie M.Pérez Gonzáles, la acción exterior..., S. 323 ff

619 vgl. derselbe, Autonome Gemeinschaften..., S. 188

620 vgl. 4.Kapitel, B.II.

3.Kapitel Die Regionalbeteiligung an der europäischen Willensbildung im Maastrichter Vertragswerk und über dieses hinausreichende Lösungsansätze

In Maastricht wurde zum erstenmal seit Bestehen der Europäischen Gemeinschaft die Notwendigkeit der unmittelbaren Beteiligung der regionalen Ebene an gemeinschaftlicher Politik auf vertraglicher Grundlage anerkannt und berücksichtigt. Hier sind namentlich die Normierung eines umfassenden Subsidiaritätsprinzipes, die Einrichtung eines Ausschusses der Regionen und die Neuregelung des Art.146 EGV zu nennen.

Während mit diesen Neuerungen der Maastrichter Verträge, wie sie im ersten Teil dieses Kapitels untersucht werden, den entscheidenden Reformvorschlägen der Vertreter regionalen Interesses in Europa zumindest teilweise entsprochen wurde, haben sich maßgebliche Lösungsansätze in der Auslegung des bestehenden Rechts und Setzung neuen Rechts noch nicht durchgesetzt. Hierauf bezieht sich der zweite Teil des Kapitels.

A. Die Neuerungen mit den Verträgen von Maastricht

I. Das Subsidiaritätsprinzip

1. Grundzüge

Wenige Begriffe wurden und werden in der Diskussion zur Weiterentwicklung und Reformierung des Unionsrechts so häufig und unterschiedlich angeführt, wie das Prinzip der Subsidiarität[621]. Es geht auf verschiedene Wurzeln zurück[622], u.a. auf die Philosophie des Aristoteles sowie später des Thomas von Aquin und wurde 1931 für die katholische Soziallehre in der Enzyklika "Quadragesimo Anno" bezüglich des Verhältnisses von Staat und sozialen Gemeinschaften so formuliert,

> ...das, was die kleineren und untergeordneten Gemeinwesen leisten und zum guten Ende führen können, für die weitere und übergeordnete Gemeinschaft in Anspruch zu nehmen, gegen die Gerechtigkeit verstoße.[623]

Das Subsidiaritätsprinzip, bisweilen als "Magna Charta für Europa"[624] betitelt, ist inzwischen neben seiner Bedeutung für die katholische Soziallehre und für die Lehren vom Staat und der Begrenzung seiner Zwecke zur Zielbestimmung sowohl der unionsrechtlichen Organe als auch der staatspolitischen Akteure auf nationaler Ebene geworden. Insofern hat das Subsidiaritätsprinzip mit dem Unionsvertrag die Sphäre des sozial- und staatsphilosophischen Gedankenguts verlassen.[625]

Auf nationaler, bundesstaatlicher Ebene wurde das Subsidiaritätsprinzip verfassungsrechtlich in Art.23 Abs.1, S.1 GG als Staatsziel normiert, mit dem Auftrag, für eine unionsrechtliche Umsetzung zu sorgen.[626] [627] Nach §10 des Entwurfs der Bun-

---

621 Dem öffentlichen Interesse des Begriffes entsprechend war das Subsidiritätsprinzip in den vergangenen Jahren Gegenstand einer großen Anzahl von Arbeiten und Veröffentlichungen. Der folgenden Darstellung liegt im Schwerpunkt die neue, das Vertragswerk von Maastricht berücksichtigende Literatur zu Grunde.

622 zu den geschichtlichen Wurzeln vg. u.a. H.Lecheler, Das Subsidiaritätsprinzip, S.29ff, m.w.N.,A.Rohde, Subsidiarität - katholische Soziellehre und Europarecht, S.488ff sowie grundlegend J.Isensee, Subsidiaritätsprinzip und Verfassungsrecht, S.18ff, 35ff, 44ff

623 zit. nach G.-B.Oschatz, EG-Rechtsetzung, S.69; vgl. auch W.Hummer/S.Bohr, Regionen in Europa, S.69

624 F.-L. Knemeyer, a.a.O., S.449

625 vgl. S.Langer, Subsidiarität und Anerkennungsprinzip, S.193f

626 Gesetzentwurf der Bundesregierung zur Änderung des Grundgesetzes, 14.8.1992, BR-Drucks. 501/92

627 vgl. zur Einbindung der Kommunen in die Europapolitik auch H.Heberlein, Kommunale Europapolitik, S.417ff

desregierung zu einem Gesetz zur Zusammenarbeit von Bund und Ländern[628] wird das Subsidiaritätsprinzip bei Vorhaben der Europäischen Union auf die Gemeinden und Gemeindeverbände ausgeweitet.

Während dieses Prinzip darüberhinaus in der Verfassung kaum als weiter konkretisiertes und dadurch justitiables Rechtsinstitut definiert ist[629], kann es vor allem staatsorganisationsrechtlich als ordnender Gedanke des Kompetenzverteilungssystems qualifiziert werden. Dies wird besonders in Art.72 GG bei der Verteilung legislativer Kompetenzen deutlich. Im einfachen Gesetzesrecht hingegen hat das Subsidiaritätsprinzip vielerorts unmittelbar rechtliche Verbindlichkeit erlangt[630].

Die Frage, welche Funktionen und Inhalte das Subsidiaritätsprinzip auf unionsrechtlicher Ebene erfahren kann, ist differenziert zu beantworten:[631]

Die Bestimmung der möglichen Funktionen hängt verständlicherweise vom Blickwinkel des Beurteilenden ab, ob dieser eher die Idee eines Brüsseler Zentralismus oder das Streben nach einer weitgehend dezentralen Unionsorganisation unterstützt. Unbeschadet dessen können aber allgemein folgende grundlegende Merkmale eines "europäischen" Subsidiaritätsprinzipes festgehalten werden:

Primäre Bedeutung kann das Subsidiaritätsprinzip als Leitidee für die Kompetenzverteilung und Regulativ der Kompetenzausübung erlangen[632], d.h. in Kompetenzfragen einen Vorrang der jeweils kleineren vor der größeren Einheit konstituieren. Auf beiden Ebenen ermöglichte es die Begrenzung zentraler Unionszuständigkeiten auf ein erforderliches Mindestmaß. Es setzt damit natürlich sowohl einen stufenförmig gegliederten Aufbau, als auch konkurrierende Zuständigkeiten auf verschiedenen Stufen voraus[633]. Die Kompetenzverteilung spielt sich auf der Ebene des Vertragsrechtes ab. Hier gilt größtenteils das Prinzip der Zielorientierung unionsrechtlicher Rechtsgrundlagen, das seine Berechtigung in der anfänglichen Aufbauphase der Gemeinschaften fand, um eine ausreichende Flexibilität und Integrationsdynamik zu gewährleisten. Nun aber muß eine deutliche Abgrenzung der Kompetenzen zwischen Union und Mitgliedsländern im Vordergrund stehen und durch die positive Zuweisung von an Materien orientierten Zuständigkeiten erfolgen[634]. Das europäische Vertragsrecht kann immer nur das Ergebnis der entsprechenden Verhandlungen sein und ist folglich allein der konsensualen Disposition der Vertragsparteien - die Mitgliedstaaten - unterworfen. Darum ist es ausgeschlossen, die "Herren der Verträge" in der Kompetenzverteilung durch eine Normierung auf die Befolgung des Subsidiaritätsprinzip verbindlich zu verpflichten. Hier könnte es allenfalls als Appell und Leitidee dienen. Etwas anderes gilt in der Kompetenzausübung auf der

628 BR-Drucks. 630/92, S.5

629 vgl. H.Lecheler, das Subsidiaritätsprinzip, S.46ff, der auch die bisweilen vertretenen Ansätze aufzeigt, das Subsidiaritätsprinzip über einzelne Grundgesetzartikel, namentlich Art.1 Abs.1, 2 Abs.1, 6 Abs.1, 9, 12, 28 GG etc. verfassungsrechtlich nachzuweisen

630 vgl. die Beispiele bei H.Lecheler, a.a.O., S.50ff

631 vgl. hierzu auch C.Stewening, Subsidiariät und Föderalismus..., S. 55ff, 171ff

632 vgl. H.Lecheler, a.a.O., S. 96ff und 121 ff; S.Pieper, Subsidiarität, S.234f

633 vgl. S.Langer, a.a.O., S.194

634 vgl. ders., a.a.O., S.100ff

Grundlage des Primärrechtes. Hier kann durch eine Aufnahme im Vertragsrecht das Subsidiaritätsprinzip zum verbindlichen Regulativ künftigen Handelns der Unionsorgane und zum Überprüfungsmaßstab des bestehenden sekundären Rechts herangezogen werden.

Das Subsidiaritätsprinzip bräuchte nicht vor den bestehenden unionsrechtlichen Organisationsformen stehen zu bleiben, sondern könnte auch zum Grundgedanken einer Neuordnung der institutionellen Strukturen der Union werden[635].

Schließlich kann das Subsidiaritätsprinzip, angesichts der zu verzeichnenden mangelnden Akzeptanz der europäischen Idee bei den betroffenen Völkern, eine Integrationsfunktion einnehmen, . Durch die Rückbesinnung auf jeweils kleinere Entscheidungsebenen würde der Zugang zu einer größeren Bürgernähe eröffnet, bis hin zur Wegbereitung einer fortschreitenden Regionalisierung innerhalb der Union[636] [637].

Die Bedeutung des Subsidiaritätsprinzip in der europäischen Politik wird sehr deutlich am Beispiel der Sozialpolitik[638]. In diesem, für die Bürger existenziellen Bereich herrscht eine besondere Sensibiltät gegenüber jeglichen Änderungen. Einerseits eröffnet die Union die Chance, in ganz Europa einen einheitlichen Bestand an sozialer Sicherheit zu schaffen. Andererseits geben die regionalen bzw. nationalen Errungenschaften den an sie gewöhnten Bürgern das wichtige Gefühl der sozialen Geborgenheit[639]. Hier bietet das Subsidiaritätsprinzip die richtige Therapie, indem ein "Sockel von gemeinschaftsweit verbindlichen und einklagbaren Mindeststandards" [640] gelegt wird, darüberhinaus aber die eigenständigen regionalen Systeme bewahrt werden.

Ein Beispiel, an dem sich das Fehlen eines wirksamen Subsidiaritätsprinzip in der Rechtsetzung der Gemeinschaft markant bemerkbar machte, sind die bildungspolitischen Förderprogramme der EG. Hier versucht C.D.Classen nachzuweisen, daß die Rechtsetzungspraxis der Gemeinschaft, gestützt von der Rechtsprechung des EuGH, den Rahmen der vertraglichen Ermächtigung nach Art.128 EWGV überschreitet und in die mitgliedstaatlichen Zuständigkeiten - in Deutschland die Kulturhoheit der Länder - einbricht[641].

Bis zu einer Umsetzung des Subsidiaritätsprinzipes auf europäischer Ebene mit der Verwirklichung der soeben beschriebenen Funktionen ist noch eine weite Strecke zu durchschreiten, deren Endpunkt auch heute noch nicht absehbar ist.

---

635 vgl. ders., a.a.O., S.106ff, der hier vorwiegend an die Aufwertung des Europäischen Parlamentes und die Einführung einer zweiten KAmmer denkt.

636 vgl. auch ders., a.a.O., S.68 und 85ff, sowie 4.Kapitel, C.I. und II.

637 vgl. zur Relevanz der Subsidiaritätsklausel für die kommunale Selbstverwaltung: H.Heberlein, Maastricht -..., S.1213ff

638 vgl. H.-U.Reh, Europäische Sozialpolitik..., S.61ff

639 vgl. ders., a.a.O., S.69ff

640 H.-U.Reh, a.a.O., S.73

641 vgl. C.D.Classen, bildungspolitische Förderprogramme..., S.10ff; vgl. hierzu auch Hochbaum, Kohäsion und Subsidiarität..., S.285ff

2. Berücksichtigung im Gemeinschaftsrecht vor Inkrafttreten des Unionsvertrages

Bislang war das Prinzip im Gemeinschaftsrecht nur in Art.130r Abs.4 EWGV verankert und auf einen Teilbereich des Umweltrechtes beschränkt. Ansonsten wurde es allenfalls als ungeschriebener Rechtsgrundsatz anerkannt, der sich als solcher aus dem Prinzip der begrenzten Einzelermächtigung und Art.235 EGV entnehmen ließ.[642] Schon der Vetragstext auf der einen Seite und auf der anderen die Stimmen, die - angesichts dieses normativen Defizites - eine grundlegende Regelung des unionsrechtlichen Subsidiaritätsprinzipes forderten, verdeutlichen, welche sehr unterschiedliche Vorstellungen zugrunde gelegt werden:

Die gemeinschaftsrechtliche Subsidiaritätstheorie ging, dem Vertragswerk entsprechend, von einem Kompetenzausscheidungsprinzip im zweistufigen Verhältnis zwischen der Gemeinschaft und den einzelnen Mitgliedstaaten aus.[643] Wie Art.130r Abs.4 EWGV zu entnehmen war, wurde die Subsidiarität nach dieser Ansicht schon dann ausgeschlossen, wenn die Gemeinschaft "besser" handeln konnte, so daß letztlich nach dem "wie" des Tätigwerdens zu fragen war.[644] Dementsprechend erklärte das Europäische Parlament, daß die "Richtlinie" dem Subsidiaritätsprinzip mehr entspreche, als die "Verordnung".[645]

Die Länder, als vehemente Vertreter der Gegenposition, definierten ihre Vorstellung einer gemeinschaftsrechtlichen Subsidiarität u.a. in einem gemeinsamen Beschluß der Regierungschefs am 7.5.1990 [646], wonach die Gemeinschaft ihre Kompetenzen in gemeinschaftsverfassungsrechtlich zulässiger Weise nur dann ausübt, wenn dies zur Verwirklichung notwendig ist und Maßnahmen der Mitgliedstaaten, Länder, Autonomen Gemeinschaften oder Regionen nicht ausreichen. Entscheidend ist hier zum einen der dreistufige Aufbau, unter Einschluß der Landes- bzw. Regionalebene, sowie der Begriff der Notwendigkeit, der über das "ob" eines Tätigwerdens entscheidet.[647] Dabei wenden sich die Länder zu Recht gegen den kaum justitiablen Begriff "besser", der eine "Regel genuin politischer Natur"[648] aufstelle und die Gefahr einer bloßen Opportunitätserwägung eröffne.[649]

3. Aufnahme in das Maastrichter Vertragswerk

In den letzten Jahren vor Abschluß der Maastrichter Verträge wuchs der Druck, das Subsidiaritätsprinzip explizit aufzunehmen, stark an. Maßgeblichen Anteil hatte hier-

642 vgl. W.Hummer/S.Bohr, a.a.O., S.71; K.Hailbronner, a.a.O., S.153
643 vgl. M.Schweitzer, a.a.O., S.145
644 vgl. W.Hummer/S.Bohr, a.a.O., S.76
645 vgl. Nachweis bei W.Hummer/S.Bohr, a.a.O.
646 zit. bei W.Hummer/S.Bohr, a.a.O., S.74
647 vgl. ders, a.a.O., S.76
648 M.Schweitzer, a.a.O., S.146
649 vgl. G.-B.Oschatz, a.a.O., S.69

an die deutsche Politik, innerhalb derer die massive Forderung nach Subsidiarität verständlicher Weise von den Ländern ausging, die hierzu schon in ihrer Entgegnung zum Zustimmungsgesetz der Einheitlichen Europäischen Akte Stellung nahmen. Von Bayern initiiert, kam es schließlich im Oktober 1989 zu einer Konferenz der Länder, Regionen und Provinzen Europas, die sich mit einem "Europa der Regionen" befaßten und im gemeinsamen Entschluß Subsidiarität und Föderalismus als "Architekturprinzipien Europas" wünschten.[650] Von dort wurde es in verschiedenen Arbeitsentwürfen der Bundesregierung angetragen, um von ihr in die europäische Willensbildung eingebracht zu werden[651].

Während die Gemeinschaft aus Furcht vor einem "gouvernement de juges" eine unverbindliche Klausel in der Präambel anstrebte[652], bestanden die Länder auf einem justitiablen Vertragsartikel. Zwar wurde ein solcher Vertragsartikel geschaffen, doch ist in der Form, mit der das Subsidiaritätsprinzip Eingang in die Verträge von Maastricht gefunden hat, ein Obsiegen der "europäischen Sichtweise" zur Ausgestaltung der Regel zu verzeichnen. Das Prinzip wurde in Art.3 b Abs.2 EGV normiert. Es ist hierbei im Zusammenhang mit den Absätzen 1 und 3 zu sehen, in die es förmlich eingebettet wurde:

Art.3 b Abs.1 EGV greift das wesentliche Prinzip der begrenzten Einzelermächtigung auf und stellt klar, daß die Kompetenz-Kompetenz bei den Mitgliedstaaten als "Herren der Verträge" liegt[653].

Art.3 b Abs.3 EGV belegt den bereits von der Rechtsprechung entwickelten Erforderlichkeitsgrundsatz zu sämtlichen Akten der Europäischen Union. Vergleichbar mit dem im deutschen Recht geltenden Verhältnismäßigkeitsgrundsatz, muß sich jedes Handeln der Union nach Abs.3 einer Prüfung der Angemessenheit unterziehen lassen[654].

Im neuen Art.3 b Abs.2 EGV nun heißt es:

In den Bereichen, die nicht in ihre ausschließliche Zuständigkeit fallen, wird die Gemeinschaft nach dem Subsidiaritätsprinzip nur tätig, sofern und soweit die Ziele der in Betracht gezogenen Maßnahmen auf Ebene der Mitgliedstaaten nicht ausreichend erreicht werden können und daher wegen des Umfanges und ihrer Wirkungen besser auf Gemeinschaftsebene erreicht werden können.

---

[650] Nr.3 des Beschlußes, abgedruckt bei F.-L.Knemeyer, a.a.O., S.453f

[651] vgl. zur Entwicklung des Subsidiaritätsprinzipes nur: M.Borchmann, Europäische Union:..., S.225ff; G.Konow, Zum Subsidiaritätsprinzip..., S.406 und insbesondere die ausführliche Darstellung der Entwicklung des Prinzips auf europäischer Ebene: A.Carro Martínez, la Union Europea..., S.232ff

[652] vgl. W.Hummer/S.Bohr, a.a.O., S.76

[653] vgl. nur D.Merten, das Subsidiaritätsprinzip..., S.79

[654] vgl. nur ders., a.a.O.

4. Auslegung des Art. 3 b Abs.2 EGV

Die Formulierung ist verwirrend und offen für widerstreitende Auslegungen, da sowohl Elemente der Erforderlichkeitsprüfung, als auch der Maßstab der Effizienz beinhaltet sind. Der erste Teil scheint der von den Ländern erwünschten Erforderlichkeitsklausel zu entsprechen, in der nach dem "ob" gefragt wird. Dies wird jedoch durch den letzten Halbsatz zurückgenommen, in dem die Frage nach der Erforderlichkeit der Effizienzprüfung ("besser") unterstellt wird.

Die europäischen Institutionen sind folglich dann zum Handeln ermächtigt, wenn die ihnen zur Verfügung stehenden Mittel besser zur Problemlösung geeignet sind, als diejenigen der Mitgliedstaaten[655].

Art.3 b Abs.2 EGV betrifft allein die Kompetenzausübung, nicht die Kompetenzverteilung.[656]

Zu beachten ist, daß die Ausformung des Subsidiaritätsprinzips in Art.3b Abs.2 EGV auf die Ausübung konkurrierender Kompetenzen beschränkt, bei ausschließlicher Zuständigkeit der EU also nicht anzuwenden ist. Konow weist zu Recht auf das erneute Problem der Auslegung dieses Ausschließlichkeitsbegriffes hin, da er - im Gegegensatz zum deutschen Grundgesetz - im EGV sonst keine Erwähnung findet[657].

Lecheler zieht hier den Subsidiaritätsgedanken als Leitlinie heran und sieht so eine konkurrierende Kompetenz immer dann als gegeben, wenn nicht ausnahmsweise ausdrücklich eine ausschließliche- oder Rahmenkompetenz der Union bestimmt ist[658]. Dabei ist bemerkenswert, daß mit der Einbeziehung des Begriffs der konkurrierenden Kompetenzen in Art.3 b Abs.2 EGV eine gewisse Umorientierung im Primärrecht durch die Maastrichter Verträge zu einer an Materien orientierten positiven Kompetenzzuweisung zu verzeichnen ist[659]. Das Nebeneinander zielorientierter und materienorientierter Kompetenzzuweisungen macht deren Einordnung in konkurrierende und ausschließliche Zuständigkeiten allerdings nicht leichter.

Mit Einbeziehung des Subsidiaritätsprinzip in das Maastrichter Vertragswerk war die Diskussion auch auf dem Forum der europäischen Politik bei weitem nicht beendet. Die mangelnde inhaltliche Bestimmtheit und die hierin gründenden Auslegungsfragen provozierten verschiedene nachträgliche Konkretisierungsversuche der beteiligten Institutionen.

Den Anfang im Reigen der Stellungnahmen machte der Europäische Rat in der Sondertagung vom 16.10.1992 in Birmingham. Er beschränkte sich jedoch auf allgemeine Vorgaben, denzufolge Entscheidungen so bürgernah wie möglich getroffen

---

655 vgl. nur: M.Schweitzer, O.Fixson, Subsidiarität..., S.581f; P.Schmidhuber, das Subsidiaritätsprinzip..., S.418f

656 vgl. nur U.Everling, Struktur..., S.940; T.Oppermann, C.D.Classen, Die EG..., S.8

657 vgl. G.Konow, a.a.O., S. 407 f

658 vgl. H.Lecheler, a.a.O., S. 105

659 vgl. ders., a.a.O., S.100ff, als Beispiele nennt H.Lecheler vor allem die Bildungspolitik, Art.126 EGV, Berufsbildungspolitik, Art.127 EGV, Kulturpolitik, Art.128 EGV, Gesundheitspolitik, Art.129 EGV, Verbraucherschutz, Art.129a EGV, Transeuropäische Netze, Art.129 b ff EGV

werden sollten und die Gemeinschaftsebene nur handeln dürfe, wenn dies "angemessen und notwendig" sei[660].

Die Kommission, die sich nun intensiv mit diesem Prinzip befasste, sah es verständlicherweise aus Vorbehalten gegenüber einer Renationalisierung der europäischen Politik so eng wie möglich[661]. In einer ausführlichen Stellungnahme vom 27.10.1992 an den Rat und das Europäische Parlament schlägt sie eine interinstitutionelle Vereinbarung vor, die gerade die schwierige Abgrenzung ausschließlicher und konkurrierender Kompetenzen regeln sollte[662]. So seien aus der Rechtsprechung des Gerichtshofes ausschließliche Zuständigkeiten entstanden, die sich an den vier Grundfreiheiten orientierten. Hierzu gehörten namentlich die zentralen Positionen zur Öffnung des europäischen Marktes[663]. Diese Bereiche faßt die Kommission so weit, daß quasi eine Generalklausel "ausschließlicher" Zuständigkeiten konstruiert worden ist. Bemerkenswert, wenn auch nicht überraschend, ist der Vorschlag der Kommission zur Bestimmung der "Notwendigkeit" zentralen europäischen Handelns nach Art.3 b Ab.2 EGV. Diese solle durch einen "komperativen Effizienztest" festgestellt werden[664].

Das Europäische Parlament forderte die drei Gemeinschaftsorgane auf, sich über die Verwirklichung des Subsidiaritätsprinzip zu verständigen[665].

Ein gewisser Höhepunkt ist in dieser Folgediskussion mit der Erklärung des Europäischen Rates anläßlich der Tagung der Staats- und Regierungschefs der Europäischen Gemeinschaft am 11.-12.Dezember 1992 in Edinburgh zu sehen. Hier einigte sich der Rat auf ein Gesamtkonzept für die Anwendung des Subsidiaritätsprinzipes und des neuen Art.3 b EGV.[666] Eingangs wird festgehalten, daß das Subsidiaritätsprinzip dazu beiträgt, die nationale Identität der Mitgliedstaaten zu wahren und ihre Befugnisse zu erhalten. Das Subsidiaritätsprinzip sei "eine Richtschnur dafür, wie diese Befugnisse [die der Gemeinschaft; Anm.d.Verf.] auf Gemeinschaftsebene, nicht zuletzt bei der Anwendung des Art.235, auszuüben sind."[667] Von Art.3 b EGV sind nach der Erklärung eine Reihe spezifischer Verpflichtungen der Organe, "...beispielsweise in bezug auf die Umsetzung und Anwendung des Gemeinschaftsrechts, die Wettbewerbspolitik sowie der Schutz der Gemeinschaftsmittel"[668] nicht berührt. Hier kommt die generalklauselartige Abgrenzung der ausschließlichen Gemeinschaftskompetenzen zum Vorscheinen. In Punkt II der Anlage werden Leitlinien zur Anwendung des Art.3 b EGV aufgestellt. Grundsätzlich muß von der Gemein-

---

660 vgl. FAZ, 19.10.1992, S.2

661 vg. auch T.Stein, Subsidiaritätsprinzip..., S.30ff

662 vgl. G.-B.Oschatz, Die Mitwirkung..., S.43f, sowie auch Frankfurter Allgemeine Zeitung, 14.10.1992, S.8

663 vg. auch T.Stein, a.a.O., S.32ff

664 vgl. ders., a.a.O., S.31

665 vgl. Frankfurter Allgemeine Zeitung, 15.10.1992, S.5

666 Die Erklärung ist mit der wesentlichen Anlage I abgedruckt bei: D.Merten, Die Subsidiarität Europas..., S.136ff

667 Anlage 1,I,4 der Erklärung

668 Anlage 1,I,4 der Erklärung

schaft der Nachweis erbracht werden, daß die Anforderungen des Art.3 b Abs.2 EGV erfüllt sind. Dazu muß

- Die zur Prüfung vorliegende Frage [...] transnationale Aspekte [haben], die durch Maßnahmen der Mitgliedstaaten nicht zufriedenstellend gelöst werden können, und/oder
- Maßnahmen der Mitgliedstaaten allein oder das Fehlen gemeinschaftlicher Maßnahmen würden zu den Erfordernissen des Vertrages im Widerspruch stehen[...] oder in anderer Weise die Interessen der Mitgliedstaaten erheblich beeinträchtigen, und/oder
- dem Rat muß der Nachweis erbracht werden, daß Maßnahmen auf Gemeinschaftsebene aufgrund ihrer Größenordnung oder ihrer Auswirkungen im Verhältnis zu einem Tätigwerden auf der Ebene der Mitgliedstaaten deutliche Vorteile erbringen würden."[669]

Vor allem der letzte Punkt zeigt, daß auch diese "Leitlinien" im Endeffekt auf eine Effiziensprüfung hinauslaufen.

Gestützt auch auf die Schlußfolgerungen von Edinburgh kam es zu einer "interinstitutionellen Vereinbarung zwischen dem Europäischen Parlament, dem Rat und der Kommission über die Verfahren zur Anwendung des Subsidiaritätsprinzipes". Die Vereinbarung wurde am 17.November 1993 vom Europäischen Parlament gebilligt. Derzufolge muß die Kommission bei der Ausübung ihres Initiativrechtes, wie auch das Europäische Parlament und der Rat bei Ausübung ihrer Befugnisse dem Subsidiaritätsprinzip Rechnung tragen und seine Beachtung nachweisen. Die Begründung eines jeden Vorschlages der Kommission muß eine Rechtfertigung im Hinblick auf das Subsidiaritätsprinzip enthalten. Das gleiche gilt nach der Vereinbarung für jede Änderung des Kommissionsvorschlages durch andere Organe. Darüberhinaus verpflichten sich die Organe zu einer regelmäßigen Überprüfung ihrer internen Verfahren auf die Vereinbarkeit mit dem Subsidiaritätsprinzip. Die Überwachung dieser Vorgaben wird dem Rahmen des normalen Gemeinschaftsprozesses angedient und zusätzlich mittels eines jährlichen Berichtes der Kommission gesichert.

Die Vereinbarung ist in ihrer Beschränkung auf Verfahrensregeln neben den Schlußfolgerungen von Edinburgh, die maßgeblich auf die inhaltliche Konkretisierung des Subsidiaritätsprinzipes Bezug nehmen, zur Anwendung des Art.3 b EGV heranzuziehen. Namentlich die Erklärungen von Edinburgh lassen in ihren unpräzisen Formulierungen die inhaltliche Bestimmung des Art.3 b EGV weiterhin offen.

Von deutscher Seite aus wurde die Auffassung der Bundesregierung in einem Memorandum vom 16.9.1992 dargelegt und das Element der Erforderlichkeit hervorgehoben.[670]

---

[669] Anlage 1,II,ii der Erklärung

[670] vgl. G.-B.Oschatz, a.a.O., S.44, vgl. auch zu einer Auflistung von EG-Rechtsakten, die nach Ansicht der bayerischen Landesregierung gegen Art.3 b Abs.2 EGV verstoßen, T.Goppel, Die Bedeutung..., S.368ff

5. Subsiaritätsprinzip und Anerkennungsprinzip[671]

Eng verwoben mit der Konkretisierung und Umsetzung des Subsidiaritätsprinzipes ist das in der jüngeren Gemeinschaftsgeschichte zunehmend diskutierte "Anerkennungsprinzip".

Das Anerkennungsprinzip verpflichtet die Mitgliedstaaten, die Regelungen der jeweils anderen Staaten mit den eigenen Regelungen gleichzubehandeln. Deutlich wird diese Funktion, wenn man das Anerkennungsprinzip als das politische Spiegelbild des wirtschaftlichen Herkunftslandprinzip betrachtet. Dieses nämlich konkretisiert die Anerkennung im Rahmen des Binnenmarktes und bestimmt, "daß Waren, Leistungen und Personen mit der Qualität bzw. Qualifikation, die den Normen ihres Herkunftslandes entsprechen, überall in der Gemeinschaft verkehrsfähig sind."[672] Das Anerkennungsprinzip hat vorwiegend auf drei Wegen Einfluß auf die Unionspolitik genommen:[673]

- Eine große Bedeutung hat das Prinzip in der grundlegenden Cassis de Dijon-Rechtsprechung des EuGH zu den Marktfreiheiten[674]. Hiernach dürfen die Mitgliedstaaten Waren und Dienstleistungen aus anderen Ländern eigenen handelsbeschränkenden Normen unterwerfen, wie dies eigentlich nach den Marktfreiheiten des EGV verboten ist, wenn es zur Erreichung eines zulässigen Zwecks "erforderlich" ist. Diese Erforderlichkeit nun ist zu verneinen, wenn bereits die Regelungen des Herkunftslandes den Schutz des Zweckes ausreichend sicherstellen.
- Im Bereich der Setzung des sekundären Rechtes ist die Kommission ausdrücklich von der zuvor praktizierten Maxime der Vollharmonisierung durch inhaltliche Rechtsangleichung abgekommen und gebietet an Stelle dessen die gegenseitige Normanerkennung der Mitgliedsländer.
- Schließlich sieht Art.100 b Abs.1 Unterabsatz 1 EGV explizit die Möglichkeit vor, daß der Rat gemäß Art.100a EGV die gleichwertige Anerkennung der Bestimmungen eines Mitgliedstaates in einem anderen beschließen kann.

Das Problem des Anerkennungsprinzipes liegt auf der Hand und ist der Angelpunkt für die entsprechende Kritik: Regelmäßig sind niedrigere Produktions- und Qualifikationsstandards mit einem entsprechend geringeren Kostenaufwand zu verwirklichen. Wenn jeder Mitgliedstaat die auch sehr viel niedrigeren Standards eines anderen Landes anerkennen muß, für die inländischen Anbieter jedoch weiter die eigenen Normen gelten, ist den anderen ein beachtlicher Wettbewerbsvorteil gestattet und die Gefahr eines ""Sozial"-, "Bildungs"-, "Öko"-, usw. "Dumping""[675] eröffnet.[676] Eine

---

[671] vgl. hierzu insb. S.Langer, a.a.O.

[672] S.Langer, Subsidiarität..., S.200

[673] vgl. zu diesen drei Manifestationen des Anerkennungsprinzips die ausführliche Bearbeitung bei E.Steindorff, Anerkennung im EG-Recht, S.461ff und die hierauf fußende Zusammenfassung bei S.Langer, a.a.O., S.201, sowie C.D.Classen, Maastricht und die Verfassung..., S.58

[674] EuGHRS 120/78 vom 20.12.1979

[675] S.Langer, a.a.O., S.203

Folge hieraus wäre im Wettbewerb des Binnenmarktes die Negativauswahl niedriger Standards.

Langer weist zu Recht darauf hin, daß diese Gefahr durch regional unterschiedliche Marktbedürfnisse relativiert wird. Die Unwahrscheinlichkeit z.B., daß sich - angesichts der höheren Sensibilität hiesiger Konsumenten für Umweltbelange - auf dem deutschen Markt ein nicht-ökologisches Waschmittel durch einen Preisvorteil durchsetzt, wie auch der unveränderte Absatzerfolg deutschen Bieres nach Abschaffung des Reinheitsgebotes als Einfuhrbeschränkung, belegen diese Beobachtung.[677] Wo die oben beschriebene Gefahr hingegen begründet ist, verbleibt den Unionsorganen die Möglichkeit durch entsprechende Rahmenregelungen Mindeststandards verbindlich festzulegen oder abschließend zu regeln.

Der Vergleich des Anerkennungsprinzipes mit dem Subsidiaritätsprinzip offenbart erhebliche Überschneidungen in der Autorisierung der jeweils unteren Ebene, Mitgliedstaaten oder auch Regionen, eigenständige Regelungen zu wahren oder erstmalig zu verabschieden. Während sich die Anerkennung jedoch eher horizontal auf das Verhältnis der einzelnen mitgliedstaatlichen oder regionalen Bestimmungen untereinander bezieht, wirkt das Subsidiaritätsprinzip vertikal als Kompetenzausgrenzungsprinzip der unteren Ebene gegenüber der Union.

Im Hinblick auf das Problem einer Konkretisierung des Subsidiaritätsprinzipes zur effizienten Umsetzung im Unionsrecht, kommt S.Langer[678] zu einer richtungsweisenden Verknüpfung beider Prinzipien. So gibt er die Möglichkeit zu bedenken, das Subsidiaritätsprinzip durch das Anerkennungsprinzip zu operationalisieren, letzteres also für das Umsetzungsverfahren des Art.3 b Abs.2 EGV einzubeziehen. So lautet seine These:

> Den jeweils niedrigeren Stufen bzw. kleineren Einheiten (Mitgliedstaaten, Regionen) ist die Zuständigkeit solange und soweit zu belassen, als sie unter den Bedingungen des Anerkennungsprinzips die Fähigkeit und den Willen zu eigenständigen Lösungen beweisen.[679]

Hinter dieser These steht die Idee, das Anerkennungsprinzip als Orientierungsverfahren einer subsidiären Kompetenzzuweisung vorzuschalten. Das Prinzip der gegenseitigen Anerkennung nämlich läutet zwangsläufig einen "dynamischen Prozeß wechselseitiger Beobachtung, Abstimmung und Koordination"[680] ein, in dem sich herausstellt, ob die jeweilige Zielverwirklichung im Nebeneinander der einzelnen nationalen/regionalen Bestimmungen möglich ist. So werden die Gesetzgeber angehalten, sich durch kompatible Regelungen entweder aufeinander einzustellen, oder sich im Falle des Mißlingens mit einheitlichen Standards von europäischer Ebene abzufinden. Umgekehrt ist mit diesem Verfahren eine Konkretisierung des Subsidiaritätsprinzipes dahingehend gewährleistet, daß bei einer erfolgreichen Setzung gegen-

---

676 vgl. zu dieser Kritik besonders E.Steindorff, a.a.O., S. 572, wie auch der Hinweis C.D.Classens auf eine mögliche "Inländerdiskriminierung", a.a.O., S.58

677 vgl. S.Langer, a.a.O., S.203f

678 vgl. ders.,a.a.O., S.202; vgl. im Ansatz auch H.Lecheler, a.a.O., S.124f

679 ders., ebd.

680 ders., a.a.O., S.205

seitig anerkannten Rechts die Kompetenz der Union nach Art.3 b Abs.2 EGV ausgeschlossen ist.[681]

Bei der Beurteilung der aufgezeigten Möglichkeit, das Subsidiaritätsprinzip durch das Anerkennungsprinzip zu operationalisieren, muß die natürliche Begrenztheit der denkbaren Anwendungsfälle gesehen werden. Die Weite und Unterschiedlichkeit des europäischen Raumes in gesellschaftlicher, wirtschaftlicher und politischer Hinsicht bringt es mitsich, daß bisweilen regionale Besonderheiten die Anerkennung der Standards anderer Regionen und Länder schlicht verbieten. Darüberhinaus ist eine gewisse Langwierigkeit und Schwerfälligkeit einer solchen Operationalisierung des Subsidiaritätsprinzipes nicht von der Hand zu weisen, und in Fällen dringenden Handlungsbedarfs außerordentlich problematisch. Schließlich ist in all den Fällen, in denen die gegenseitige Anerkennung scheitert und durch einheitliche Unionsstandards ersetzt werden muß, das wichtige Gut der Rechtskontinuität zur Vertrauensbildung bei den Betroffenen erheblich beeinträchtigt. Trotz dieser Einwände erscheint die Umsetzung des Art.3 b Abs.2 EGV unter Zuhilfenahme des Anerkennungsprinzipes außerordentlich vielversprechend. Hier ist es möglich, das Subsidiaritätsprinzip aus der Gesetzgebungspraxis heraus zu konkretisieren. Weiter eröffnet diese Verknüpfung, einen sensiblen Umgang in Rücksicht auf regionale und thematische Besonderheiten vorausgesetzt, einen über die Marktmechanismen produktiven Wettbewerb der regionalen Rechtsordnungen.

6. Justitiabilität[682]

Das neu geregelte Subsidiaritätsprinzip wird nur dann seinem Anspruch gerecht werden, eine wirkliche Begrenzung europäischer und Sicherung nationaler Zuständigkeiten zu gewährleisten, wenn es effektiv der richterlichen Kontrolle unterworfen werden kann.

Diese Justitiabilität wird mangels ausreichender Konkretisierbarkeit von einem großen Teil des Schrifttums in Zweifel gezogen. Das Prinzip eigne sich in der geringen Bestimmtheit nicht zur Berufungsgrundlage vor dem EuGH, sondern allenfalls als politische Handlungsmaxime und Richtwert der europäischen Institutionen in Ausübung ihrer Kompetenzen[683].

Die Gegenansicht gesteht ein, daß Art.3b Abs.2 EGV auslegungsbedürftig ist, verweist jedoch auf den systematischen Zusammenhang mit der konkreten Rechtsgrundlage für die in Frage stehende Zuständigkeit[684].

In der schon genannten Erklärung von Edinburgh wird die Auslegung des Subsidiari-

---

[681] vgl. ders., a.a.O., S.205ff, insb. 208f

[682] zur Frage der Justiziabilität bzw. gerichtlichen Überprüfbarkeit des Subsidiaritätsprinzipes u.a.: S.Langer, a.a.O., S.194f unter Hinweis auf Pipkorn, EuZW 1992, 697, 700; Renzsch, ZParl 1993, 104, 110ff; Schmidhuber/Hitzler, NVwZ 1992, 720, 724f; Weber, JZ 1993, 325, 328

[683] vgl. J.Scherer, a.a.O., S.284; R.Hrbek, der Ertrag..., S.138; D.Baetge, Grundzüge..., S.713

[684] vgl. P.Schmidhuber, a.a.O., S.420

tätsprinzipes, wie auch die Überprüfung seiner Einhaltung durch die Gemeinschaft, explizit der Rechtsprechung des Gerichtshofes unterstellt.[685] Ebenso stimmen Schweitzer/Fixson der Justitiabilität zu, angesichts der sonstigen Praxis des EuGH in der Judikatur unbestimmter Rechtsbegriffe und der vergleichbaren Erfahrung, die das Bundesverfassungsgericht mit der Auslegung des Art.72 Abs.2 GG gemacht hat. Da hier aber weniger über die Zuständigkeit widerstreitender Verwaltungen als verschiedener Gesetzgeber zu richten ist, besteht Grund zur Sorge, daß ein demokratisch legitimiertes Parlament von dem "gouvernement des jhuges" verdrängt wird[686]. In dieser Aussicht ist zu beachten, daß der EuGH sich bislang als Motor der Integration verstand und darum eine zurückhaltende Gebrauchnahme des Subsidiaritätsprinzipes zu befürchten ist[687]. Bemerkenswert ist hier andererseits das schon genannte "Keck-Urteil" des EuGH[688] mit dem Ergebnis der größeren Eingrenzung einer Unionskompetenz, hinsichtlich dessen W.Möschel den Verdacht äußert, daß das Subsidiaritätsprinzip nach Art.3 b EGV "einen ersten langen Schatten" wirft[689].

7. Zusammenfassende Beurteilung

Von der Einschätzung der Justitiabilität und der Umsetzbarkeit des Subsidiaritätsprinzips in Art.3b Abs.2 EGV hängt maßgeblich dessen Gesamtbewertung ab. Minister Clement, als Vertreter der Bundesländer, bezeichnete die Ausformung des Prinzips im Maastrichter Vertragswerk als

> ...Kompromißformel, um das Äußerste, nämlich eine zentralistische Optimierungsformel [...] auf europäischer Ebene zu, verhindern.[690]

Mestmäcker formuliert es schärfer, wenn er im Subsidiaritätsprinzip die Tendenz des Vertrages von Maastricht bestätigt sieht,

> ...die verfassungsrechtlichen Grundlagen der Gemeinschaft durch Politisierung zu gefährden"

und, daß die Machtbalance zwischen Union und Mitgliedstaaten außerhalb justitiabler Kriterien dem politischen Kompromiß im Einzelfall überlassen werde.[691]

Tatsächlich kann die Normierung des Subsidiaritätsprinzips in Art.3b Abs.2 EGV wegen ihrer Ausrichtung am Effizienprinzip voraussichtlich nicht annähernd die Erwartungen erfüllen, die von der regionalen Ebene europaweit auf sie gesetzt werden[692]. Doch wurde mit dieser Regelung ein erster Schritt in die richtige Richtung

---

685 vgl. Anlage 1,I,4 der Erklärung

686 vgl. M.Schweitzer/O.Fixson, a.a.O., S. 581f

687 vgl. auch: L.von Wartenberg, der Binnenmarkt..., S.21; R.Strohmeier, die Auswirkungen..., S.418; A.Schnabel, das Subsidiaritätsprinzip..., S.395, M.Brunner, Subsidiaritätsprinzip..., S.19

688 vgl. 1.Kapitel,A.IV.2.d.

689 W.Möschel, Kehrtwende..., S.431

690 zitiert nach R.Hrbek, a.a.O., S. 138

691 vgl. E.-J. Mestmäcker, Wettbewerbsregeln, Spalte 5

692 in der bereits verschiedentlich zitierten Umfrage, die vom Verfasser unter den Autonomen Gemeinschaften Spaniens im Sommer 1993 durchgeführt wurde, stand bei der Beantwor-

vollzogen. Mit Inkrafttreten des Vertrages wird das Prinzip nun mit Sicherheit in kurzer Zeit der Judikatur des EuGH unterworfen sein. Seine Justitiabilität wird sich dort in der Auslegung des Gesetzes erweisen müssen. Es wird allerdings einer ausführlichen Einzelfallkasuistik bedürfen, bis das Prinzip dank seiner "Kleinarbeitung" in einzelne Aspekte zu einem lenkenden Faktor für die Beteiligten geworden ist.[693] Zumindest erfordert die Entsprechung des Prinzips künftig eine Begründung zur Behauptung konkurrierender Zuständigkeiten der EU und eine Beweislastregel zu deren Ungunsten.[694] Dies müßte eigentlich zu einer Umkehr des bisherigen Grundsatzes "in dubio pro communitate", wie er gerade vom EuGH beherzigt wurde, führen.[695] Damit ist - wieder einmal - die Umsetzung eines bedeutenden Elementes der europäischen Rechtsstruktur in die Hände des EuGH gelegt worden.

Es bleibt abzuwarten, wie sich die Umsetzung des Subsidiaritätsprinzip in der Praxis gestaltet. Die Ansätze der Unionsorgane, das Subsidiaritätsprinzip zur Anwendung zu konkretisieren, zeigen, wie ernst es von den Betroffenen genommen wird. Wie namentlich die denkbare Operationalsierung durch das Anerkennungsprinzip erkennen läßt, eröffnen sich vielfache Gestaltungsmöglichkeiten zur Verwirklichung und Weiterführung der Subsidiarität im Rahmen der Europäischen Union. Wie Lecheler zu Recht feststellt[696], darf hinsichtlich des Subsidiaritätsprinzipes der Blick nicht an dem auf die Rechtsanwendung begrenzten Art.3 b Abs.2 EGV haften bleiben. Vielmehr müssen die Möglichkeiten gesehen werden, die dieses Prinzip als Leitidee im Vertragsrecht bei der Fortentwicklung der Union und der künftigen Kompetenzverteilung, wie auch in der Harmonisierung nationaler Rechtsordnungen, gibt.[697] Insoweit muß - jedenfalls im Rahmen dieser Arbeit - die Prognose offen bleiben, ob Isensee's Aussage zutreffend bleibt, daß die nach dem II.Weltkrieg erfolgte "Restauration des Föderalismus" das Subsidiaritätsprinzip zu einem Leitbild des neuen Organisationsgefüges gemacht hat[698] oder ob es bei Hesses Feststellung bleibt "Föderalismus und Subsidiaritätsprinzip stehen nicht... in Zusammenhang"[699]. Im Ergebnis ist der Einfügung des Subsidiaritätsprinzipes über rechtliche Konsequenzen hinaus zumindest eine gemeinschaftsverfassungspolitische Sig-

---

tung der Frage: "5. Welche Vorstellungen zu einer Beteiligung der Autonomen Gemeinschaften an der Politik der Europäischen Gemeinschaft auf nationaler und europäischer Ebene haben Sie?" neben dem Wunsch nach einem europäischen Regionalorgan die Verwirklichung des Subsidiaritätsprinzips an erster Stelle. vgl. auch W.Renzsch, die Subsidiaritätsklausel..., S.111

693 vgl. auch zu den Erwartungen, die hierzu seitens des Wirtschaftsrechtes gehegt werden: L.von Wartenberg, a.a.O., S.21; R.Kreile, das Urheberrecht..., S.24; F.Ferrer, der Europäische Binnenmarkt..., S.15, sowie aus der Betrachtung der Wirtschaftsverbände kurz: B.Heinzemann, Suche nach Kriterien..., S.325f

694 vgl. auch G.Ress, die Europäische Union..., S.990, der jedoch unter dem Hinweis der Dienlichkeit des Subsidiaritätsprinzips als Zuweisung der Argumentationslast an die Union dessen grundsätzliche Tauglichkeit zur Kompetenzabgrenzung negiert.

695 vgl. auch S.Pieper, Subsidiaritätsprinzip..., S.711; A.Weber, a.a.O., S.328

696 vgl. ders., a.a.O., S.63

697 vgl. auch unten, 4.Kapitel, C.I. und II.

698 vgl. Isensee, a.a.O., S.112

699 K.Hesse, Grundzüge des Verfassungsrechts..., 11.Aufl., 1978, S.90

nalwirkung[700] zuzuerkennen, die ablesen läßt, daß zukünftig - also nicht mehr wie bisher - eine minder zentralistisch verlaufende Integration den Kern der Verträge ausmacht. [701]

II. Regionalorgan der Europäischen Union

Im 5. Teil des Maastrichter Vertrages wurde ein 4. Kapitel mit den Art.198a - 198c EGV eingefügt, in denen ein Ausschuß aus Vertretern der regionalen und lokalen Gebietskörperschaften normiert ist[702]. Dieser Ausschuß ist nach Art.198c EGV mit seinem Recht zu Stellungnahmen, die keinerlei Bindungswirkung entfalten, auf eine beratende Funktion begrenzt. Die Mitglieder des Ausschusses werden gemäß Art.198a EGV vom Rat auf Vorschlag der jeweiligen Mitgliedstaaten ernannt. Die Versammlung der Regionen Europas hat in ihrer Jahreshauptversammlung am 22.1.1993 bereits den Entwurf einer Geschäftsordnung für den Ausschuß erarbeitet und gebilligt.[703]

Die Bundesregierung bezeichnete die Einsetzung dieses Ausschusses als

...wichtiges Element im Hinblick auf die föderale Ausrichtung der Gemeinschaft.[704]

Der Bundesrat forderte in seiner Stellungnahme, daß die Bundesregierung mit dem Ausführungsgesetz zum neuen Art.23 GG oder dem Zustimmungsgesetz zum Maastrichter Vertrag verpflichtet werden muß, für die der Bundesrepublik Deutschland zustehenden 24 Sitze im Ausschuss der Regionen die ihr von den Ländern benannten Vertreter gemäß Art.198a EGV dem Rat zur Ernennung vorzuschlagen.[705]

Die Bundesregierung hingegen lehnte eine solche Verpflichtung ab.[706] Ungleich vehementer wehrten sich gegen solch ein bindendes Vorschlagsrecht der Länder die

[700] so auch S.U.Piper, Subsidiaritätsprinzip..., S.712 und Fn.63

[701] vgl. zu diesem Urteil die Rezension von H.P.Ipsen zu C.Stewening, Subsidiarität..., S.622

[702] vgl. auch F.Borkenhagen, vom kooperativen Föderalismus..., S.38: J.Wuermeling, Das Ende..., S.196ff, W.Clement, Der Regionalausschuß..., S.159ff; A.Benz, Regionen als Machtfaktor in Europa?, S.334ff und zur Vorgeschichte des Ausschusses aus den Konzeptionen der Länder heraus: U.Hoppe, G.Schulz, der Ausschuß der Regionen, S.26ff, 29ff; H.G.Fischer, Der Ausschuß der Regionen nach dem neuen EG-Vertrag, S.161ff

[703] vgl. U.Kalbfleisch-Kottsieper, Fortentwicklung des Föderalismus..., S.548, besagter Entwurf wurde durch entscheidende Vorarbeiten der 1992 konstituierten Europaministerkonferenz vorbereitet.

[704] Bundesregierung, Erläuterungen des Maastrichter Vertrages in der Denkschrift zum Vertrag vom 7.2.1992, BR-Drucks. 12/3334, S.107

[705] Stellungnahme des Bundesrates zum Gesetzentwurf des Zustimmungsgesetzes zum Maastrichter Vertrag, BR-Drucks. 12/3334, Anlage 2, Nr.13

[706] Gegenäußerung der Bundesregierung zur Stellungnahme des Bundesrates, BR-Drucks.12/3334, Anlage 3, Nr.4

Vertreter der Kommunalverbände[707]. Sie fürchteten bei einem Obsiegen der Ländervorstellungen, daß

> ...die deutschen Städte von der Landkarte der Europäischen Union verschwinden.[708]

Sie beriefen sich auf die Vertragsformulierung, die von regionalen und lokalen Gebietskörperschaften spricht und machten geltend, daß, im Gegensatz zu den Städten, Länder und Regionen nur in einer Minderzahl der Mitgliedstaaten vorzufinden sind. Abschliessend forderte der Hessische Städtetag eine Bestallung von 8 Kommunalvertetern gegenüber 16 Landesvertretern im Ausschuß der Regionen. Mit § 14 des "Gesetzes über die Zusammenarbeit von Bund und Ländern in Angelegenheiten der Europäischen Union" wurde zumindest eine Vorentscheidung getroffen. Denn hiernach schlägt die Bundesregierung dem Rat als Mitglieder des Ausschusses der Regionen die von den Ländern benannten Vertreter vor. Die Länder allerdings müssen ein Beteiligungsverfahren für die Gemeinden und Gemeindeverbände erstellen, das deren Teilnahme mit drei gewählten Vertretern im Regionalausschuß sichert[709].

Zweifelsohne ist von herausragender Bedeutung, daß die lokalen Gebietskörperschaften, neben den regionalen, ihre Belange durch den Ausschuß der Regionen artikulieren können[710]. Art.198a Abs.3 EGV bringt mit dem Ernennungsverfahren jedoch zum Ausdruck, daß es den Mitgliedstaaten überlassen bleibt, wen sie für die Vertretung vorschlagen. Eine solche Regelung hat angesichts der verschiedenen Verfassungsstrukturen der Mitgliedsländer seine Berechtigung. Die föderale Staatstruktur der Bundesrepublik Deutschland sieht nur zwei Ebenen vor, die des Bundes und die der Länder. Die Kommunen wiederum sind nach dem Gundgesetz, von den Landesverfassungen bestätigt, Teil der Länder. Aus diesem Grunde müssen im Grundsatz die lokalen Gebietskörperschaften ihre Interessen bei der Auswahl der Landesvertreter und deren Instruktion innerhalb ihres Landes zur Geltung bringen. Angesichts der Größe der entstehenden Union birgt eine unmittelbare Beteiligung der Kommunen, neben der der Länder und Regionen, an der gemeinschaftlichen Willensbildung die ernste Gefahr einer Zerfledderung und Konsensunfähigkeit der betreffenden Organe.

Neben den Kommunalverbänden machten im übrigen auch die Landesparlamente ihren Anspruch auf eine Teilhabe an den Ausschußsitzen geltend[711].

Grundsätzlich zielen die Vorstellungen der Länder über die bloß beratende Funktion des Ausschusses der Regionen hinaus. Sie wünschen weitergehende "Initiativ-, Anhörungs- und Mitwirkungsrechte"[712] bis hin zu einer gleichberechtigten Beteiligung an der Rechtsetzung mittels einer von den Regionen beschickten Regionalkammer.[713]

---

707 vgl. nur H.Hoffschulte, Maastrichter Gipfel..., S.79ff

708 W.Hamberger/D.Schlempp, Rundbrief, S.4, unveröffentlicht

709 vgl. zur Besetzung und Rechtsstellung der Mitglieder der Regionalausschusses: C.Dästner, a.a.O., S.6ff

710 vgl. zur Bedeutung des Regionalausschusses für die kommunale Selbstverwaltung: H.Heberlein, Maastricht - ..., S.1213ff

711 vgl. R.Hrbek, der Ertrag..., S.139

712 vgl. Beschluß vom 19.10.1989, abgedruckt bei F.-L.Knemeyer, a.a.O., Nr.4

713 vgl. M.Schweitzer, a.a.O., S.142

Der Ausschuß hat sich am 9. und 10.März 1994 zu seiner konstituierenden Sitzung zusammengefunden. Wie schon die Debatte um die Sitzverteilung innerhalb Deutschlands ahnen läßt, wird sich das Organ vor lähmenden Flankenkämpfen zwischen den Vertretern der Regionen und denen der kommunalen Gebietskörperschaften bewahren müssen.

Grundsätzlich wird der Erfolg des Ausschusses von der Fähigkeit seiner Mitglieder abhängen, durch Disziplin und schnelle Konsensfindung die gegebenen Befugnisse optimal für die eigene Sache zu nutzen. Hierzu bleibt ihnen nicht viel Zeit, da noch vor Ende 1996 eine Regierungskonferenz zur Überprüfung des Maastrichter Vertrages, einschließlich der Arbeit des Ausschusses, anberaumt werden soll.

III. Unionsrechtliche Normierung des "Ländervertreters"

Die Regelung des in Art.23 Abs.6 GG vorgesehenen Ländervertreters, der als Mitglied der deutschen Delegation an Ratsverhandlungen teilnehmen soll und bei Betroffenheit ausschließlicher Landeskompetenzen die Verhandlungsführung und Stimmführerschaft übernehmen kann, kollidierte "vor Maastricht" gegen Art.2 Abs.1 des Fusionsvertrages von 1965[714], demzufolge jeder Mitgliedstaat ein Mitglied seiner Regierung als Vertreter entsenden sollte. Folglich wurde maßgeblich von belgischer und deutscher Seite aus eine Änderung dieser Vorschrift dahingehend gefordert, daß entsprechend Art.23 Abs.6 GG NF auch Vertreter der Länder und Regionen als Mitglieder der nationalen Delegationen die vollen Rechte ausüben können.[715]

Dank der belgischen Initiative wurde dem in den Maastrichter Verträgen durch die Neufassung des Art.146 EGV entsprochen. In dessen Abs.1 heißt es:

> Der Rat besteht aus je einem Vertreter jedes Mitgliedstaates auf Ministerebene, der befugt ist, für die Regierung des Mitgliedstaates verbindlich zu handeln.

Diese Formulierung soll der Bundesrepublik Deutschland erlauben, ihren nationalen Vorgaben folgend Vertreter der Länder in den Rat zu entsenden.[716]

Wenngleich dies bislang eine Besonderheit des deutschen und belgischen Rechtes ist, wird die Einrichtung des Ländervertreters in Spanien mit besonderem Interesse betrachtet und stellt für die Autonomen Gemeinschaften eine erstrebenswerte Zukunftsperspektive dar.

---

[714] BGBl 1965, Teil II, S.1454 ff, Vertrag zur Einsetzung des gemeinsamen Rates und der Kommission

[715] so das Ergebnis einer Arbeitsgruppe der Länder vom 22.5.1990 und daraufhin die Forderungen der Regierungschefs im Beschluß vom 7.6.1990, vgl. M.Borchmann, W.Kaiser, Die Mitwirkung der Länder..., S.40ff; vgl. auch M.Schweitzer, a.a.O., S.142f

[716] vgl. M.Zuleeg, Die Stellung der Länder, S.1334; R.Hrbek, der Ertrag..., S.143; R.Strohmeier, die Auswirkungen..., S.418

B. Lösungsansätze in der Auslegung bestehenden und Setzung neuen Rechts

I. Restriktive Auslegung der Generalermächtigung, Art.235 EGV

Art.235 EGV eröffnet den aus Art.189 EGV berechtigten Organen eine in der Praxis sehr weit genutzte Möglichkeit, im Vertrag nicht vorgesehene Kompetenzen auszuüben und dadurch das grundlegende Prinzip der Einzelermächtigung zu durchbrechen.[717] Da bei der Ausübung solcher Kompetenzen auch Länderzuständigkeiten betroffen sein können, begegnet diese Vorschrift zunehmender Kritik der Länder. Am weitestgehenden wurde dieser Vorbehalt in einer gemeinsamen "Standortbestimmung" geäußert, die sogenannten 10 Münchner Thesen, die das Ergebnis einer Ministerpräsidentenkonferenz vom 21. bis 23.10.1987 in München beinhalten.[718] In der ersten dieser Thesen fordern die Regierungschefs, daß künftig

> ...jede Rechtssetzungsbefugnis der EG einer konkreten Ermächtigung im EWG-Vertrag bedürfe[719].

Dieses Begehren zielt auf eine Rücknahme der Generalermächtigung, da gerade sie ein Handeln ohne konkrete Ermächtigung ermöglicht. Wohl aus der Erkenntnis heraus, daß Art.235 EGV Grundlage der notwendigen Flexibilität der Union in ihrem Kompetenzgefüge ist[720], haben sich die Länder auf die Forderung nach innerstaatlicher Einflußnahme beschränkt. Entsprechend bestand der Bundesrat in seiner Stellungnahme zum Entwurf des "Gesetzes über die Zusammenarbeit von Bund und Ländern in Angelegenheiten der Europäischen Union" durch die Bundesregierung auf die - schließlich erfolgte - Einfügung eines § 5 Abs.3, demzufolge für

> ...Vorhaben, die auf Art.235 EWGV gestützt werden, [...] das Einvernehmen mit dem Bundesrat erforderlich...[721]

sein soll. Dieses Einvernehmenserfordernis begründe sich darin, daß die Inanspruchnahme von im Vertrag nicht vorgesehenen Kompetenzen nach Art.235 EGV materiell eine Vertragserweiterung sei. Da diese von der Zustimmung des

---

717 vgl. 1.Kapitel,A.IV.2., vgl. auch G.Kisker, a.a.O., S.218f, 225ff

718 vgl. Wiedergabe bei M.Borchmann, Ländermitwirkung, S.79 f

719 vgl. a.a.O., S.79

720 vgl. 1.Kapitel,A.IV.2.

721 Beschluß vom 16.10.1992, BR-Drucks. 630/92, S.5

Bundesrates abhängig ist, sei es folgerichtig, auch Vorhaben nach Art.235 EGV innerstaatlich an die Beteiligung des Bundesrates zu binden.[722] [723]

II. Pflicht der Union zur Rücksichtnahme auf föderale Verfassungsstrukturen aus ungeschriebenem Unionsrecht und Auslegung des Art.5 EGV

Ebenfalls in der ersten der 10 Münchner Thesen[724] bringen die Länder erneut die Ansicht zum Ausdruck, daß die Organe der EU ihre Kompetenzen nur unter Rücksichtnahme auf die föderale Struktur der Bundesrepublik Deutschland wahrnehmen dürfen. Eine solche Auslegung des Unionsrechtes wurde und wird in der Literatur häufig vorgenommen und gab Anstoß für eine kontroverse Diskussion.[725] Jegliche Ansätze, den gemeinschaftlichen Normsetzungsprozeß an ein Gebot zur Wahrung wesentlicher nationaler Verfassungsstrukturen zu knüpfen, wurden in der Judikatur des EuGH, bislang unter Verweis auf die Notwendigkeit einer möglichst effektiven Umsetzung der Vertragsinhalte, abgewiesen.[726] Eine ausdrückliche Berücksichtigung des Bundesstaatsprinzips ist im gemeinschaftlichen Vertragsrecht nicht enthalten, so daß seine Begründung allenfalls im ungeschriebenen Unionsrecht liegen kann.[727] Für eine solche Verankerung der Pflicht zur Rücksichtnahme werden verschiedene Ansätze herangezogen:

- So ist es denkbar, eine mittelbare Bindung des Unionsrechtes aufgrund allgemeiner Rechtsgrundsätze zu postulieren.[728] Solche Grundsätze sind anerkannt und dienen in der Regel der Auslegung von EU-Recht. Vorausssetzung jener ist jedoch, daß sie in allen mitgliedstaatlichen Rechtsordnungen gleichermaßen zu finden sind. Das Bundesstaatsprinzzip aber ist in dieser Ausformung innerhalb der EU einmalig und kann folglich keinen solchen allgemeinen Rechtsgrundsatz beschreiben.[729]
- Ein weiterer in der Literatur vertretener Ansatz liegt in einer Begründung der Pflicht zur Rücksichtnahme aus dem Prinzip der Gemeinschaftstreue. Dieses Prinzip ist in Art.5 EGV, Art.86 EGKSV und Art.192 EAGV gemeinschaftsrechtlich normiert. Primär ergibt sich aus dem Prinzip der Gemeinschaftstreue eine über die Vertragserfüllung hinausrei-

---

722 vgl. a.a.O., S.5, - Begründung -

723 darüberhinaus mußten sich die Länder der intendierten Erweiterung des Art.235 EGV erwehren, wie sie bspw. der luxemburger Präsidentschaftsentwurf vom 17.4.1991 vorsah, vgl. M.Borchmann, Der Art.235:..., S.102f

724 vgl. bei M.Borchmann, a.a.O.

725 vgl. m.w.N. K.Hailbronner, a.a.O., S.152f

726 vgl. ders., a.a.O., S.151

727 vgl. H.Schwan, a.a.O., S.48

728 vgl. v.Welck, a.a.O., S.24f, der dies jedoch mit der ganz herrschenden Meinung ablehnt

729 vgl. H.Schwan, a.a.O., S.49f, v.Welck, a.a.O., G.Ress, die Europäischen Gemeinschaften, S.550f, I.Pernice, Europäische Union, S.916

chende Loyalitätspflicht der Mitgliedstaaten zur Europäischen Union.[730] Darüber hinaus ist allerdings allgemein anerkannt, daß zu dieser Verpflichtung der Mitgliedstaaten auch eine Gemeinschaftstreue der Gemeinschaftsorgane gegenüber den Mitgliedstaaten korrespondiert.[731] Diese Gegenseitigkeit des Prinzips des Gemeinschaftstreue wird durch den - allerdings nach Art.L EUV nicht justitiablen - Leitsatz aus Art.F Abs.1 EUV untermauert, demzufolge die Union die nationale Identität ihrer Mitgliedstaaten achten muß. Art.F Abs.1 EUV kann somit als vertragliche Bestätigung der zuvor ergänzenden Auslegung des Art.5 EGV herangezogen werden. Neben Art.5 EGV wird zur Beschreibung der Gemeinschaftstreue bisweilen auch das deutsche Verfassungsprinzip der Bundestreue herangezogen.[732] Inhalt dieser Pflicht ist für die Union das Gebot, die Grenze des den Staaten Zumutbaren einzuhalten und infolgedessen die Reichweite dessen zu berücksichtigen, was den Staaten nach ihrer Verfassung möglich ist.[733]

Dem wird jedoch von Kritikern der völkerrechtliche Grundsatz der Unbeachtlichkeit innerer Staatsordnungen bei der Erfüllung völkerrechtlicher Verträge entgegengehalten, so daß die Bindung an das Unionsrecht nicht durch innerstaatliches Recht relativiert werden dürfe.[734] Weiter sei das EU-Recht als eigenständige Rechtsordnung von innerstaatlichem Recht unabhängig.[735] Nach Hailbronner wird aber zu Recht weder die Einheitlichkeit noch die Eigenständigkeit der Gemeinschaftsordnung in Frage gestellt, wenn aus der Gemeinschaftstreue eine gegenüber den "Grundstrukturen der föderalistischen Ordnung der Bundesrepublik Deutschland"[736] zurückhaltende Kompetenzausübung angemahnt werde.

Dieser Gesichtspunkt muß auch gegenüber einem weiteren möglichen Einwand herangezogen werden: Es liegt nahe, die notwendige Kompensation der Länder, wie auch der Autonomen Gemeinschaften und anderer Regionen, den jeweiligen Mitgliedstaaten zu überantworten. Denn diese sind allein für ihre Verfassungsstrukturen verantwortlich und - wie das Beispiel Deutschland und Spanien zeigt - selber an der Beschränkung, bzw. Abschöpfung, föderaler Kompetenzzuweisungen beteiligt. Insofern könnte ihnen eine Rückübertragung eigener Kompetenzen an die periphere Ebene nahegelegt werden. Dem ist aber entgegenzuhalten, daß die Zuweisung von Zuständigkeiten an die Länder und Autonomen Gemeinschaften, um diese in Folge der vorherigen Untersuchungen anzuführen, nicht etwa willkürlich erfolgt. Der Vergleich des Kompetenzenkataloges der deutschen Bundesländer und der Autonomen Gemeinschaften Spaniens zeigt in seinen weiten Überschneidungen, daß die Zuständigkeit der föderalen Ebene allein inbestimmten Materien und Funktionen möglich und erforderlich ist. Bundes- und Landeskompetenzen sind nicht beliebig austauschbar. Der Verlust eben jener spezifischen Zuständigkeiten der Länder und Autonomen Gemeinschaften an die Europäische Union kann somit nur über eine Einbeziehung

---

730 vgl. A.Bleckmann, Europarecht, RN 381 ff
731 vgl. M.Zuleeg-G/T/E/- Kommentar, Art.5, RN 1
732 vgl. Darstellung bei G.Ress, a.a.O. S.550; v.Welck, a.a.O., S.25f
733 vgl. A.Bleckmann, a.a.O., RN 417f
734 vgl. W.Kössinger, Durchführung des EG-Rechts, S.31ff
735 vgl. H.Schwan, a.a.O., S.49
736 ders., a.a.O., S.152

der Unionsstruktur ausgegelichen werden. Bildlich gesprochen, muß man die betroffenen Länder und Autonomen Gemeinschaften ihren verlorenen Kompetenzen in die Unionspolitik hinein folgen lassen. Hier sprengt also die erforderliche Kompensation die Möglichkeiten nationaler Verfassungsstrukturen. In Anerkenntnis dieses Umstandes muß, trotz der grundsätzlichen Verfassungsautonomie der Mitgliedsländer, eine Rücksichtnahme der Unionspolitik gegenüber föderalen Belangen einiger Mitgliedstaaten gefordert werden.

Gestützt wird das Gebot der Rücksichtnahme zusätzlich von dem Prinzip der Subsidiarität als Bestimmungsfaktor europäischer Politik und seiner Normierung zur Kompetenzausübung in Art.3 b Abs.2 EGV[737].[738]

Nicht zuletzt der neue Art.146 EGV und die Einführung des "Ausschusses der Regionen" zeigen, daß die Union das Gebot zur Rücksichtnahme auf nationale Verfassungsstrukturen ernst nimmt und viel von ihrer vorherigen "Landesblindheit" verloren hat.

III. Klagerecht der regionalen Ebene vor dem EuGH

Namentlich die deutschen Bundesländer fordern die Eröffnung eines Klagerechtes vor dem Europäischen Gerichtshof[739]. Die Zurückweisung dieses Bestrebens wurde mit der nichtzubewältigenden Antragsflut begründet, die mit einem solchen Antragsrecht der europäischen Regionen einherginge.

Neben diesem praktischen stellt sich mit dem Klagerecht der Regionen auch ein rechtliches Problem: Das Begehren der Regionen richtet sich verständlicherweise auf einen gerichtlichen Schutz vor Unions-Rechtsakten, die in ihre Kompetenzen eingreifen. Um hierüber zu entscheiden, müßte der Europäische Gerichtshof das jeweils nationale Recht heranziehen und die Kompetenzen der Regionen ersteinmal bestimmen.[740] Wie schwer die Abgrenzung zwischen staatlichen und regionalen Zuständigkeiten ist, zeigt die umfassende Jurisdiktion des Bundesverfassungsgerichtes und mehr noch des spanischen Verfassungsgerichtes. Der EuGH würde also nicht nur in die Verfassungsautonomie und das Auslegungsmonopol der Verfassungsgerichte der Mitgliedstaaten einbrechen, sondern wäre auch gänzlich überfordert. Denkbar ist jedoch, daß der EuGH <u>auf Antrag</u> einer Region die Kompetenzüberschreitung eines EU-Rechtsaktes unter Eingriff in den jeweils <u>nationalen</u> Kompetenzrahmen feststellt. Die Frage, ob gerade der antragstellenden Region innerstaatlich die strittige Kompetenz wirklich zusteht, kann dann zur Klärung den nationalen Verfahren überantwortet

---

[737] vgl. 3.Kapitel, A.I.

[738] vgl. auch I.Pernice, a.a.O., S.916

[739] vgl. R.Hrbek, der Ertrag..., S.143f; mit Bezugnahme hierauf der Beschluß des Bundesrates vom 8.11.1991, Br.-Dr. 680/91 ["Beschluß"]

[740] vgl. auch C.D.Classen, Maastricht und die Verfassung..., S.58, FN 17, der aus dieser Beobachtung heraus die Forderungen der Länder als "wenig durchdacht" kritisiert

werden. Machen gleichzeitig ein Mitgliedstaat und eine seiner Regionen eine Kompetenzverletzung geltend, so müßte allein dem Staat die Antragsbefugnis zuerkannt und die Region wiederrum auf eine nationale Klärung verwiesen werden. Im Ergebnis hätten die Regionen ein den jeweiligen Staat stellvertretendes, subsidiäres Antragsrecht bei Verletzung nationaler Kompetenzen. Um zu verhindern, daß sich die Regionen zu Vorkämpfern nationalen Interesses vor dem EuGH aufspielen, könnte man zusätzlich daran denken, den Regierungen der Mitgliedstaaten eine Art Veto-Recht gegen die Klage einer ihrer Regionen einzuräumen. Im Falle der rechtsmißbräuchlichen Handhabung eines solchen Vetos, könnten diese es nach den verfassungsrechtlichen Vorgaben zum Gegenstand einer Entscheidung der nationalen Gerichtsbarkeit machen.

Die Autonomen Gemeinschaften Spaniens wie auch die deutschen Bundesländer haben inzwischen den Weg der Vereinbarungen mit den jeweiligen nationalen Regierungen beschritten, um ihre formalisierte Mitwirkung bei Verfahren der Regionen vor dem EuGH sicherzustellen. In Spanien geschah dies mittels einer sektoriellen Vereinbarung vom 16.11.1990[741] und in Deutschland in Konkretisierung des Grundsatzes der Bundestreue mit § 7 Abs.1 GüZ vom 12.3.1993.

Solange sich eine dritte Ebene europäischer Regionen noch nicht herausgebildet und in der Unionsstruktur verfestigt hat, würde mit dem geforderten Klagerecht einer unbestimmten Entwicklung vorgegriffen werden. Vor allem ließe eine solche direkte Klagemöglichkeit - angesichts der noch unverwirklichten Regionalisierung der Union -befürchten, daß der Europäische Gerichtshof zu einem Nebenkriegsschauplatz im Ringen der Regionen um ihre angestrebte Stellung in Europa würde. R.Hrbek weist zu Recht auf den Kompromiß hin, den die Zuerkennung eines Klagerechts an den neuen Ausschuß der Regionen beinhaltet[742].

---

[741] vgl. 2.Kapitel, B.III.3.a.(3)

[742] vgl. ders., a.a.O., S.144

4.Kapitel Zusammenfassung und Ausblick

Auf den Ergebnissen der vorherigen Kapitel aufbauend, sollen im folgenden abschliessende und wertende Betrachtungen in drei Schwerpunkten dargelegt werden: In kurzen Zügen eine vergleichende Beurteilung der föderativen Strukturen Spaniens und Deutschlands; eine Bewertung ihres Bestandes und ihrer Aussichten in der Beteiligung an der nationalen Willensbildung in EU-Angelegenheiten; und schließlich Überlegungen zu der denkbaren Konzeptionierung einer weiteren Regionalbeteiligung in der Unionspolitik, basierend auf den Erfahrungen in Spanien und Deutschland.

A. Der föderative Bestand in Spanien und Deutschland

I. Zusammenfassende Bestandsaufnahme

Ausgehend von der gleichen Idee, der politischen Dezentralisierung des Staates, fußend auf territorialen Einheiten regionalen Ausmaßes, beschritten der deutsche und der spanische Staat zwei unterschiedliche Wege. Eine Ursache für die divergierenden Ausformungen der föderalen Idee ist schon in der Motivation der Verfassungsgeber zu sehen:

So wurde in Deutschland auf der Grundlage eines zusammengebrochenen Staates, ausgehend von den schon existierenden Ländern, die die jeweiligen Staatsgewalten innehatten, eine Staatsform gesucht, die eine maximale Sicherung der neu gewonnenen Demokratie und inneren Stabilität versprach.

In Spanien hingegen spielte, über den gleichlautenden Wunsch hinaus, der unausweichbare Autonomisierungsdruck der historischen Nationalitäten eine entscheidende Rolle. Die Notwendigkeit, diesem zu entsprechen und gleichzeitig den Konsens mit den zentralistischen Strömungen zu wahren, führte in Spanien zu der eigentümlichen Initiierung eines Autonomieprozesses mit weitgehend offenem Ende, während der Bundesstaat in Deutschland quasi in einem Wurf entstand. In diesen Entstehungssituationen gründet auch der Umstand, daß der verhältnismäßig schlüssigen und abschließenden Struktur des deutschen Bundesstaates im spanischen System Autonomer Gemeinschaften ein Gebilde gegenübersteht, das von systematischen Widersprüchlichkeiten und mangelnder Konsequenz gekennzeichnet ist.

Wie nun ist der föderative Bestand der beiden Systeme zu beurteilen? In der Frage, welche Kriterien ein Land zum Bundesstaat qualifizieren, wird in der einschlägigen Literatur an den unterschiedlichsten Punkten angesetzt. Mit der ganz herrschenden Ansicht[743] ist die parallele Staatsqualität von Gesamt- und Gliedstaaten mit entsprechender Verfassungsautonomie als für die Kennzeichnung eines Bundesstaates wesentlich heranzuziehen[744]. Denn allein dies ist Ausdruck des Zusammenschlusses gleichberechtigter Gliedstaaten originären Charakters, der zur Beschreibung des "Bundes" von Nöten ist. Aus diesem Grunde ist dem spanischen Autonomiestaat die Qualität eines Bundesstaates deutlich abzusprechen. Jedoch ist der Bundesstaat nur

---

743 vgl. K.Stern, Staatsrecht, S.667 ff; H.-J.Vogel, bundesstaatliche Ordnung, S.817ff; BVerfGE 1, 14, 34; 34, 9 20; 36, 361; 60, 175, 207

744 a.A.: vgl. nur M.Busch, a.a.O., S.362

eine denkbare Ausformung des politischen Grundprinzipes "Föderalismus". Das spanische System Autonomer Gemeinschaften beschreibt eine andere Ausformung eigener Art, wie im folgenden verdeutlicht werden wird. Das Wesen des Föderalismus nämlich ist die grundlegende politische Autonomie der regionalen Einheiten sowie deren Möglichkeit zur Einflußnahme auf die gesamtstaatliche Politik. Die Vagheit dieser Charakterisierung zeigt, daß ihm keine abschließenden Merkmale unterlegt werden können, vielmehr fließende Übergänge aus der strukturellen Gesamtheit eines Staates vorzufinden sind.

Zurückkehrend zur eingangs gestellten Frage nach dem föderativen Bestand der beiden Länder, soll dieser durch eine zusammenfassende Betrachtung der entscheidenden Merkmale graduell beschrieben werden. Obgleich Begriffe wie "Exekutivföderalismus", "Obstruktionspolitik der Landesregierungen" u.a. strukturelle Probleme des deutschen Bundesstaates offenlegen, kann ihm dennoch eine gewisse Leitbildfunktion zugesprochen und anhand dessen die föderative Durchdringung des spanischen Systems Autonomer Gemeinschaften aufgezeigt werden:

Eine unabdingbare Grundlage territorialer Strukturen, die vollständige Gliederung des Staatsgebietes in regionale Einheiten, war in Spanien schon in der Anfangsphase des Autonomieprozesses erfüllt.

Zuvor wurde bereits die zur Charakterisierung des Bundesstaates erforderliche Eigenstaatlichkeit kraft Verfassungsautonomie der Gliedstaaten angesprochen, die bei den Autonomen Gemeinschaften Spaniens fehlt. Angesichts der geringen rechtspolitischen Bedeutung, die den Landesverfassungen in Deutschland zukommt, darf dieser formelle Aspekt nicht zu hoch gewichtet werden. Die Autonomiestatuten, wenngleich nicht mit Verfassungsrang ausgestattet, bieten als in den "Block der Verfassungsmäßigkeit" integrierte Gesetze sui generis die konstituierende Grundlage des Autonomiestatus der Gemeinschaften. Sie sind die obersten regionalen Rechtsquellen, deren Normensysteme zu den staatlichen Gesetzen im Verhältnis der Gleichrangigkeit stehen. Die Statuten sind außerhalb einer Verfassungsrevision irreversibel und Grundlage für die Klärung von Kompetenzstreitigkeiten, bringen die Autonomien also in die Nähe eigener Staatlichkeit.[745]

Sämtliche Autonomen Gemeinschaften verfügen über die organisatorischen Voraussetzungen zum Vollzug einer politischen Autonomie, eine gesetzgebende Versammlung und eine Regierung mit breitem administrativen Unterbau.

Kernfrage zur föderalen Qualität eines Staatssystemes ist die Art der Kompetenzverteilung zwischen Zentral- und Gliedstaaten. Hier entscheidet sich, ob letztere eine wirkliche Gestaltungsbefugnis besitzen, die über eine administrative Umsetzung zentraler Vorgaben hinausgeht. Spätestens seit den Autonomievereinbarungen des Jahres 1992 verfügen nicht nur die privilegierten Autonomien über einen nennenswerten Kompetenzrahmen, der hinsichtlich seiner materiellen Schwerpunkte hinter dem der Bundesländer nicht weit zurückstehen muß[746]. Abstriche müssen jedoch in den einzelnen Zuständigkeiten zu den jeweiligen Materien gemacht werden, da hier die

---

[745] vgl. 2.Kapitel,A.VII.2.
[746] vgl. 2.Kapitel, A.VII.4.

staatlichen Kompetenzen wegen der vertikalen Aufteilung stärker als in Deutschland in die autonomen Befugnisse hineinwirken[747].

Dank des Finanzierungssystemes in seiner Kombination aus staatlichen Zuweisungen, eigenen Mitteln und EU-Subventionen[748], verfügen die Autonomen Gemeinschaften über die notwendige Finanzausstattung zur Behauptung ihrer politischen Autonomie.

Die in einem föderalen System erforderliche enge Verknüpfung der staatlichen Ebene zu derjenigen der Gliedstaaten lenkt den Blick auf die vorhandenen Kontrollinstrumentarien. Während dem Staat diverse Mittel an die Hand gegeben sind, wie z.B. der Staatszwang, der Regierungsdelegierte u.a.[749], verfügen die Gemeinschaften über geringe direkte Kontrollmittel bezüglich staatlichen Vorgehens. Doch ist ihnen ein ausreichender Schutz der eigenen Interessen vor staatlichem Handeln über die Antragsbefugnis vor dem Verfassungsgericht zur Eröffnung von Kompetenzstreitverfahren nach Art.161 Abs.1 c CE[750] gegeben.

Ein wesentlicher Zug föderalen Gepräges fehlt dem spanischen Autonomiestaat mangels gliedstaatlicher Homogenität. Die strukturelle und kompetenzielle Vergleichbarkeit der Regionen ist eine wichtige Voraussetzung für die gesamtstaatliche Kooperation und Koordination. Das Beispiel Spanien zeigt, gerade im Bemühen um eine autonome Mitwirkung in EU-Angelegenheiten, wie hemmend die unterschiedliche Gestaltung der Autonomiestatuten bei der Notwendigkeit einheitlichen Vorgehens sein kann.

Legt man wieder die Schablone des deutschen Bundesstaates über die Struktur des spanischen Autonomiestaates, offenbart sich als wohl gravierendstes föderales Defizit der Mangel einer nennenswerten Mitwirkungsmöglichkeit der Autonomien am staatlichen Willensbildungsprozeß. Der Bundesrat, dessen Bedeutung als föderale Kammer nicht zuletzt dank seiner Aufwertung in Folge der Europäisierung nationaler Kompetenzen und des neuen Verfahrens nach Art.23 GG für das bundespolitische Geschehen prägend geworden ist, findet keinerlei Entsprechung im spanischen System. Der Senat, zur territorialen Repräsentation berufen, kann die Aufgabe weder kompetenziell noch strukturell auch nur annähernd erfüllen[751]. Die Autonomen Gemeinschaften sind auf diese Weise in die Position ohnmächtiger Beobachter der staatlichen Politik gedrängt, bzw. auf den Weg außerkonstitutioneller Vereinbarungen zur Konsensfindung verwiesen und vom guten Willen der zentralen Regierung abhängig.

---

[747] vgl. 2.Kapitel, A.VII.3.
[748] vgl. 2.Kapitel, A.VIII.
[749] vgl. 2.Kapitel, A.IX.
[750] vgl. 2.Kapitel, A.VII.6.
[751] vgl. 2.Kapitel, A.X.1.

II. Ausblick

Zuvor Gesagtes kann zusammenfassend dahingehend bewertet werden, daß der spanische Autonomiestaat zwar nicht die föderale Intensität eines Bundesstaates aufweist, aber durchaus eine Spielart des Föderalismusprinzipes beschreibt. Hier muß beachtet werden, daß das spanische System kein festgefügtes Gebilde ist, sondern ein noch immer in der Entwicklung begriffener Prozeß. Neben den rechtstechnischen Koordinaten des Autonomiestaates muß die Verwurzelung der Regionalität im Bewußtsein der Bevölkerung bzw. deren hohes Maß an Identifikation mit ihrer Gemeinschaft gesehen werden, das bis zum separatistischen Extremismus reichen kann. Viel mehr als in den deutschen Bundesländern spielen regionale Artikulationsformen wie die jeweilige Flagge, Hymne, eigenständige Parteien und besonders eigene Sprachen und Rechtstraditionen, wie beispielsweise in den Foralgemeinschaften, eine große Rolle. Die Kraft des sich aus dieser Identifikation speisenden fortgesetzten Autonomiestrebens darf nicht unterschätzt werden.

Die großen föderalen Defizite, mangelnde Homogenität und Mitwirkungsmöglichkeiten, sind seit längerem erkannt. Die Autonomievereinbarungen des Jahres 1992 waren nach langem Ringen ein erster Schritt zur Homogenisierung, zu deren Fortführung ein breiter Konsens besteht.

Auch zur Reformierung des Senates herrscht ein Konsens, der jedoch keine realistische Hoffnung zur Schaffung einer wirklich föderalen Kammer gibt. Zu groß sind hierzu die politischen Differenzen und die Scheu vor der erforderlichen Verfassungsänderung.

Die Territorialverfassung wurde für einen Regionalstaat verfasst, der sich damals quasi noch im embryonalen Zustand befand. Das "Kind" Autonomiestaat wuchs anders und schneller, als von den Verfassungsgebern vorgesehen und benötigt dringendst ein neues konstitutionelles Gewand, in dem eine klare Kompetenzverteilung für administrative Transparenz und Homogenität sowie eine echte territoriale Kammer für föderale Mitwirkung sorgt. Eine solche Anpassung ist jedoch nicht zu erwarten, so daß auch in der kommenden Zeit dem Verfassungsgericht die Aufgabe zufallen wird, in breiter Kasuistik das "Kleid" des Autonomiestaates auszubessern.

B. Die Beteiligung an der staatlichen Willensbildung in EU-Angelegenheiten

I. Die deutschen Bundesländer

Die Diskussion um die Mitwirkungsrechte der deutschen Bundesländer in europarechtlichen Angelegenheiten begann mit den Verhandlungen zur Montanunion 1951. Seitdem durchschritten die Beteiligungsmodelle mit fortschreitender Kompetenztransferenz an die europäischen Institutionen mehrere Stufen, vom Zuleitungsverfahren über die Länderbeobachter, das Länderbeteiligungsverfahren bis hin zum Bundesratsverfahren und dessen heutiger Erweiterung und Festschreibung im Grundgesetz. Während in den ersten dreißig Jahren dieser Entwicklung die passive Informationsbeschaffung über das europäische Geschehen im Vordergrund stand, wurde den Ländern mit dem Länderbeteiligungsverfahren erstmalig der Einstieg in die Bildung und Artikulation nationaler Stellungnahmen eröffnet. Daß jedoch auch hier der umfassenden Informationsbeschaffung eine hohe Bedeutung beigemessen wird, zeigt, wie schwierig und wichtig es ist, angesichts der enormen Regelungsdichte der europäischen Institutionen, frühzeitig von den Projekten Kenntnis zu erlangen.

Maßgebliche Kraft im Ringen um eine Beteiligung an der Bundeswillensbildung sind, deutlich mehr als die einzelnen Länderparlamente, die jeweiligen Regierungen. So ist es verständlich, daß diese den von ihnen konstituierten Bundesrat in den Dienst ihres Strebens gestellt haben. Die entscheidenden Neuerungen in der Beteiligungsfrage wurden stets im Zusammenhang mit Zustimmungsgesetzen zu Gemeinschaftsverträgen[752] erwirkt, unter Instrumentalisierung des Zustimmungserfordernisses des Bundesrates. Nach der schlechten Erfahrung mit dem Länderbeteiligungsverfahren, bei dem in Ermangelung eines nach dem Mehrheitsprinzip arbeitenden Gremiums selten ein rechtzeitiger Konsens zur Stellungnahme der Länder erlangt werden konnte, steht heute der Bundesrat im Mittelpunkt der Beteiligungsfrage. Dieser aber ist ein Bundesorgan und streng genommen nicht geeignet, die Kompetenzverluste der Landesparlamente zu kompensieren.[753] Während die wirkliche Kompensation der Lan-

---

[752] vgl. 1957 Zustimmungsgesetz zu den Römischen Verträgen; 1987 Zustimmungsgesetz zur Einheitlichen Europäischen Akte; 1993 Zustimmungsgesetz zu den Verträgen von Maastricht

[753] vg. zu der hier angebrachten Kritik auch M.Schweitzer, Europäische Union..., 3.a),b); in seiner dritten These richtet er die Kritik besonders dagegen, "daß der Bundesrat als oberstes Bundesorgan als "Treuhänder" der Länder durch Mehrheitsbeschluß an der europäischen Gesetzgebung mitwirkt. Damit kann eine etwaige Minderheit nicht mehr Fragen der

deslegislativen auf der Ebene einer unmittelbar europäischen Beteiligung gesucht werden muß, ist für die Stellung des Bundesrates keine Alternative ersichtlich. Zentrales Problem und wirkungsvollster Einwand zur Vorenthaltung der Länderbeteiligung nämlich ist das Erfordernis schneller und glaubwürdiger Stellungnahmen der europäischen Mitgliedsländer in Unionsfragen. Je mehr Institutionen an der betreffenden nationalen Willensbildung beteiligt sind, desto weniger können diese Erfordernisse erfüllt werden. Darum wird sich die Zukunft der Länderbeteiligung in EU-Angelegenheiten in Deutschland an der Fähigkeit des Bundesrates zur schnellen Konsensfindung entscheiden. Die Errichtung einer EG-Kammer im Bundesrat[754] bietet eine gute Vorgabe, um die Wirksamkeit des föderalen Organes zu verbessern. Aus dem gleichen Grunde muß das Abweichungsverbot im Bundesratsverfahren, demzufolge die Regierung nur aus unabweichbaren außen- oder integrationspolitischen Gründen von der Berücksichtigung der Bundesratsstellungnahmen absehen darf[755], an den Erfordernissen der Schnelligkeit und inhaltlichen Vereinbarkeit mit genannten integrationspolitischen Gründen ausgerichtet werden. Diese Begriffe dürfen aber nicht zu einer dehnbaren Abweichungsermächtigung mißbraucht werden, sondern sind restriktiv zu handhaben und gesondert zu begründen.

II. Die Autonomen Gemeinschaften Spaniens

Verglichen mit dem deutschen Bundesstaat ist die Geschichte der autonomen Mitwirkung in der nationalen Willensbildung zu EU-Angelegenheiten kurz und von wenig Erfolg gekrönt.

Der Senat kam von Anbeginn an als denkbares Beteiligungsmedium wegen seiner oft beschriebenen strukturellen und kompetenziellen Mängel kaum in Betracht. In den Abkommensentwürfen der Jahre 1985-1987 wurden erstmalig vielversprechende Signale für Mitwirkungsmodelle gesetzt, die über eine bloße Informationsverschaffung hinausgingen. Mit der folgenden Realisierung einer ersten Einbeziehung der Autonomien schritt man hinter die in den Entwürfen geweckten Erwartungen zurück, da der Staat seine Zugeständnisse auf das Mittel der Sektorenkonferenzen verlagerte. Diese trugen Ende 1992 mit der Verabschiedung zweier Vereinbarungen über die Rechtsvertretung und Koordinierung der nationalen Subventionsvergabe erste Früchte. Die Vorschlagsentwürfe des Ministeriums für öffentliche Verwaltung vom Juni 1992 verdeutlichen das Streben des Staates, unter Beschwörung der umfassenden Kooperation, den Schwerpunkt weiter auf die Sektorenkonferenzen zu legen. Mit großer Pragmatik schlägt das Ministerium hierbei die Erprobung neuer Mitwirkungsmechanismen in sektoriellen Pilotbereichen vor. Die Idee einer solchen

eigenen Gesetzgebungszuständigkeit bestimmen." eine ähnliche Kritik äußert auch T.Stein, Europäische Union..., 5.

754 vgl. 1.Kapitel, B.II.1.e.

755 vgl. 1.Kapitel, B.II.1.d.

"häppchenweisen" Einführung autonomer Beteiligung deutet auf den ernsthaften Willen des Staates hin, in die betreffende Frage Bewegung zu bringen. Trotz dieser Projektierungen beschränkt sich der gefestigte Bestand autonomer Mitwirkungsrechte auf ein umfassendes Informationsrecht, wie es sich schon aus dem allgemeinen Loyalitäts-, bzw. Solidaritätsprinzip erschließt[756].

Der wohl gravierendste Unterschied zum bundesdeutschen System ist darin zu sehen, daß den Autonomen Gemeinschaften das entscheidende Druckmittel des Zustimmungserfordernisses der territorialen Kammer fehlt. Allein diese machte die Bundesländer in Deutschland zu ebenbürtigen Verhandlungspartnern des Staates. In Spanien hingegen stehen den Autonomen Gemeinschaften kaum Mittel zur Verfügung, ihren Forderungen Nachdruck zu verleihen. Sie sind vielmehr auf den "good will" des Staates angewiesen. Aus diesem Grunde ist in Spanien für die kommende Zeit keine umwälzende Entwicklung zu erwarten und die Signale des Staates auf ein bedächtiges Vorgehen zu werten.

In Anbetracht der Bedeutungslosigkeit des Senates muß für die Autonomien die Schaffung eines umfassenden Koordinationsgremiums ganz im Vordergrund stehen. Allein wenn es ihnen gelingt, ihre Interessen zu bündeln und in vereinter Stimme in die Diskussion einzubringen, können sie ein für ihre Zwecke ausreichendes Gewicht einsetzen. Die von der Regierung favorisierten Sektorenkonferenzen können diesem Anspruch nicht gerecht werden. Zum einen behandeln sie, schon ihrer Definition nach, immer nur sektorielle Fragen, also Fragmente der Gesamtproblematik. Darüber hinaus sind diese vom Staat einberufenen und präsidierten Versammlungen keine interautonomen Gremien. Dennoch ist deren Bedeutung, namentlich die neu institutionalisierte Konferenz zu Angelegenheiten der Europäischen Gemeinschaft, für den Dialog der beiden Ebenen und zur Kanalisierung der Informationen nicht zu unterschätzen.

In der fundamentalen Koordination der Autonomien untereinander und dieser mit dem Staat stellt die fehlende kompetenzielle Homogenität ein deutliches Hemmnis dar. Dieses Problem darf aber nicht übergewichtet werden. Mit den Autonomievereinbarungen des Jahres 1992 wurde ein merklicher Teil der Unterschiede beseitigt und der erklärte Wille der nachziehenden Gemeinschaften läßt eine fortfahrende Angleichung in den kommenden Jahren erwarten. Es ist nicht verwunderlich, daß seitens der Autonomen Gemeinschaften das neue Beteiligungsmodell in Deutschland als Ideal angestrebt wird, obgleich eine realistische Einschätzung über die verbleibende Ferne zu jenem System besteht.[757]

Aus zwei Gründen kann eine vorsichtig hoffnungsvolle Prognose für die weitere Entwicklung der autonomen Mitwirkung an der nationalen Willensbildung in EU-Angelegenheiten gegeben werden:

---

[756] vgl. 2.Kapitel, A.XI.1.

[757] so das Ergebnis aus den Antworten der bereits zitierten Anschreiben hinsichtlich der abschließenden Frage:
"5. Welche Vorstellungen zu einer Beteiligung der Autonomen Gemeinschaften an der Politik der Europäischen Gemeinschaft auf nationaler und europäischer Ebene haben sie?"

Zum ersten ist, trotz des staatlichen Zögerns, ein fundamentaler Konsens in der Angemessenheit einer solchen Mitwirkung aus wesentlichen Verfassungsprinzipien, vor allem dem Autonomieprinzip, dem Solidaritätsprinzip und dem immer bedeutender werdenden Kolaborationsprinzip, festzustellen.

Zweitens zeigt die Beteiligungsproblematik auf europäischer Ebene, nicht zuletzt dank des bundesdeutschen Einflusses, eine zunehmende Eigendynamik. Diese beginnt die nationale spanische Diskussion zu überlagern, da offensichtlich die autonome Mitwirkung an der innerstaatlichen Willensbildung nicht hinter derjenigen auf europäischer Ebene zurückstehen kann.

C. Unmittelbare Regionalbeteiligung an der Europäischen Willensbildung

I. Status Quo

Der momentane Bestand einer regionalen Beteiligung in der europäischen Willensbildung kann besonders bezüglich der deutschen Bundesländer und der Autonomen Gemeinschaften Spaniens zusammenfassend wie folgt festgehalten werden:

Vor Maastricht eröffnete allein der "Beirat der regionalen und lokalen Gebietskörperschaften" sowie die "interfraktionelle Gruppe lokaler und regionaler Mandatsträger im Parlament" eine institutionelle Beteiligung.

Ersterer war kompetentiell zwar sehr begrenzt, da er lediglich nach Anfrage der Kommission zu unverbindlichen Stellungnahmen ermächtigt gewesen ist, bildete jedoch bis Ende des Jahres 1993 das einzige übergreifende Forum zur Artikulation regionaler Positionen. Dank dessen mußte er als erster Ansatzpunkt in der Beteiligungsfrage gewertet werden, von dem aus die weiteren Schritte vorbereitet werden konnten.

Die interfraktionelle Gruppe beweist, daß in einer Art "Selbsthilfe" die regionalen Interessenvertreter sich in geeigneten Gremien zusammenfinden und durch konsensuale Meinungsbündelung ihrem Streben Nachdruck verleihen können. Die Gruppe könnte mit einer absehbaren Aufwertung des Europäischen Parlamentes im gemeinschaftlichen Organgefüge zunehmend an Bedeutung gewinnen.

Eine Bewertung des neuen Ausschusses der Regionen ist bislang kaum möglich. Die Schwierigkeiten, die seine Mitglieder schon in der Konsensfindung zur Verabschiedung einer Geschäftsordnung zeigten, lassen ahnen, daß dieses Organ einen steinigen Weg zu durchschreiten hat, um ein schlagkräftiger Vertreter des regionalen Interesses zu werden. Auf der anderen Seite bietet der Ausschuß im Falle der erfolgreichen Zusammenarbeit seiner Mitglieder, ein gutes Fundament, auf dem ein Organ der nachdrücklichen regionalen Mitbestimmung in der Union aufgebaut werden könnte.

Den faktisch sicherlich größten Einfluß üben die einzelnen regionalen Vertreter in Brüssel aus. Systematisch ausgebaut wurden diese Einrichtungen zuforderst von den deutschen Bundesländern und den Autonomen Gemeinschaften Spaniens. Doch haben sich auch zunehmend andere Regionalvertretungen Frankreichs, Italiens u.a. in Brüssel niedergelassen. Auf diesem Wege wird eine Art regionaler Lobbyismus geschaffen, der dank ausschließlich eigener Initiativen in eigener Sache für den direkten Austausch mit europäischen Institutionen sehr gezielt arbeiten kann. Diese Einrichtungen erleichtern es den Regionen, der "fernen" Brüsseler Verwaltung etwas näher zu kommen und ein Gefühl für die dortigen Geschehnisse zu entwickeln. Außerdem werden sie hierdurch aus der staatlichen Abhängigkeit in der Informationsbeschaffung stückweise entbunden. Die Vertretungen sind jedoch auch Anlaß vielfältiger Probleme. Auf nationaler Ebene müssen sie sich in juristische Deckmäntel hüllen, um den verfassungsrechtlichen Zweifeln zu entgehen. Dies verhindert eine notwendige Abstimmung mit den staatlichen Positionen. Hiermit hängt ebenfalls die Gefahr widerstreitender Parallelaktivitäten der staatlichen und regionalen Vertretungen auf europäischer Ebene zusammen. Diese führt allzuhäufig zur Konfusion in den anstehenden Verhandlungspositionen im gemeinschaftlichen Kontext. Schließlich ist die Arbeit der Vertretungen auf die jeweiligen Einzelinteressen ausgerichtet. Eine wirkungsvolle Regionalpolitik setzt aber die Bündelung der jeweiligen Bestrebungen voraus, um mit ausreichendem Gewicht die Diskussion zu bestreiten. Die Vertretungen sind folglich sinnvoll, um den Regionen einen Finger am Puls europäischer Politik zu belassen. Dies mindert die Ferne europäischen Handelns und erhöht die Transparenz gemeinschaftlicher Politik. Der regionale Lobbyismus muß jedoch auf wirklich partikulare Interessen beschränkt bleiben und in Abstimmung mit dem Staat geschehen, um Reibungsverluste in gegenläufigem Vorgehen zu verhindern. Die eigentliche Beteiligung an der Willensbildung hingegen muß im Rahmen eines übergreifenden Regionalorganes geschehen.

Die Ländervertreter in EU-Organen gemäß Art.23 Abs.6 GG eröffnen wegen ihrer unmittelbaren Beteiligung an den Verhandlungen mit den EU-Institutionen den größten Einfluß der Bundesländer. Durch die regionale Teilhabe an der nationalen Verhandlungsposition wird der Weg des geringsten Widerstandes und der höchsten Effizienz in der Interessenvertretung bewirkt. Diese Form der regionalen Artikulation in nationalen Delegationen könnte in der künftigen Beteiligungsfrage zukunftsweisend sein.

II. Ausblick

Die vorliegende Arbeit behandelt, anhand von Spanien und Deutschland, die Problematik, die mit der Integration föderaler Landesstrukturen in die Europäische Union entsteht. Nachdem das Problem diagnostiziert und versucht wurde, dessen Bewertung von der "nationalen" Ebene heraus vorzunehmen, soll ein Ausblick aus "europäischer" Sicht gewagt werden.

Nach hier vertretener Ansicht liegt die Zukunft ausgeprägt föderaler Strukturen, wie sie Spanien und Deutschland aufweisen, innerhalb der fortschreitenden Integration in der Vorreiterrolle eines umfassenden europäischen Regionalisierungsprozesses. Die föderale Durchdringung einiger Mitgliedstaaten wird folglich nicht auf dem Opferstein der Integration enden, sondern in der abgemilderten Form des Regionalismus zum Leitprinzip einer künftigen Union werden.[758]

Vor einer Annäherung an die Frage, wie ein solches "regionalisiertes" Europa aussehen könnte, müssen drei Fragen geklärt werden: An erster Stelle steht diejenige nach der Bedeutung des Regionalismus in Europa und inwieweit ein solcher wünschenswert ist. Zweitens muß ein Blick auf das Kernelement solcher Überlegungen, nämlich die "Regionen", geworfen werden. Schließlich müssen die Koordinaten gesteckt werden, innerhalb derer sich ein regionales Europa zu bewegen hat, welchen Prämissen dieses also entsprechen muß. Hiernach schließlich können die Eckwerte umrissen werden, mit denen eine Regionalisierung Europas konzeptioniert sein könnte.

Der Begriff des "Föderalismus" in Europa kommt in dieser Darstellung in zwei Stufungen zum Tragen, die deutlich voneinander zu trennen sind: Zum ersten der Föderalismus als mögliche Zielbestimmung der Union mit den Mitgliedstaaten als föderale Gliedstaaten, und zweitens die Ebene der Regionen, die in der Fiktion eines "regionalisierten" Europas eine "föderale" Struktur in den jeweiligen Mitgliedstaaten konstituieren müßten. Diese Struktur allerdings wird im Regelfall nicht von der Qualität eines Föderalismus sein.

1. Bedeutung einer europäischen Regionalisierung

Der europäische Integrationsprozeß scheint in diesen Monaten ins Stocken geraten zu sein. Das Inkrafttreten des Maastrichter Vertragswerkes stand lange in Frage. Die kritischen Stimmen werden auch im Kreise derjenigen lauter, die grundsätzlich eine europäische Einigung befürworten. Am Alarmierendsten ist aber die mangelnde Akzeptanz und das Fehlen eines Verständnisses für die Union, wie es der Ausgang verschiedener Referenden und unverbindlicher Umfragen in der "europäischen" Bevölkerung unmißverständlich aufzeigt. Für diese strukturelle Krise kann man primär zwei Aspekte verantwortlich machen, deren Lösung eng mit der Frage nach einer europäischen Regionalisierung zusammenhängen:

- Der erste Aspekt ist derjenige, der zu großen Ferne des Brüsseler Entscheidungszentrums zu den betroffenen Bürgern der Union. Zentral getroffene Entscheidungen können häufig nicht die örtlichen Eigenarten angemessen berücksichtigen. Die enorme Regelungsdichte Brüssels sowie die regelmäßig erforderlichen Modifikationen durch staatliche Gewalten lassen die europäischen Vorgaben schwer nachvollziehbar sein und verhindern die für die Betroffenen wichtige Transparenz. Auf der rechtlich-strukturellen Seite offenbart sich dieses Problem in der Tatsache, daß der EU-Gesetzgeber, besonders also Rat und Kommission, nicht mit einer unmittelbaren demo-

[758] damit ist deutlich M.Brenner zu widersprechen, der in der "Zwangsläufigkeit innerstaatlicher Unitarisierung, [...] und Kompetenzbeschränkungen der Bundesländer" den Tribut sieht, der für die europäische Integration zu entrichten sei; vgl. a.a.O., S.907. Dabei wirft er den deustchen Bundesländern in ihrem Streben einen "Föderativimperialismus" vor; S.908.

kratischen Legitimation versehen sind, diese vielmehr auf dem Umweg der nationalen Regierungen herleiten müssen.[759] Hinzu kommt, daß den Einzelnen der Rechtsschutz in erster Linie über die ebenfalls "ferne" Brüsseler Gerichtsbarkeit gewährt wird und ihnen keine Möglichkeit gegeben ist, in Ausübung ihres Volkssouveräns auf die maßgeblichen europäischen Gewalten unmittelbar einzuwirken.

Die Rolle der Regionalisierung in diesem Zusammenhang liegt auf der Hand: Die Regionen konstituieren die geeignete Ebene, um die Erforderlichkeit einer übergreifend abgestimmten Politik mit der Flexibilität zur örtlichen Anpasung der Ausübung staatlicher Gewalten zu verbinden. Einhergehend mit dieser konzeptionellen Gewichtung kann die Region als primärer Ansprechpartner nach der kommunalen Ebene dienen, um den Betroffenen die "Nähe" zu den Entscheidungszentren zu gewährleisten. Diese Nähe bedingt ein hohes Maß an Identifikation mit dem eigenen regionalen Umfeld und fördert den produktiven Wettbewerb zwischen den Regionen. Mit der Region eröffnet sich also die entscheidende Chance, den Bürgern eine Bezugseinheit europäischer Politik und so die Grundlage für deren Identifikation mit einem geeinten Europa zu schaffen.

- Der zweite Aspekt bezieht sich auf die Entwicklungsperspektiven der Union. Die Mitgliedstaaten selber leiteten den EG-Vertrag in seiner Präambel mit den Worten

  "In dem festen Willen, die Grundlagen für einen immer engeren Zusammenschluß der europäischen Völker zu schaffen, ..." ein.

Über die angestrebte Weite dieses Zusammenschlusses besteht einerseits noch kein Einvernehmen, doch ist sie andererseits nicht von vorneherein limitiert. Trotz der starken britischen Vorbehalte wird häufig die Vision eines föderalen Europas als Zielbestimmung angeführt [760]. So sprach der erste Präsidentschaftsentwurf für die Maastrichter Verträge von diesen als

...eine neue Stufe bei der schrittweisen Verwirklichung einer Union mit föderativer Ausrichtung[761].

In Anbetracht der durch die Maastrichter Verträge zu schaffenden Wirtschafts- und Währungsunion sowie dem Ziel einer gemeinsamen Außen- und Rechtspolitik kann die EU schon jetzt als föderales Gebilde qualifiziert werden[762] [763].

---

[759] vgl. hierzu das Vorbringen der Beschwerdeführer im "Maastricht-Urteil", BVerfGE vom 12.19.1993, S.21

[760] U.Everling beispielsweise sieht die Föderalisierung der künftigen Union als Voraussetzung deren Lebensfähigkeit an; vgl.: zur Aufteilung der Kompetenzen..., S.41

[761] zitiert bei R.Hrbek, a.a.O., S. 137

[762] vgl. auch C.Stewing, das Subsidiaritätsprinzip..., S.1518; A.Weber, a.a.O., S.326

[763] wie schwer der Gemeinschaft die Offenlegung einer föderalen Zielbestimmung fällt, zeigt eine Antwort J.Delors vom 16.6.1992 auf die Frage Lord O'Hagans, was die Kommission unter Föderalismus verstehe: "In den Verträgen zur Gründung der Gemeinschaft und den Verträgen zu ihrer Änderung bzw. Ergänzung, insbesondere in dem Vertrag über die Europäische Union..., wird der Begriff "Föderalismus" nicht verwendet. Dabei obliegt es der Kommission nicht, einen Terminus, den das Gemeinschaftsrecht nicht kennt, auszulegen." zitiert nach: U.Kalbfleisch-Kottsieper, a.a.O., S.541f

Ob mit dem Ergebnis eines europäischen Bundesstaates[764] oder als Struktur minder föderaler Intensität, ist das Streben nach einer fortfahrenden Vereinigung im Grundsatz zu begrüßen. Die sich in der heutigen Zeit global stellenden Probleme, an erster Stelle die Friedenssicherung, der Umweltschutz und die wirtschaftliche Sicherheit, können am besten durch das konzertierte Handeln größerer Föderationen gelöst werden. Die Zusammenführung wirtschaftlicher und wissenschaftlicher Potentiale kann die Qualität der gemeinsam erzielten Ergebnisse vervielfältigen.

Die jüngsten Probleme in der Abstimmung zur gemeinschaftlichen Außenpolitik in der Jugoslawienkrise und der Blockade der GATT-Verhandlungen durch einzelne europäische Mitgliedsländer läßt aber ahnen, wie schwierig sich der Einigungsprozeß gestalten wird. Schon das Maastrichter Vertragswerk zeigt, wie sehr die rechtliche Durchstrukturierung der künftigen Union durch die Notwendigkeit politischer Kompromißformeln irritiert werden kann. Noch immer wird das gemeinschaftliche Klima durch Mißtrauen und Vorhaltungen belastet, wie die vergangenen Probleme im Europäischen Währungssystem offenbarten.

Der Bau des "gemeinsamen Hauses Europa" muß folglich mit Bedacht durchgeführt werden und bedarf vor allem eines kräftigen Fundamentes. Ein eben solches Fundament kann in der Etablierung einer regionalen Ebene gelegt werden. Wo die Annäherung von Nationalstaaten noch zögernd und schwierig ist, können europäische Regionen im "kleinen Grenzverkehr" zueinander finden und Berührungsängste abbauen. Die Konstituierung 1985 der "Versammlung der Regionen Europas" (Assembly of European Regions) mit 135 Mitgliedern zeigt in ihrer beachtlichen Konsensfähigkeit und Initiativen ein hohes Maß an gegenseitigem Interesse.[765] [766] Die Regionalebene kann den Rahmen für eine europäische Einigung von unten nach oben bereiten. Erst, wenn diese Ebene strukturell gefestigt und Grundlage einer Identifikation mit der Union ist, ist der Weg für den Abbau der Nationalstaatlichkeit frei. Darum sollte die regionale Durchdringung der Union vor ihrer Außenerweiterung mit Aufnahme neuer Staaten stehen.

Abschließend müssen über die zwei genannten Aspekte der europäischen Regionalisierung hinaus zu deren Legitimation noch die "klassischen" Vorteile solcher föderaler Strukturen genannt werden: Die Wahrung der kulturellen Freiheiten und Vielfalten, Demokratie-Sicherung durch erhöhte Transparenz der Politik sowie der wichtige Aspekt der Gewaltenteilung[767].

---

764 ein solcher wird beispielsweise von G.Ress als Ergebnis des Integrationsprozesses in 20-30 Jahren erwartet; vgl. ders., die europäische Union..., S.991

765 In der zitierten Umfrage des Verfassers bei den Autonomen Gemeinschaften Spaniens ergab hinsichtlich der Frage: "4. Bestehen Kontakte oder eine Zusammenarbeit ihrer Autonomen Gemeinschaft mit Ländern der Bundesrepublik Deutschland hinsichtlich der regionalen Beteiligung an der europäischen Gemeinschaftspolitik?", daß fast alle Autonomien entweder formelle Partnerschaften oder zumindest einen engen Austausch mit deutschen Bundesländern pflegen.

766 vgl. zu den verschiedenen Formen regionaler Zusammenschlüsse auch C.Bruns-Klöss, Die Länder..., S.199ff, insb. 200f

767 vgl. auch P.Häberle, der Regionalismus..., S.27ff

2. Bestimmung der Regionen

Aus der bisherigen Diskussion blieb eine entscheidende Frage ausgespart: Welches nämlich sind die Regionen Europas, die Einheiten einer dritten Ebene sein sollen?

Von Unruh hält zu Recht fest, daß

> der Regionalismus [...] in Europa erst dann als integrierender Faktor wirken [kann], wenn ein weitgehender Konsens über den institutionellen Begriff und notwendige Strukturelemente einer Region erzielt worden ist.[768]

Die Heterogenität der Territorialverfassungen europäischer Mitgliedstaaten ist beachtlich[769]. Am Leichtesten lassen sich noch in den deutschen Bundesländern, den spanischen Autonomien und den belgischen Gliedstaaten "Regionen" bestimmen. Doch wird diese Homogenität schon in Italien durchbrochen, wie auch in England nur noch eine Vielzahl von Grafschaften vorzufinden ist und sich Frankreich noch zentralistischer strukturiert zeigt. Gerade das Beispiel Frankreich, als klassischer Zentralstaat nach jakobinischem Vorbild, offenbart aber eine umfassende Dezentralisierungsbewegung. Sogar diese "république indivisible" begann in diesem Jahrhundert, anfangs zur wirtschaftlichen und anschließend auch zur administrativen Dezentralisation, territoriale Einheiten zu bilden. Das führt so weit, daß verschiedene französische Regionen oder Zusammenschlüsse aus diesen mit neuem Selbstbewußtsein Brüsseler Repräsentationen eröffnet haben[770]. Die schwere Vergleichbarkeit territorialer Stufungen in den europäischen Mitgliedsländern kann hierzu von der EU erstellten Statistiken entnommen werden, in denen die bestehenden Territorialeinheiten in drei Ebenen, "Nuts" 1-3 genannt, dargestellt werden[771].

Dennoch wurde von verschiedenen Seiten der Versuch unternommen, den europäischen "Regions-Begriff" zu definieren. Eine Vorbildfunktion kann hier der Definition in der vom Europäischen Parlament am 18.11.1988 verabschiedeten "Gemeinschaftscharta der Regionalisierung" beigemessen werden. Nach deren Art.1 Nr.1 sind Regionen

> ...Gebiete oder gleichartige Komplexe von Gebieten, die aus geographischer Sicht eine deutliche Einheit bilden oder ein geschlossenes Gefüge darstellen und deren Bevölkerung durch bestimmte gemeinsame Elemente gekennzeichnet ist.[772]

Zu diesen Elementen gehörten vornehmlich die Sprache, Kultur und die geschichtliche Tradition. Zu Recht werden in der Literatur folgende Kriterien hinzugefügt:

---

768 ders., Regionalismus in Europa, S.14

769 vgl. zu einer Übersicht über die unterschiedliche Intensität an Autonomie der Regionen in den Mitgliedsländern der Europäischen Gemeinschaft: C.Stewing, Subsidiarität und Föderalismus..., S.163ff; wie auch A.Benz, Regionen als Machtfaktor in Europa?, S.330 f

770 vgl. zu einer Darstellung des "französischen Regionalismus": T.Wiedmann, Föderalismus..., S.54ff, 65ff

771 Nuts = "Systematik für die Gebietseinheiten für die Statistik", vgl. hierzu die Ausführungen bei A.Schink, die europäische Regionalisierung..., S.388f

772 zitiert nach A.Schink, a.a.O., S.389

- Die Region sollte hierarchisch unmittelbar unter der zentralen Staatsebene angesiedelt sein,[773]
- sie sollte über eine elementare Kompetenzausstattung und die strukturellen Mittel zu deren Umsetzung verfügen,[774]
- schließlich muß sie in einer gewissen Mitwirkungsrelation zur staatlichen Ebene stehen[775].

Diesen Anforderungskatalog können, wenngleich in sehr unterschiedlicher Form, territoriale Einheiten in nahezu allen Mitgliedsländern erfüllen. Das Beispiel Spaniens lehrt uns mit der Etablierung seiner Autonomen Gemeinschaften in einem offenen Autonomieprozeß, daß es weder erforderlich noch dienlich ist, den Regionen-Begriff zu sehr zu konkretisieren oder gar an eine - politisch ohnehin nicht durchsetzbare - Regionalgliederung der Staaten "von oben" zu denken. Vielmehr muß die Herausbildung dieser regionalen Ebene dem nationalen bzw. regionalen Willensbildungsprozeß überlassen werden.[776] Von europäischer Seite können hierzu nur Impulse und Anreize gegeben werden, wie dies bereits durch die Regionalisierungsbewegung begonnen wurde.

Abschließend kann zwar eine bislang noch nicht sehr funktionale Heterogenität in der europäischen Regionalstruktur konstatiert werden. Doch zeigt das erste "Rühren" auch in zentralistischen Staaten, daß die eigene Dynamik des regionalen Wettbewerbs im europäischen Kontext, angeführt von den deutschen Bundesländern und spanischen Autonomien, einen nationalen Regionalisierungsprozeß entscheidend beschleunigen wird, und somit in absehbarer Zeit konkrete Konturen einer "brauchbaren" Regionalebene zu erwarten sind.

3. Prämissen für eine europäische Regionalisierung

Welche Prämissen, welche Anforderungsprofile, sind an die Konzeption einer europäischen Regionalisierung zu richten?

- An erster Stelle muß der Aspekt stehen, der diese Regionalisierung legitimiert, die hoheitliche Gewaltenausübung in die größtmögliche Nähe der betroffenen Bürger zu bringen, ohne hierbei den gemeinschaftlichen Gesamtzusammenhang zu verlieren. Die Kompetenzverteilung muß also darauf ausgerichtet sein, die zentralen europäischen Zuständigkeiten auf ein erforderliches Maß zu minimieren.
- In einem engen Zusammenhang mit der vorherigen Prämisse steht das Erfordernis kurzer Wege in einem vereinten Europa. Vorgaben und Abstimmungen sollten aus Zeit- und Effizienzgründen möglichst direkt zwischen den betroffenen Ebenen, in der Regel also den europäischen Institutionen und den Regionen, durchgeführt werden.

---

773 vgl. A.Schink, a.a.O., S.390f

774 vgl. ders., a.a.O. und P.Häberle, a.a.O., S.25

775 vgl. P.Häberle, a.a.O.

776 vgl. zu dieser Ansicht auch: P.Häberle, a.a.O., S.22; W.Haneklaus, Zur Frage..., S.299

- Die Ebene der Nationalstaaten muß als maßgeblicher Träger der Union beibehalten werden. Diese Vorgabe begründet sich nicht nur in der praktischen Unmöglichkeit, die Nationalstaatlichkeit zur Bedeutungslosigkeit zu degradieren, sondern auch in ihrer grundlegenden Rolle als konstituierendes Element der Union. Dank ihrer Infrastrukturen, Erprobtheit und historischen Verwurzelung, mit der sie unverändert primäres Identifikationsobjekt ihrer Bürger sind, bieten sie bis auf weiteres das beste Problemlösungspotential.
- Die Regionalisierung kann wegen ihrer notwendigen Akzeptanz bei den Mitgliedstaaten und den Bürgern nicht von oben verordnet werden, sondern muß aus den nationalen Strukturen heraus entstehen.
- Der Regionalisierungsprozeß muß langsam vonstatten gehen, um eine durchgereifte Strukturierung der regionalen Ebene zu gewährleisten. Ein Umbruch hingegen beinhaltet erhebliche Risiken mangels ausreichender Erfahrungen im Umgang mit einer solchen Struktur.

4. Konzeption einer europäischen Regionalisierung

Nach Häberle ist der Regionalismus heute "ein werdendes Strukturelement des Verfassungsstaates" und reift "zur Maxime des Europarechtes" heran[777]. Welche Voraussetzungen müssen geschaffen werden, damit sich diese Maxime zum Strukturprinzip konkretisieren kann?

Das Drei-Gestirn aus Union, Mitgliedstaaten und Regionen kann in drei Staatlichkeitsalternativen verknüpft werden: Im zweistufigen Aufbau unter Wegfall der mitgliedstaatlichen Ebene, ebenfalls zweistufig durch eine Zentralregierung der außergemeinschaftlichen "Souveränitätsreste" auf die Mitgliedsländer unter Verzicht auf eine Einbeziehung der regionalen Ebene oder schließlich als dreistufiger Bundesstaat unter Berücksichtigung aller drei Ebenen.[778] Da nach zuvor Gesagtem ein Wegfall der mitgliedstaatlichen Ebene nicht in Frage kommt und die Einbeziehung der Regionen Ziel einer Umstrukturierung sein muß, kann allein die Verfassung eines dreistufigen Bundesstaates am Ende einer europäischen Einigung stehen, wobei offengelassen werden soll, ob die Integration nicht schon in einer dreistufigen föderalen Struktur ohne wirklich bundesstaatliche Qualität ihre Vollendung finden kann. Die Annahme einer dreistufigen föderalen Struktur führt zu der Frage, wie die Stufen zu konstituieren sind.

Die Unionsebene ist bereits in einer festen Struktur eingebettet und mit einer Vielzahl von Kompetenzen ausgestattet, spätestens mit Inkrafttreten der Maastrichter Verträge.

Die nationale Ebene muß lediglich unter Nutzung ihrer infrastrukturellen Vorteile gewahrt werden.

---

[777] ders., a.a.O., S.22

[778] vgl. W.Philipp, Ein dreistufiger Bundesstaat?, S.434

So verbleibt die Frage nach einer Herausbildung der regionalen Ebene. In einigen Staaten, allen voran Deutschland, Spanien und Belgien, sind die Gliedstaaten für eine regionale Beteiligung schon jetzt mit ausreichend politischer Autonomie versehen. Allein die instrumentelle Ausstattung muß auch in einigen Regionen dieser Staaten verbessert werden, damit sie über eine ausreichende organisatorische Handlungsfähigkeit in Angelegenheiten der europäischen Politik verfügen.[779] Wie schon bemerkt, muß es in den Staaten, die noch keine ausgeprägte Regionalstruktur haben, dem internen Willensbildungsprozeß überlassen werden, eine solche herauszubilden. Dieser Prozeß ist bereits im Gange und kann durch das Voranschreiten der Union mit Schaffung von Regionalorganen starke Impulse empfangen.

Von herausragender Bedeutung sind die institutionellen Vorsehungen für eine regionale Beteiligung an der europäischen Politik. Auch nach einer Regionalisierung sollte sich die regionale Mitwirkung auf zwei Ebenen abspielen, der nationalen und der europäischen. Auf ersterer muß den Regionen eine Beteiligung am nationalen Willensbildungsprozeß unbenommen sein. Die Form dessen richtet sich nach den internen Strukturen, wie sie für Spanien und Deutschland bereits aufgezeigt wurden.

Auf der europäischen Ebene steht ein gemeinsames Regionalorgan im Vordergrund. Es muß eine Kammer geschaffen werden, die im Rahmen der Kompetenzverteilung Entscheidungsbefugnisse in regionalen Belangen ausübt. Geht man beispielsweise von der in der Versammlung der Regionen Europas genannten Mitgliederzahl von 135 Regionen aus, könnte eine Regionalkammer auch bei zwei Delegierten pro Region eine durchaus überschaubare Größe wahren. Ähnlich wie in der Funktion des deutschen Bundesrates könnte eine Regionalkammer, je nach Intensität der regionalen Betroffenheit, über Einspruchs- und Zustimmungsrechte verfügen. Dem Vorwurf, daß diese Form der regionalen Mitwirkung zu einer Lähmung im Entscheidungsfindungsprozeß führe[780], muß entgegengehalten werden, daß die so getroffenen Entscheidungen eine deutlich verbesserte Aussicht auf die schnelle und korrekte Umsetzung in der regionalen Ebene haben. Die Erfahrungen in Deutschland, und mehr noch in Spanien, zeigen, daß hier die gravierendsten Verzögerungen zu verzeichnen sind. Um die Funktionsfähigkeit des Regionalorganes zu gewährleisten, ist es zweckmäßig, wenn sich die Vertreter als Delegierte der Regionalregierungen rekrutieren. Zwar sind die regionalen Legislativorgane die eigentlichen Verlierer der europäischen Kompetenzabschöpfungen und somit primär berechtigt, eine Kompensation zu beanspruchen[781], doch führte deren Zuständigkeit für die Delegation der Abgeordneten zu einer lähmenden Bindung letzterer an die schwerfälliger arbeitenden Parlamente.

---

[779] Die vom Verfasser in Spanien durchgeführte Umfrage ergab auf die Frage, wie die Kontakte der Autonomien mit den Institutionen der Europäischen Gemeinschaft in der inneren Struktur der Autonomen Gemeinschaft organisiert ist, daß fast alle Autonomien über eine direkt in der Präsidentschaft oder im "Wirtschaftsministerium" angesiedelte Fachabteilung für europapolitische Angelegenheiten verfügen. Nur wenige Autonomien, z.B. Aragon, beauftragen hierzu eine außerhalb der Verwaltung stehende Beratergruppe.

[780] vgl. z.B. mit Bezug auf die deutschen Bundesländer: M.Brenner, der unitarische Bundesstaat, S. 907

[781] vgl. zu diesen Forderungen der deutschen Landtage: K.Starzacher, Europa-..., S.220

Diese können per se nicht ausreichend schnell die erforderlichen Vorgaben veranlassen. Doch kommt ihnen als Wahl- und Kontrollorgan der jeweiligen Regierung schon ein beachtlicher Einfluß zu.
Bewahrheiten muß sich das Maß der Regionalisierung schließlich an der Kompetenzverteilung zwischen den drei Ebenen. Das Subsidiaritätsprinzip kann hierzu keine Wunderformel bieten. Zur Vermeidung ausufernder Kompetenzstreitigkeiten ist vielmehr eine materienorientierte Kompetenzverteilung notwendig, mit klarer Zuordnung der konkreten Zuständigkeiten an die europäischen Institutionen. Die Konfusion in der spanischen Verfassung zeigt, wie schädigend der Mangel an kompetenzieller Klarheit sich auf das Miteinander verschiedener staatlicher Ebenen auswirken kann. Das Subsidiaritätsprinzip könnte in einer am Erforderlichkeitsprinzip orientierten Formulierung zu einer das System der Kompetenzverteilung überlagernden Ordnungsgröße avancieren. Voraussetzung hierzu ist dessen Justitiabilität dank klarer Vorgaben, wann die jeweils höhere Ebene tätig werden darf. Mit diesem System kann aber nicht der regionalen Ebene Europas ein einheitlicher Kompetenzkatalog zugewiesen werden. Betrachtet man für sich allein die Heterogenität unter den spanischen Autonomien, wird deutlich, daß eine einheitliche Kompetenzstruktur der Regionen Europas illusorisch ist. Vielmehr sollten die Regionen über das Regionalorgan zwar ihre Belange in die europäische Willensbildung einbringen, die Zuordnung ihrer Zuständigkeiten jedoch muß sich aus den nationalen Strukturen erschließen. Denkbar ist eine Ausweitung des Subsidiaritätsprinzipes auf die mitgliedstaatliche Kompetenzverteilung "unter Berücksichtigung der nationalen Besonderheiten".

Ein Klagerecht der Länder wird, entgegen ihren Forderungen, bislang unter dem Hinweis abgelehnt, daß das gleiche Recht für alle Regionen gelten müßte, und dies zu einer ausufernden Antragsflut führte[782]. In einem regionalisierten Europa könnte diese Ablehnung nicht aufrecht erhalten werden. Das Antragsrecht vor einer europäischen Gerichtsinstanz gehört zu dem elementaren Schutzbedürfnis der Regionen. Denkbar wäre die Einrichtung einer unteren europäischen Gerichtsinstanz, die beispielsweise auf nationaler Ebene rechtspreche.

Zusammenfassend kann festgehalten werden, daß die Regionalisierung Europas auf zwei Gleisen geführt werden muß: Zum einen ist den Regionen eine unmittelbare Mitbestimmung in Entscheidungen mit regionaler Betroffenheit zu ermöglichen. Andererseits ist die Kompetenzverteilung an die regionale Ebene der jeweiligen nationalen Struktur anheimzustellen, eingebettet jedoch in das die drei Ebenen umfassende Subsidiaritätsprinzip. Diese Dualität ermöglichte es, die strukturelle Vielfalt der Nationalstaaten mit einer regionalen Verankerung der Union in Einklang zu bringen.

---

[782] vgl. 3.Kapitel, B.III.

Nachwort

Ein großer Teil der Weltgeschichte in den vergangenen zweitausend Jahren ist der einer konfrontativen Konkurrenz zwischen den europäischen Völkern und Staaten, die sich in unzähligen Kriegen und Zerstörungen entlud. Vor nur fünfzig Jahren - in historischer Zeitrechnung allenfalls ein Augenblick - gipfelte diese Auseinandersetzung in einem Weltkrieg, der mit seinem unermesslichen Leid diesen Kontinent in einem scheinbar unüberbrückbaren Gegeneinander festzuschreiben schien.

In Anbetracht dieser Vorgeschichte wird das historisch kaum faßbare Ausmaß der heute im Vollzug begriffenen Vereinigung eines Großteils der europäischen Staaten zu einer Gemeinschaft deutlich. In diesem Kontext muß auch die Selbstverständlichkeit gesehen werden, daß die Verbindung so unterschiedlicher Länder mit ihren eigenen Strukturen erhebliche Probleme aufwirft; die Kollision der Föderal- und Regionalstaatlichkeit mit der Integration ist nur eines davon.

Die Größe dieser Aufgabe muß den Weg zu ihrer Lösung weisen, indem sie bei den beteiligten Parteien den Mut zu den notwendigen Veränderungen einfordert. Dies bedeutet für die behandelte Problematik im deutschen und spanischen Staatsrecht, daß die Verfassungen den neuen Erfordernissen angepaßt und den Ländern bzw. Autonomen Gemeinschaften die notwendigen Beteiligungsrechte eingeräumt werden müssen. Auf der Ebene des Unionsrechtes muß das überkommene Denken in den Bezugsgrößen Nationalstaaten - Union aufgegeben und die künftige Union in einem dreistufigen Aufbau mit einer regionalen Ebene unterlegt werden.

So soll mit den Worten Hans Kelsens abgeschlossen werden, die er 1927 auf die Vision eines Bundesstaates im Bundesstaat äußerte:

> Es ist freilich nur Zukunftsmusik, die wir gemacht haben; Aber ich weiß [...], daß der Grundakkord dieser Musik, der heute nur als leiser Klang auszumachen ist, [...] einst gewaltig brausen wird. [783]

---

[783] zitiert nach: K.Starzacher, a.a.O., S.221

Literaturverzeichnis

Aja, Eliseo - Tornos Más, Joaquín; Font, Tomás; Perulles, Juán Manuel; Albertí, Enoch - El sistema jurídico de las Comunidades Autónomas, 1.Aufl., Madrid 1985 (zit.: el sistema...)

Albertí, Enoch - Aja, Eliseo; Tornos Más, Joaquín; Font, Tomás; Perulles, Juan Manuel - El sistema jurídico de las Comunidades Autónomas, 1.Aufl., Madrid 1985 (zit.: el sistema...)

Albertí, Enoch: Las relaciones de colaboración entre el estado y las Comunidades Autónomas; in: REDC Nr.14, 1985 (zit.: las relaciones...)

Alberto Beulloch, Juán; Guerra San Martín, José: Organización e integración; in: Primeras jornadas de estudio del estatuto de autonomía del Pais Vasco, 1.Aufl., Oñati, 1983 (zit.: Organización e integración...)

Alonso de Antonio, José Antonio: El estado autonómico y el principio de solidaridad como colaboración legislativa, Bd.I, 1.Aufl., Madrid 1986 (zit.:el estado autonómico...)

Alonso García, Enrique: La incidencia de la entrada en las Comunidades Europeas en el sistema constitucional de fuentes del derecho; in: Implicaciones constitucionales del ingreso de España en la C.E.E., y su incidencia en las Comunidades Autónomas, Coordinador: Luis Aguiar de Luque, 1.Aufl., Oñati 1986, S.125ff (zit.: la incidencia de la entrada...)

ders.: La incidencia en el ordenamiento constitucional español de la ley orgánica 10/1985, de 2 de agosto, de autorización para la adhesión de España a las Comunidades Europeas, como puesta en práctica del artículo 93 de la Constitución Española; in: Tratado de derecho comunitario europeo, Hrsg.:E.García de Enterría; J.Gonzáles Campos y S.Muñoz Machado, Bd.I, 1.Aufl., Madrid 1986, S.355ff (zit.: la incidencia...)

ders.: La ejecución normativa del derecho comunitario europeo en el ordenamiento español; in: RAP Nr.121, 1990, S.213ff (zit.: La ejecución normativa...)

Alvarez Conde, Enrique: Las Comunidades Autónomas, 1.Aufl., Madrid 1980 (zit.: Las Comunidades Autónomas)

Alvarez, Constantino: El estado integral de las Autonomías - segun la constitución de la II.República, 1.Aufl., Madrid 1982 (zit.: el estado...)

Antonio Escudero, José: Curso de historia del derecho; fuentes e instituciones políticoadministrativas, 1.Aufl., Madrid 1986 (zit.: curso de derecho...)

Arbós, Xavier: El senado: marco constitucional y propuestas de reforma; in: RCG, Nr.24, 1991 (zit.: el senado...)

Baetge, Dietmar: Grundzüde des Vertrages von Maastricht; in: BayVbl 1992, Heft 23, S.711ff (zit.: Grundzüge...)

Balaguer Callejón, Francisco: La integración del derecho autonómico y la aplicación supletoria del derecho estatal; in: RAP Nr.124, 1991 (zit.: la integración...)

Baumhof, Christopher: Die deutschen Bundesländer im europäischen Einigungsprozeß - unter besonderer Berücksichtigung der Länder an EWG-Vorhaben, 1. Aufl. München 1991 (zit.: die deutschen Bundesländer...)

Benz, Arthur: Regionen als Machtfaktor in Europa? in: VA, Heft 3, S.328ff (zit.: Regionen als Machtfaktor in Europa?)

Beutler, Bengt; Bieber, Roland; Pipkorn, Jörn; Streil, Jochen: Die Europäische Gemeinschaft - Rechtsordnung und Politik - 3.Aufl., Baden-Baden 1987 (zit.: die Europäische Gemeinschaft...)

Birke, Hans Eberhard: Die deutschen Bundesländer in den Europäischen Gemeinschaften; 1.Aufl., Berlin 1973 (zit.: die deutschen Bundesländer...)

Blanke, Hermann-Josef: Föderalismus und Integrationsgewalt - Die Bundesrepublik Deutschland, Spanien, Italien und Belgien als dezentralisierte Staaten in der EG, 1.Aufl. Berlin 1991 (zit.: Föderalismus...)

Bleckmann, Albert: Mitwirkung der Länder der Bundesrepublik Deutschland in den Europäischen Gemeinschaften; in: Recht der internationalen Wirtschaft/Außenwirtschaftsdienst des Betriebsberaters, 1978, S.144ff (zit.: Mitwirkung der Länder...)

ders.: Europarecht, Das Recht der Europäischen Gemeinschaften, 5.Aufl., Köln u.a. 1990 (zit.: Europarecht)

Blümel, Willi: Verwaltungszuständigkeit (Art. 83ff); in: Handbuch des Staatsrechts, Bd.IV, § 101, Hrsg.: Josef Isensee und Paul Kirchhof; Heidelberg 1990 (zit.: Verwaltungszuständigkeit)

Borchmann, Michael: Bundesländer und Europäische Gemeinschaft: Neue Perspektiven der Ländermitwirkung aufgrund des Gestzes zur Einheitlichen Europäischen Akte; in: VR 1988, S.77ff (zit.: Ländermitwirkung...)

ders.: Die Europäischen Gemeinschaften im Brennpunkt politischer Aktivitäten der Bundesländer; in DÖV 1988, S.623ff (zit.: Aktivitäten der Bundesländer...)

ders.: Verbindungsbüros der Bundesländer bei der EG - Berechtigte Interessenvertretung oder Nebenaußenpolitik?; in: NZfWR 1988, S.218ff (zit.: Verbindungsbüros...)

ders.: Der Artikel 235: Generalklausel für EG-Kompetenzen; in: Die deutschen Länder in Europa - Politische Uion und Wirtschafts- und Währungsunion - Hrsg. Borkenhagen/Bruns-Klöss/Memminger/Stein; 1.Aufl., Baden-Baden 1992, S.100ff (zit.: Der Art.235:...)

ders.: Europäische Union: Mitwirkungsföderalismus, Substanzföderalismus und das Subsidiaritätsprinzip; in:VR 1992, Heft 7, S.225 ff (zit.: Europäische Union...)

Borchmann, Michael; Kaiser, Wilhelm: Die Mitwirkung der Länder im EG-Ministerrat; in: Die deutschen Länder in Europa - Politische Union und Wirtschafts- und Währungsunion - Hrsg. Borkenhagen/Bruns-Klöss/Memminger/Stein; 1.Aufl., Baden-Baden 1992, S.36ff (zit.: Die Mitwirkung der Länder...)

Borkenhagen, Franz: Vom kooperativen Föderalismus zum "Europa der Regionen"; in: Aus Recht und Zeitgeschichte 1992, Bd.42, S.36ff (zit.: vom kooperativen Föderalismus...)

Brenner, Michael: Der unitarische Bundesstaat in der Europäischen Union - Zum Ausgleich unitarischer und föderativer Strukturen in der Bundesrepublik Deutschland vor dem Hintergrund eines vereinten Europa - in: DÖV 1992, Heft 21, S.903ff)zit.: der unitarische Bundesstaat...)

Brunner, Manfred: Das Subsidiaritätsprinzip als europäisches Prinzip; in: Die Subsidiarität Europas, Hrsg.: Detlef Merten, 1.Aufl. Berlin 1993, S.9ff (zit.: das Subsidiaritätsprinzip...)

Bruns-Klöss, Christian; Semmelroggen, Bernd: Die Länder in Zusammenschlüssen der Europäischen Union; in: Die deutschen Länder in Europa - Politische Union und Wirtschafts- und Währungsunion; Hrsg. Borkenhagen/Bruns-Klöss/Memminger/Stein; 1.Aufl., Baden-Baden 1992, S.199ff (zit.: die Länder...)

Busch, Michael: Autonomie und Föderalismus - eine Studie zur spanischen Verfassung von 1978 unter besonderer Berücksichtigung des Grundgesetzes der Bundesrepublik Deutschland; 1.Aufl., Pfaffenweiler 1988 (zit.: Autonomie und Föderalismus...)

Busch, Tobias: Bundesländer und Grundgesetz im Spannungsfeld der europäischen Integration; 1.Aufl., Pfaffenweiler 1990 (zit.: Bundesländer in der europäischen Integration...)

Bustos Gisbert, Rafael: Competencias legislativas concurrentes, garantia del cumolimiento del derecho comunitario y ejecución interna del derecho derivado europeo (comentario a la sentencia de 28 de mayo de 1992); in: REDC Nr.37, 1993 (zit.: competencias legislativas)

Calonge Velázquez, Antonio: Una aspiración insatisfecha: la participación de las Comunidades Autónomas en la formación del derecho comunitario; in: Comunidades Autónomas y Comunidades Europeas - relaciones jurídico-institucionales, Hrsg.: Cortes de Castilla y Leon, 1.Aufl. Madrid 1991 (zit.: una aspiración insatisfecha...)

Carretero Pérez, Adolfo: El Tribunal Constitucional, el Tribunal Supremo y los tribunales superiores de las Comunidades Autónomas; in: El Tribunal Constitucional, Bd.I, Hrsg.: Instituto de Estudios Fiscales, 1.Aufl. Madrid 1981 (zit.: El Tribunal Constitucional...)

Carro Martínez, Antonio: La Union Europea y el principio de subsidiaridad, in: RAP, Nr.126, 1991 (zit.: La Union Europea...)

Casadevante Romaní, Carlos Fernandez de: La oficina de la Comunidad Autónoma vasca en Bruselas, in: REDI, Bd.XLI, Nr.1, 1989 (zit.: la oficina...)

Casanovas y la Rosa, Oriol: Las competencias de las Comunidades Autónomas en la aplicación del derecho comunitario europeo, in: REI 1989, S.767ff (zit.: las competencias...)

ders.: La proyección autonómica en la Comunidad Europea, in: Comunidades Autónomas y Comunidades Europeas - relaciones jurídicos-institucionales, Hrsg.: Cortes de Castilla y Leon, 1.Aufl. Madrid 1991 (zit.: la proyección autonómica...)

Centro de Estudios Constitucionales (Hrsg.): Informe de la Comisión de Expertos sobre Autonomías, Mai 1981, 1.Aufl. Madrid 1981 (zit.: informe...)

Classen, Claus Dieter: Bildungspolitische Förderprogramme der EG - Eine kritische Untersuchung der vertraglichen Grundlagen; in: Europarecht, 1990, S.10ff (zit.: bildungspolitische Förderprogramme...)

Clement, Wolfgang: Der Regionalausschuß - mehr als ein Alibi? in: Staatswissenschaften und Staatspraxis, Heft 2, 1993, S.159ff (zit.: Der Regionalausschuß...)

ders.: Maastricht und die Verfassung: kritische Bemerkungen zum neuen "Europa-Artikel" 23 GG; in: Zeitschrift für Rechtspolitik, Heft 2, 1993, S.57ff (zit.: Maastricht und die Verfassung...)

Cruz Villalón, Pedro: Die Rechtsprechung des Verfassungsgerichtes zu den autonomen Gebietskörperschaften (1981 - 1986), in: Spanisches Verfassungsrecht, Ein Handbuch, Hrsg.: López Pina, 1.Aufl. Heidelberg 1993 (zit.: die Rechtsprechung...)

ders.: Die Neugliederung des spanischen Staates durch die "Autonomen Gemeinschaften", in: JöR 1985, S.195ff

Dästner, Christian: Zur Aufgabenverteilung zwischen Bundesrat, Landesregierungen und Landesparlamenten in Angelegenheiten der Europäischen Union, in: Nordrhein-Westfälische Verwaltungsblätter, 1/94, S.1ff

Dagtoglou, Prodromos: Streitigkeiten zwischen Bund und Ländern im Bereich der Gesetzgebung; Typologie und Strukturwandel der föderalen Konflikte, DÖV, 1971, S.35ff (zit.: Streitigkeiten zwischen Bund und Ländern...)

Dröll, Peter: Die deutschen Bundesländer und die Europäische Gemeinschaft, 1.Aufl. Pfaffenweiler 1992 (zit.: die deutschen Bundesländer...)

Einert, Günther: EG-Entwicklung unter Ländervorbehalt?, in: Die deutschen Länder und die Europäischen Gemeinschaften, Hrsg.: R.Hrbek, U.Thaysen, 1.Aufl. Baden-Baden 1986 (zit.: EG-Entwicklungen...)

Everling, Ulrich: Zur Aufzählung der Kompetenzen in einer föderal gegliederten Union, in: Wie Europa verfaßt sein soll - Materialien zur politischen Union, Hrsg.: W.Weidenfeld, 1.Aufl. Gütersloh 1991, S.41ff (zit.: Zur Aufteilung der Kompetenzen...)

ders.: Überlegungen zur Struktur der Europäischen Union und zum neuen Europa-Artikel des Grundgesetzes; in: DVBl 17/1993, S.936ff (zit.: Struktur...)

Fastenrath, Ulrich: Länderbüros in Brüssel - Zur Kompetenzverteilung für informelles Handeln im auswärtigen Bereich, in: DÖV 1990, S.125ff (zit.: Länderbüros...)

Ferer, Carlos: Der europäische Binnenmarkt zu Beginn des Jahres 1993 aus der Sicht der europäischen Industrie, in: EuZW 1993, S.14ff (zit.: der europäische Binnenmarkt...)

Fernández-Miranda Alonso, Faustino: Los problemas de la distribución territorial del poder en España. La reforma del senado, in: RDP Nr.34, 1991, S.71ff (zit.: los problemas...)

Fischer, Hans Georg: Der Ausschuß der Regionen nach dem neuen EG-Vertrag, in: Nordrhein-Westfälische Verwaltungsblätter 5/94, S.161ff

Gallego Anabitarte, Federico: Transferencia y Deszentralización; mandato y gestión o encomienda - teoría jurídica y derecho positivo, in: RAP Nr.122, 1990 (zit.: transferencia...)

García de Enterría, Eduardo: Estudios sobre Aautonomías territoriales, 1.Aufl. Madrid 1985 (zit.: Estudios...)

ders.: La Constitución y las Autonomias territoriales, in: REDC, Nr.25, 1989 (zit.: La Constitución y las Autonomias territoriales...)

ders.: La revisión del sistema de Autonomías territoriales: reforma de estatutos, leyes de transferencia y delegación, federalismo, 1.Aufl. Madrid 1988 (zit.: la revisión...)

ders.: La participación de las Comunidades Autónomas en la formación de las decisiones comunitarias, in: REDC, Nr.33, 1991 (zit.: la participación...)

Garzón Clarina, Gregorio: La ejecución del derecho comunitario europeo en España y las competencias de las Comunidades Autónomas, in: La aplicación del derecho de la Comunidad Europea por los organísmos subestatales, Hrsg.: Generalitat de Catalunya, Institut d'Estudis Autonómics, 1.Aufl. Barcelona 1986, S.193ff (zit.: la ejecución...)

Goppel, Thomas: Die Bedeutung des Subsidiaritätsprinzips - Der Beitrag Bayerns zur Konkretisierung des Subsidiaritätsprinzips in der EG; in: Europäische Zeitschrift für Wirtschaftsrecht, Heft 12, 1993, S.367ff (zit.: die Bedeutung...)

Grabitz, Eberhard: Die Rechtsetzungsbefugnis von Bund und Ländern bei der Durchführung von Gemeinschaftsrecht, in: AÖR, Nr.111, 1986 (zit.: die Rechtsetzungsbefugnis...)

ders.: Die deutschen Länder in der Gemeinschaft, - Ratifizierungsgesetz zur Einheitlichen Europäischen Akte aus der Sicht des Grundgesetzes - H.P. Ipsen zum 80.Geburtstag, in: Europarecht, 1987, S.310ff (zit.: die deutschen Länder...)

ders.: Die deutschen Länder in der EG-Politik: Verfassungsrechtliche Grundlagen, in: Die deutschen Länder und die Europäischen Gemeinschaften, Hrsg.: R.Hrbek, U.Thaysen, 1.Aufl. Baden-Baden 1986, S.169ff (zit.: Verfassungsrechtliche Grundlagen...)

Grewe, Wilhelm G.: Auswärtige Gewalt, in: Handbuch des Staatsrechts der Bundesrepublik Deutschland, Hrsg.: J.Isensee, P.Kirchhof, 1.Aufl. Heidelberg 1988, Bd.III, § 77, (zit.: Auswärtige Gewalt...)

Groeben, Hans von der; Thiesing, Jochen; Ehlermann, Claus-Dieter (Hrsg.): Kommentar zum EWG-Vertrag, 4.Aufl. Baden-Baden 1991, Bd.1, Bd.2 (zit.: Bearbeiter - G/T/E-Kommentar, Art...)

Häberle, Peter: Der Regionalismus als werdendes Strukturprinzip des Verfassungsstaates und als europarechtspolitische Maxime, in: AÖR, 118.Bd., 1993 (zit.: Der Regionalismus...)

Haedrich, Martina: Föderalismusprobleme im deutsch-europäischen Kontext und die fünf neuen Bundesländer, in: Thüringer Verwaltungsblätter, 1993, S.97ff (zit.: Föderalismusprobleme...)

Hailbronner, Kai: Die deutschen Bundesländer in der EG, in: JZ 1990, S.149ff (zit.: die deutschen Bundesländer in der EG)

Hamberger, Wolfgang; Schlempp, Dieter: Rundbrief des Hessischen Städtetages an die Oberbürgermeister/Bürgermeister der Mitgliedstädte, 24.7.1992 (zit.: Rundbrief)

Haneklaus, Winfried: Zur Frage der funktionsgerechten Regionalisierung in einer föderal verfaßten Europäischen Union, in: DVBl, 1991, S.295ff (zit.: Zur Frage...)

Hannaleck, Ilva; Schumann, Wolfgang: Die Beteiligung der Länder an der EG-Politik des Bundes: Probleme und Alternativen, in: Zeitschrift für Parlamentsfragen, 1983, 362ff (zit.: Beteiligung der Länder...)

Hartlage-Laufenberg, Barbara: Die fortschreitende europäische Einigung - eine Existenzfrage für die deutschen Bundesländer, in: Verwaltungsrundschau, Heft 10, S.325ff

Heberlein, Horst: Kommunale Europapolitik, in: Bayerische Verwaltungsblätter 1992, S.417ff (zit.: Kommunale Europapolitik)

ders.: Maastricht - ein Erfolg für die kommunale Selbstverwaltung? in: Deutsches Verwaltungsblatt, Heft 21, S.1213ff

Heinzemann, Bernd: Suche nach Kriterien für Subsidiaritätsprinzip; in: Arbeitgeber, Heft 9, 1993, S.325f (zit.: Suche nach Kriterien...)

Herrero de Miñon, Miguel: Constitución Española y Union Europea. Comentarios al artículo 93 de la Constitución Española, in: RCG, Nr.26, 1992 (zit.: Constitución Española...)

Herzog, Roman: Kommentierung des Art.20, in: Maunz/Dürig, Kommentar zum Grundgesetz, München 1991

Hesse, Konrad: Grundzüge des Verfassungsrechts der Bundesrepublik Deutschland, 18. Aufl. Heidelberg 1991 und 11.Aufl. 1978(zit.: Grundzüge des Verfassungsrechts...)

Hildenbrand, Andreas: Die Finanzierung der Autonomen Gemeinschaften, in: Der Staat der Autonomen Gemeinschaften in Spanien, Hrsg.: D.Nohlen; J.J.Gonzáles Encinar, 1.Aufl. Opladen 1992 (zit.: die Finanzierung...)

Hochbaum: Kohäsion und Subsidiarität - Maastricht und die Länderkulturhoheit, DÖV 1992, S.285ff

Hoffschulte, Heinrich: Maastrichter Gipfel - Auswirkungen auf die Kommunen, in: Stadt und Gemeinde 1992, S.79ff (zit.: Maastrichter Gipfel...)

Hoppe, Ursel; Schulz, Günther: Der Ausschuß der Regionen, in: Die deutschen Länder in Europa - Politische Union und Wirtschafts- und Währungsunion; Hrsg. Borkenhagen/Bruns-Klöss/Memminger/Stein; 1.Aufl., Baden-Baden 1992, (zit.: der Ausschuß der Regionen...)

Hrbek, Rudolf: Doppelte Politikverpflechtung: Deutscher Föderalismus und Europäische Integration. Die deutschen Länder im EG-Entscheidungsprozeß, in: Die deutschen Länder und die Europäischen Gemeinschaften, Hrsg.: R.Hrbek, U.Thaysen, 1.Aufl. Baden-Baden 1986 (zit.: doppelte Politikverpflechtung...)

ders.: Der Ertrag der "Verfassungsdebatte" von Maastricht: Ein Erfolg für den Föderalismus und die deutschen Länder?, in: Europarecht, Energierecht, Wirtschaftsrecht - Festschrift für Bodo Börner, Hrsg.: Baur,J.F.; Müller-Graff, P.-C. und Zuleeg, M., 1.Aufl. Köln u.a. 1992, S.125ff (zit.: der Ertrag...)

Hummer, Waldemar; Bohr, Sebastian: Die Rolle der Regionen im Europa der Zukunft - Subsidiarität - Föderalismus - Regionalismus in vergleichender Betrachtung, in: Das Europa der Zukunft, Subsidiarität, Föderalismus, Regionalismus, Hrsg.: P.Eisenmann; B.Rill, 1.Aufl. Regensburg 1992, S. 65ff (zit.: Regionen in Europa...)

Incesu, Lotte: Zwischen Europaoffenheit und Ewigkeitsgarantie des Grundgesetzes, Fragen nach dem Maastricht-Urteil des Bundesverfassungsgerichts, in: Recht und Politik, 1/94, S.70ff

Ipsen, Hans Peter: Als Bundesstaat in die Gemeinschaft, in: Festschrift für Walter Hallstein, Hrsg.: E.von Caemmerer, H.-J.Schlochauer, E.Steindorff, 1.Aufl. Frankfurt 1966, S.248ff (zit.: Als Bundesstaat in der Gemeinschaft)

ders.: Die Verfassungsrolle des Europäischen Gerichtshofes für die Integration, in: Der Europäische Gerichtshof als Verfassungsgericht und Rechtsschutzinstanz, Hrsg.:

J.Schwarze, 1.Aufl. Baden-Baden 1983, S.29ff (zit.: Die Verfassungsroe...)

Isensee, Josef: Der Föderalismus und der Verfassungsataat der Gegenwart, AÖR, 115, 1990, S.248ff (zit.: der Föderalismus...)

ders.: Idee und Gestalt des Föderalismus im Grundgesetz, in: Handbuch des Staatsrechts der Bundesrepublik Deutschland, Hrsg.: J.Isensee, P.Kirchhof, 1.Aufl. Heidelberg 1988, Bd.IV, § 98 (zit.: Idee des Föderalismus...)

ders.: Subsidiaritätsprinzip und Verfassungsrecht, 1968

Jáuregui Bereciarte, Gurutz: Las Comunidades Autónomas y las relaciones internacionales, 1.Aufl. Oñati 1986 (zit.: Las Comunidades Autónomas...)

Jimenez Campo, Javier: Que es lo básico? Legislación compartida en el Estado Autonómico, in: REDC, Nr.27, 1989 (zit.: Que es lo básico?...)

ders.: Los procedimientos de declaración de inconstitucionalidad, in: Los procesos constitucionales - secundo simposio de derecho constitucional Sevilla, Septiembre 1991, 1,Aufl. Madrid 1992 (zit.: los procedimientos...)

Kalbfleisch-Kottsieper, Ulla: Fortentwicklung des Föderalismus in Europa - vom Provinzialismus zur stabilen politischen Perspektive? in: DÖV 1993, S.541ff (zit.: Fortentwicklung des Föderalismus...)

Kelsen, Hans: Allgemeine Staatslehre, Bad Homburg v.d.Höhe, u.a., 1966 (1.Aufl. 1925), (zit.: Allgemeine Staatslehre)

Kewenig, Wilhelm A.: Die Europäischen Gemeinschaften und die bundesstaatliche Ordnung der Bundesrepublik Deutschland, in: JZ 1990, S.458ff (zit.: Die Europäischen Gemeinschaften...)

Kimminich, Otto: Der Bundesstaat, in: Handbuch des Staatsrechts der Bundesrepublik Deutschland, Hrsg.: J.Isensee, P.Kirchhof, 1.Aufl. Heidelberg 1987, Bd.I (zit.: Der Bundesstaat)

ders.: Historische Grundlagen und Entwicklung des Föderalismus in Deutschland, in: Probleme des Föderalismus, 1985, S.1ff (zit.: Historische Grundlagen des Föderalismus...)

Kisker, Gunter: Die bundesstaatliche Ordnung vor den Herausforderungen der europäischen Integration (1945-1990), in: Föderalismus in Deutschland - Traditionen und gegenwärtige Probleme - 1.Aufl. Baden-Baden 1992 (zit.: Die bundesstaatliche Ordnung...)

Klatt, Hartmut: Interföderale Beziehungen im kooperativen Bundesstaat - Kooperation und Koordination auf der politischen Leistungsebene - in: Verwaltungsarchiv Nr.78, 1987, S.186ff (zit.: Interföderale Beziehungen...)

Klein, Eckart: Die Kompetenz- und Rechtskompensation - Überlegungen zu einer Argumentationsfigur - in: DVBl 1981, S.661ff (zit.: Die Kompetenzkompensation...)

Klein, Franz: Bund und Länder nach der Finanzverfassung des Grundgesetzes, in: Handbuch des Verfassungsrechtes, Hrsg.: E.Benda, W.Maihofer, H.-J.Vogel, Berlin 1983, 5.Kapitel, 2.Abschnitt (zit.: Bund und Länder...)

Knemeyer, Franz-Ludwig: Subsidiarität - Föderalismus, Dezentralisation - Initiativen zu einem Europa der Regionen - in: DVBl 1990, S.449ff (zit.: Subsidiarität...)

Kommentar zum Grundgesetz für die Bundesrepublik Deutschland, Reihe Alternativkommentare, 2.Aufl. Neuwied 1989 (zit.: AK-Bearbeiter...)

Konow, Gerhard: Zum Subsidiaritätsprinzip des Vertrags von Maastricht, in: DÖV 1993, S.405ff (zit.: Zum Subsidiaritätsprinzip...)

Kössinger, Winfried: Die Durchführung des europäischen Gemeinschaftsrechts im Bundesstaat - Bund/Länder-Verhältnis und Europäisches Gemeinschaftsrecht - 1.Aufl. Berlin 1989 (zit.: Durchführung des EG-Rechts...)

Kreile, Reinhold: Das Urheberrecht im Europäischen Binnenmarkt, in: EuZW 1993, S.24ff (zit.: Das Urheberrecht...)

Langer, Stefan: Subsidiarität und Anerkennungsprinzip - Zur Operationalisierung des Subsidiaritätsprinzips im europäischen Gemeinschaftsrecht - in: Zeitschrift für Gesetzgebung, Heft 3, 1993, S.193ff (zit.: Subsidiarität...)

Lasagabaster Herrarte, Iñaki: El sistema competencial en el estatuto de autonomía, 1.Aufl. Oñati, 1989 (zit.: El sistema competencial...)

ders.: El ordenamiento jurídico comunitario, el estatal y el autonómico, 1.Aufl. Oñati 1986 (zit.: el ordenamiento...)

Lecheler, Helmut: Das Subsidiaritätsprinzip - Strukturprinzip einer europäischen Union, 1.Aufl. Berlin 1993 (zit.: das Subsidiaritätsprinzip...)

Leguina Villa, Jesus: Las Comunidades Autónomas, in: La Constitución Española de 1978, Estudio sistemático, Hrsg.: A.Predieri y E.García de Enterría, 2.Aufl. Madrid 1981, S.769ff (zit.: Las Comunidades Autónomas)

Lojendio e Irure, Ignacio Maria de: El modelo autonómico de la constitución de 1978, in: Primeras jornadas de estudio del Estatuto de Autonomía del Pais Vasco, 1.Aufl. Oñati 1983, S.17ff (zit.: El modelo...)

López Castillo, A.: La creación y ejecución del derecho comunitario en España, in: La Comunidad Europea, La instancia regional y la organización administrativa de los estados miembros, Hrsg.: J.Barnes Vazquez, 1.Aufl.Madrid 1993, S.135 ff (la creación...)

López Castillo, Antonio; Polakiewicz, Jörg: Verfassung und Gemeinschaftsrecht in Spanien - Zur Maastricht-Erklärung des spanischen Verfassungsgerichts - (zit.: Verfassung und Gemeinschaftsrecht in Spanien...)

López Guerra, Luis: Los conflictos positivos de competencia, in: Los procesos constitucionales - secundo simposio de derecho constitucional, Sevilla, Septiembre 1991, 1.Aufl. Madrid 1992, S.77ff (zit.: los conflictos...)

López Pina, Antonio: Die Finanzverfassung, in: Spanisches Verfassungsrecht - Ein Handbuch - Hrsg.: A.López Pina, 1.Aufl. Heidelberg 1993 (zit.: die Finanzverfassung)

ders.: Consejo del Estado, in: Diccionario del sistema político español, 1.Aufl. Madrid 1984 (zit.: Consejo del estado)

López Rodó, Laureano: Las Autonomías, Encrucijada de España, 1.Aufl. Madrid 1980 (zit.: Las Autonomías...)

Maier, H.: Der Föderalismus - Ursprünge und Wandlungen,in: AöR 115, 1990, S.213ff (zit.: der Föderalismus...)

Mancini, Federico G.: La incorporación del derecho comunitario en el derecho interno de los estados miembros de las Comunidades Europeas, in: RFUC Nr.73, 1987-1988, S.95ff (zit.: la incorporación...)

Mangas Martín, Araceli: Derecho comunitario y Derecho español, 2.Aufl. Madrid 1987 (zit.: derecho comunitario...)

dies.: Cuestiones de derecho internacional público en la Constitución Española de 1978, in: RFUC Nr.61, 1980, S.143ff (zit.: Cuestiones de derecho internacional...)

Meilán Gil, José Luis: La ordenación jurídica de las Autonomías, 1.Aufl. Madrid 1988 (zit.: la ordenación...)

Merten, Detlef: Die Beteiligung derBundesländer an der Setzung europäischen Gemeinschaftsrechts, Die Bedeutung der Europäischen Gemeinschaften für das deutsche Recht und die deutsche Gerichtsbarkeit; Seminare zum 75. Geburtstag von Karl August Bettermann, 1.Aufl. Berlin 1989 (zit.: Beteiligung der Bundesländer...)

ders.: Subsidiarität als Verfassungsprinzip, in: Die Subsidiarität Europas, Hrsg.: Detlef Merten, 1.Aufl. Berlin 1993, S.77ff (zit.: Subsidiarität...)

Mestmäcker, Ernst-Joachim: "widersprüchlich, verwirrend und gefährlich", Kommentar zum Maastrichter Vertrag, in: FAZ, 10.10.1992, S.15 (zit.: Wettbewerbsregeln...)

Mombaur, Peter Michael; Lennep, Hans Gerd von: Die deutsche kommunale Selbstverwaltung und das Europarecht, in: DÖV 1988, S.988ff (zit.: kommunale Selbstverwaltung...)

Montoro Chiner, María Jesús: Spanische Kompetenzverteilung im Hinblick auf die EG-Rechtsetzung, in: Hrsg.: D.Merten, Föderalismus und Europäische Gemeinschaft unter besonderer Berücksichtigung von Umwelt und Gesundheit, Kultur und Bildung, 1.Aufl. Berlin 1990 (zit.: Spanische Kompetenzverteilung...)

Muñoz Machado, Santiago: Derecho público de las Comunidades Autónomas, Bd.I., 1.Aufl. Madrid 1982 (zit.: derecho público...)

ders.: el estado, el derecho interno y la Comunidad Europea, 1.Aufl. MAdrid 1986 (zit.: el estado...)

ders.: Los pactos autonómicos de 1992: La ampliación de competencias la reforma de los estatutos, in: RAP Nr.128, 1992 (zit.: los pactos autonómicos...)

Morawitz, Rudolf: Die Zusammenarbeit von Bund und Ländern bei Vorhaben der Europäischen Gemeinschaft, 1.Aufl. Bonn 1981 (zit.: Die Zusammenarbeit von Bund und Ländern...)

Möschel, Wernhard: Kehrtwende in der Rechtsprechung des EuGH zur Warenverkehrsfreiheit, in: NJW 1994, S.429ff (zit.: Kehrtwende...)

Münch, Ingo von (Hrsg.): Grundgesetz-Kommentar, 2.Aufl. München 1983 (zit.: v.Münch-Bearbeiter)

Nohlen, Dieter; Hildenbrand, Andreas: Spanien - Wirtschaft, Gesellschaft, Politik, 1.Aufl. Opladen 1992 (zit.: Spanien...)

Olábarri Gortázar, Ignacio: La cuestión regional en España, 1808-1839, in: La España de las Autonomías, Pasado, Presente, Futuro, Bd.I, 1.Aufl. Madrid 1981 (zit.: la cuestión...)

Oppermann, Thomas: Europarecht, 1.Aufl. München 1991 (zit.: Europarecht)

Oppermann, Thomas; Classen, Claus Dieter: Die EG vor der Europäischen Union, in: NJW 1993, Heft 1, S.5ff (zit.: Die EG...)

diess.: Europäische Union: Erfüllung des Grundgesetzes, in: Aus Politik und Zeitgeschehen B 28/93, 1993, S.11ff (zit.: Europäische Union...)

Ortega y Gasset, José: Rede als Mitglied der Verfassungskommission zur Etablierung der II.Republik 1931, in: El estado integral de la II.República, 1.Aufl. Madrid 1982, S.95ff

Oschatz, Georg-Bernd: EG-Rechtsetzung und deutscher Föderalismus - Die Europäisierung des Rechtes und ihre Auswirkungen auf das bundesstaatliche Gefüge in der Bundesrepublik Deutschland - in: Föderalismus und Europäische Gemeinschaften; unter besonderer Berücksichtigung von Umwelt und Gesundheit, Kultur und Bildung, Hrsg.: D.Merten, 1.Aufl. Berlin 1990 (zit.: EG-Rechtsetzung...)

ders.: Die Mitwirkung der Länder an der europäischen Rechtssetzung als Mittel zur Wahrung des Subsidiaritätsprinzips, in: Die Subsidiarität Europas, Hrsg.: Detlef Merten, 1.Aufl. Berlin 1993, S.41ff (zit.: die Mitwirkung...)

Oschatz, Georg-Bernd; Risse, Horst: Europäische Integration und deutscher Föderalismus, in: Europa-Archiv 1988/1, S.9ff (zit.: Europäische Integration...)

dies.: Bundesrat und Europäische Gemeinschaften - Neue Verfassungsregeln der Bundesrats-Geschäftsordnung für EG-Vorlagen, in: DÖV 1989, S.509ff (zit.: Bundesrat und EG...)

Ossenbühl, Fritz: Landesbericht Bundesrepublik Deutschland, in: Föderalismus und Regionalismus in Europa, Verfassungskongreß in Bonn vom 14. bis 16.9.1989, Hrsg.: F.Ossenbühl, 1.Aufl. Baden-Baden 1990 (zit.: Landesbericht Bundesrepublik Deutschland...)

Parejo Alfonso, Luciano: Aufbau, Entwicklung und heutiger Stand des spanischen Staates und seiner Autonomen Gemeinschaften, in: Föderalstaatliche Entwicklung in Europa, Hrsg.: J.J.Hesse, W.Renzsch, 1.Aufl. Baden-Baden 1991, S.63ff (zit.: Aufbau, Entwicklung...)

Pastor Ridruejo, José Antonio: Lecciones de derecho internacional público, 2.Aufl. Madrid 1983 (zit.: lecciones...)

Peláez Morón, José Manuel: La participación de las Comunidades Autónomas en la celebración y ejecución de los tratados internacionales, in: RDP 1985, S.69ff (zit.: la participación...)

Pérez González, Manuel: Autonome Gemeinschaften und EG: Die interne Anwendung des Europäischen Gemeinschaftsrechtes, in: Der Staat der Autonomen Gemeinschaften in Spanien, Hrsg.: D.Nohlen; J.J.Gonzáles Encinar, 1.Aufl. Opladen 1992, S.177ff (zit.: Autonome Gemeinschaften...)

ders.: La acción exterior del estado y las Autonomías: Desarrollos en la práctica estatutaria, in: Curso de derecho internacional de Vitoria-Gasteiz, Hrsg.: Universidad del Pais Vasco, 1.Aufl. Vitoria-Gasteiz 1986 (zit.: la acción exterior...)

Pérez Royo, Javier: Die Verteilung der Kopmpetenzen zwischen Staat und Autonomen Gemeinschaften in Spanien, in: Der Staat der Autonomen Gemeinschaften in Spanien, Hrsg.: D.Nohlen; J.J.Gonzáles Encinar, 1.Aufl. Opladen 1992 (zit.: Die Verteilung der Kompetenzen...)

Pérez Trembs, Pablo: Comunidades Autónomas, estado y Comunidad Europea, 1.Aufl. Madrid 1987 (zit.: Comunidades Autónomas, estado...)

ders.: El concepto de integración supranacional en la constitución, in: Revista del Centro de Estudios, Nr.13, 1992 (zit.: el concepto...)

Pernice, Ingolf: Europäische Union: Gefahr oder Chance für den Föderalismus in Deutschland, Österreich und der Schweiz? in: DVBl heft 17, 1993, S.909ff (zit.: Europäische Union...)

Pestalozza, Christian: Gesetzgebung im Rechtsstaat, NJW 1981, S.2081ff (zit.: Gesetzgebung im Rechtsstaat)

Piper, Stefan Ulrich: Subsidiaritätsprinzip - Strukturprinzip der Europäischen Union, in:

DVBl 1993, S.705 ff (zit.: Subsidiaritätsprinzip...)
ders.: Subsidiarität - Ein Beitrag zur Begrenzung der Gemeinschaftskompetenzen - 1.Aufl. Köln u.a. 1994 (zit.: Subsidiarität...)
Pietzker, Jost: Zusammenarbeit der Gliedstaaten im Bundesstaat, Landesbericht Bundesrepublik Deutschland, in: Zusammenarbeit der Gliedstaaten im Bundesstaat, Landesberichte und Generalbericht der Tagung für Rechtsvergleichung 1987 in Insbruck, Hrsg.: C.Starck, 1.Aufl. Baden-Baden 1988 (zit.: Zusammenarbeit der Gliedstaaten...)
Philipp, Wolfgang: Ein dreistufiger Bundesstaat? Deutsche Einheit zwischen Europa und den Ländern, in: ZRP 1992, S.433ff (zit.: Ein dreistufiger Bundesstaat?...)
Pomed Sánchez, Luis Alberto: La proyección exterior de las Comunidades Autónomas ante el Tribunal Constitucional, in: RAP Nr.123, 1990 (zit.: la proyección exterior...)
Posse, Diether: Der Bundesrat und seine Bedeutung, in: Handbuch des Verfassungsrechtes, Hrsg.: E.Benda, W.Maihofer, H.-J.Vogel, Berlin 1983, 5.Kapitel: die bundesstaatliche Ordnung des Grundgesetzes (zit.: Der Bundesstaat und seine Bedeutung)
Pueyo Loaysa, Jorge: Sobre el principio y los mecanismos de colaboración entre el gobierno central y las Comunidades Autónomas en asuntos relacionados con las Comunidades Europeas, in: RIE, 1989, S.29ff (zot.: sobre el principio...)
Randelzhofer, Albrecht: Staatsgewalt und Souveränität, in: Handbuch des Staatsrechts der Bundesrepublik Deutschland, Hrsg.: J.Isensee, P.Kirchhof, 1.Aufl. Heidelberg 1988, Bd.I, S.691ff (zit.: Staatsgewalt und Souveränität)
Reh, Hans-Ulrich: Europäische Sozialpolitik und Subsidiarität. Testfall für die Akzeptanz der Bürger, in: Die Subsidiarität Europas, Hrsg.: Detlef Merten, 1.Aufl. Berlin 1993, S.61ff (zit.: Europäische Sozialpolitik...)
Renzsch, Wolfgang: Die Subsidiaritätsklausel des Maastrichter Vertrages: Keine Grundlage für die Kompetenzabgrenzung in einer Europäischen Politischen Union; in: Zeitschrift für Parlamentsfragen, Febr.1993, S.104 ff (zit.: Die Subsidiaritätsklausel...)
Ress, Georg: Die Europäischen Gemeinschaften und der deutsche Föderalismus, in: Europäische Grundrechte Zeitschrift 1986, S.549ff (zit.: die Europäischen Gemeinschaften...)
ders.: Die Europäische Union und die neue juristische Qualität der Beziehungen zu den Europäischen Gemeinschaften, in: JuS 1992, S.985ff (zit.: die Europäische Union...)
ders.: Das deutsche Zustimmunsgesetz zur Einheitlichen Europäischen Akte - Ein Schritt zur "Föderalisierung" der Europapolitik, in: Europäische Grundrechte Zeitschrift 1987, S.361ff (zit.: EEAG)
Riegel, Reinhard: Gliedstaatenkompetenzen im Bundesstaat und Europäisches Gemeinschaftsrecht, in: DVBl 1979, S.245ff (zit.: Gliedstaatenkompetenzen...)
Rohde, Andreas: Subsidiarität: katholische Soziallehre und Europarecht, in: Bayerische Verwaltungsblätter 1994, S.488ff
Rudolf, Walter: Die Bundesländer und die Europäische Einigung, in: Föderalismus und Europäische Gemeinschaft unter besonderer Berücksichtigung von Umwelt und Gesundheit, Kultur und Bildung, Hrsg.: D.Merten 1.Aufl. Berlin 1990, S.263ff (zit.: Europäische Einigung...)
Ruiperez Alamillo, Javier: Formación y determinación de las Comunidades Autónomas en el ordenamiento Constitucional Español, 1.Aufl. Madrid 1988 (zit.: Formación...)
Ruiz Robledo, Augustin: Relaciones internacionales y Comunidades Autónomas, in: La

ley, Nr.2702, 15.März 1991 (zit.: relaciones internacionales...)

Sachs, Michael: Deutscher Föderalismus und europäische Integration, in: Die Zukunft des kooperativen Föderalismus in Deutschland, Hrsg.: G.Hirscher, 1.Aufl. Bayreuth 1991 (zit.: Deutscher Föderalismus...)

Sánchez Agesta, Luis: Sistema político de la Constitución Española de 1978 - Ensayo de un sistema, 3.Aufl. Madrid 1984 (zit.: sistema político...)

Sasse, Christoph: Bundesrat und Europäische Gemeinschaft, in: Der Bundesrat als Verfassungsorgan und politische Kraft, Hrsg.: Bundesrat, 1.Aufl. Bad Honnef 1974, S.333ff (zit.: Bundesrat...)

Schachtschneider, Karl Albrecht: Das Maastricht-Urteil, Die neue Verfassungslage der Europäischen Gemeinschaft, in: Recht und Politik, 1/1994, S.1ff

Scherer, Josef: Subsidiaritätsprinzip und EG-Agrarreform, in: DVBl 1993, S.281ff (zit.: Subsidiaritätsprinzip und EG-Agrarreform...)

Schink, Alexander: Die europäische Regionalisierung - Erwartungen und deutsche Erfahrungen - in: DÖV 1992, S.385ff (zit.: die europäische Regionalisierung...)

Schmidhuber, Peter M.: Das Subsisiaritätsprinzip im Vertrag von Maastricht, in: DVBl 1993, S.417 ff (zit.: Das Subsidiaritätsprinzip...)

Schnabel, Achim: Das Subsidiaritätsprinzip im Vertrag über die Europäische Union, in: Bayerische Verwaltungsblätter 1993, S.393 ff (zit.: das Subsidiaritätsprinzip...)

Scholz, Rupert: Grundgesetz und Europäische Einigung - zu den reformpolitischen Empfehlungen der gemeinsamen Verfassungskommission, in: NJW 1992, S.2593 ff (zit.: Grundgesetz und Europäische Einigung...)

Schröder, Meinhard: Bundesstaatliche Erosionen im Prozeß der europäischen Integration, in: JöR Nr.35, 1986, S.83ff (zit.: Bundesstaatliche Erosionen...)

Schütz, Hans-Joachim: Verfassungsrechtliche Fragen der Teilhabe der deutschen Bundesländer an Entscheidungen in den Europäischen Gemeinschaften, in: Bayerische Verwaltungsblätter, 1990, S.481ff (zit.: verfassungsrechtliche Fragen...)

Schütz, Roland: Dezentralisierung in Spanien - Ein Beitrag zur Stabilisierung der Demokratie?, in: Demokratie und Recht, Bd.11,12, 1983, 1984 (zit.: Dezentralisierung...)

Schwan, Hartmut Heinrich: Die deutschen Bundesländer im Entscheidungssystem der Europäischen Gemeinschaften, Beschluß und Durchführung, 1.Aufl. Berlin 1982 (zit.: die deutschen Bundesländer in der EG...)

Schweitzer, Michael: Beteiligung der Bundesländer an der europäischen Gesetzgebung, in: Zeitschrift für Gesetzgebung, 2/1992, S.128ff (zit.: Beteiligung der Bundesländer...)

ders.: Europäische Union: Gefahr oder Chance für den Föderalismus in Deutschland, Österreich und der Schweiz?; Thesenpapier von der Staatsrechtlertagung am 7.Oktober 1993 in Mainz (zit.: Europäische Union)

Schweitzer, Michael; Fixson, Oliver: Subsidiarität und Regionalismus in der Europäischen Gemeinschaft, in: Jura 1992, S.579ff (zit.: Subsidiarität...)

Schweitzer, Michael; Hummer, Waldemar: Europarecht, Das Recht der Europäischen Gemeinschaften (EGKS, EWG, EAG) - mit Schwerpunkt EWG, 3.Aufl. Frankfurt 1990 (zit.: Europarecht...)

Siedentopf, Heinrich: Europäische Gemeinschaft und kommunale Beteiligung, in: DÖV 1988, S.981ff (zit.: kommunale Beteiligung...)

Simón Tobalina, Juan Luis de: El estado autonómico y sus matices federales, 1.Aufl. Madrid 1981 (zit.: el estado autonómico...)

Sommermann, Karl-Peter: Der Schutz der Grundrechte in Spanien nach der Verfassung von 1978: Ursprünge/Dogmatik/Praxis, 1.Aufl. Berlin 1984

Soriano, José Eugenio: Comunidades Autónomas y Comunidad Europea, 1.Aufl. Madrid 1990 (zit.: Comunidades Autónomas...)

ders.: Comunidades Autónomas y Comunidad Europea: primeros pasos en la dirección correcta, in: REDA, Nr.69, 1991, S.17ff (zit.: primeros pasos...)

Starzacher,Karl: Europa - Ende des Föderalismus?, in: VR 1993, S.217ff (zit.: Europa...)

Stein, Torsten: Europäische Union: Gefahr oder Chance für den Föderalismus in Deutschland, Österreich und der Schweiz?; Thesenpapier von der Staatsrechtlertagung am 7.Oktober 1993 in Mainz (zit.: Europäische Union)

ders.: Subsidiarität als Rechtsprinzip? in: Die Subsidiarität Europas, Hrsg.: Detlef Merten, 1.Aufl. Berlin 1993, S.23ff (zit.: Subsidiarität...)

Stern, Klaus: Das Staatsrecht der Bundesrepublik Deutschland, Bd.I, Grundbegriffe und Grundlagen des Staatsrechts, Strukturprinzipien der Verfassung, 2.Aufl. München 1984 (zit.: Das Staatsrecht...)

Stewening, Clemens: Subsidiarität und Föderalismus in der Europäischen Union, 1.Aufl. Köln, u.a. 1992 (zit.: Subsidiarität und Föderalismus...)

ders.: Das Subsidiaritätsprinzip als Kompetenzverteilungsregel im Europäischen Recht, in: DVBl 1992, S.1516ff (zit.: das Subsidiaritätsprinzip...)

Stöger, Fritz: Aufgaben und Tätigkeit des Beobachters der Länder bei den Europäischen Gemeinschaften, in: Bundesländer und Europäische Gemeinschaft, Hrsg.: S.Magiera; D.Merten, 1.Aufl. Berlin 1988 (zit.: der Länderbeobachter...)

Streinz, Rudolf: Die Auswirkungen des Europäischen Gemeinschaftsrechts auf die Kompetenzen der deutschen Bundesländer, in: Gegenwartsfragen des öffentlichen Rechts, Bundesstaatliche Ordnung und europäische Integration, Objektives Recht und subjektive Rechte, Information als Staatsfunktion, Hrsg.: D.Heckmann; K.Meßerschmidt, 1.Aufl. Berlin 1988 (zit.: Auswirkungen des EG-Rechts...)

Strohmeier, Rudolf W.: Die Auswirkungen des Maastrichter Vertrages auf die Regionen, in: Bayerische Verwaltungsblätter 1993, S.417ff (zit.: die Auswirkungen...)

ders.: Möglichkeiten der Einflußnahme auf den Entscheidungsprozeß der Europäischen Gemeinschaften durch deutsche Bundesländer nach Einrichtung von Länderbüros in Brüssel, in: DÖV 1988, S.633ff (zit.: Länderbüros...)

Tomás Villarroya, Joaquín: Proceso autonómico y observancia de la Constitución, in: REDC Nr.15, 1985, S.25ff (zit.: Proceso autonómico...)

Tomuschat, Christian: Bundesstaats- und Integrationsprinzip des Grundgesetzes, in: Bundesländer und Europäische Gemeinschaft, Hrsg.: S.Magiera, D.Merten, 1.Aufl. Berlin 1988 (zit.: Bundesstaatsprinzip...)

Tornos, Joaquín: La distribución de competencias, in: El sistema jurídico de las Comunidades Autónomas, Hrsg.: E.Aja,, J.Tornos Más, T.Font,J.M.Perulles, E.Albertí, . Aufl., Madrid 1985 (zit.: la distribución...)

Tornos Más, Joaquín: Los estatutos de los Comunidades Autónomas en el ordenamiento jurídico español, in: RAP Nr.91, 1980, S.146f (zit.: Los estatutos...)

ders.: Ley de bases y legislación de desarrollo. El problema de su articulación por modificación de la ley de bases. La clausula de prevalencia, in: REDC Nr.33, 1991 (zit.: ley de bases...)

Torres Curdi, Federico: Sobre la potestad normativa de las Comunidades Autónomas, in: Revista de Estudios de la Administración local y Autonómica, Nr.242, 1989, S.351ff (zit.: sobre la potestad normativa...)

Umbach, Dieter C.: Das erste Deutsch-Spanische Verfassungsrechtskolloquium in Berlin, in: NJW 1981, S.1134 f (zit.: das erste Deutsch-Spanische Verfassungsrechtskolloquium)

Unruh, Georg-Christoph von: Regionalismus in Europa - Realität und Probleme, in: BayVBl 1993, Heft 1, S.10ff (zit.: Regionalismus in Europa)

Vandelli, Luciano: El ordenamiento español de las Comunidades Autónomas, 1.Aufl. Madrid 1982 (zit.: el ordenamiento...)

Vázquez de Prada, Valentín: La época moderna: Los siglos XVI a XIX, in: La España de las Autonomías, Pasado, Presente, Futuro, Bd.I, 1.Aufl. Madrid 1981, S.75ff (zit.: la época moderna...)

Vogel, Hans-Jochen: Die bundesstaatliche Ordnung des Grundgesetzes, in: Handbuch des Verfassungsrechtes, Hrsg.: E.Benda, W.Maihofer, H.-J.Vogel, Berlin 1983, (zit.: bundesstaatliche Ordnung...)

Wartenburg, Ludolf von: Der Binnenmarkt und die Zukunft des Wirtschaftsrechts, in: EuZW 1993, S.20ff (zit.: der Binnenmarkt...)

Weber, Albrecht: Rechtsfragen der Durchführung des Gemeinschaftsrechts in der Bundesrepublik Deutschland, 1.Aufl. Köln, u.a. 1988 (zit.: Durchführung des Gemeinschaftsrechts...)

Welck, Georg von: Die Bundesländer und die Einheitliche Europäische Akte, 1.Aufl. München 1991 (zit.: die Bundesländer und die EEA)

Wiedmann, Thomas: Föderalismus als europäische Utopie - die Rolle der Regionen aus rechtsvergleichender Sicht, in: AöR Nr.117, 1992, S.46ff (zit.: Föderalismus...)

Wuermeling, Joachim: Das Ende der "Länderblindheit": Der Ausschuß der Regionen nach dem neuen EG-Vertrag, in: EuR, Heft 2, 1993, S.196ff (zit.: das Ende...)

Ziller, Gebhard: Die EG-politische Mitwirkung des Bundesrates, in: Die deutschen Länder und die Europäischen Gemeinschaften, Hrsg.: R.Hrbek, U.Thaysen, 1.Aufl. Baden-Baden 1986 (zit.: Mitwirkung des Bundesrates...)

Zuleeg, Manfred: Die Stellung der Länder und Regionen im europäischen Integrationsprozeß, in: DVBl 1992, S.1329ff (zit.: die Stellung der Länder...)

Anhang

Auszug aus der spanischen Verfassung von 1978[784]

Art.2

Die Verfassung stützt sich auf die unauflösliche Gemeinschaft der spanischen Nation, gemeinsames und unteilbares Vaterland aller Spanier, und anerkennt und gewährleistet das Recht auf Selbstverwaltung der Nationalitäten und Regionen, die ihr Bestandteil sind, und auf die Solidarität zwischen ihnen.

Art.81

1. Organgesetze sind solche, die sich auf die Entwicklung der Grundrechte und der öffentlichen Freiheiten beziehen sowie solche, die die Autonomiestatuten und die allgemeine Wahlordnung billigen, und die weiteren von der Verfassung vorgesehenen Gesetze.

2. Die Billigung, Änderung oder Aufhebung der Organgesetze bedarf der absoluten Mehrheit des Kongresses in einer Schlußabstimmung über den gesamten Entwurf.

Art.93

Durch Organgesetz kann der Abschluß von Verträgen autorisiert werden, durch die einer internationalen Organisation oder Institution die Ausübung aus der Verfassung abgeleiteter Kompetenzen übertragen wird. Je nach Art des Falles obliegt die Garantie für die Erfülung dieser Verträge und der von den internationalen oder supranationalen Organismen, die Titulare der Abtretung sind, ausgehenden Resolutionen dem Parlament oder der Regierung.

Art.94

1. Die Gewährung der Zustimmung des Staates zur Übernahme von Verpflichtungen durch Verträge oder Abkommen bedarf der vorherigen Ermächtigung durch das Parlament in den folgenden Fällen: a) Verträge politischen Charakters; b) Veträge oder Abkommen militäri-

---

[784] Aus Archiv der Gegenwart vom 11.2.1979

schen Charakters; c) Verträge oder Abkommen, die die territoriale Integrität des Staates oder die in Titel I festgelegten Grundrechte und Grundpflichten berühren; d) Verträge oder Abkommen, die finanzielle Verpflichtungen für den Staatshaushalt beinhalten; e) Verträge oder Abkommen, die Modifizierung oder Aufhebung eines Gesetzes bedingen oder zu ihrer Durchführung legislativer Maßnahmen bedürfen.

2. Kongreß und Senat sind über den Abschluß sonstiger Verträge oder Abkommen unmittelbar zu informieren.

Art.95

1. Der Abschluß eines Vertrages, der verfassungswidrige Abmachungen enthält, bedarf der vorherigen Verfassungsänderung.

2. Die Regierung oder eine der Kammern kann das Verfassungsgericht auffordern zu klären, ob dieser Widerspruch besteht oder nicht.

Art.96

1. Gültig geschlossene Verträge werden nach ihrer offiziellen Veröffentlichung in Spanien Teil der inneren Gesetzesordnung. Ihre Bestimmungen können nur in der von den Verträgen selbst vorgesehenen Form oder gemäß den allgemeinen Normen des internationalen Rechts aufgehoben, modifiziert oder suspendiert werden.

2. (...)

Art.137

Der Staat ist in seinem Territorium in Gemeinden, Provinzen und die sich konstituierenden Autonomen Gemeinschaften gegliedert. Sie alle genießen Autonomie in Verfolgung ihrer jeweiligen Interessen.

Art.138

1. Der Staat garantiert die wirksame Durchführung des in Art.2 der Verfassung festgeschriebenen Prinzips der Solidarität, indem er über die Herbeiführung eines angemessenen und gerechten wirtschaftlichen Gleichgewichts zwischen den verschiedenen Teilen des spanischen Territoriums wacht und sich besonders der Gegebenheit der Inseln annimmt.

2. Die Unterschiede zwischen den Statutenn der verschiedenen Autonomen Gemeinschaften dürfen in keinem Fall wirtschaftliche oder soziale Vorrechte bedeuten.

Art.139

1. Alle Spanier haben in allen Teilen des Territoriums des Staates die gleichen Rechte und Pflichten.

2. Keine Behörde darf Maßnahmen ergreifen, die direkt oder indirekt zu einer Behinderung der Freizügigkeit und Niederlassungsfreiheit von Personen und der freien Bewegung von Gütern im gesamten spanischen Territorium führen.

Art.143

1. In der Ausübung des in Art.2 der Verfassung anerkannten Rechts auf Autonomie können angrenzende Provinzen mit gemeinsamen historischen, kulturellen und wirtschaftlichen Gegebenheiten, die Inselterritorien und die Provinzen mit historischer Regionaleinheit ihre Selbstregierung erlangen und sich gemäß dem in diesem Titel und den jeweiligen Autonomiestatutenn Vorgesehenen als Autonome Gemeinschaften konstituieren.

2. Die Initiative für den Autonomieprozeß liegt bei allen betroffenen Provinzialräten oder dem entsprechenden Organ der Inseln und bei 2/3 der Gemeinden, deren Bevölkerung zumindest die Mehrheit der Wahlberechtigten jeder Provinz oder Insel repräsentiert. Diese Erfordernisse müssen innerhalb von 6 Monaten erfüllt werden, nachdem der erste diesbezügliche Beschluß durch eine der betroffenen Körperschaften verabschiedet wurde.

3. Im Fall des Scheiterns kann die Initiative erst nach Ablauf von 5 Jahren wiederholt werden.

Art.144

Das Parlament kann aus Gründen nationalen Interesses durch ein Organgesetz: a) die Bildung einer Autonomen Gemeinschaft autorisieren, wenn deren territorialer Bereich den Umfang einer Provinz nicht überschreitet und die in Art. 143 Absatz 1 festgelegten Bedingungen nicht erfüllt; b) gegebenenfalls ein Autonomiestatut für Territorien, die nicht Teil einer Provinzorganisation sind, autorisieren oder verabschieden; c) die Initiative der lokalen Körperschaften, auf die sich Art.143 Absatz 2 bezieht übernehmen.

Art.145

1. In keinem Fall ist eine Föderation Autonomer Gemeinschaften zugelassen.

2. Die Autonomiestatuten können die Voraussetzungen, Erfordernisse und Rahmen vorsehen, innerhalb derer die Autonomen Gemeinschaften untereinander Abkommen schließen können, die die Durchführung und Leistung ihnen eigener Dienste betreffen, sowie Art und Wirkung der entsprechenden Benachrichtigung des Parlaments. In allen weiteren Fällen bedürfen Abkommen über Zusammenarbeit zwischen den Autonomen Gemeinschaften der Genehmigung durch das Parlament.

Art.146

Der Entwurf des Autonomiestatuts wird von einer Versammlung ausgearbeitet, die aus den Mitgliedern des Provinzialrates oder des Organs der Insel der betroffenen Provinzen und aus den in ihnen gewählten Deputierten und Senatoren zusammengesetzt ist, und wird zum Zweck der Beratung als Gesetz vom Parlament vorgelegt.

Art.147

1. Im Rahmen der vorliegenden Verfassung sind die Autonomiestatuten die grundlegende institutionelle Norm jeder Autonomen Gemeinschaft; der Staat erkennt sie an und schützt sie als integralen Bestandteil seiner Rechtsordnung.

2. Die Autonomiestaute müssen enthalten: a) den ihrer historischen Indentität am besten entsprechenden Namen der Gemeinschaft; b) die Festlegung ihres Territoriums; c) Bennenung, Organisation und Sitz der eigenen autonomen Institutionen; d) die innerhalb des von der Verfassung vorgegebenen Rahmens übernommenen Kompetenzen und die Grundlagen für die Übergabe der ihnen entsprechenden Leistungen.

3. Die Reform der Autonomiestatuten richtet sich nach dem in ihnen festgelegten Verfahren und bedarf in jedem Falle der Billigung des Parlaments durch ein Organgesetz.

Art.148

1. Die Autonomen Gemeinschaften können die Zuständigkeiten für die folgenden Bereiche übernehmen: (1) Organisation der Institutionen ihrer Selbstverwaltung. (2) Veränderung der Gemeindegrenzen in ihrem Territorium und allgemein die der Staatsverwaltung der örtlichen Körperschaften entsprechenden Funktionen, deren Übertragung die Gesetzgebung über das Komunalrecht autorisiert. (3) Ordnung der Bereiche Boden, Städtebau und Wohnraum. (4) Öffentliche Arbeiten im Interesse der Autonomen Gemeinschaft auf ihrem eigenen Territorium. (5) Eisenbahnen und Hauptstraßen, deren gesamter Verlauf auf dem Territorium der Autonomen Gemeinschaft stattfindet und im gleichen Rahmen der auf diesen Wegen oder durch Leitungen abgewickelte Transport. (6) Nothäfen, Sporthäfen und -flugplätze und generell jene, die keine kommerziellen Aktivitäten ausüben. (7) Landwirtschaft und Viehzucht, in Einklang mit den allgemeinen wirtschaftlichen Verfügungen. (8) Forstwirtschaft. (9) Durchführung des Umweltschutzes. (10) Entwürfe, Konstruktion und Nutzung von Wasserwegen, Kanälen und des Bewässerungssystems, die für die Autonome Gemeinschaft von Interesse sind; Mineral- und Thermalwässer. (11) Binnenfischfang, Muschelzucht und Aquakultur, Jagd und Flußfischfang. (12) Binnenmessen und Ausstellungen. (13) Förderung der Wirtschaftsentwicklung der Autonomen Gemeinschaft im Rahmen der von der nationalen Wirtschaftspolitik vorgegebenen Zielsetzungen. (14) Handwerk. (15) Museen, Bibliotheken und Musikkonservatorien, die für die Autonome Gemeinschaft von Interesse sind. (16) Denkmalpflege im Interesse der Autonmen Gemeinschaft. (17) Förderung der Kultur, der Forschung und gegebenenfalls des Unterrichts der Sprache der Autonmen Gemeinschaft. (18) Förderung und Ordnung des Tourismus in ihrem territorialen Bereich. (19) Förderung des Sports und der angemessenen Verwendung der Freizeit. (20) Sozialhilfe. (21) Gesundheit und Hygiene. (22) Überwachung und Schutz ihrer Bauwerke und Einrichtungen. Die Koordinierung und sonstigen Befugnisse bezüglich der örtlichen Ploizei im Rahmen der Verfügungen des Organgesetzes.

2. Nach Ablauf von 5 Jahren und durch Reform ihrer Statuten können die Autonomen Gemeinschaften schrittweise ihre Kompetenzen erweitern, innerhalb des in Art.149 festgelegten Rahmens.

Art.149

1. Der Staat hat die ausschließliche Kompetnez in den folgenden Bereichen: (1) Regelung der Grundbedingungen, die die Gleichheit aller Spanier in der Ausübung der verfassungsmäßigen Rechte und Erfüllung der verfassungsmäßigen Pflichten garantieren. (2) Staatsangehörigkeit, Einwanderung, Auswanderung, Ausländer- und Asylrecht. (3) Internationale Beziehungen. (4) Verteidigung und Streitkräfte. (5) Justizverwaltung. (6) Handels-, Straf- und Strafvollzugsgesetzgebung; Prozeßrecht, unbeschadet der notwendigen Sonderregelungen, die sich in diesem Zusammenhang aus den Besonderheiten der selbständigen Rechte der Autonomen Gemeinschaften ergeben. (7) Arbeitsgesetzgebung, unbeschadet ihrer Ausführung durch die Organe der Autonomen Gemeinschaften. (8) Zivilgesetzgebung, unbeschadet der Wahrung, Modifizerung und Entwicklung durch die Autonomen Gemeinschaften der Zivil-, Foral- oder Sonderrechte, dort wo sie existieren. (...) (9) Gesetzgebung über Urheberrecht und gewerblichen Rechtsschutz. (10) Zoll- und Tarifordnung; Außenhandel. (11) Das Währungssystem, Devisen, Geldwechsel und Konvertibilität; Grundlagen der Ordnung des Kredit-, Bank und Versicherungswesens. (...) (13) Grundlagen und Koordination der allgemeinen Planung der wirtschaftlichen Aktivität. (14) Allgemeiner Haushalt und Staatsschuld (15) Förderung und allgemeine Koordinierung der wissenschaftlichen und technischen Forschung. (16) Gesundheitswesen. Grundlagen und allgemeine Koordinierung des Gesundheitswesens. Gesetzgebung über pharmazeutische Produkte. (17) Grundlegende Gesetzgebung und Wirtschaftsordnung der Sozialen Sicherheit, unbeschadet der Durchführung ihrer Dienste durch die Autonomen Gemeinschaften. (18) Grundlagen der rechtlichen Ordnung der öffentlichen Verwaltungen (...) (19) Seefischfang, unbeschdet der bei Ordnung des Bereichs auf die Autonomen Gemeinschaften übertragbaren Kompetenzen. (20) Handelsmarine und Schiffsregistrierung (...) (21) Eisenbahnen und Bodentransporte, die das Territrium mehr als nur einer Autonomen Gemeinschaft durchlaufen (...) (22) Gesetzgebung, Aufsicht und Konzession der Wasservorkommen und -nutzung (...) (23) Rahmengesetzgebung über Umweltschutz, unbeschadet der Befugnisse der Autonomen Gemeinschaften, zusätzliche Schutznormen festzulegen. (...) (27) Basisnormen der Ordnung von Presse, Rundfunk und Fernsehen und generell aller sozialen Kommunikationsmedien, unbeschadet der zu ihrer Entwicklung und Betreibung den Autonomen Gemeinschaften zustehenden Befugnisse. (...) (29) Öffentliche Sicherheit, unbeschadet der Möglichkeit einer Schaffung von Polizeiorganen durch die Autonomen Gemeinschaften in der im Rahmen eines Organgesetzes von den jeweiligen Autonomiestatutenn festgelegten Form. (...) (32) Ermächtigung zur Einberufung von Volksbefragungen auf dem Weg des Referendums.

2. Unbeschadet der Kompetenzen, die die Autonomen Gemeinschaften übernehmen können, betrachtet der Staat den Dienst an der Kultur als Pflicht und wesentliche Aufgabe und ermöglicht in Übereinstimmung mit ihnen den kulturellen Austausch unter den Autonmen Gemeinschaften.

3. Die durch diese Verfassung nicht ausdrücklich dem Staat übertragenen Bereiche können von den Autonomen Gemeinschaften wahrgenommen werden, kraft ihrer jeweiligen Autonomiestatuten. Die Kompetenz in Bereichen, die von den Autonomiestatutenn nicht übernommen werden, liegt beim Staat, dessen Normen im Konfliktfall Vorrang haben vor

denen der Autonomen Gemeinschaften in allem, was nicht deren ausschließlicher Kompetenz übertragen ist. Das staatliche Recht ergänzt in jedem Fall das Recht der Autonomen Gemeinschaften.

Art.150

1. Das Parlament kann in Angelegenheiten staatlicher Kompetenz allen oder einer der Autonomen Gemeinschaften die Befugnis übertragen, sich selbst im Rahmen der Prinzipien, Grundlagen und Richtlinien, die durch ein Organgesetz festgelegt sind, legislative Normen zu geben. Unbeschadet der Kompetenz der Gerichte wird in jedem Rahmengesetz die Modalität der parlamentarischen Kontrolle über diese legislativen Normen der Autonomen Gemeinschaften festgelegt.

2. Der Staat kann den Autonomen Gemeinschaften durch Organgesetz Befugnisse aus der staatlichen Zuständigkeit übertragen, die ihrer Natur nach für Übertragungen geeignet sind. Das Gesetz sieht in jedem Einzelfall die entsprechende Übertragung finanzieller Mittel sowie die dem Staat verbleibenden Formen der Kontrolle vor.

3. Der Staat kann Gesetze erlassen, die die notwendigen Grundsätze für eine Angleichung der normativen Verfügungen der Autonomen Gemeinschaften festlegen, auch im Fall von ihrer Kompetenz unterliegenden Bereichen, wenn es das Wohl der Allgemeinheit so fordert. Die Billigung dieser Notwenigkeit obliegt dem Parlament, durch absolute Mehrheit jeder Kammer.

Art.151

1. Die in Art.148 Absatz 2 genannte Frist muß nicht eingehalten werden, wenn die Initiative für den Autonomieprozeß innerhalb der in Art.143 Absatz 2 vorgesehenen Frist beschlossen wird, darüber hinaus durch die Provinzialräte der entsprechenden interinsularen Organe, durch 3/4 der Gemeinden jeder der betroffenen Provinzen, die zumindest die Mehrheit der Wahlberechtigten jeder einzelnen von ihnen repräsentieren müssen; die genannte Initiative wird durch Zustimmung der absoluten Mehrheit der Wähler jeder Provinz in einem Referendum ratifiziert, nach Maßgabe eines Organgesetzes.

2. In dem im vorstehenden Absatz vorgesehenen Fall ist das Verfahren für die Ausarbeitung des Autonomiestatuts das folgende: (1) Die Regierung ruft alle Deputierten und Senatoren, die in den Wahlbezirken gewählt wurden, welche in dem territorialen Bereich, der die Selbstregierung anstrebt, einbegriffen sind, zusammen, um sich in einer Versammlung zu konstituieren, mit dem einzigen Ziel, den entsprechenden Entwurf des Autonomiestatuts zu erarbeiten, durch Übereinstimmung der absoluten Mehrheit ihrer Mitglieder. (2) Nach Billigung des Entwurfs des Autonomiestatuts durch die Parlamentarierversammlung wird er dem Verfassungsausschuß des Kongresses übermittelt, welcher ihn innerhalb von 2 Monaten unter Mitwirkung und Hilfe einer Delegation der vorschlagenden Versammlung prüft, um seine endgültige Fassung in gemeinsamer Übereinkunft zu bestimmen. (3) Wird diese Übereinkunft erreicht, wird der entstandene Text den Wahlberechtigten jener im territorialen Bereich des entworfenen Autonomiestatuts befindlichen Provinzen zum Referendum vorgelegt. (4) Wird der Entwurf des Autonomiestatuts in jeder Provinz von der Mehrheit der gültig abgegebenen Stimmen gebilligt, so wird er dem Parlament weitergeleitet. Die Plena beider Kammern ebtscheiden in einer Ratifikationsabstimmung über den Text. Ist das Statut gebilligt, so genehmigt der König

es und gibt es als Gesetz bekannt. (5) Wird die in Abschnitt (2) dieses Absatzes genannte Übereinkunft nicht erreicht, so wird der Entwurf des Autonomiestatuts als Gesetzentwurf vom Parlament beraten. Der vom Parlament gebilligte Text wird den Wahlberechtigten der im territorialen Bereich des Statutsentwurfs befindlichen Provinzen zum Referendum vorgelegt. Im Falle der Billigung der Mehrheit der gültig abgegebenen Stimmen in jeder Provinz wird mit der Bekanntmachung verfahren wie im vorstehenden Abschnitt vorgesehen.

3. In den Fällen der Abschnitte (4) und (5) des vorstehenden Absatzes behindert die Nichtannahme des Entwurfs des Autonomiestatuts durch eine oder mehrere Provinzen nicht die Konstituierung der geplanten Autonomen Gemeinschaft durch die übrigen, in der Form, die das in Absatz 1 dieses Artikels vorgesehene Organgesetz festlegt.

Art.152

1. In den durch das im vorstehenden Artikel benannte Verfahren gebilligten Autonomiestatuten gründet sich die institutionelle autonme Organisation auf: eine gesetzgebende Versammlung, die in allgemeiner Wahl gemäß einem System proportionaler Vertretung gewählt wir, (...), einen Regierungsrat mit exekutiven und Verwaltungsfunktionen, und einen von der Versammlung unter ihren Mitgliedern gewählten und vom König ernannten Präsidenten, dem die Leitung des Regierungsrates obliegt, der höchsten Vertretung der betreffenden Gemeinschaft und ordentlichen Vertretung des Staates in dieser. Der Präsident und die Mitglieder des Regierungsrates sind der Versammlung politisch verantwortlich. Ein Oberster Gerichtshof, unbeschadet der dem Obersten Gericht obliegenden Rechtssprechung, steht der rechtlichen Organisation im Bereich des Territoriums vor. (...)

2. Sind die jeweiligen Statuten genehmigt und bekanntgemacht, können sie nur durch die in ihnen festgelegten Verfahren und mit einem Referendum bei den Wahlberechtigten der betreffenden Wahlkreise geändert werden.

3. (...)

Art.153

Die Kontrolle der Aktivität der Organe der Autonomen Gemeinschaften wird ausgeübt: a) Durch das Verfassungsgericht die Kontrolle der Verfassungsmäßigkeit ihrer normativen Verfügungen mit Gesetzeskraft. b) Durch die Regierung, nach vorheriger Anweisung durch den Staatsrat, die Kontrolle der Ausübung der delegierten Funktionen, auf die sich Art.150 Absatz 2 bezieht, c) Durch die Verwaltungsgerichtsbarkeit die Kontrolle der autonomen Verwaltung und ihrer Satzungen. d) Durch den Rechnungshof die Wirtschafts- und Haushaltskontrolle.

Art.155

1. Wenn eine Autonome Gemeinschaft die Verpflichtungen, die ihr die Verfassung oder ein anderes Gestez auferlegt, nicht erfüllt, oder in einer Form handelt, die in ernster Weise gegen das Interesse der Allgemeinheit Spaniens verstößt, kann die Regierung anch vorheriger Aufforderung an den Präsidenten der Autonomen Gemeinschaft und, im Fall von deren Nichtbe-

folgung, mit der Billigung durch die absolute Mehrheit des Senats die notwendigen Maßnahmen ergreifen (...).

2. (...)

Art.156

1. Die Autonomen Gemeinschaften genießen finanzielle Autonomie für die Entwicklung und Durchführung ihrer Befugnisse, gemäß den Prinzipien der Koordinierung mit dem Staatshaushalt und der Solidarität aller Spanier.

2. (...)

Art.157

1. Die Einkünfte der Autonomen Gemeinschaften setzten sich zusammen aus: a) Gänzlich oder teilweise durch den Staat abgetretene Steuern; Zuschlägen auf staatliche Steuern und anderen Beteiligung an den Einkünften des Staates. b) Ihren eigenen Steuern, Gebühren und Sonderabgaben. c) Überweisungen aus einem interterritorialen Kompensationsfonds und anderen Zuweisungen zu Lasten des allgemeinen Staatshaushalts. d) Erträgen aus ihrem Vermögen und privatrechtlichen Einnahmen. e) Dem Ertrag von Kreditoperationen.

2. (...)

3. (...)

Art.161

1. Das Verfassungsgericht übt Rechtsprechung auf dem gesamten spanischen Territorium aus und hat Entscheidungsbefugnis in folgenden Fällen: a) Normenkontrollen gegen Gesetze und Rechtsnormen mit Gesetzesrang. Die Erklärung der Verfassungswidrigkeit eines Rechtssatzes mit Gesetzesrabg, Gegenstand und Auslegung der Rechtsprechung, betrifft letztere auch, wenn die ergangene Entscheidung oder ergangenen Entscheidungen nicht Rechtskraftwirkung verlieren. b) Verfassungsbeschwerden aufgrund aufgrund von Verletzungen der in Art.53 Absatz 2 dieser Verfassung enthaltenen Rechte und Freiheiten in den Fällen und Formen, die das Gesetz vorsieht. c) Organstreitigkeiten zwischen dem Staat und den Autonomen Gemeinschaften oder zwischen letzteren. d) In allen der Verfassung oder den Organgesetzen nach obliegenden Bereichen.

2. Die Regierung kann die von den Organen der Autonomen Gemeinschaften verabschiedeten Bestimmungen und Beschlüsse vor dem Verfassungsgericht anfechten. Die Anfechtung führt zur vorübergehenden Aufhebung der Bestimmung oder des Beschlusses, das Gericht muß diese jedoch gegebenenfalls binnen einer Frist von 5 Monaten ratifizieren oder endgültig aufheben.

Potsdamer Rechtswissenschaftliche Reihe (PRR)

Band 1
Matthias Becker
Die Teilnahme an der Versammlung der Wohnungseigentümer
1996. XX, 250 Seiten. DM 89,-
ISBN 3-540-61396-X

Band 2
Ulrich Michel
Regionen, Mitgliedsstaaten und Europäische Union
1996. XX, 230 Seiten. DM 89,-
ISBN 3-540-61395-1